DIE MÄRCHEN DER WELTLITERATUR

Begründet von Friedrich von der Leyen
Herausgegeben von
Kurt Schier und Felix Karlinger

Zigeunermärchen

Herausgegeben von
Walther Aichele und Martin Block

EUGEN DIEDERICHS VERLAG

26.–29. Tausend 1977

Einbandgestaltung: Hans Hermann Hagedorn
Gesamtherstellung: Passavia Passau
Printed in Germany
ISBN 3-424-00331-x Hln
ISBN 3-424-00332-8 Leder

1. Reineke Fuchs

Ein Fellache besaß zwei Ochsen. Eines Tages, als er mit ihnen pflügte, riß sich der eine los und lief davon. Der Fellache ließ ihn laufen und begab sich nach Hause. Dabei drohte er: »Seh' ich dich morgen hier, du Ochse, dann mach' ich dir mit diesem Messer den Garaus.« Der Ochse kümmerte sich freilich nicht darum, sondern lief weiter. Als er zu einer Wiese gelangte, die mit Gras hoch bewachsen war, machte er halt und fing an zu weiden. Auf einmal stand Abu Hasan[1], der Fuchs, vor ihm und begann also zu ihm zu sprechen: »Warum weidest du hier, du Ochse, dieser Platz gehört doch dem Panther. Wenn er dir hier begegnet, wird er dich anfallen und dir die Rippen zerbrechen.« Hierauf ging der Fuchs zum Panther und erzählte ihm: »Höre nur, dieser Ochse hat in deinem Gras geweidet.« Dann verbarg sich der Fuchs, der Panther aber ging zum Ochsen und fragte ihn: »Warum, du Ochse, weidest du auf dieser frischen Wiese?« Der erwiderte: »Mein Herr pflügte mit mir. Ich war vor Hunger erschöpft und sah diesen Platz. Ich wollte hier weiden und befinde mich also jetzt in deiner Hand.« Da ließ ihn der Panther auf jener Wiese. Nach zehn Tagen war er aber von dem guten Futter so groß geworden wie ein Kamel. Da kam wieder der Fuchs zu ihm. Der Ochse fragte: »Was ist los?« Der Fuchs gab zur Antwort: »Der Panther wird dich nur so lange hier lassen, bis du fett genug bist. Dann wird er dich mit seiner

[1] Arabisch abu 'l-husain »Herr der kleinen Festung« ist scherzhafte Bezeichnung des Fuchses. Die Zigeuner haben husain durch den ihnen geläufigeren Personennamen Hasan ersetzt.

Tatze erschlagen und dich auffressen. Darum also«, fuhr er fort, »wenn der Panther zu dir kommt, dann stoße deine Hörner in die Erde und richte deine Augen zornig auf ihn. Alsdann durchbohre und töte ihn.«

Abu Hasan, der Fuchs, machte sich darnach auf und ging zum Panther. »Du hast den Ochsen auf der frischen Weide gelassen«, redete er ihn an, »geh nur einmal hin, ich will doch sehen, wie du mit dem fertig wirst.« – »Was ist denn geschehen?« fragte der Panther. Abu Hasan gab zur Antwort: »Der Ochse steht jetzt so gut im Futter, daß er imstande ist, dich unfehlbar niederzumachen, sobald du ihm in den Weg läufst.« Da machte sich der Panther auf den Weg zum Ochsen. Der aber stieß sogleich seine Hörner in die Erde und richtete wutentbrannt seine Augen auf den Panther, fiel ihn an, stieß ihn mit seinem Horn und zerriß ihn. Jedoch auch der Panther griff den Ochsen an und zerfleischte ihn. Da starben sie beide, der Ochse und der Panther. Jetzt kam auch Abu Hasan herbei, der schnell noch sein Weib und seine Kinder hinzurief, um die beiden zu verzehren. Als nur noch die Knochen übrig waren, lud er auch die Angehörigen seiner Sippe zum Schmaus ein. Die verspeisten die Knochen und gingen wieder von dannen.

Einige Zeit später fand Abu Hasan in einer Beduinenniederlassung einen Schafspelz. Da steckte er seinen Kopf hindurch und zog sich den Pelz über die Schultern. So betrat er eine Höhle und fand drinnen den Bruder des Panthers. Dieser hielt ihn fest und fragte: »Abu Hasan, warum hast du meinen Bruder erschlagen?« Der erwiderte: »Ich bin nicht der Ochse.« – »Aber du warst es jedenfalls, der die beiden gegeneinander aufgehetzt hat.« Da fällt der Blick des Panthers auf den Schafspelz, den der Fuchs über seiner Schulter trug, und er fragte: »Kannst du mir nicht auch einen solchen anfertigen?« – »Gewiß«, gab Abu Hasan zur Antwort, »nur mußt du mir vier gesunde Schafe besorgen und sie töten, dann will ich dir so ein Gewand machen.« Der Panther ging und kam bald mit vier Schafen wieder. Der Fuchs fraß ihr Fleisch und warf ihre Felle in einen Brunnen. Als der Panther zurückkehrte und fragte: »Wo hast du den Pelz, Abu Hasan?«, da erhielt er den Bescheid, es fehle noch ein Schaf. Also brachte ihm der Panther noch ein weiteres Schaf. Abu Hasan tötete es und fraß es gemeinsam mit seinen Kindern auf. Das Fell warf er wieder in den Brunnen. Der Panther kam und fragte: »Wo hast du das Pelzkleid, Abu Hasan?« Mit den Worten: »Warte, bis ich es bringe«, eilte dieser davon, verfolgt vom Panther. Gerade wollte der Fuchs in einer Höhle verschwinden, da erwischte ihn der Panther am Schwanze. Abu Hasan zerrte und zog, bis sein Schwanz in der Tatze des Panthers blieb. Dann machte er sich schwanzlos davon. Der Panther rief ihm noch nach: »Du bist jetzt schwanzlos, Abu Hasan, daran werde ich dich kennen, wenn ich dir wieder begegne.« Damit trennten sie sich. Der Fuchs begab sich in einen Weingarten und aß Trauben. Dann rief er seine ganze Sippe herbei. »Hierher!« rief er. Sie fragten: »Wohin?« Er erwiderte: »Wir wollen Trauben essen.« So ließ er sie in den Weingarten hinuntersteigen. Jedoch meinte er: »Ich kann euch nicht essen lassen, bevor ich eure Schwänze zusammengebunden habe.« Da ließen sie es geschehen. Abu Hasan aber eilte zum Weinbergbesitzer und sagte ihm etwas ins Ohr. Darauf begab sich dieser hin und schoß auf die zusammengebundenen Füchse, so daß ihre Schwänze alle ausgerissen wurden. Abu Hasan machte sich nun auf und ging wieder zum Panther. Der sagte: »Ich werde dich greifen.« Jener fragte: »Mann, was hast du mit mir vor?« Der Panther antwortete: »Du hast die Schafe genommen und aufgefressen, ohne mir das versprochene Pelzkleid zu machen.« — »Das war ich nicht«, gab der Fuchs zurück. »Und doch warst du es!« rief der andere. »Wie kommst du auf den Gedanken, ich sei es gewesen?« — »Ich habe dir doch den Schwanz ausgerissen«, entgegnete der Panther. »Meine Verwandten sind alle ohne Schwanz«, belehrte ihn nun der Fuchs. »Das möchte ich sehen, rufe sie einmal herbei!« Da rief ihnen Abu Hasan. Alle kamen, und der Panther sah, daß sie alle schwanzlos waren. So konnte er nicht feststellen, wer die Schafe verzehrt hatte. Bald darauf lud der Fuchs den Panther zu sich ein. Auf eine Brunnenöffnung hatte er eine Matte gelegt, darauf ließ er den Panther Platz nehmen. Aber alsbald fiel dieser in den Brunnen. Wie er gegen den Brunnenrand empor sprang, erfaßte er den Fuchs und riß so auch ihn in den Brunnen hinab. Nun waren sie beide unten. Aber nach zwei Tagen starb der Panther vor Hunger, und Abu Hasan verspeiste ihn im Brunnen.

Da kamen zwei Bäuerinnen des Weges, die junge Hühner in Körben zum Markt trugen. Die sahen den Brunnen. Da die Sonne unterging, legten sie sich beim Brunnen zum Schlafe nieder. Zuvor jedoch hatten sie den Korb mit den Küken in den Brunnen hinabgelassen, um sie während der Nacht im Brunnen schlafen zu lassen. Aber Abu Hasan ließ von den jungen Hühnern nicht ein einziges am Leben. Als die Frauen am andern Morgen den Korb aus dem Brunnen emporzogen, lag der Fuchs schlafend im Korbe. Wie er aber oben war, entfloh er schleunig. Und die Frauen kehrten weinend in ihre Häuser zurück.

Abu Hasan ging nun in sich und sprach: »Ich will die Pilgerfahrt nach Mekka antreten, um Buße zu tun für meine Sünden.« Da traf er einen Beduinen, der zu Kamel gerade die Pilgerreise ausführen wollte. Abu Hasan hängte sich also an den Schwanz des Kamels. Als der Beduine sich umblickte, sah er ihn, wie er den Schwanz des Kamels ergriffen hatte. Der Beduine nahm sein Schwert und schlug nach Abu Hasan, dabei aber schnitt er seinem Kamel den Schwanz ab. Da machte Abu Hasan sich davon und kehrte wieder um. Unterwegs sah er einen Sperling, der auf seinen Jungen saß. Sogleich ging er hin, um die jungen Vögel zu verschlingen. Der Sperling bat: »Ich verlasse mich auf deine Großmut, Abu Hasan, friß nicht meine Kinder.« Der Fuchs entgegnete: »Ja, wenn du mich zum Lachen bringst!« Der Vogel fragte: »Womit denn?« Der Fuchs antwortete: »Mit jenen Schnittern dort.« Der Sperling sprach: »Bleib stehen!« Dann ging er hin und setzte sich auf den Kopf eines der Leute. Schnell lief ein anderer hinzu, um den Sperling mit der Sichel zu töten, schlug aber dabei den Kopf des Mannes ab. Da lachte Abu Hasan und war zufrieden. Als er sich nun wieder an die Sperlingsjungen heranmachen wollte, um sie aufzufressen, fragte die Sperlingsmutter: »Was für einen Wunsch hast du noch?« Der Fuchs erwiderte: »Ich bin durstig, ich möchte das Wasser trinken, das jene Frau in ihrem Kruge hat.« Da hüpfte der Sperling vor der Frau her.

Diese stellte nun ihren Krug hin und wandte sich nach dem Sperling, um ihn einzufangen. Währenddessen schlich Abu Hasan herbei und trank alles Wasser aus.

2. *Der Kluge und der Narr*

Es waren einmal zwei Brüder, einer war klug, und einer war ein Narr. Sie besaßen nichts und suchten einen Lebensunterhalt. Da kamen sie in ein kleines Dorf. Darin lebte eine Ghule[1] in der Gestalt einer Frau. Als sie die Brüder sah, sagte sie zu ihnen: »Seid willkommen, Söhne meiner Schwester!« Zu dem Klugen sprach sie: »Hüte die Ziegen und laß deinen Bruder im Hause bleiben.« Er gehorchte, nahm die Ziegen und trieb sie auf die Weide. Nachdem er gegangen war, sagte sie zu dem närrischen Bruder: »Bringe deinem Bruder Essen, bringe ihm dreißig Brote und Eier.« Er nahm sie und wanderte los. Unterwegs gewahrte er seinen Schatten. »Was willst du von mir?« fragte er, »bist du hungrig? Hier, nimm das Brot und das Ei!« Und schon warf er sie ihm zu. Beim Weiterwandern blickte er wieder um sich. »Was willst

[1] »Ghul« ist die arabische Bezeichnung eines bösen Dämons. Meist werden die Ghulen für Menschenfresser gehalten. »Ghule« ist die weibliche Form dieser Dämonenklasse.

du noch haben, willst du noch ein Brot und noch ein Ei haben?« fragte er den Schatten und warf sie ihm wieder zu. Dann ging er weiter. Die ganze Landstraße entlang warf er seinem Schatten Brot und Eier zu, bis er seinen Bruder fand. Und als er bei dem Bruder anlangte, besaß er weder ein Brot noch ein Ei. Der Kluge fragte ihn: »Wo ist das Brot, das du bringen solltest?« Da entgegnete der Narr seinem Bruder: »Sieh jenen Mann« – und er zeigte mit der Hand auf den Schatten –, »er folgte mir; von dem Augenblick an, wo ich das Haus verließ, ist er mit mir gegangen. Er war hungrig. Die ganze Zeit über, die ich zu gehen hatte, warf ich ihm ein Brot und ein Ei zu, bis nichts mehr übrigblieb.« Der kluge Bruder sagte: »Bleibe hier, Bruder« – er wußte nämlich, daß sein Bruder ein Narr war –, »bleibe hier, gib acht auf die Ziegen, während ich gehe, um das Essen zu holen.« Er ließ also seinen Bruder zurück und ging, um die Brote und Eier zu holen, die jener auf den Weg geworfen hatte. Als er gegangen war, kletterte sein Bruder, der Narr, auf einen Akazienbaum, unter dem die Ziegen weideten. Er sagte zu den Ziegen: »Ich werde euch Akazienschoten zuwerfen, laßt einige Schoten meinem Bruder übrig, daß er auch essen kann, wenn er zurückkommt. Wenn ihr ihm keine laßt, werde ich euch töten.« Und er pflückte die Schoten und warf sie den Ziegen hinab. Die Ziegen fraßen, denn sie waren hungrig. Als der Narr vom Baum heruntergestiegen war, sah er nach, ob sie für seinen Bruder etwas übriggelassen hatten, wie er es ihnen anbefohlen hatte. Aber er sah nichts. Bei einer großen Ziege waren zwei Schoten an der Spitze ihrer Hörner hängengeblieben. Da sagte er: »Ich töte euch alle, nur die große lasse ich am Leben, denn sie hörte auf mein Wort.« Da tötete er sie alle bis auf die große Ziege. Sein kluger Bruder kehrte zurück. Als er sah, daß die Ziegen getötet waren, fragte er den Narren: »Wer hat das getan?« Der erzählte ihm, wie es sich zugetragen hatte. Sein Bruder wurde wütend und bekam Angst vor der Ghule. Er sprach zu dem Narren:

»Warum hast du das getan? Was wird die Ghule mit uns anfangen, wenn wir ihr unter die Augen kommen? Komm, wir wollen fliehen, bevor sie uns erblickt!« Aber der Narr wollte nicht, da floh der kluge Bruder allein.

Der Narr kehrte mit der großen Ziege nach dem Hause der Ghule zurück. Diese fragte: »Wo sind die Ziegen?« Er antwortete ihr: »Das und das geschah mit ihnen, Tante. Mein Bruder floh, denn er hatte Angst.« Sie sagte: »Schön, dann wollen wir beide gehen und die Ziegen holen, damit wir sie essen.« Beide gingen und holten sie. Als sie sie nach Hause gebracht hatten, nahm die Ghule den Narren, steckte ihn in einen Sack, band die Öffnung des Sackes zu und warf ihn auf den Boden. Dann ging sie und rief ihre Verwandten zusammen, um mit ihnen den Narren zu verspeisen. Ihre Tochter aber blieb im Hause und zündete unterdessen schon das Feuer an. Da rief ihr der Narr zu: »Laß mich heraus, ich will dir das Feuer anblasen.« Sie löste also den Strick, mit dem der Sack verschnürt war, und er blies ihr das Feuer an. Als das Wasser zum Sieden kam, ergriff er die Tochter der Ghule, warf sie ins Wasser und entfloh. Er durchschritt ein Flußbett, durch das die Ghule ihm nicht folgen konnte. Dann traf er seinen klugen Bruder und erzählte ihm, wie es ihm ergangen war. Inzwischen kam die Ghule mit ihren Verwandten nach Hause. Sie sah niemanden, suchte nach dem Narren, fand aber weder ihn noch das Mädchen. Als sie aber in den Kessel, der auf dem Feuer stand, blickte, sah sie ihre Tochter darin und schrie: »Das ist das Werk des Narren!« Sie rannte hinter ihm her, um ihn zu töten. Als sie ihn jenseits des Flusses gewahrte, lockte sie ihn mit den Worten: »Komm, meiner Schwester Sohn, komm, wir wollen das Fleisch essen.« Er aber erwiderte: »Ihr wollt mich umbringen, ich komme nicht!« Da ging sie ärgerlich nach Hause. Am Abend aber, als die Sonne unterging, verließ der Narr seinen Bruder und kehrte zu der Ghule zurück. Dort schlich er sich bei den Küken ein und tötete diese alle. Da krähte der Hahn: »Der

Narr tötet die Küken, die in dem Hühnerstall sind!« Die Ghule fuhr aus dem Schlafe, um den Narren zu suchen und zu ergreifen. Aber sie fand ihn nicht. Der nahm die toten Küken und ging zu seinem Bruder, auch die Handmühle[1] nahm er noch mit sich. Als er bei seinem Bruder angelangt war, zündete er ein Feuer an und kochte die Küken, und sie aßen. Bis zum Morgen blieben sie auf diesem Platz. Die Ghule aber vermißte, als der Tag anbrach, ihre Küken und die Mühle. »Kein anderer als der Narr hat das getan!« rief sie und verfolgte ihn, um ihn zu töten. Sie sah ihn aber erst, als er schon wieder jenseits des Flußtales war, und sie schrie: »Du hast mir all dieses angetan, ohne Gnade werde ich dich umbringen.« Der Narr entgegnete: »Oder ich dich!« Da kehrte sie in ihr Haus zurück.

Der Narr aber und sein Bruder gingen in ein Dorf; sie sahen niemand darin, denn seine Bewohner befanden sich auswärts auf Arbeit. Die Brüder setzten sich also unter einen Baum, um sich auszuruhen. Nichts war zu sehen, bis auf einmal vier Soldaten angeritten kamen. Sowie diese das Tal erreichten, kamen auch die Dorfleute herbei. Aber der Narr erhob sich, als er die Leute und die Soldaten erblickte. Als sie herankamen, nahm er die Mühle und kletterte auf den Baum, der Kluge aber entfloh. Die Reitersleute hielten unter dem Baum, auf dem der Narr sich befand, und setzten sich darunter. Die Dorfbewohner brachten Essen herbei und stellten es vor sie hin. Da begann der Narr an seinen Stirnknochen zu klopfen und ließ dabei Urin und Kot auf die Köpfe der Soldaten hinab. Die Soldaten sagten: »Es regnet und donnert auf der Erde. Laßt uns fliehen.« Und sie ließen das Essen im Stiche und flohen. Nun rief der Narr seinen Bruder und sagte zu ihm: »Komm, sieh dieses Essen, komm, laß uns essen!« Der Kluge kam herbei und begann zu essen. Er fragte den Narren: »Warum ißt du nicht mit mir von diesem Essen?«

[1] Die Ghule ist hier als Fellachenfrau aufgefaßt, für die das Kornmahlen auf der Handmühle eine wichtige Hausfrauenpflicht darstellt.

Der Narr, der begonnen hatte, den Pferdemist aufzuessen, antwortete ihm: »Ich esse Weinlaub.«

Als sie satt waren, erhoben sie sich und gingen zur Stadt. Sie vertauschten ihre Sachen, nahmen einen Esel, beluden ihn mit zwei Kasten voll Halawi[1] und zogen nach dem Dorfe, um das Halawi zu verkaufen. Unterwegs trafen sie die Ghule. Als die sie sah, sprach sie zu ihnen: »Seid ihr's nicht, seid ihr denn nicht die beiden Brüder, der Narr und der Kluge?« – »Wie kommst du darauf? Wir kennen sie nicht, wir sind Halawi-Händler. Wenn du etwas haben willst, kaufe von uns und lasse uns gehen.« Sie sagte: »Laßt mich kosten!« – »Steig in den Kasten und laß es dir schmecken!« Da stieg sie hinein. Als sie aber darin war, schlossen sie den Deckel, nahmen sie und gingen zu dem Tale. Dort machten sie ein großes Feuer und warfen sie samt dem Kasten hinein, so daß sie verkohlte und starb. Am andern Tage kehrten sie zu dem Hause der Ghule zurück, nahmen ihre Sachen und zogen danach in ihre Heimat. Sie waren nun reich, zufrieden und glücklich.

3. Wie der Königssohn sein entflohenes Weib zurückgewinnt

Es war einmal ein König, der hatte einen Sohn. Da kam ein Maghrebiner[2] zu ihm und sagte: »Ich biete dir zwei königliche Juwelen, wenn du deinen Sohn zwei Stunden mit mir übers Meer fahren läßt.« Am nächsten Tage nahm der Maghrebiner den Jüngling und ging mit ihm fort. Sie fuhren einen Monat auf dem Meere und gelangten an den Fuß eines Hügels. Da kam ein Maulesel auf sie zu. Der Maghrebiner

[1] die beliebteste orientalische Süßspeise, in der Hauptsache aus Mehl, Traubenhonig und Sesamöl bestehend. [2] arabisch magribi »Westländer, Nordafrikaner«. Die Maghrebiner gelten im Volksglauben Ägyptens und Palästinas als besonders zaubermächtig.

öffnete dessen Bauch und tat den Jüngling hinein. Dann begann er zu zaubern und legte Weihrauch auf das Feuer. Da entfloh der Maulesel und kletterte auf die Spitze des Hügels. Der Jüngling aber öffnete den Bauch des Maulesels und stieg heraus. Da rief der Maghrebiner: »Wirf doch Holz nach mir!« Aber der Jüngling blickte um sich, und da er überall Leichen sah, entgegnete er dem Maghrebiner: »Ich will nicht nach dir werfen.« Da ging der Maghrebiner von dannen, der Jüngling aber blieb zurück. Als er sich dann in der Nacht ebenfalls auf den Weg machte, sah er ein Licht und ging darauf zu. Beim Näherkommen gewahrte er ein Schloß, darin lebte nur ein Geier. Der Geier machte für den Jüngling Essen zurecht, Fleisch und Reis und einen Fladen Brot. Und der Jüngling aß und trank. Am Morgen sah er ein paar Mädchen und verliebte sich in eine von ihnen. »Laß sie mit mir ziehen!« bat er den Geier, und der gab sie ihm. Auf dem Rücken des Geiers flog er nun mit seinem jungen Weib von dannen. Der brachte sie zu der Vaterstadt des Jünglings und flog dann wieder davon.

Der Jüngling lud nun seinen Vater nach dem Gasthaus ein. Sein Weib, das unterdessen in dem Zelt zurückgeblieben war, kleidete sich in ein Gewand aus Federn und flog davon mit den Worten: »Wenn mein Mann nach mir fragt, so soll er mir nach meines Vaters Zelt folgen.« Als der Jüngling zurückkam, fand er sie nicht mehr. Da kam der Maghrebiner wieder und ging mit ihm hinweg. Wie er ihn das erstemal behandelt hatte, so behandelte er ihn auch das zweitemal. In der Nacht aber machte sich der Knabe auf und stieg wieder zum Schlosse hinab. Am Morgen brachte ihn der Geier zu seinem Bruder. Der war von ihm eine Jahresreise entfernt. Jener endlich brachte ihn zum Vater seines Weibes. Als er dort ankam, sagte sein Weib zu ihrem Vater: »Mein Mann ist angekommen, rufe ihn!« Der Vater fragt den Jüngling: »Was willst du?« Und der Jüngling antwortet: »Ich will mein Weib haben.« Da sagte der Alte: »Sieh her, ich fülle dir diesen

Teich mit Linsen und Hirse und Korn und Sesam und Wikken. Morgen früh, wenn ich jede Körnerart für sich geordnet sehe, will ich dir dein Weib geben, wenn ich es aber nicht so antreffe, werde ich dir den Kopf abschlagen.« In der Nacht aber rief der Jüngling die Ameisen zu Hilfe, und sie legten jede Sorte für sich hin. Als der König am Morgen kam und die Körner alle säuberlich getrennt vorfand, da sagte er: »Siehe, ich fülle dir den Teich mit toten Eseln und toten Pferden und toten Kühen und toten Ziegen. Wenn du sie ißt, erhältst du dein Weib, wenn du sie aber nicht ißt, werde ich dir den Kopf abschlagen.« So tat er. In der Nacht aber rief der Jüngling die Dschinnen[1] herbei. Die aßen alles auf, und sie sagten: »Er hat uns nicht belohnt, ihm soll nichts Gutes widerfahren.« Am andern Morgen hatten sie nicht ein bißchen übriggelassen und waren wieder verschwunden. Als der König kam und sah, daß nichts übriggeblieben war, da sagte er: »Paß auf, befestige in der Nacht diese Fahne über jener Höhle und komme zurück; wenn es dir gelingen wird, will ich dir dein Weib geben, wenn nicht, werde ich dir den Kopf abschlagen.« Der Jüngling ging in der Nacht hin und steckte die Fahne auf. Dann betrat er die Höhle und sah drei Ghulen darin. Nachdem er sie getötet hatte, kam er zurück. Am Morgen sah der König die Flagge über der Höhle wehen; alsbald bestieg er sein Pferd, ritt hin und fand die Leichen der Ghulen. Da ritt er wieder zurück. Er gab nun dem Jüngling 3000 Soldaten, die mit ihm zogen, und gab ihm zwei Neger und zwei Negerinnen und vier Kästen mit Gold. Auch gab er ihm das Geleite, als er ihn wieder in seine Vaterstadt zurückkehren ließ. Ein Bote eilte zu seinem Vater voraus und meldete: »Hallo, dein Sohn ist angekommen.« Und der Vater ließ ihm Soldaten entgegenziehen und empfing ihn in seinem Hause. Dann befahl er den Soldaten: »Geht nun zu euren Standorten!« Da zogen sie wieder zu ihren Standplätzen und blieben dort.

[1] Gespenster, Geister.

4. Der kluge und tapfere Königssohn

Ein König hatte achtzehn Söhne. Eines Tages sprach der Jüngste zu seinen Brüdern: »Kommt, wir wollen uns Frauen suchen!« Sie bestiegen also ihre Pferde und machten sich auf den Weg. Sie kamen vor das Schloß eines Ghul[1], der achtzehn Töchter hatte. Der Ghul sprach: »Ich möchte meine Töchter mit diesen Jünglingen verheiraten.« Und sogleich auch führte er diesen Plan aus. Zu seinen Töchtern aber sagte er: »Heute nacht will ich die Jünglinge umbringen und sie verzehren.« Der Jüngste aber hatte diese Worte gehört und gab seinen Brüdern nun den Rat: »Setzt eure Kopfbedeckung den Frauen auf!« Da setzten sie ihre Tarbusche[2] den Frauen auf. In der Nacht kam der Ghul herunter und tötete die, deren Köpfe mit Tarbuschen bedeckt waren, tötete also alle seine Töchter. Am Morgen machten sich die Jünglinge davon. Der Ghul sah, daß es alle seine Töchter waren, die tot dalagen. Die Jünglinge waren schon sehr weit weg, da kehrte der Jüngste nochmals um, holte das Pferd des Ghul und entfloh mit ihm.

Da ersannen seine älteren Brüder einen Plan: »Kommt, wir wollen den Jungen töten. Morgen wird er sonst unserm Vater berichten: ›Ich war es, der sie vor dem Ghul gerettet hat.‹« Wie nun der Junge in einen Brunnen hinabstieg, um seinen Brüdern Wasser zu holen, durchschnitten diese das Seil und ließen ihn unten im Brunnen. Er suchte sich unten einen Weg, seine Brüder aber gingen nach Hause. Als sie zu ihrem Vater kamen, sprachen sie: »Unser kleiner Bruder ist gestorben.« Dieser aber hatte unterdessen im Brunnen einen Mann und zwei Widder erblickt, der eine von ihnen war schwarz und der andere weiß. Jener Mann, den er gesehen hatte, trat auf ihn zu und sprach: »Sage, o Jüngling: ›Der weiße Widder besiegte den schwarzen‹, dann wirst du zu der Öffnung des Brunnens emporgehoben werden. Wenn du aber anders ur-

[1] s. Seite 9, Anm. 1. [2] orientalische Kopfbedeckung, Fes.

teilst und sagst: ›Der schwarze hat den weißen überwunden‹, dann wirst du noch tiefer in die Erde hinuntergesenkt.« Da sprach der Jüngling: »Der schwarze besiegte den weißen«, und alsbald sank er noch tiefer in die Erde hinab. Er gelangte erst zu Beduinen und fand dann eine alte Frau, bei der er blieb. Ihr Zelt lag weitab von den Beduinenzelten. Am andern Morgen führte er ihre Ziegen auf die Weide, und die Alte ermahnte ihn: »Gehe nicht hierhin und gehe nicht dahin, sondern gehe so und so!« Beim Weitergehen traf er einen Dämon und tötete ihn. Und was sah er noch weiter? Ein lahmes Schwein. Wenn man dieses tötete und seinen Fuß öffnete, so fand man darin eine Büchse. Die Büchse enthielt einen Wurm, der war die Seele eines Juden. Der Jüngling ergriff das Schwein, tötete es und nahm die Büchse aus seinem Fuße heraus. Da kam der Jude und bat: »Gib mir meine Seele!« Der Jüngling aber antwortete: »Ich gebe sie dir nur, wenn du mich wieder auf die Oberfläche der Erde hinaufbringst!« Da hob ihn der Jude wieder zur Welt empor. Sowie der Jüngling sah, daß er wieder oben war, schnitt er dem Wurm den Kopf ab; da war auch dem Juden der Kopf vom Leibe getrennt. Als nun der junge Königssohn auf dem Heimweg zu seinem Vater war, sah er vierzig Ghule, die gekommen waren, um des Königs Schätze zu rauben. Er trat ihnen in den Weg und fragte sie: »Wohin geht ihr?« Sie erwiderten: »Wir wollen die Schätze des Königs stehlen.« Der Jüngling sagte: »Ich schließe mich euch an.«

Nachdem er sich dann zu ihnen gesellt hatte, sprach er: »Ihr seid groß und ich bin klein, ich will drum hineinsteigen und euch die Schätze herausgeben. Jeder soll mir einen kleinen Stein geben. Sooft ich dann einen Stein herauswerfe, soll immer einer zu mir kommen.« Er stieg also zuerst ein und warf den ersten Stein. Einer von den Ghulen stieg ein, und er schnitt ihm den Kopf ab. Ein zweiter folgte, auch diesem schnitt der Jüngling den Kopf ab. Nachdem er alle so umgebracht hatte, ging er in seines Vaters Haus hinab und fand seine Schwester im Schlafe. Als sie in der Nacht einmal aufsaß, trat er zu ihr und fragte: »Wo sind deine Brüder?« – »Da schlafen sie.« Da ging er zu ihnen, zog sie hoch und schnitt ihnen die Köpfe ab. Sein Vater kam und sprach: »Warum, mein Sohn, hast du deinen Brüdern die Köpfe abgeschlagen?« Er erwiderte: »Sie haben mich in einen Brunnen geworfen und sind fortgegangen. Sie hätten mich sterben lassen, wenn nicht Gott mich aus dem Brunnen gerettet hätte. In der Nacht machte ich mich auf den Weg zu dir und traf vierzig Ghulen, die waren ausgezogen, um deinen Schatz zu rauben und – siehe! – ich tötete sie, ihre Leichen liegen hier auf dem Dach des Hauses.« Als der König nun die toten Ghulen sah, ergrimmte er und gab Befehl, daß die Dorfleute ein Feuer anzündeten und sie verbrannten. Ihre Asche warf man in Gruben. Der König aber ließ seinen jüngsten Sohn fortan bei sich wohnen, und dieser wurde Mitregent.

5. Der dankbare Tote

Ein König hatte drei Söhne. Eines Tages schenkte er dem Jüngsten zehntausend Piaster und gab auch dem Ältesten und dem Mittleren die gleiche Summe. Der jüngste Sohn brach auf und schritt auf der Landstraße dahin. Überall, wo er Arme fand, beschenkte er sie mit seinem Gelde. So hatte er bald alles Geld ausgegeben.

Sein ältester Bruder ging gleich ihm auf die Wanderschaft. Er ließ Schiffe bauen, um Reichtum zu erwerben.

Auch der mittlere Bruder wanderte fort und ließ von dem Gelde Kaufhäuser errichten.

Dann kehrten die Söhne zu ihrem Vater zurück. Der König fragte den ältesten Sohn: »Was hast du mit dem Gelde begonnen?« – »Ich habe Schiffe gebaut, mein Vater.« – Auch den Jüngsten fragte der König: »Und du, was hast du getan?« – »Ich habe jeden Armen, der meinen Weg kreuzte, mit meinem Gelde beschenkt, und den armen Mädchen habe ich ihren Hochzeitsschmaus bezahlt.« Hierauf sprach der König: »Mein jüngster Sohn, du wirst gut für die Armen sorgen, so nimm dir nochmals zehntausend Piaster, mein Sohn.«

Der Königssohn wanderte alsdann fort. Er verschenkte bald hier, bald dort sein Geld. Es blieben ihm schließlich nur noch zwölf Piaster übrig.

Da sah er, daß Juden einen Toten aus der Erde gegraben hatten und auf diesen einschlugen. »Was wollt ihr von ihm und warum schlagt ihr ihn?« fragte der Jüngling. »Er schuldet uns zwölf Piaster«, sprachen die Juden. »Ich gebe euch die zwölf Piaster, doch laßt von dem Toten ab«, sagte der Königssohn. Er gab ihnen das Geld, und sie ließen von der Leiche. Bald darauf erhob sich der Jüngling und wanderte weiter. Doch der Tote folgte ihm. »Wohin führt dein Weg?« fragte er den Jüngling. »Ich wandere in die Welt hinaus.« – »Nun, ich auch. Komm, wir wollen gemeinsam wandern und Kameraden werden.« – »Wohlan, es sei!« – »Folge mir!« sprach der Tote, »ich werde dich schon führen.« Er nahm den Jüngling mit und brachte ihn in ein Dorf. Hier lebte ein Mädchen. So mancher Mann hatte es schon genommen, aber ein jeder war schon in der Brautnacht gestorben. Der Tote sprach zum Jüngling: »Ich werde dich irgendwo verbergen und dir ein Weib nehmen. Allein wir werden trotzdem stets Kameraden bleiben.«

Der Tote aber nahm jenes Mädchen für den Jüngling. Aus ihrem Munde kam jedoch ein Drache. Der Tote aber sprach zu seinem Kameraden: »In der Nacht, wenn du dich mit dem Mädchen auf das Lager niederlegst, werde ich mich zu euch legen.« Er nahm also sein Schwert und trat am Abend zu den beiden ins Schlafgemach. Der Jüngling aber meinte: »Das geht nicht; doch wenn du willst, so sei das Mädchen dein.« Aber der Tote entgegnete: »Sind wir nicht Kameraden? Du legst dich zu ihr und ich schlafe hier.«

Um Mitternacht sah der Tote, daß das Mädchen seinen

Mund öffnete und der Drache herauskam. Sogleich aber zog er sein Schwert und schnitt die drei Drachenköpfe ab. Er verbarg sie in den Falten seines Gewandes, legte sich nieder und schlief ein. Am nächsten Morgen erhob sich das Mädchen und sah, daß ihr Geliebter noch lebend bei ihr lag.

Dem Vater des Mädchens aber wurde berichtet: »Der Mann deiner Tochter ist heute nacht am Leben geblieben.« – »So soll er mein Schwiegersohn werden!« sagte der Vater. Der Jüngling aber ging mit dem Mädchen zu ihrem Vater. »Komm«, sagte nun der Tote, »wir wollen das Vermögen des Mädchens untereinander teilen.« Da machten sie sich ans Teilen. »Ihr Vermögen haben wir nun geteilt«, meinte nun der Tote, »so laß uns nun auch dein Weib teilen!« Der Königssohn aber entgegnete: »Wie können wir sie teilen, wenn du sie haben willst, so nimm sie ganz.« Doch der Tote blieb dabei. »Ich will sie nicht ganz, wir wollen sie teilen.«

»Wie wollen wir sie denn teilen?« fragte der Königssohn. »Laß mich sie nur teilen!« Da ergriff sie der Tote, band ihre Knie und sprach: »Halte du das eine Bein fest, ich halte das andere.« Er hob nun das Schwert, um das Mädchen zu treffen. In ihrem Schrecken öffnete sie den Mund und schrie auf. Da fiel der Drache heraus. Der Tote sagte hierauf zu dem Kameraden: »Ich brauche weder eine Frau noch Geld. Diese Drachenköpfe waren es, die die Freier zerfleischten. Nimm das Mädchen, sie und ihr Geld sei dein. Du hast mir eine Wohltat erwiesen, ich konnte sie dir jetzt vergelten.« – »Was für eine Wohltat habe ich dir erwiesen?« – »Du hast mich aus den Händen der Juden befreit.« Der Tote zog nun seines Weges, und der Jüngling ging mit seinem Weibe zu seinem Vater.

6. Der getreue Kahlkopf

Es lebte einmal ein Mann, der baute einen Dreimaster, nahm sich Schiffsmannschaft und fuhr alsdann vom weißen Meer zum schwarzen Meer. Eines Tages ging er an Land, um Trinkwasser zu schöpfen, da sah er vier oder fünf spielende Knaben. Unter ihnen befand sich ein kahlköpfiger Junge. Er rief den Kahlkopf zu sich und fragte ihn: »Wo ist hier der Brunnen?« Der Knabe zeigte ihn, und der Mann schöpfte Wasser. »Kommst du mit mir?« fragte er dann den Knaben. Der gab zur Antwort: »Ich möchte schon, aber ich habe noch eine Mutter.« – »Nun, so wollen wir zu deiner Mutter gehen.« Da gingen sie miteinander zu des Knaben Mutter. »Willst du mir deinen Jungen mitgeben?« fragte der Schiffsherr die Frau. »Ja, ich gebe ihn dir.« Der Mann zahlte ihr den Lohn für einige Monate und nahm den Knaben mit. Dann gingen sie in See und fuhren bis zu einem großen Dorfe. Hier rasteten sie, um Trinkwasser einzunehmen.

In dem Dorfe aber wohnte ein König. In jenen Tagen nun war der Sohn des Königs auf seinem Spaziergang einem Derwisch begegnet, der ein Gemälde feilbot. Es war das Bild seiner Tochter. Der Königssohn kaufte es, denn dieses Mädchenbild war über die Maßen schön. Der Derwisch, ihr Vater, hatte an dem Bilde seiner Tochter sieben Jahre gemalt. Der Königssohn aber ließ das Bild am Brunnen aufstellen. Vielleicht könnte von denen, die dahin kämen, um Wasser zu trinken, einmal jemand sagen: »Ich habe dieses Mädchen schon gesehen!« Auch der Schiffsherr schöpfte dort Wasser. Und als er aufblickte, sah er die Schöne und staunte: »Welch eine Schönheit!« Als er wieder auf seinem Schiff war, erzählte er seinen Leuten: »Im Dorfe dort ist ein wunderschönes Mädchenbild, ich habe noch nie ein gleiches gesehen.« Der Kahlkopf sprach: »Ich werde sie mir ansehen.« Er ging hin, doch als er das Bild sah, begann er zu lachen und rief: »Das ist ja die Tochter des Derwischs! Woher habt ihr nur ihr

Bild?« Kaum hatte er die Worte ausgesprochen, da wurde er ergriffen und zum Schlosse geführt. Der Kahlkopf aber hielt sich schon für verloren, als man ihn ergriff. Nach zwei Tagen fragten ihn andere Leute nochmals: »Kennst du jenes Mädchen?« – »Ich kenne sie; wir sind in einem Dorfe aufgewachsen. Ihre Mutter ist jetzt tot. Als wir klein waren, legte sie uns beide an ihre Brust.« Da sprachen die Leute: »Wenn du nun vor den König gebracht wirst, so fürchte nichts!« Und bald darauf führte man ihn zum König. Der fragte ihn: »Du kennst jenes Mädchen, mein Sohn?« – »Ja, ich kenne sie, wir sind zusammen aufgewachsen.« – »Kannst du sie hierher bringen?« Der Kahlkopf entgegnete: »Ich werde sie herführen, allein du mußt mich mit einem Dreimaster, gefüllt mit Goldstücken, ausrüsten. Dann gib mir dazu noch zwanzig Sänger mit Spielleuten. Auch deinen Sohn werde ich mit mir nehmen. Es wird aber sieben Jahre währen, bis ich wiederkomme.«

Sie versorgten sich also für sieben Jahre mit Brot und Wein. Dann gingen sie in See und gelangten zur Heimat des Mädchens. Bei Tagesanbruch ließ der Kahlkopf das Schiff dicht am Hause des Mädchens vorüberfahren, denn ihr Haus lag dicht am Meer. Der Kahlkopf sprach: »Ich werde jetzt an Deck steigen und oben auf und ab gehen. Doch von euch darf sich keiner blicken lassen.« Er stieg also nach oben und ging auf dem Schiff auf und ab. – Als die Tochter des Derwischs sich vom Schlummer erhob, da beschien die Sonne das Schiff und zugleich aber auch ihr Wohnhaus. Sie trat heraus und rieb sich die Augen. Sie sah dort einen Mann auf und ab gehen; sie neigte sich vor und erkannte unseren Kahlkopf. Was mochte er hier suchen? »Was willst du hier?« rief sie ihm zu. »Ich bin deinethalben gekommen. Es sind so viele Jahre vergangen, seit ich dich zuletzt sah. Ich bin hierher gekommen, um dich wiederzusehen. Willst du nicht ein wenig aufs Schiff kommen? Wo ist denn dein Vater?« – »Weißt du nicht, daß mein Vater mein Bild gemalt hat? Er will es jetzt verkaufen. Ich erwarte seine Rückkehr.« – »Komme herüber, wir wollen ein Weilchen miteinander plaudern.« Das Mädchen kleidete sich an. Der Jüngling ging alsdann zu den Schiffsleuten und sprach: »Verbergt euch, so daß keiner gesehen wird. Doch sobald ich sie in die Koje nehme und mit ihr plaudere, müßt ihr die Schiffstaue durchschneiden.« Das Mädchen kam in die Koje. Sie setzten sich nieder und plauderten. Währenddessen aber fuhr das Schiff ab.

Da ließ der Jüngling den Königssohn aus seinem Versteck hervorkommen. »Wer ist dieser?« fragte erstaunt das Mädchen und setzte hinzu: »Ich möchte jetzt wieder gehen!« – »Bist du närrisch, meine Schwester? Komm, wir wollen noch ein wenig von diesen Süßigkeiten kosten!« Er gab dem Mädchen davon, und sie ließ sich betören. Nun meinte der Kahlkopf: »Jetzt sollen dir die Musikanten etwas spielen.« Er ging und holte die Musikanten, und sie begannen zu spielen. Das Mädchen sprach nochmals: »Ich muß fort, denn mein Vater kommt.« – »Bleibe noch ein wenig hier, damit dir die Jungen noch etwas spielen.« Während aber jene Musik machten, hörte sie nicht, daß das Schiff schon wieder in Fahrt war. »Nun aber muß ich gehen!« sagte sie schließlich und ging an Deck und sah, wo ihr Haus lag. »Mein Bruder«, rief sie, »was hast du mir getan?« – »Was soll weiter werden? Schau, jener Mann, der neben dir sitzt, ist der Sohn des Königs, und ich bin gekommen, um dich für ihn zu holen!« Das Mädchen aber weinte. »Was soll ich tun?« rief sie aus. »Soll ich mich ins Meer stürzen?« So klagend ging sie zum Königssohn und setzte sich zu ihm. Die Musik spielte, und Speise und Trank gab's im Überfluß. Der Kahlkopf aber war allein oben, als Kapitän stand er regungslos auf seinem Posten, während die anderen sich's wohl sein ließen. Sie waren wohl zwei oder drei Tage schon unterwegs. Da kamen eines Tages beim Morgengrauen drei Vögel auf das Schiff geflogen. Außer dem Kahlkopf war niemand an Deck. Zwei der Vögel begannen zu fragen: »Vogel, Vogel, was gibt es denn, Vogel?« Der dritte erwiderte: »Die Tochter des Derwischs ißt und trinkt mit dem Sohn des Königs und ahnt nicht, was für ein Verhängnis ihr bevorsteht.« – »So erzähle es uns«, baten die anderen Vögel. »Sobald sie ankommen werden, wird ein kleines Schiff herzufahren, um sie an Land zu bringen. Dies Boot wird aber kentern, und die Tochter des Derwischs und der Königssohn werden ertrinken. Doch jeder, der dies hört und sie vorher warnt, wird bis zum Knie in Stein verwandelt werden.« Der Kahlkopf hörte alles, doch außer ihm hörte es keiner. – Am folgenden Tage kamen die Vögel abermals in der Frühe zusammen und begannen sich zu unterhalten. Zwei von ihnen fragten den dritten: »Vogel, Vogel! Was gibt es, Vogel?« – »Hört nur: Die Tochter des Derwischs und der Königssohn, die jetzt noch essen und trinken, wissen nichts von dem Schrecklichen, das ihnen droht. Sobald sie landen und unter das Tor des Schlosses treten, wird das Tor einstürzen und wird sie zerschmettern und töten. Doch wer es hört und es ihnen ausplaudert, wird bis zum Rücken in Stein verwandelt werden.« – Auch am folgenden Tage kamen die drei Vögel wieder. Und wieder hörte der Kahlkopf ihr Gespräch: »Vogel, Vogel, was gibt es Neues, Vogel?« Der gab den beiden andern zur Antwort: »Wehe, die Tochter des Derwischs ißt und trinkt und weiß nicht, was ihr zustoßen wird. Am Abend ihrer Hochzeit wird ein Drache mit sieben Köpfen kommen und den Königssohn und das Mädchen verschlingen. Doch wer es hört und verrät, wird bis zum Kopf in Stein verwandelt werden.« Da sprach der Kahlkopf zu sich selbst: »Ich werde verhindern, daß Landungsboote kommen.« Doch als er dem Schlosse zusteuerte, kamen auch schon die Landungsboote heran, um das Mädchen aufzunehmen. »Zurück! Ich wünsche die Boote nicht«, rief er. Da drehten die Boote, und er fuhr mit vollen Segeln an Land. Die es sahen, sprachen: »Warum will er denn das Schiff mit Gewalt zerstören?« Auch der König sprach: »Beim Landen geht es in Trümmer.« Und wirklich, das Schiff zerschellte. Doch der Jüngling sprach: »Habe ich dir nicht damals, als du mir den Auftrag gabst, das Mädchen zu holen, erklärt, daß ich immer nach eigenem Gutdünken handeln wolle? Ich lasse mir also von niemand dreinreden.« Nun schritt er mit dem Königssohn und dem Mädchen bis zum Tore. »Reißt es nieder!« befahl er. »Warum sollen wir es zerstören?« sprachen die Hofleute. »Habe ich euch nicht gesagt, daß ihr euch nicht in meine Angelegenheiten zu mischen habt?« Da rissen sie das Tor nieder. Dann gingen alle in den Palast, aßen und tranken, lachten und plauderten. Den Kahlkopf aber quälte die Sorge. Es wurde Nacht. Die Beiden wurden getraut. Nun erklärte der Kahlkopf dem jungen Paar: »Da, wo ihr schlafen werdet, werde auch ich schlafen.« Der König aber wollte es nicht zulassen und sprach: »Hier, wo die Neugetrauten ruhen werden, kannst du doch die Nacht nicht verbringen!« — »Wie lautete denn unsere Vereinbarung?« fragte der Jüngling. »Tu, wie du willst!« erwiderte der König. Da gingen sie alle drei ins Schlafgemach und legten sich nieder. Der Kahlkopf aber legte sich mit dem Schwerte in der Hand zur Ruhe und zog sich die Decke über den Kopf. Um Mitternacht hörte er, daß ein Drache kam. Er zog sein Schwert, schnitt ihm die Köpfe ab und legte sie unter das Kopfkissen. Der Sohn des Königs aber erwachte und sah das Schwert in seinen Händen und schrie: »Der Kahlkopf wird uns töten!« Da kam sein Vater und fragte ihn: »Warum schreist du so, mein Sohn?« — »Dieser Jüngling will uns töten!« erwiderte er. Da fesselten sie dem Kahlkopf die Arme.

Als es Tag wurde, ließ ihn der König vor sich bringen und sprach: »Was für ein Spiel hast du getrieben? Sieben Jahre bist du umhergezogen, um das Mädchen hierher zu führen, und jetzt wolltest du sie und ihren Gatten töten.« — »Was sollte ich tun? Ich konnte nicht anders handeln!«

»Du wolltest meinen Sohn töten, jetzt werde ich dich töten!« — »Das steht bei dir!« war die Antwort des Jünglings. Da fesselten sie ihn und führten ihn ab, um ihn hinzurichten. Während er dahinschritt, sprach der Kahlkopf zu sich: »Nun werden sie mich enthaupten, da kann ich ebensogut mein Geheimnis jetzt offenbaren, wenn ich dann auch in Stein verwandelt werde.« Da wandte er sich an die, die ihn abführten: »Vorwärts, führt mich nochmals zum König, ich habe ihm noch zwei Worte zu sagen!« Da führten sie ihn zum König. »Warum habt ihr ihn hierhergeführt?« – »Er hat dir noch etwas zu sagen.« – »So sprich, mein Sohn!« – »Als ich die Tochter des Derwischs hierher brachte, war ich ganz allein auf dem Schiff. Dein Sohn aß und trank mit dem Mädchen. Eines Morgens kamen drei Vögel. Die sprachen untereinander: ›Was gibt es Neues?‹ – ›Die Tochter des Derwischs ißt und trinkt mit dem Königssohn; doch sie weiß nicht, daß ihr ein Unglück droht. Doch wer es hört und dann erzählt, wird bis zum Knie in Stein verwandelt werden!‹ Doch außer mir hörte es niemand.« Kaum hatte der Kahlkopf das gesagt, als er bis zum Knie in Stein verwandelt war. Als der König das sah, rief er: »Halt ein, mein Sohn, sprich nicht weiter!« – »Ich rede doch weiter«, sagte der Jüngling. Als er auch von dem Tore erzählte, da wurde er bis zum Rücken in Stein verwandelt. Und doch berichtete er weiter: »Die Vögel kamen zum dritten Male, und ich belauschte wieder ihr Gespräch. Das war der Grund, daß ich mit dem jungen Paar im gleichen Zimmer schlafen wollte, denn ein siebenköpfiger Drache erschien in der Nacht, um sie beide zu verschlingen. Wenn du es aber nicht glaubst, so sieh unter das Kopfkissen!« Da gingen sie hin und fanden die Köpfe. Der Kahlkopf aber schloß mit den Worten: »Ich habe ihn getötet. Dein Sohn aber sah das Schwert in meinen Händen und glaubte, daß ich ihn töten wolle. Ich aber konnte ihm mein Geheimnis nicht sagen.« Da wurde der Kahlkopf bis zum Kopf in Stein verwandelt, und man legte ihn ins Grab. Der Königssohn aber zog in die Welt. Er sagte: »Sieben Jahre hat er für mich die Mühen der Reise erduldet. Ich werde auch sieben Jahre um seinetwillen wandern.« Eines Tages kam er an einen Ort, wo Wasser war. Er trank davon, legte sich nieder und schlief ein. Da erschien ihm der Kahlkopf im Traum und sprach zu ihm: »Nimm von hier ein wenig Erde und wirf sie auf mein Grab. Dann wird der Stein von mir abfallen.« – Der Königssohn schlief lange, dann erhob er sich, nahm Erde und warf sie auf das Grab. Da stand der Kahlkopf auf und fragte: »Wie lange habe ich geschlafen?« – »Du bist sieben Jahre lang für mich umhergezogen, sieben Jahre bin auch ich für dich gewandert«, sagte der Königssohn und führte ihn in sein Schloß und erhob ihn zu einem hohen Amte.

7. Das schwierige Rätsel

Es war einmal ein reicher Mann, der hatte einen Sohn. Mutter und Vater liebten ihn gar sehr. Dieser Knabe ging in die Schule und erlernte alles, was es auf der Welt zu wissen gibt. Eines Tages bekam er vier oder fünf Beutel Geld und verbrachte es in Saus und Braus. Am folgenden Tage trat er in der Frühe vor seinen Vater und sprach: »Gib mir wieder Geld!« Und er bekam abermals Geld, ging damit aus und vertat alles in einer Nacht. So verjubelte er das ganze Vermögen seines Vaters. Eines Tages trat er wiederum vor seine Eltern mit der Bitte um Geld. Da sprachen die Eltern zu ihm: »Mein Sohn, wir besitzen jetzt kein Geld mehr; doch wenn du willst, so nimm diese Pfannen, verkaufe sie und nimm dir den Erlös, um dir einen guten Tag zu machen.« Der Sohn verkaufte sie und verbrauchte das Geld in zwei Tagen. Dann kam er wieder zu seinen Eltern und verlangte Geld. Sie aber sprachen: »Wir haben kein Geld, mein Sohn, aber nimm doch unsere Kleider und verkaufe sie.« Den Erlös dafür verschwendete der Junge wieder in wenigen Tagen. Dann verkaufte er das Haus seiner Eltern und verpraßte das Geld in einem Monat. Da trat er abermals vor seine Eltern hin und forderte Geld von ihnen. Die Eltern aber klagten: »O mein Sohn, weder Geld noch Haus ist uns geblieben, doch wenn du willst, so führe uns zum Sklavenmarkt und verkaufe uns!« Da verkaufte der Sohn seine Eltern. Vater und Mutter aber baten ihn: »Komme doch bald einmal her und besuche uns, damit wir dich wenigstens sehen können.« Beide Eltern wurden von dem König des Landes gekauft. Der Sohn aber erstand sich von dem Gelde, das er für seine Mutter erhalten hatte, neue Kleider und mit dem Geld, das man ihm für seinen Vater gegeben hatte, ein Pferd. Als nach ein, zwei Tagen der Sohn nicht kam, begannen seine Eltern zu weinen. Als die Bedienten des Königs das sahen, liefen sie zum König und sprachen: »Die Sklaven, die du dir gekauft hast, weinen sehr.« – »So ruft sie zu mir!« Als sie kamen, fragte sie der König: »Warum weint ihr?« – »Wir haben einen Sohn, um den weinen wir.« Da forschte der König weiter: »Was für Leute seid ihr denn eigentlich?« – »Wir haben auch schon bessere Tage gesehen, o König. Doch wir haben einen Sohn, der hat unseren Reichtum verpraßt und uns verkauft; um ihn weinen wir. Ach, daß er doch hierher käme, damit wir ihn wiedersehen könnten!« Während die Eltern mit dem König sprachen, kam der Sohn zurück. Der König aber schrieb einen Brief und händigte ihn dem Jüngling ein mit den Worten: »Bringe diesen Brief zu dem und dem Orte hin.« In dem Brief aber hatte der König geschrieben: »Schneidet dem Jüngling, der euch diesen Brief bringt, sogleich den Hals ab.« Der Sohn machte sich reisefertig, bestieg sein Pferd, verbarg den Brief an seiner Brust und machte sich auf den Weg. Er war eine weite Strecke geritten, da verspürte er einen brennenden Durst und erblickte auch einen Brunnen. »Wie soll ich trinken?« dachte er. »Doch halt, ich werde den Brief an eine Schnur binden, ihn in den Brunnen hinabsenken und mir damit ein wenig den Mund benetzen.« Er ließ also den Brief in den Brunnen hinab, zog ihn wieder empor und preßte sich die Feuchtigkeit, die daran haftete, in den Mund. »O«, dachte er, »wenn ich doch sehen könnte, was in dem Briefe steht.« Doch was las er? »Schneidet dem Jüngling, der euch diesen Brief bringt, sogleich den Hals ab.« Als er das gelesen hatte, stand der Jüngling vor Schrecken erstarrt.

In jenem Lande aber lebte eine Königstochter. Der Jüngling hörte von ihr. Jeder, der um sie werbe, müsse ihr ein Rätsel aufgeben. Könne sie das Rätsel lösen, so verliere der Jüngling, der es ihr aufgegeben habe, seinen Kopf, könne sie es jedoch nicht lösen, so würde sie diesen Jüngling zum Manne nehmen. Als er das gehört hatte, ritt unser Jüngling sogleich zum Königspalast. »Was führt dich hierher?« fragte ihn der König. »Ich will deiner Tochter ein Rätsel aufgeben.« — »Nun gut, kann sie dein Rätsel lösen, wird sie dir den Kopf abschlagen, kann sie es jedoch nicht lösen, so soll sie deine Frau werden.«

Da trat der Jüngling vor das Mädchen. »Gib mir dein Rätsel auf!« sagte die Königstochter. Da sprach der Jüngling: »Ich habe meine Mutter angezogen, ich bin auf meinem Vater geritten und von meinem Tode habe ich Wasser getrunken.« Das Mädchen sah in sein Buch, doch es konnte das Rätsel nicht lösen. »Gib mir drei Tage zur Überlegung«, bat sie. »Wohlan, es sei!« sprach der Jüngling, ging in seine Herberge und legte sich nieder. Die Königstochter aber wußte, daß sie das Rätsel nicht würde lösen können. Da ließ sie einen unterirdischen Gang bis zum Schlafgemach des Jünglings bauen. Eines Nachts schlich dann das Mädchen zu ihm, umarmte den Jüngling und sprach: »Ich bin dein und du bist mein, wenn du mir des Rätsels Lösung sagst.« — »Ich kann es dir noch nicht sagen, erst mußt du dich entkleiden«, sprach der Jüngling. Da entkleidete sich das Mädchen. »Sage es mir nun«, flehte sie. Erst nachdem der Jüngling Besitz von ihr genommen, erklärte er ihr das Rätsel. Da klatschte das Mädchen in die Hände, ihre Dienerinnen kamen und brachten sie nach Hause. Sie hatte jedoch das Hemd des Jünglings angezogen und er das ihrige.

Als es Tag wurde, rief man den Jüngling. Er bestieg sein Pferd und ritt zum Palast. Die Leute, die ihn sahen, sprachen: »Es ist schade um den Jüngling, man wird ihn töten.« Der Jüngling aber ritt vor den König. »Meine Tochter hat dein Rätsel gelöst«, sprach der König. »Was hat sie gelöst, mein König? Als ich in der Nacht schlief, kam ein Vogel zu mir auf die Brust geflogen. Ich habe ihn gefangen, getötet und gebraten. Doch als ich mich daran machte ihn zu essen, flog er davon.« Da rief der König: »Er soll getötet werden, er faselt!« – »Ich fasele nicht, mein König. Ich habe deiner Tochter das Rätsel erklärt. Deine Tochter hat einen unterirdischen Gang bauen lassen und ist, als ich schlief, zu mir gekommen. Sie lag in meinen Armen. Ich habe sie genommen und hieß sie, sich zu entkleiden. Dann nahm ich sie an meine Brust und erklärte ihr das Rätsel. Darauf schlug sie in die Hände, ihre Dienerinnen kamen und führten sie weg. Doch wenn du mir nicht glaubst, so sieh, ich trage ihr Hemd und sie das meinige.« Da sah der König, daß er die Wahrheit sprach. Er gab ein Hochzeitsfest von vierzig Tagen und vierzig Nächten, und der Jüngling heiratete das Mädchen. Dann ging er zu seinen Eltern und kaufte von jenem andern Könige seinen Vater und seine Mutter wieder frei.

8. Der Tschordilendschis[1]

Es lebte einmal ein König, und dieser König hatte drei Söhne und drei Töchter. Als die Zeit nahte, daß er sterben mußte, gab er seinen Söhnen den Auftrag, sie sollten ihre Schwestern jedem zur Ehe geben, der um sie werbe, niemandem dürften sie sie verweigern. Dann starb der König. Die drei Brüder sagten: »Wir wollen unsere Pferde satteln

[1] Der Name dieses Dämons setzt sich zusammen aus zigeunerisch tschor »Dieb, Räuber«, türkisch dilendschi »Bettler« und der griechischen Nominalendung -is; er bedeutet also »räuberischer Bettler«.

und eine Reise antreten.« Der jüngste Bruder aber riet: »Laßt uns erst unsere Schwestern verheiraten, dann wollen wir gehen.«

Da kam für die älteste Schwester ein Wolf. Der älteste Bruder sagte: »Ich gebe sie nicht her.« Der zweite Bruder sagte: »Ich gebe sie auch nicht.« Der jüngste Bruder aber sagte: »O Brüder, unser Vater hat einen Befehl hinterlassen; ich will ihn nicht brechen.« Und der jüngste Bruder gab seine Schwester dem Wolf. Für die zweite Schwester kam ein Adler. Der älteste Bruder gab sie nicht, der zweite Bruder gab sie auch nicht, aber der jüngste Bruder gab sie dem Adler. Für die jüngste Tochter kam ein Bär. Der älteste Bruder verweigerte sie ihm, der zweite Bruder verweigerte sie ihm ebenfalls, aber der jüngste Bruder gab sie dem Bären. »Nun ist die Zeit für uns gekommen, nun soll jeder von uns ein Pferd besteigen und hinaus in die Fremde ziehen.« Der älteste Bruder sagte: »O Brüder, laßt uns gehen, vielleicht tat unser jüngster Bruder Unrecht.« Da bestiegen sie ihre Pferde, und sie ritten und ritten, bis sie an eine Wiese kamen. Dort stiegen sie ab, einer von ihnen richtete das Zelt auf, der andere sammelte Stücke von halbverbranntem Holz, damit sie Kaffee bereiten könnten. Als sie sich niedergesetzt hatten, um ihr Abendbrot zu essen, kam ein Mann, Tschordilendschis mit Namen, und bat: »Ach, ihr Brüder! Seid mir Vater und Bruder! Gebt mir ein Stück Brot. Drei Tage und drei Nächte habe ich nichts gegessen.« Der älteste Bruder sagte: »Ich befinde mich auf einer Reise. Ich habe nur genug für mich selbst zu essen mitgebracht.« Der zweite Bruder gab ihm auch nichts. Der jüngste Bruder aber sprach: »Gebt ihm heute meinen Anteil, ich will heute nichts essen.«

So kam der Abend. Einer sollte Wache halten. Der älteste Bruder stellte den Tisch vor sich, steckte die Laterne an und hängte sie zu seinen Häupten auf, damit sie ihm leuchte. Dann legte er das Messer vor sich hin und nahm ein Buch und las. Da kam ein Ungeheuer auf ihn zu und sagte: »Stehe auf und sage mir, wohin diese Landstraße führt, denn ich habe mich verirrt.« Der Jüngling antwortete: »Ich kenne diese Landstraße und diesen Berg auch nicht. Seitdem ich das Licht der Welt erblickte, bin ich auf Wanderschaft.« Doch das Ungeheuer sagte: »Stehe auf und zeige mir den Weg, sonst werde ich dich auffressen.« Da sagte er: »Entweder wirst du mich fressen, oder du wirst es nicht können.« Und das Ungeheuer stürzte sich auf ihn, um ihn zu verschlingen. Der Junge aber zog sein Messer und schlug dem Ungeheuer den Kopf ab. Die beiden Ohren nahm er und steckte sie in seinen Sack. Als der Tag anbrach, ging er zu seinen Brüdern und weckte sie; aber er erzählte ihnen nichts von dem Ungeheuer.

So kam wieder ein Abend. Als die Brüder sich setzten, um ihr Abendbrot zu essen, kam von drüben der Tschordilendschis. »Ach, ihr Brüder! Ich habe drei Tage nichts gegessen. Gebt mir doch heute abend etwas zu essen.« Der älteste Bruder gab ihm nichts, der zweite Bruder gab ihm auch nichts, aber der jüngste Bruder sagte: »Gebt ihm heute abend doch meinen Anteil, ich will nichts essen.« Da sprach der älteste: »O mein Bruder, wenn du diesem Burschen von deinem Brote gibst, wird er uns einen Schabernack spielen.« Doch der jüngste Bruder sagte: »Ich werde ihm schon einen Schlag versetzen und ihm den Mund stopfen.«

Die Nacht brach an. Diesmal wollte der zweite Bruder wachen. Er stellte auch den Tisch vor sich, zündete die Laterne an, hängte sie zu seinen Häupten auf, legte sein Messer vor sich hin, legte auch ein Buch vor sich hin und las. Da kam von drüben ein Ungeheuer mit zwei Köpfen zu ihm und rief: »Stehe auf und nenne mir diese Landstraße und diesen Berg, denn ich habe mich verirrt.«

»Seitdem ich geboren wurde, bin ich auf Wanderschaft und kenne weder diese Landstraße noch den Berg, die hier vor mir liegen.« Das Ungeheuer sprach: »Entweder stehe auf und zeige sie mir, oder ich werde dich fressen.« Da sagte der Jüngling: »Entweder wirst du mich fressen, oder du wirst es nicht können.« Da warf sich das Ungeheuer ihm entgegen, er aber zog sein Messer und schnitt ihm beide Köpfe ab. Die vier Ohren nahm er und steckte sie in seinen Sack. Als der Tag kam, ging er zu seinen Brüdern und weckte sie, und sie plauderten zusammen.

Wieder wurde es Abend und sie setzten sich nieder, um ihre Abendmahlzeit einzunehmen. Siehe da, der Tschordilendschis kam noch einmal. Der älteste Bruder gab ihm nichts, der zweite Bruder gab ihm auch nichts, aber der jüngste Bruder bat: »O Brüder! Gebt ihm heute meinen Anteil. Ich will nichts essen. Laßt ihn essen.« Doch die Brüder sagten: »Lieber Bruder, du willst diesem Burschen von deinem Brot geben, aber er wird uns einen Streich spielen.« Aber der jüngste Bruder sagte: »Na, dann würde ich ihm aber einen Schlag versetzen und ihm den Mund stopfen.«

Die Nacht kam, diesmal wollte der Jüngste wachen. Er steckte seine Laterne an, hängte sie zu seinen Häupten auf, stellte den Tisch vor sich hin, legte das Messer vor sich hin, nahm ein Buch und las. Siehe, da erschien ein dreiköpfiges Ungeheuer und sagte: »Stehe auf und bezeichne mir die Landstraße und den Berg.« Er antwortete: »Seit meiner Geburt bin ich auf Wanderschaft gewesen, ich weiß auch nicht, was dieses für eine Landstraße und für ein Berg ist.« Das Ungeheuer drohte: »Entweder stehe auf und weise mich zurecht, oder ich werde dich fressen.« Doch der Knabe sagte: »Entweder wirst du mich fressen oder du wirst es nicht können.« Und das Ungeheuer stürzte sich auf ihn, um ihn zu fressen. Da zog der Jüngling sein Messer, schnitt die drei Köpfe ab, nahm die sechs Ohren und steckte sie in seinen Sack. Aber indem er das Messer zog, durchschnitt er die Schnur, an der die Laterne hing, und die Laterne fiel zu Boden und erlosch. Nun dachte er: »O Himmel! Wenn ich ein Streichholz hole, werden meine Brüder aufwachen und werden sagen: »Ist es nicht der Kleine, der etwas gesehen hat, das ihn erschreckte? Er ist sicher ängstlich geworden und hat die

Laterne ausgelöscht.« Er blickte rundum, da sah er vor sich einen Feuerschein. Er nahm die Laterne und ging dem Feuer entgegen, um die Laterne wieder anzustecken.

Da kam er zu einer alten Frau und sagte zu ihr: »Du Alte, was tust du hier?« Sie antwortete: »Sieh, mein Sohn, die Nacht halte ich fest und dem Licht laß ich freien Lauf.« Er sprach: »Laß doch die Nacht frei und halte das Licht fest.« Da ließ die alte Frau die Nacht frei und hielt das Licht fest, so daß man die Hand vor den Augen nicht sah. Er band die alte Frau an einen Baum und sagte: »Hier, Alte, werde ich dich an den Baum binden, während ich meine Laterne anstecke.« Und er ging, um seine Laterne anzustecken.

Was sah er da? Einundvierzig Diebe lagen um das Feuer herum, und über dem Feuer stand ein Kessel, und darin kochten sie vier Hammel. Er steckte seine Laterne an und lief eilends davon. Er lief und lief, bis er die Hälfte des Weges hinter sich hatte, da fiel ihm ein: »Herrgott, dieses Feuer ist für mich unerlaubt!« Und er blies und löschte die Laterne aus. Dann ging er zurück und weckte alle auf. Als die Diebe ihn sahen, fragten sie: »Was suchst du hier? Niemand kommt sonst her. Bist du einmal tapfer, daß du dich hierher wagst!« »Seht meine Tapferkeit!« rief er, hob mit seinen zwei kleinen Fingern den Kessel von dem Dreifuß und setzte ihn auf die Erde, dann hob er ihn wieder mit seinen zwei kleinen Fingern empor und stellte ihn auf den Dreifuß zurück. Die Diebe sagten: »Ha! Wir sind ja Männer, aber du bist auch ein Mann. Wir kämpfen, um drei schöne Mädchen zu erlangen. Vierzig Jahre lang gelang es uns nicht, sie zu bekommen. Nun bist du erschienen, ein Mann wie du, und hier sind wir, auch Männer, nun wird es uns glücken, sie zu erlangen.«

Und sie machten sich zum Fortgehen bereit und gingen und gingen, bis sie an ein großes Gebäude kamen. Da fragten die Diebe untereinander: »Wie können wir sie herausholen?« — »Wie wir sie bekommen werden?« meinte der Jüngling, »ich will es euch sagen. Bringt mir vierzig Nägel.« Darauf hämmerte er alle Nägel in die Mauer bis oben zur Spitze. »Kommt nun! Zuerst werde ich mich von innen hinablassen, ihr müßt mich aber vorher an ein Seil binden, dann lasset auch ihr euch einer nach dem anderen hinunter.« So geschah es. Der Jüngling aber tötete einen nach dem anderen, alle vierzig. Der Häuptling blieb bis zuletzt übrig, dann tötete er ihn auch.

Nun ging er hin, öffnete die Tür und blickte hinein. Da sah er eines der Mädchen schlafen. Er trank Wasser, aß Lokum[1] und nahm das Mädchen für seinen ältesten Bruder mit. Dann kam er zu einer anderen Tür, öffnete sie und fand die zweite Schwester. Er aß wieder Lokum, trank Wasser und nahm dieses Mädchen für seinen zweiten Bruder mit. Darauf ging er zu der jüngsten Schwester, öffnete die Tür, trat hinein, trank Scherbet[2], küßte sie zwischen die Augenbrauen und nahm sie für sich selbst. Nun sagte die älteste Schwester: »Was suchst du hier? Hierher kommt sonst niemand; wenn meine Tante dich sieht, wird sie dich auffressen.« Und die drei Schwestern sagten: »Sieh zu, daß du uns von hier so bald wie möglich fortbringst, sonst wird unsere Tante kommen und wird dich auffressen.« Da rief der Knabe: »Heidi! Ich will meine Brüder aufwecken. Zieht euch sofort an, ich werde gleich zurückkehren.«

Er begab sich nun geradeswegs zu der alten Frau. Als sie ihn sah, sagte sie: »Beeile dich, mein Lieber, denn mich friert, ich sterbe fast vor Kälte.« — »Ich werde dich losbinden, aber du mußt ganz langsam die Nacht einziehen und das Licht freilassen, denn du hast die Nacht zu schnell eingezogen und das Licht zu schnell befreit, tue es ganz allmählich. Solltest du es Tag werden lassen, so werde ich dich zu finden wissen und töten, wohin du auch gehst.« Dann ging er zu seinen Brüdern und weckte sie. »He, Brüder! Packt schnell zusammen, wir wollen unsere Pferde besteigen und zusammen davonreiten. Ich habe drei Schwestern gefunden, die wollen

[1] türkisches Konfekt. [2] Limonade.

wir uns holen!« Sie ritten und sie ritten, bis sie zu den Schwestern kamen. Der jüngste Bruder stieg ab, nahm das älteste Mädchen und setzte sie hinter seinen ältesten Bruder auf das Pferd, nahm auch das zweite Mädchen, setzte sie hinter seinen zweiten Bruder auf das Pferd und nahm schließlich sein Mädchen, die Jüngste, und setzte sie hinter sich, und sie ritten wieder von dannen.

Sie ritten und sie ritten, da ergriff der Tschordilendschis des jüngsten Bruders Mädchen. Der älteste Bruder sagte: »Warnte ich dich nicht, Bruder, daß er uns einen Streich spielen wird? Aber du, was sagtest du? ›Na, da würde ich ihm einen Schlag versetzen und ihm den Mund stopfen!‹« Da sagte der jüngste Bruder: »Los, Brüder! Nun bleibt gesund, und reitet ohne mich weiter, ich kehre um.« Und er ging zu seiner ältesten Schwester.

Als seine Schwester ihn sah, sprach sie: »He, Bruder! Du gabst mich einem Wolf, er wird gleich kommen und dich fressen.« Sie gab ihm einen Schlag und verwandelte ihn in einen Besen und warf ihn beiseite. Der Wolf kam daher und rief: »O Weib, ich rieche Fleisch!« – »Nanu!« antwortete das Weib, »du hast eben erst Menschen gegessen, und in dem Augenblick, da du mich siehst, willst du mich auch auffressen.« Dann fragte sie ihn: »Was würdest du mit meinem ältesten Bruder tun, wenn er käme?« – »Da würde ich ihn fressen und dann wieder von mir geben.« – »Und mit meinem zweiten Bruder?« – »Ich würde ihn auch auffressen.« – »Aber den jüngsten?« – »Bei meinem Haupte, er ist mir immer willkommen!« Da gab sie dem Besen einen Stoß und verwandelte ihn wieder in einen Mann. Der Wolf fragte: »Was hast du für ein Anliegen, daß du gekommen bist?« Der Jüngling antwortete: »Höre, der Tschordilendschis hat mein Mädchen entführt.« – »He, wir wollen ihm Tag und Nacht nachstellen, und wenn ich ihn finde, werde ich ihn auffressen. Gehe du nun zu deiner zweiten Schwester, zum Adler.«

Da ging er hin. Als seine Schwester ihn sah, begann sie zu jammern: »O Bruder, du gabst mich einem Adler, und wenn er kommt, wird er dich umkrallen und dir die Augen ausreißen.« Und sie gab ihm einen Schlag und verwandelte ihn in eine Nadel und steckte sie an ihre Brust. Als der Adler kam, rief er: »O Weib, ich rieche Menschenfleisch.« Das Mädchen sagte: »Holla, du hast eben Menschen zerrissen, und in dem Augenblick, wo du kommst und mich siehst, willst du mich auch zerfleischen. Wenn nun mein ältester Bruder käme, was würdest du dann mit ihm machen?« – »Ich würde ihm beide Augen auskratzen und sie in deine Hände legen.« – »Aber wenn mein zweiter Bruder käme?« – »Oh, ihm würde es ebenso ergehen.« – »Aber wenn mein jüngster Bruder käme?« – »Der ist mir immer willkommen!« Da gab sie der Nadel einen Schlag und verwandelte sie wieder in einen Mann. »Weshalb bist du hierher gekommen?« fragte der Adler. Da antwortete der Knabe: »Siehe, es trug sich so zu: der Tschordilendschis hat mein Weib entführt.« – »He, wenn du ihn nicht unschädlich machst, wird er dir Kummer bereiten. Er kann zweimal so schnell fliegen wie ich. Wenn ich ihn fände, würde ich ihm seine beiden Augen ausreißen und ihn blenden«, sprach der Adler.

Dann ging der Knabe zu seiner jüngsten Schwester, und sie rief: »He, Bruder! Du gabst mich einem Bären. Wenn er kommt, wird er dich auffressen.« Und sie gab ihm einen Schlag und verwandelte ihn in einen Apfel und legte ihn auf den Schrank. Als der Bär kam, sagte er: »Hallo! Ich rieche Menschen!« Das Weib sagte: »Du, du hast eben erst Menschen gefressen, und nun kommst du und willst mich auch fressen! Wenn mein ältester Bruder kommen sollte, was würdest du mit ihm tun?« – »Erst würde ich ihn fressen, dann würde ich ihn wieder von mir geben.« – »Und mit dem zweiten?« – »Auch ihn würde ich fressen und dann von mir geben.« – »Und mit dem jüngsten?« – »Der ist mir immer willkommen!« Da gab die Schwester dem Apfel einen Schlag und verwandelte ihn wieder in einen Mann. Der Bär fragte: »Was trieb dich denn hierher?« – »So ist es mir ergangen«, antwortete der Knabe, »der Tschordilendschis hat mein Weib geraubt.« – »He! Wir wollen ihm Tag und Nacht zusetzen, und wenn wir ihn finden, wollen wir ihn in Stücke zerreißen. Aber du, weißt du auch, was du zu tun hast? Du mußt dein Pferd nehmen; schau dorthin, dort sind große Tore. Du mußt dein Pferd antreiben und so schnell wie möglich hindurchjagen, denn sonst schließen sich die Pforten und zermalmen dich und das Pferd. Drinnen auf der rechten Seite befindet sich ein Stall, und darin hängt ein Pferdekummet. Dieses mußt du abnehmen und mit den Händen in die Höhe halten. Wenn dann ein Pferd kommt, das seinen Kopf hindurchsteckt, so mußt du ihm das Kummet umhängen.« Und so geschah es.

Da sah ihn sein Mädchen. Durch eine Kopfbewegung bedeutete er ihr, zu ihm zu kommen. Dann bestieg er sein Pferd, setzte sie rasch hinter sich und ritt mit ihr davon. Sie ritten und sie ritten. Das Pferd wieherte: »Herr! Herr! Das Fräulein ist fort!« Und er fragte: »Wieviel Uhr ist es jetzt?« – »Fünf Uhr.« Da sagte der Tschordilendschis: »Bis um sechs Uhr wollen wir ihn reiten lassen.« Dann bestieg er sein Roß, gab ihm einen Schlag und holte sie ein. »Höre zu«, sprach er zu dem Jüngling, »ich habe von deinem Brot gegessen und habe dich drei Nächte lang hungern lassen. Darum vergebe ich dir. Aber wenn du zum zweiten Male kommst, werde ich dich töten.« Damit nahm er das Mädchen und brachte sie zu seinem Hause zurück. Nun ging der Jüngling zu dem Bären und sagte: »Ich hatte mein Mädchen schon befreit, da holte mich der Tschordilendschis ein und sprach zu mir: ›Ich aß drei Nächte lang dein Brot und ließ dich hungern. Wenn du aber zum zweiten Male kommst, bringe ich dich um.‹« Da sagte der Bär: »Gehe nicht hin und setze dein Leben nicht aufs Spiel eines Mädchens wegen.« Der Jüngling aber meinte: »Ich werde doch gehen, und wenn er will, mag er mich töten.« – »So gehe denn«, sprach der Bär, »aber sowie du durch das Tor eintrittst, wirst du ein Fohlen finden, und wenn du kannst, besteige es; denn sonst kannst du nichts ausrichten.«

Der Jüngling ergriff also das Fohlen beim Zügel, stieg auf, nahm das Mädchen und setzte es hinter sich. Dann gab er dem Pferd einen Streich, und sie flohen. Die alte Stute, die Mutter des Fohlens, aber wieherte: »Herr, Herr! Das Fräulein ist fort!« – »Wieviel Uhr ist es?« fragte wieder der Tschordilendschis. »Wir können nicht säumen«, entgegnete die Stute. Indem er noch einmal fragte: »Ist es wirklich wahr?« bestieg der Tschordilendschis die Stute. Bald so, bald so versuchte er, sie einzuholen, aber es gelang ihm nicht. Da wieherte die Stute ihrem Fohlen zu: »He, Junges, hab ich dir denn Böses getan – es war doch meine Milch, die du trankst –, daß du dich jetzt nicht schüttelst und den Jüngling abwirfst und ihn in Stücke schlägst?« Als das Fohlen das hörte, schüttelte es sich und zertrat den Jüngling in Stücke. Der Tschordilendschis sammelte die Stücke und steckte sie in seinen Sattelsack. Dann nahm er des Jünglings Pferd und warf ihm den Sattelsack über den Rücken. Das Pferd begab sich geradewegs zu der Schwester, der Frau des Adlers. Als die Schwester ihn sah, weinte sie. Der Adler aber flog eilends zu der Zemzem-Quelle[1]. Doch als er sie erreicht hatte und niederschoß, um ein wenig Wasser zu nehmen, brach seine Schwinge. Er kehrte zurück und sprengte das Wasser über den Jüngling. »Ach!« sagte der Jüngling, »ich habe geschlafen.« – »Ja, du hast wirklich fest geschlafen! Der Tschordilendschis hielt es mittlerweile mit deiner Mutter![2] Iß und trink nun, denn ich ging und holte Wasser aus dem Zemzemquell, und schau, wie ich mir deinetwegen die Schwinge gebrochen habe!«

Das ist die Geschichte. – Auf Euer Wohl!

[1] die heilige Quelle, Brunnen der Hagar, im Hofe der Ka'ba zu Mekka.
[2] Der Ausdruck ist nicht wörtlich zu nehmen; er kleidet nur den Gedanken ein, daß den Helden aus seinem Todesschlaf auch das Schlimmste nicht hätte aufschrecken können.

9. Die Geschichte von Batim

Es lebte einmal ein König, der hatte ein Pferd. Außer einem Diener, dem seine Pflege oblag, durfte niemand das Pferd besehen. Es war kein wirkliches Pferd, sondern der Sohn einer Menschenfresserin.

Und der König hatte vier Töchter; eines Tages kamen die Töchter auf den Balkon heraus, setzten sich und stickten. Der Stalljunge trat in den Stall, ging zu dem Pferde und gab ihm Leblebi[1] mit Nüssen zu essen und einen Eimer voll Scherbet[2]. Aber als er hineinging und die Stalltür öffnete, sah die älteste Tochter des Königs das Pferd, und das Pferd verliebte sich in sie. Der Knabe gab dem Pferde Scherbet, aber es wollte nicht trinken, er hielt ihm nochmals Scherbet hin, aber es weigerte sich wieder, davon zu trinken. Da ging der Diener zum König und sagte: »O König, bei deiner Herrschermacht, ich biete deinem Pferde immer wieder Scherbet an, aber es will nicht trinken.« Der König fragte den Diener: »Hat irgend jemand das Pferd gesehen, als du zu ihm gingst?« – »O König, bei deiner Herrschermacht, alle deine Töchter waren auf dem Balkon, wahrscheinlich hat es eine von ihnen gesehen.« – »Dann rufe meine Töchter!«

Der Diener rief die Töchter, und sie kamen zum Könige. Er legte in ihre Schürzen vier Stück Leblebi mit Nüssen und schickte sie fort, um das Pferd zu füttern. In diejenige, aus deren Schürze es fresse, sei es gewiß verliebt. Das Pferd sah nur die eine an. Zuerst bot ihm die Jüngste Futter, doch das Pferd fraß nicht, die zweite Tochter gab ihm etwas, aber das Pferd fraß wieder nicht, die dritte Tochter gab ihm etwas, und das Pferd nahm es auch nicht. Da fütterte es die vierte, die älteste, und das Pferd fraß, und der König gab ihm seine Tochter.

Und der König legte das Mädchen neben das Pferd in den Stall, und das Mädchen sagte: »O Gott, mein Vater hat mich

[1] türkisch: Kichererbse. [2] s. Seite 35, Anm. 2.

einem Pferde gegeben! Wie wird es sein, wenn es sich erhebt, um mit mir eins zu werden?« Da stand das Pferd auf, warf seine Haut ab und wurde ein menschliches Wesen. »Gib mir, o Gott, zwei Augen, um ihn anzublicken«, seufzte sie. Da strahlte und leuchtete der Mann in Schönheit.

Nun ging er auf das Mädchen zu und wurde eins mit ihr. Das Pferd sagte: »Höre mich an, morgen werde ich hinausgehen, ganz in grüne Gewänder gekleidet, und werde ein grünes Pferd unter mir haben. Wenn ich dann morgen um deines Vaters Palast herumstreifen werde, so werden deine Schwestern sagen: ›Gott, war unser Vater nicht imstande, unsere Schwester einem menschlichen Wesen zu geben? Aber meine Schwester mußte ein Pferd nehmen.‹ Gib acht, vergiß dich nicht und sage nicht, daß ich dein Ehemann bin, sonst wirst du später, obgleich du mein Weib bist, Schuhe und einen Stab aus Eisen machen müssen, um nach mir zu suchen, bis du mich findest in dem Land Tschine-matschine-dscheza-davulja[1].«

In der andern Nacht aber bat er sie: »Ich flehe dich an, ihnen nichts zu sagen. Morgen werde ich ganz weiß gekleidet auf einem weißen Pferd vorüberreiten. Und deine Schwestern werden von dir sagen: ›Hätte unsere Schwester einen solchen Mann genommen, wir würden Bravo zu ihr sagen. Aber sie nahm ja ein Pferd.‹«

Als ihr Ehemann nun vorüberritt, spotteten ihre Schwestern über sie, weil sie ein Pferd zum Ehemann genommen hatte. Da sagte sie zu ihnen: »Was wollt ihr denn? Jener, der in weißen Gewändern und mit einem weißen Pferde vorüberreitet, ist mein Gemahl.«

[1] Name eines fernen Wunderlandes, das nur nach langer, gefahrvoller Reise erreicht werden kann. Der Name ist zusammengesetzt aus türkisch Tschin-u-Matschin = »Großchina«, türkisch-arabisch dscheza »Strafe, Vergeltung, Belohnung« [arab. daru 'l-dschaza bedeutet »Jenseits«!], und davulja, das wohl eine zigeunerische Mehrzahlform von türkisch davul »Pauke« sein wird. Tschin-u-Matschin als Bezeichnung eines Märchenreiches begegnet auch in arabischen Erzählungen.

Als es Abend wurde, kamen sie wieder zusammen. »Was nun«, sprach der Ehemann, »sagte ich dir nicht, du möchtest nichts erzählen? Ach Weib! du mußt nun Schuhe und einen Stab aus Eisen machen und im Lande Tschine-matschine-dscheza-davulja nach mir suchen, bis du mich findest.« Brrrr, flog das Pferd fort zu seiner Mutter. Als die Mutter ihn sah, rief sie: »Oh, mein Batim ist zurückgekehrt!«

Da stand das Weib auf, machte sich Schuhe und einen Stab aus Eisen und wanderte zu dem Lande Tschine, um ihn zu suchen. Zehn Jahre mußte sie wandern, und im elften Jahre fand sie ihn endlich. Sie kam an einen Springbrunnen und setzte sich nahe bei ihm nieder, und täglich holte ein Diener in einem Gefäß Wasser für jenen Jüngling, den Batim, aus dem Springbrunnen. Das Mädchen fragte: »Für wen willst du das Wasser in dem Gefäß holen?« – »Für einen Jüngling, Batim nennen sie ihn«, antwortete er. »Bringe es her, damit ich aus dem Gefäß Wasser trinken kann«, bat sie, aber sie wollte nicht trinken, sondern sie ließ ihren Ring in das Gefäß fallen. Aber Batims Diener sah den Ring nicht in dem Gefäß.

Batim nahm das Gefäß, um Wasser zu trinken. Was sah er da? Seines Weibes Ring in dem Gefäß, und er rief seinen Diener: »Wer war bei dem Springbrunnen?« – »Eine junge Frau.« – »Rufe sie, daß sie zu mir kommen möge.« Und der Knabe rief: »Heda, Batim ruft dich!«

»Nun, sagte ich dir nicht, du möchtest deinen Schwestern nichts davon sagen, daß ich dein Ehemann bin, als ich vorüberritt?« fragte er. »Ach, ich warf mich weg und verriet es ihnen.« – »Meine Mutter wird nun kommen und dich fressen.« Da gab ihr Batim einen Schlag und verwandelte sie in eine Nadel und steckte sie an seine Brust.

Als seine Mutter kam, rief sie: »Hei, junges Fleisch ist zu mir gekommen!« Hierauf sprach Batim: »Mutter, was willst du tun, nun du es erraten hast?« – »Was ich tun werde, Junge? Zuerst werde ich sie auffressen, dann werde ich sie ausspeien.« – »Mutter«, fragte Batim, »wenn ich sie zu dir bringe, wirst du sie dann auch angreifen?« – »Junge, ich werde sie nicht angreifen.« – »Schwöre einen Eid bei meinem Leben, Mutter, damit ich dir glauben kann.« – »Wenn ich sie angreife, Junge, so magst du sterben!« So schwur sie einen Eid bei seinem Leben. Da gab Batim der Nadel, seinem Weibe, einen Schlag und verwandelte sie in ein menschliches Wesen. »Ha! du kleine Hure! Was für junges Fleisch ist da zu mir gekommen? Aber was kann ich machen, denn ich habe einen Eid beim Leben meines Batim geschworen. Höre mich, du Hure! Bis morgen verlange ich, daß du weinst, so lange weinst, bis jener Kessel vollständig mit Tränen angefüllt ist. Wenn du ihn nicht mit Tränen gefüllt hast, bis ich komme, so werde ich dich sogleich auffressen.«

Da ging das Mädchen zu dem Kessel und stand davor und weinte. Doch soviel sie auch weinte, konnte man kaum sehen, daß der Kessel von den Tränen auch nur angefeuchtet war. Da kam der Jüngling Batim zu ihr und fragte: »Warum weinst du?« Sie sprach: »Was kann ich dafür, daß ich weine? Deine Mutter hat gesagt, sie wünsche, daß ich den Kessel mit meinen Tränen gefüllt habe, bis sie zurückkommt.« – »Oh, du Kindskopf, nimm den Eimer und fülle den Kessel mit Wasser.« Da füllte sie ihn mit Wasser. »Geh, hole mir eine Schachtel voll Salz.« Sie holte das Salz, schüttete es in den Kessel und rührte es um, bis das ganze Salz schmolz. Sie nahm ein wenig und schmeckte es, und es war genau so salzig wie Tränen.

Da kam Batims Mutter und fragte das Mädchen: »Nun, du Hure, hast du den Kessel mit Tränen gefüllt?« – »Ich habe ihn gefüllt, Mutter.« Sie ging hin, und was mußte sie sehen? »Möge derjenige, der dir das zeigte, deine und meine Ausscheidung essen!« schrie sie voll Wut.

Am folgenden Morgen sprach die Mutter wiederum: »Du Hure, hörst du mich? Morgen, ehe ich komme, verlange ich, daß du diese einundvierzig Stuben mit Federn angefüllt hast, und die Hälfte Federn soll noch übrigbleiben. Du verstehst mich, wenn ich es nicht so vorfinde, bis ich zurückkomme, werde ich dich fressen.« Sie ging. Da saß nun das Mädchen. Hier sah sie eine Feder und hob sie auf. Da sah sie eine Feder und nahm sie an sich; und während der ganzen Zeit weinte sie. Da kam Batim auf sie zu: »Warum weinst du?« – »Was kann ich dafür, wenn ich weine! Deine Mutter befahl mir, diese einundvierzig Zimmer ganz mit Federn zu füllen.« – »O Närrchen, warum weinst du?« – »Wie sollte ich nicht weinen, denn sie drohte, sobald sie zurückkehre, wolle sie mich auffressen.« – »Komme heraus und rufe: ›Kommt, Tauben, kommt, Sperlinge, Batim ist hier.‹ Wenn du so rufst, werden alle Tauben und alle Sperlinge gefiedert kommen und werden nackt davonfliegen. Dann kannst du alle Stuben füllen, und die Hälfte der Federn wird noch übrigbleiben.«

Da kam die alte Mutter und fragte: »Hast du die Arbeit verrichtet, du Hure?« – »Ich habe sie verrichtet, Mutter.« Die aber schimpfte: »Wer dir das eingegeben hat, soll deine und meine Ausscheidung essen!«

Am nächsten Morgen will die alte Mutter ein großes Fest feiern und will ihre Brüder und ihre Schwestern zu dem Fest einladen. »Höre mich an, o Hure, morgen wirst du zu meiner Schwester gehen und ihr bestellen, daß ich ein Fest feiern will.« Diese Schwester war auch eine Menschenfresserin. »Gut, Mutter«, sagte das Mädchen. »Wenn du nicht gehst, werde ich dich auffressen.« Das Mädchen setzte sich hin und weinte. Da kam Batim. »Warum weinst du?« – »Ich weine, weil deine Mutter mich zu ihrer Schwester sendet, um sie zu ihrem Feste einzuladen.« – »Höre mich«, sagte Batim, »du sollst gehen, aber wenn du siehst, daß ihre Augen offen sind, dann schläft sie; wenn ihre Augen geschlossen sind, wacht sie. Und an der linken Brust wird ein Mädchen saugen, an der rechten Brust wird ein Knabe saugen. Sobald du ankommst, nimm das Mädchen von der linken Seite und lege es an die rechte Brust; von der rechten Seite nimm den Knaben und lege ihn an die linke Brust.«

Die Menschenfresserin hörte das Mädchen und erwachte. »Hoho, junges Fleisch ist in der Nähe«, rief sie, »aber ich kann nichts mit dir anfangen. Derjenige, der dir das verraten hat, möge deine und meine Ausscheidung essen.« Und das Mädchen ging wieder nach Hause. »Wie denn, du Hure, hast du sie eingeladen?« – »Ja, Mutter.« – »Der, der dich belehrte, mag deine und meine Ausscheidung essen. Doch höre mich, du Hure! Morgen sollst du meinen Bruder zu dem Fest einladen. Sage: ›Viele Grüße von Eurer Schwester und Ihr möchtet zum Fest kommen.‹«

Wieder saß das Mädchen und weinte. Da kam Batim und fragte sie: »Warum weinst du?« – »Was kann ich dafür, daß ich weine? Deine Mutter sendet mich zu ihrem Bruder, damit ich ihn zum Feste einlade.« – »Fürchte nichts, nimm Zeugstücke und binde sie um deine Hände. Er fegt den Ofen immer mit bloßen Händen aus. Sobald du ankommst, mußt du sagen: ›O Herr, du hast deine Hände verbrannt.‹ Und du mußt sofort die Zeugstücke an seine Hände legen. Dann kann er dir nichts anhaben.«

Als der Bruder sie kommen sah, rief er: »Oh, was für junges Fleisch ist zu mir gekommen?! Aber was kann ich tun? Möge der, der dir das eingab, meine und deine Ausscheidung essen!« Als das Mädchen wieder nach Hause kam, fragte die Alte: »Wie, du Hure, bist du dort gewesen?« – »Ich war dort, Mutter.« – »Möge der, der dir diese Anweisung gab, meine und deine Ausscheidung essen!« schrie das alte Weib.

Am Morgen standen das Mädchen und Batim auf und liefen davon. Da kam die Mutter angelaufen und rief: »Batim, Batim.« Aber weder ein Batim noch sonst jemand war da. »Hure, Hure!« Aber keine Hure und kein Batim waren da. Und sie setzte hinter ihnen her, um sie einzufangen. Da sagte Batim zu seinem Weibe: »Drehe dich um und sieh, wer da kommt.« – »Ei, Batim, deine Mutter kommt. Mit Feuer und Rauch hat sie ihre Zunge herausgestreckt, und vor Wut kommen Funken heraus.« Was tat Batim? Als seine Mutter kam, verwandelte er sein Weib in einen Ofen und sich selbst in einen Bäcker und heizte den Ofen. Da kam die Mutter vorüber. »Bäcker, hast du nicht eine Frau und einen Mann vorübergehen sehen?« Denn die Hure war ja ein Ofen und ihr Mann ein Bäcker geworden. »Siehe, ich heize den Ofen, um Brot zu backen«, antwortete er. Und sie kehrte wieder zurück.

Da machte Batim sich auf, nahm sein Weib und begab sich wieder auf den Weg. Sie flohen weiter. Als die Mutter das sah, setzte sie wieder hinter ihnen her. »Drehe dich um und sieh, ob irgend jemand hinter uns herkommt«, sagte Batim. Was sah das Weib? Die Mutter kam, bald von dieser, bald von jener Seite, und bemühte sich, sie einzufangen. Aber es gelang ihr nicht, denn Batim verwandelte sein Weib in einen Teich und sich in eine Ente. Die Mutter kam und rief: »Ach, Batim, wenn ich da hinauftrete, werde ich dir auf die Füße treten; wenn ich dort hinauftrete, werde ich dir auf den Rükken trampeln. Wenn ich noch dazu wüßte, daß die Ente jene Hure wäre, würde ich einen Stein nach ihr werfen und sie töten. Aber wenn es dagegen mein Batim ist, würde ich ihn verletzen, und er würde sterben. Was soll ich denn tun?« Und sie kehrte zurück.

Batim und sein Weib machten sich auf und flohen wieder weiter. Die Mutter bemerkte es und lief hinter ihnen her, doch die beiden konnten sie nicht sehen, weil sie gerade miteinander sprachen. Und als Batim sich endlich umsah, holte die Mutter sie schon ein. Was sollte er tun? Er verwandelte sich selbst in eine Rose und sein Weib in einen Rosenstrauch. Die Mutter kam und rief: »Ach, Batim! wenn ich den Rosenbusch abschneide, bist du es vielleicht; wenn ich die Rose abschneide, kannst du es auch sein. Wenn ich nun wüßte, daß du die Rose bist, und daß die Hure der Rosenstrauch ist, würde ich ihn mit den Wurzeln ausreißen. Aber, Junge, liebst du sie wirklich, und kannst du nicht ohne sie leben? Wo sie ist, da bist du auch. Du kannst nicht ohne sie sein. Darum sollt ihr beide euer Brot mit einem silbernen Löffel essen und eure Suppe aus einem goldenen Teller. Zieh in guter Gesundheit von dannen; und möge meine Milch, die du trankst, zum Segen für dich sein. Ich, die dich zuerst sah und dich großzog, ich segne dich.«

Und die Mutter kehrte um und ging. Batim und sein Weib aber blieben beieinander. Sie zogen weiter und wanderten, bis sie in eine Stadt kamen. Dort feierten sie vierzig Tage und vierzig Nächte lang ihr Hochzeitsfest. Sie aßen, sie tranken und gaben dem Hund keinen Knochen.

10. Die Stiefmutter

Es lebte einmal ein Türke, der hatte eine Tochter. Die Tochter fragte ihn eines Tages: »Vater, warum nimmst du keine Frau und heiratest, damit sie für uns sorgt und uns wäscht? Denn wir werden von Läusen ja noch ganz aufgefressen.« – »Ei nun, liebes Kind, wenn ich ein Weib nehme, wird sie dir dann nicht dein Essen ins Gesicht werfen? Und dann kann ich nicht dagegen auftreten.« Aber er verheiratete sich doch.

Ein Tag, zwei Tage vergingen. Da sagte das Weib: »Wenn du deine Tochter fortschickst, will ich dein Weib sein, wenn nicht, will ich dich nicht haben.« Das Weib backte einen Kuchen, und Vater und Tochter gingen in einen Wald. Dort verließ der Vater seine Tochter und machte vorher ein Feuer, daß sie sich wärmen konnte. »Bleibe hier sitzen, meine Liebe, ich will nur noch mehr Brennholz suchen«, so belog er sie.

Die Verlassene blieb dicht am Feuer sitzen und aß ihr Brot. Da kam ein Bär heran, der tappte beständig mit seiner Tatze nach ihr. Das Mädchen sagte: »Geh fort von mir, erlaube dir keine Freiheiten, denn ich habe Kummer. Mein Vater ist nach Brennholz gegangen und ist noch nicht zurückgekehrt.« Wieder ging der Bär mit seiner Tatze auf sie los. »Geh«, sagte das Mädchen, »erlaube dir keine Freiheiten, sonst werde ich ein brennendes Scheit nach dir werfen und dich verbrennen.« Wieder ging der Bär mit seiner Tatze auf sie los. Da nahm das Mädchen ein brennendes Scheit, schleuderte es gegen ihn und setzte den Pelz in Brand, daß er krachte wie eine Nuß, die aufgebrochen wird.

Endlich brach der Tag an. Die Holzhauer kamen, um ihre Karren mit Brennholz zu beladen. Aber was sahen sie? Das Mädchen! »Heda, Mädchen«, riefen sie, »wie hast du geschlafen? Und du bist am Leben geblieben? Keiner im ganzen Dorf wagt es, durch den Wald zu gehen, wegen des Bären.« – »Ha, niemand wagt es? Seht her, ich habe seinen Pelz verbrannt, und er ist wie eine Nuß geborsten«, sprach sie. Da kamen sie herzu, und als sie es sahen, nahmen sie alle das Mädchen mit sich in das Dorf, und alle Bulgaren beschenkten sie, weil sie den Bären getötet hatte.

Nun ging das Mädchen heim. Als ihre Stiefmutter sie sah, sagte sie zu ihrem Mann: »Hast du so deine Tochter fortgebracht? Warum ist sie wiedergekommen?« – »Ich hatte sie fortgeschickt, du kannst es glauben. Gehe, frage das ganze Dorf, ob ich lüge!«

Der Abend kam. »Höre zu«, sagte das Weib, »solange du nicht deine Tochter fortschickst, so daß sie niemals wiederkommen kann, will ich nicht dein Weib sein. Nur wenn du sie fortschickst, ohne daß sie sich wieder zurückfindet, will ich dir gehören.«

Sie backte einen Kuchen und ließ ihn absichtlich fortrollen. Der Kuchen rollte und rollte bis zu einer verlassenen Mühle.

In der Mühle blieb das Mädchen. Gerade als es sich niedersetzte, um sein Brot zu essen, kam eine Henne ganz nahe zu ihm heran. Aber das Mädchen sprach kein Wort und warf der Henne beständig Krumen hin. Die Henne nahte sich wieder dem Mädchen, doch wieder blieb es still; und immerfort warf es ihm Krumen zu. Doch plötzlich verschwand die Henne wieder. Da erschien vor dem Mädchen ein Hahn, und in derselben Weise warf es ihm Krumen zu, aber es sprach auch zu ihm kein einziges Wort. Wieder schritt der Hahn auf das Mädchen zu, und abermals warf es ihm in derselben Weise Krumen hin.

Wieder brach der Tag an, und das Mädchen kam heraus vor die Mühle und setzte sich. Da kamen Bulgaren vorüber und riefen: »Ha, Mädchen, warum bleibst du hier, und warum gehst du nicht fort?« Unter den Bulgaren war ein Zigeuner, der sprach: »Was hast du hier zu suchen, und warum gehst du nicht? Diese Mühle ist verwünscht. Irgend etwas wird vor dir erscheinen und dich erschrecken.« – »Ach, was soll ich tun? Meine Stiefmutter mag mich nicht. Darum hat mich mein Vater hierher gebracht, und ich bin abends allein geblieben. Wenn ich heimgehe, dann will meine Stiefmutter nichts mit meinem Vater zu tun haben. Ich will hier bleiben, bis ich weiß, wohin ich gehen soll. Was soll ich sonst tun?«

So kam der Abend. Das Mädchen saß in der Mühle und aß sein Brot. Da kam ein Derwisch und zündete seine Tabakspfeife an. Das Mädchen kam aus der Mühle heraus und sah ihn in seinen weißen Gewändern stehen. Als seine Pfeife brannte, kam er auf das Mädchen zu und erlaubte sich bei ihr allerlei Freiheiten. Das Mädchen hielt still und sprach nicht. Der Derwisch kam wieder auf das Mädchen zu und berührte es wieder in derselben Weise mit der Hand, mit der Pfeife, mit dem Fuß, doch wiederum schwieg das Mädchen.

Da geschah, was geschehen mußte: der Derwisch verschwand. Alsdann erschien eine gackernde Henne vor dem Mädchen und gackerte fortwährend auf es los. Das Mädchen warf ihr Krumen zu, wieder und immer wieder, bis der Hahn krähte. Da, als der Hahn krähte, verschwand die Henne, und nun blieb alles ruhig. Da legte sich das Mädchen nieder und schlief. Es schlief und schlief, bis der Tag anbrach, dann stand es auf.

Nun wollte sie zu ihrem Vater gehen. »Warum sitze ich hier, wo wilde Bestien vor mir erscheinen, und gehe nicht fort?« Also ging sie zu ihrem Vater. Als der Vater sie kommen sah, begann er zu jammern: »Wo bist du nur gewesen, Kind? Wir dachten, du wärest verloren.« Und das Mädchen sagte: »Ach, Vater, du hast mich wegen einer Frau hinausgeworfen, und du hast so erreicht, daß ich nur noch ein halber Mensch bin. Gar wilde Bestien erschienen vor mir. Sieh, sieh nur, meine Zunge vertrocknete in meinem Munde.«

Aber ihre Stiefmutter sah sie und schrie: »Ha, du Hure, was hast du hier zu suchen?« – »Was ich suche?« sagte das Mädchen. »Ich bin dir zum Trotz zu meinem Vater zurückgekehrt.« – »Das sehe ich. Du bist mir zuleid zurückgekehrt, um deinen Vater zu haben und ihm in die Augen zu sehen!« schrie das Weib. Der Mann aber sagte: »Du hast mich dazu gebracht, mich von meiner Tochter um deinetwillen zu trennen. Wenn du magst, so bleibe du von jetzt ab bei deiner Mutter.«

Und damit nahm der Ehemann seine Tochter und verließ sein Weib. Vater und Tochter gingen und gingen, bis sie an ein Haus kamen. Was sahen sie da? Das Haus war ganz voller Kleider und anderer Dinge. »O Kind, nun haben wir unser Glück gefunden!« – »Nun sei einmal vernünftig, Vater«, sagte die Tochter, »sollte jene Hure kommen, nimm sie nicht zurück.«

Es kam, wie es kommen mußte. Das Weib kam und fragte das Mädchen: »Wohin ist dein Vater gegangen?« – »Mein Vater ist hier. Was willst du von ihm?« sprach das Mädchen und ging und rief den Vater. Als der Vater kam, sagte er: »Was suchst du hier, du Hure? Du hast verlangt, daß ich meine Tochter verstoße und du und ich Weib und Ehemann sein sollten.« Dann betrat er das Haus und sprach: »Warte, Kind, ich will das Messer nehmen und sie töten.« Das Mädchen aber meinte: »Nein, Vater, sie hat mir zuviel Unrecht getan und mich zu sehr verhöhnt. Gib mir das Messer, laß mich sie töten, damit meine Wut sich legt.« – »Ha, weißt du, was du mir getan hast?« schrie das Mädchen sie an, »bis zum heutigen Tage hast du versucht, mich umzubringen, aber das Schicksal hat mir gewährt, jetzt glücklich zu leben.« Und sie nahm das Messer und schnitt ihr die Kehle durch.

Dies ist die Geschichte. Auf Euer Wohl!

11. Die gefährliche Katze

Irgendwo lebte ein alter Mann, der hatte nichts zu essen und nichts zu trinken. Da begab er sich in Wüsteneien und Einöden. Er fand eine kleine Katze, steckte sie in einen Sack und kam in ein Land, wo es keine Katzen gab. Stattdessen gab es dort sehr viele Mäuse. Er wollte als Gast in einem der Häuser bleiben und setzte sich nieder, um Brot zu essen.

Da kamen zehn Leute, jeder mit einem Stock in der Hand. Der alte Mann, der die Katze hatte, fürchtete sich und sagte in seiner Angst: »Sie werden mich schlagen, weil ich Brot esse.« Doch sie antworteten: »Wir haben die Stöcke nicht deinetwegen, sondern wegen der Mäuse mitgenommen.« Da zog er aus dem Sack den Kopf der Katze heraus. Nun fürchteten sich die Männer ihrerseits, sie trieben die Mäuse heraus, und die Katze erwürgte sie. Dann ging sie wieder zu ihrem Herrn. Alsbald aber gelangte die Schreckenskunde zum König: »Zehn Männer hat die Katze erwürgt, zehn Männer.«

Der König ließ den Mann rufen. Der alte Mann kam, begrüßte ihn, und sie tranken eine Tasse Kaffee. Dann nahm er aus dem Sack den Tschampara-Büjüklü-Tschelebi-Mustafa[1]. Der König sagte: »Ach, Alter, verkaufe den Herrn Mustafa mit dem großen Bart doch an uns.« Da überlegte er und sprach: »Nimm mein Herz, o König, aber laß mir den Herrn Mustafa mit dem langen Bart.« – »Was verlangst du denn?« – »Ich wünsche dir Gesundheit, ich verlange ein Schiff, das zur Hälfte aus Gold, zur Hälfte aus Silber ist. Und ich verlange von dir die Hälfte von dem Gelde der Stadt.« Der König

[1] türkisch: der Herr Mustafa mit dem großen Bart.

sagte: »Es sei dein, es sei dein!« Da willigte der Alte ein. Der König nahm die Katze, und der alte Mann ging fort.

Der König sagte: »Wir haben ja nicht gefragt, was die Katze ißt. Geht doch, fragt ihn.« Der rief zurück: »Was Menschen essen, ißt sie auch.« Die Männer kamen wieder, und man fragte sie, was sie esse. Da berichteten sie: »Sie ißt jeden Tag einen Mann.« Da gingen sie vor die Stadt hinaus, wo die Zigeuner wohnen, und töteten einen Mann von ihnen. Sie warfen ihn der Katze vor. Die Katze aber aß nicht, weil es Zigeunerfleisch war. »Sie muß ärgerlich sein, man soll noch einen Mann töten.« Sie brachten den Mann. Die Katze aß wieder nicht.

Da wurde die Katze an eine Kette gebunden und die Tür mit einem Schlüssel verschlossen. Nun legten sie Rindfleisch vor sie hin, und die Katze fraß. Sie stellten Brot vor sie hin, sie nahm es. – Der Tag darauf war Freitag. Da holten sie die Katze heraus, damit sie mit den Soldaten auf den Markt ginge. Die Katze wurde an den Gürtel des Königs gebunden. Und der König befahl dem Kriegsvolk: »Achtet auf mich, daß die Katze mich nicht auffrißt.« Die Katze aber sprang aus Furcht auf seinen Rücken. »Die Katze will mich fressen«, schrie der König. Da verscheuchten sie die Katze, und sie lief davon.

Sie kletterte auf die Moschee. Die Muslime[1] waren gerade beim Beten. Als sie herauskamen und sich entfernten, blieben der Imam und der Hodscha[2] noch zurück. Der Imam meinte: »Was für eine schöne Moschee haben wir doch!« Da sah er die Katze oben auf der Moschee und sagte: »Wenn die Katze jetzt herunterkäme, würde sie uns auffressen.« Da erblickte sie auch der Hodscha und sprach: »Komm, laß uns in ein anderes Land ziehen«, und bestürzt liefen sie davon.

Die Katze aber kehrte zurück zu dem alten Manne.

[1] d. h. Mohammedaner [2] Imam ist die Bezeichnung des islamischen Geistlichen, Hodscha die des Schullehrers.

12. Der liebe Gott und die verstoßene Stieftochter

1

Es war ein alter Mann, der hatte eine Tochter. Sie war noch klein und konnte ihren Kopf noch nicht waschen, darum war er von Läusen ganz zerfressen. Die Tochter fragte: »O Vater, warum nimmst du keine Frau, damit sie uns waschen kann, wir werden ja von den Läusen ganz zerfressen.«

Da nahm der Vater eine Frau. Diese hatte aber schon eine eigene Tochter, und so kam, was kommen mußte. Das Weib sagte zu ihrer Stieftochter: »Höre mich an, du schlechtes Frauenzimmer, nimm diese weiße Wolle, gehe zum Fluß hinunter und wasche sie, bis sie schwarz wird. Ehe die Wolle nicht schwarz ist, darfst du nicht nach Hause zurückkehren, sonst töte ich dich.«

Die Tochter ging von dannen, machte einen Kuchen aus Mist und ging hinunter zum Flusse. Sie blieb und wusch die Wolle einen Abend, zwei Abende, drei Abende. Je mehr sie die Wolle wusch, um so weißer wurde sie, aber schwarz wurde sie nicht. Auf einmal stieg der liebe Gott herunter und fragte das Mädchen: »Was tust du, mein Kind?« – »Schau, Vater, ich wasche die Wolle.« – »Nun, warum wäschst du sie?« – »Sieh, ich habe eine Stiefmutter, sie hat mich hergeschickt, um die Wolle zu waschen. Ehe ich sie nicht statt weiß schwarz gewaschen habe, darf ich nicht heimkommen, sonst, sagte sie, würde sie mich töten.« So sprach sie zu dem Alten. Der liebe Gott ging von dannen. Was sieht er in dem Feuer? Einen Dungkuchen, der zu Asche verbrannt war. Den schlägt Gott mit seinem Stabe, macht einen Kuchen daraus und bearbeitet ihn, bis er größer wird, dann tritt er wieder zu dem Mädchen heran. »Kind! Nimm deinen Kuchen heraus und iß ihn.« – »Aber, Vater, er ist noch nicht gebacken.« – »Gehe nur hin, mein Kind«, sagte der liebe Gott, »er ist gebacken.« Als es nun hingeht, was sieht das Mädchen? Einen feinen, schön aufgegangenen Kuchen. Sie setzt sich nieder, um zu essen, und ißt den ganzen Kuchen bis auf das letzte Krümchen auf. Da nähert der liebe Gott sich ihr und spricht: »Kind, lause mich.«

Der liebe Gott neigt sich in des Mädchens Arme, und das Mädchen laust ihn und streichelt ihn. Der liebe Gott fragt: »Was hast du gefunden, Kind?« Und das Mädchen sagte: »Silber, Vater.« Da spricht Gott: »Kind, warte, ich will mich umwenden, damit du mich auch von dieser Seite untersuchen kannst.« Der liebe Gott dreht sich auf die andere Seite, und das Mädchen sucht wieder. Gott fragt: »Was entdeckst du, Kind?« – »Gold, Vater.« Und Gott sagt: »Mein liebes Kind, da du nun in Silber und Gold wandelst, magst du wie eine Kerze brennen und scheinen.« Da glänzte das Mädchen und glitzerte von Silber und Gold. Nun erhob sich der liebe Gott und berührte mit seinem Stabe die Wolle, und statt weiß wurde sie schwarz. »Nimm jetzt deine Wolle, mein Kind, und gehe heim.« Was sieht das Mädchen? Der liebe Gott hatte die Wolle schwarz gemacht. Nun nimmt das Mädchen die Wolle und geht nach Hause.

Da die Stiefmutter sieht, wie das Mädchen in Schönheit strahlt und von Silber und Gold funkelt, erhebt sie sich von ihrem Sitz und fordert das Mädchen auf, sich zu setzen. Sie sagt zu ihrer eigenen Tochter: »Sieh, Kind . . . du kannst sie essen . . . und ihren Kot. Sieh, dich habe ich immer mit Butter und Eiern ernährt, aber für sie machte ich Brot aus Dung, um sie zu ernähren. Schnell, du Hure, gehe auch hin.« Die Mutter gibt ihr weiße Wolle und bereitet für sie Eier mit Butter zu; damit ging nun auch ihr Kind zum Fluß.

Sie geht hin und wäscht einen Abend, zwei Abende, drei Abende in dem Fluß. Plötzlich steht der liebe Gott vor ihr. »Wie geht's, mein Kind?« Aber voll Ärger sagt sie: »Solch ein alter Esel, der sich da um mich kümmert!« Noch einmal fragt er: »Wie geht's?« Wieder sagt das Mädchen: »So ein alter Esel kümmert sich um mich!« Da spricht Gott zu ihr: »Warte nur, Kind, Gott kann dich zur Hälfte in eine Eselin und zur Hälfte in ein Weib verwandeln, und alle Esel, die es gibt, sollen dir folgen, so daß du deinen Kopf nicht erheben kannst wegen der Esel.« Das Mädchen geht heim. Was sieht da die Mutter? Zur Hälfte eine Eselin und zur Hälfte ein menschliches Wesen, und alle männlichen Esel hinter ihr her. Die Mutter treibt die Esel fort und bringt das Mädchen ins Haus.

Die Mutter näht nun einen Rock genau wie den der anderen Tochter, so daß auch sie in Silber und Gold schimmert und glänzt.

2

Des Königs Sohn hört davon und wird krank vor Liebe. Ach, er will sterben! Der König fragt ihn: »Mein Sohn, was fehlt dir? Hast du nicht genug zu essen, oder hast du kein Geld mehr?« – »Ich will weder Euer Geld noch Euer Essen. Aber ich bin verliebt ... Da lebt irgendwo die Tochter einer alten Frau, nach ihr sehne ich mich, laß sie zu mir bringen.«

Die Frau erfährt, daß des Königs Sohn die Stieftochter haben will. Die Frau steht auf, kleidet ihre eigene Tochter an, und diese funkelt und glänzt in Silber und Gold. Ihre Stieftochter aber verbirgt sie unter einem Trog. Da kommt auch schon der König mit seinem Wagen angefahren. Sie führt ihre Tochter heraus und setzt sie in einen Wagen.

Ein Hahn kräht: »Kikeriki, die schöne Tochter ist unter dem Trog, und die Eselin sitzt in der Kutsche.« Und der Hahn kräht wieder: »Kikeriki, die schöne Tochter ist unter dem Trog, und die Eselin sitzt in der Kutsche.« Da spricht eine alte Hexe: »O König, hört, wie der Hahn kräht!« Der König lauscht, um es verstehen zu können. Wieder ruft der Hahn: »Kikeriki, die schöne Tochter sitzt unter dem Trog und die Eselin im Wagen.« Der König hört es. Was sieht er, wie er den Trog emporhebt? Das Mädchen, wie es glänzt und funkelt. Wenn sie weint, so vergießt sie Perlen, wenn sie lacht, fallen Rosen aus ihrem Munde. Der König nimmt sie und setzt sie in den Wagen, und sie fahren miteinander zum Schlosse.

Sie fahren und fahren. Unterwegs aber macht die Stiefmutter eine Schüssel voll Lokum[1], jedoch ganz versalzen. Davon gibt sie ihrer Stieftochter. Sowie die davon ißt, stirbt sie fast vor Durst, weil es so sehr versalzen war. »Komm, Mutter, gib mir ein wenig Wasser, damit ich trinken kann.« Die Stiefmutter sagt: »Kind, komme her, damit ich dir eins deiner Augen herausnehmen kann, dann will ich dir zu trinken geben.« Das Mädchen sagt: »Komm, Mutter, wenn du mir sonst böse bist, nimm eins meiner Augen heraus, wenn du es gern möchtest.« Und noch einmal bittet das Mädchen: »Komm, Mutter, gib mir etwas Wasser, ich sterbe sonst vor Durst. Du gabst mir das gesalzene Lokum, und nun willst du mir kein Wasser zu trinken geben?« Da sagt die Mutter: »Komm, damit ich dir dein Auge herausnehme, dann will ich dir zu trinken geben.« Das Mädchen sieht, was sein Los ist. Sie gibt also ihr Auge preis, und die Stiefmutter reißt es heraus. Jetzt gibt diese ihr einen Tropfen zu trinken. Das Mädchen sagt: »Bitte, Mutter, du hast mir mein Auge herausgenommen, nun gib mir wenigstens so viel zu trinken, daß ich meinen Durst löschen kann.« Die Stiefmutter sagt: »Komme her, daß ich dir noch das andere Auge ausreißen kann, und ich will dir genug zu trinken geben.« Das Mädchen sagt: »Warum, Mutter, bist du so böse auf mich, daß du auch dieses Auge haben willst und ich ohne die beiden blind sein werde?« – »Eh, mein Kind, wie du willst . . .« Das Mädchen merkt, daß ihr nichts anderes übrigbleibt. Also gibt sie auch ihr zweites Auge hin, und die Stiefmutter reißt es aus. Sie reicht ihr den Becher, und das Mädchen trinkt, bis der Durst gelöscht ist.

Sie fahren immer weiter, bis sie zu Dornsträuchern kommen. Dort stößt sie das Mädchen aus dem Wagen und wirft es zwischen die Dornen. Dann reisen sie weiter in die Stadt

[1] s. Seite 35, Anm. 1.

des Königs. Einen Tag, zwei Tage bleiben sie beim König, essen und trinken.

3

Es war ein Türke, der hatte zwanzig Söhne. Täglich wollen sie vor Hunger sterben, sie töten immerzu Sperlinge und andere Vögel und verzehren sie, anstatt Brot zu essen.

Bei Tagesanbruch geht der alte Türke auf die Jagd. Was sieht er? In den Dornsträuchern sitzt ein Mädchen, das scheint und strahlt von Silber und Gold. Der Türke nähert sich ihr. Beim Gehen schlürft er mit den Füßen. Das Mädchen hört es, da sie auf dem Rücken liegt. »Wer bist du, der sich mir naht? Wenn du ein junger Mann bist, sei mein Bruder, wenn du ein alter Mann bist, sei mein Vater, wenn du eine alte Frau bist, sei meine Mutter, wenn du ein junges Mädchen bist, sei meine Schwester.« Der Türke tritt zu ihr hin. »Ich bin ein alter Türke.« – »Ich bitte dich, nimm diese Perlen und diese Rosen. Der König gibt ein Hochzeitsfest; dahin gehe, um sie zum Verkauf anzubieten, und rufe aus: ›Ich verkaufe Perlen, ich verkaufe Rosen!‹ Aber wenn man sie mit Geld bezahlen will, nimm kein Geld, sondern sage: ›Ich bekam sie für Augen, ich gebe sie für Augen.‹«

Die Stiefmutter kommt heraus. »Heda, alter Mann, komm her! Was verkaufst du?« Der Türke erwidert: »Ich verkaufe Perlen, ich verkaufe Rosen!« Des Mädchens Stiefmutter fragt den Türken: »Wieviel Geld verlangst du für die Perlen?« Der Türke sagt: »Ich verkaufe nicht für Geld. Ich nahm sie für Augen, ich verkaufe sie für Augen.« Sie nimmt die Perlen und nimmt ein Auge aus der Tasche und gibt es ihm. »Aber was willst du für die Rosen haben?« – »Auch sie bekam ich für Augen und gebe sie nur für Augen.« Die Tochter sagt zu ihrer Mutter: »Mutter, gib auch das andere Auge, der schlechten Person Auge, und kaufe mir auch die Rosen.« Sie gibt auch das andere Auge und kauft die Rosen. Der Türke nimmt die beiden Augen und geht zu dem Mädchen zurück.

Hoch oben fliegen drei Gänse. Die ältere Gans sagt: »Hallo, jenes Mädchen ist blind und liegt auf dem Rücken. Sie soll wissen und hören, daß ich eine Feder auf sie niederfallen lassen will. Und sie soll es vernehmen, daß sie um sich herumtasten soll. Ich will die Feder dicht neben sie fallen lassen, dann soll sie suchen und die Hand ausstrecken und um sich herumtasten und jene Feder nehmen und fortgehen. Und drüben ist eine Quelle. Zu dieser Quelle soll sie hinaufgehen und sich dreimal verneigen und die Feder in die Quelle tauchen – es ist Wasser von der Quelle Zemzem[1]. Dreimal soll sie die Feder in das Wasser tauchen und ihre Augen auswaschen. Und sie werden doppelt so schön werden, wie sie gewesen sind.«

Das Mädchen hörte alles mit an. Da kam der Türke. »Bist du da?« fragte das Mädchen den Türken. »Sieh dich um, liegt eine Feder bei mir?« Der Türke suchte und fand sie und sagte: »Ja, gerade neben dir liegt die Feder.« Er nahm sie und gab sie dem Mädchen. »Richte mich nun auf und führe mich«, bat das Mädchen. »Merke auf, drüben ist eine Quelle, führe mich zu ihr.« Der Türke führte sie zu der Quelle hinauf. »Nun gehe«, sagte das Mädchen zu dem Türken, »und bleib stehen – sieh dorthin.« Sie verließ ihn in einer Entfernung von einer halben Stunde. Das Mädchen stieg zur Quelle hinauf. Sie legte sich nieder und tauchte die Feder einmal ein und strich sich damit einmal über ihre Augen. Wieder beugte sie sich nieder und tauchte die Feder zweimal ein und fuhr sich damit über die Augen.

Das tat sie dreimal. Die Augen waren doppelt so schön wie die früheren Augen. Sie rief nun den Türken: »Komm nun herauf zu mir.« Da schenkte sie ihm zwei Hüte voll Münzen und Napoleons zur Belohnung dafür, daß er ihr die Augen gebracht hatte. Und der Türke ging von dannen.

[1] s. Seite 39, Anm. 1.

4

Nun begab sie sich vor das Tor des Königsschlosses. Dort verwandelte sie sich in einen Birnbaum, und die Zweige brachen fast unter der Fülle der Birnen. Was sah der König, als er morgens aufstand? Vorne am Gitter einen Birnbaum, der unter der Fülle der Birnen zu brechen schien. Als die Stiefmutter das sah, sagte sie zu ihrer Tochter: »Kind, sicher ist das die Hure, sie nahm ihre Augen, als ich dir die Perlen und die Rosen kaufte. Ich gab die Augen, und nun ist sie wieder geheilt.«

Die Tochter stellte sich nun krank. Die Mutter sagt: »Kind, ich will Kuchenteig rollen und die Kuchen unter dich in dein Bett legen. Sobald der Abend hereinbricht, wird dein Gatte kommen. Du mußt dich über die Kuchen wälzen. Krsch! Krsch! Sie werden unter dir zerbrechen, und du mußt seufzen. Wenn dein Mann dich fragt, mußt du sagen: ›Ich habe eine Erscheinung gehabt. Wenn du den Birnbaum fällen läßt und gibst mir von der Wurzel zu essen, so werde ich genesen.‹«

Der Königssohn ist damit einverstanden, den Birnbaum zu fällen. Das Mädchen merkt es, flieht und verwandelt sich in eine Pappel gerade vor dem Königsschloß. Er aber schlägt den Birnbaum nieder und geht zu seinem jungen Weibe. »Nun, bist du wieder gesund?« – »Ach«, seufzt die Frau, »ich bin noch nicht genesen, ich bin noch sehr krank. Ich habe aber eine Erscheinung gehabt. Wenn du die Pappel fällst und ich davon esse, so werde ich wieder gesund.« Der Königssohn geht, haut die Pappel um und spaltet sie in Stücke.

Eine alte Zigeunerin sitzt gegenüber. »Warum gehe ich nicht hin und nehme von dem Pappelholz, um meine zerbrochene Türe auszubessern?« Die alte Zigeunerin nimmt also ein Stück von dem Holz und nagelt es an ihre Tür.

Es wurde Abend. Das Mädchen ging hin, um sie zu sprechen: »Dank, alte Frau, daß du jenes Holz genommen und mein Herz, mein Leben erhalten hast. Ich, alte Frau«, sagt das Mädchen, »geize nicht. Was du auch haben möchtest, Zucker, Kaffee, alles, alles werde ich dir bringen.«

Eine Nacht, zwei Nächte vergehen. Die alte Frau fragt sie beständig: »Nun, Kind, wo befindet sich dein Herz hauptsächlich?« Denn sie, die Mutter der Tochter, hatte der alten Frau aufgetragen, zu fragen, wo ihr Herz und ihre Kraft sich befinde. Das Mädchen antwortet: »Du, Alte, welchen Nutzen hast du davon, mich zu fragen, wo mein Herz und meine Stärke ist? Ich will es dir sagen, aber warte, erst muß ich veranlassen, daß für mich dem Palaste des Königs gegenüber eine Gruft errichtet wird.« Das Mädchen steht auf, baut sich eine Gruft, rundum ganz aus Glas; wenn sie weinte, strömte sie Perlen aus, wenn sie lachte, streute sie Rosen. Der Abend kam. Sie kommt zu der alten Frau. »Heda, Alte, du verlangst zu wissen, wo mein Herz und meine Stärke sind. Komme mit mir dorthin, ich werde es dir sagen.« Sie gingen zur Gruft. Das Mädchen stieg hinein und sagte: »Ich werde dir sagen, wo mein Herz ist, aber ich werde dann augenblicklich sterben, und du bist schuld daran.« Das Mädchen sagte: »Mein Herz ist jenes Holz. In dem Augenblick, in dem du irgendwie daran stößt, werde ich sterben, und wenn jemand den kleinen Zeh meines Fußes berührt, werde ich augenblicklich sterben.« Das Mädchen sprach so und fiel tot nieder.

Wie sie nun in ihrer Gruft ruhte, schimmerte und strahlte sie in Schönheit. Um sie herum nur Perlen und Rosen, und sie lag eingebettet in Rosen und Perlen.

Der Abend brach herein.

Der Tag brach an. Des Königs Sohn geht vorüber. Was sieht er? Vor ihm befindet sich eine Gruft, ganz aus Glas, darin ruht ein Mädchen, tot, aber sie funkelt und glänzt. Wenn sie weint, vergießt sie Perlen, wenn sie lacht, streut sie Rosen. Des Königs Sohn verliebt sich in das Mädchen im Grabe und er vermählt sich mit ihr in dem Glassarge. Sie aber wird von des Königs Sohn schwanger und gebärt einen Knaben. Der Knabe liegt da mit einem silbernen Apfel in der Hand und spielt. Er gleicht seiner Mutter: wenn er weint, vergießt er Perlen, wenn er lacht, streut er Rosen.

Ein Tag, zwei Tage, eine Woche vergehen. Des Königs Sohn sagt allein zu sich selbst: »Gott, warum treibt mich die Sehnsucht nicht zu jenem Mädchen? Es ist lange her, daß ich nicht zu ihr gegangen bin.« Und er geht zu ihr. Was sieht er? In ihren Armen einen Knaben, dem sie das Leben gegeben hat; in der Hand hält er einen silbernen Apfel, mit dem er spielt. Wenn dieser Knabe weint, fließen Perlen, wenn er lacht, streut er Rosen. Des Königs Sohn tritt ein und nimmt den Knaben in die Arme.

Der kleine Knabe sagt: »Ich will nicht mit dir gehen, ich kann meine Mutter nicht allein lassen. Könnte ich aber gehen, dann wehe jenem verfluchten alten Weibe, das meine Mutter ums Leben brachte.« Des Königs Sohn fragt den Knaben: »Wie machte denn das die Alte?« – »Wie sie es tat? Du, wenn du mich und meine Mutter liebst, gehe zu der alten Frau und tritt durch ihre Kammertür. Gehe aber nicht durch die erste, gehe durch die zweite. Da befindet sich ein Stück Holz, aus einer Pappel herausgeschnitten. Bringe es hierher, und meine Mutter wird aufwachen.«

Da holte er das Stück Holz und ging wieder zu dem Mädchen. Das Mädchen sagte: »Ach, ich war sicherlich eingeschlafen.« – »Du schliefst, denn die alte Frau hatte dich umgebracht.« Das Mädchen stand auf, und des Königs Sohn umarmte sie. Dann setzte sie sich und erzählte der Reihe nach, wie es ihr ergangen war:

5

»Ich, – du weißt ja – du sandtest deinen Vater zu mir hin, daß er zu mir kommen und mich holen solle. Dein Vater kam mit Wagen, um mich zu dir zu führen, denn du hattest ihn ja dazu veranlaßt. Dein Vater kam, um mich zu fordern. Ich habe eine Stiefmutter, und sie hat eine Tochter. Kaum hatte sie gesehen, daß die Wagen kamen, als sie mich unter dem Trog versteckte und ihre eigene Tochter in den Wagen packte. Wir haben einen Hahn. Der Hahn ruft: ›Kikeriki, die Hübsche ist unter dem Trog, und die Halbeselin ist im Wagen!‹ Wieder ruft der Hahn: ›Kikeriki, die Hübsche ist unter dem Trog, und die Halbeselin im Wagen!‹ Dann zum drittenmal. ›König, höre doch‹, sagt eine alte Hexe, ›was der Hahn kräht!‹ Der Hahn kräht wieder: ›Kikeriki, die Hübsche ist unter dem Trog und die Halbeselin im Wagen!‹ Der König hört es und holt mich unter dem Troge hervor. Was sahen die Leute? Wenn ich weinte, flossen Perlen, wenn ich lachte, fielen Rosen.

Meine Stiefmutter warf mich auch in einen Wagen. Wir fuhren und fuhren. Unterwegs bereitete sie mir Lokum, eine ganze Schüssel voll Lokum, aber ganz versalzen, und ich aß und verging fast vor Durst. Als ich sie um Wasser bat, sagte sie zu mir: ›Laß dir eins deiner Augen ausreißen, und ich will dir Wasser geben.‹ Ich sagte zu ihr: ›Mutter, wie bist du böse gegen mich, daß du mein Auge herausnehmen willst, um mir dafür ein bißchen Wasser zu geben.‹ Was blieb mir übrig? Sie nahm mir das Auge heraus und gab mir ein wenig Wasser. Ich bat sie: ›Mutter, gib mir wenigstens so viel, daß ich meinen Durst löschen kann.‹ – ›Eh, laß dir dein anderes Auge auch herausnehmen, und ich will dir so viel Wasser geben, wie du haben willst.‹ Ich gebe das andere Auge auch hin, sie reißt es aus. Wir fahren, bis wir zu einem Dorngesträuch kommen. Sie gibt mir einen Stoß, und ich falle in das Dorngestrüpp. Sie begibt sich mit ihrer eigenen Tochter zu dir. Ihr eßt, ihr trinkt und feiert Hochzeit.

Sie zwang mich, unter den Dornen zu bleiben, und ich hörte in meiner Nähe, wo ich lag, etwas rascheln. Ich sagte zu dem, der kam: ›Wenn es ein junger Mann ist, soll er mein Bruder sein; wenn es ein alter Mann ist, soll er mein Vater sein.‹ Ein Türke kam zu mir. Ich erzählte ihm, daß du Hochzeit feiertest; ich weinte und ließ Perlen fallen; ich lachte und streute Rosen aus. Ich sandte ihn damit fort und hieß ihn ausrufen: ›Ich verkaufe Perlen, ich verkaufe Rosen!‹ Meine Stiefmutter ging hinaus. Sie kaufte Perlen und fragte: ›Was willst du dafür haben?‹ Der Türke sagte: ›Für Augen bekam ich sie, für Augen gebe ich sie.‹ Er nahm mein Auge. Sie verlangte eine Rose, dafür bekam er das andere Auge.

Er brachte mir meine Augen. Drei Gänse kamen geflogen. Die älteste Gans sagte: ›Heda, das kleine Mädchen soll aufmerken! Ich werde eine Feder dicht bei ihr herunterwerfen, daß sie nur um sich zu tasten braucht, um sie zu finden. Und es gibt eine Quelle, zu der soll sie gehen und die Feder benetzen und über ihre Augen streichen, dann wird sie gesunden.‹ Der Türke kam. Ich bat ihn, um sich herum zu suchen, um die Feder zu finden. Er fand die Feder, die die drei Gänse hatten fallen lassen, und führte mich zu der Quelle. Ich strich die Feder dreimal über meine Augen und genas. Dem Türken gab ich ein Geschenk und kam hierher.

Ich verwandelte mich in einen Birnbaum. Dein Weib stellte sich krank, sie veranlaßte dich, mich fällen zu lassen. Nun lebt da eine alte Frau. Meine Stiefmutter beauftragte sie, mich zu fragen, wo mein Herz und meine Stärke wären. Sie nahm ein Stück von der Pappel und nagelte es an ihre Tür. Sie fragt: ›Sage mir, Kind, wo ist dein Herz?‹ Ich verrate ihr mein Herz, und ich falle hin und bin tot.«

6

Der Prinz fragte jene alte Frau: »Wer gab dir die Gedanken ein, sie zu fragen, wo ihr Herz ist?« Und sie antwortete: »O König, vor dir kann ich nichts verbergen. Du bist der König der Zeiten. Du hast ein Weib, und sie hat eine Mutter. Immerfort gibt sie es mir ein, heute, morgen, das Mädchen zu fragen, wo ihr Herz sei. Und dieses sagte mir: ›Ich will dir mein Herz offenbaren, aber ich werde sterben.‹ Sie nannte ihr Herz. ›Mein Herz ist jenes Stück Holz. Nagle es gut an und fasse mich am kleinen Zeh meines Fußes; ich werde hinfallen und werde sterben.‹ Und sie fiel hin und starb.«

Der Prinz ging nach Hause und fragte sein Weib: »Komm mal her, warum bist du krank?« – »Nichts, ich habe keinen

Schmerz.« – »Nun, du«, sagt er zu seiner Schwiegermutter, »willst du vierzig Pferde oder vierzig Messer haben?« – »Die vierzig Pferde wollen wir haben, laß die vierzig Messer den Feinden, damit wir rascher fortkommen.« Da bindet er sie an die Schwänze von vierzig Pferden, gibt den Pferden einen einzigen Schlag, und sie reißen sie in Stücke. Und in Stücke schlägt er alsdann auch sein Weib.

Das ist die Geschichte. – Auf dein Wohlsein!

13. Der Vampir

Es war einmal eine alte Frau in einem Dorfe. Bei dieser versammelten sich mehrere junge Mädchen, die spannen und machten während der langen Winterabende gemeinsame Arbeiten. Es kamen auch junge Burschen zu ihr, die mit den Mädchen scherzten, sich herumbalgten und küßten. Aber eine hatte keinen Geliebten, der mit ihr scherzte und sie küßte. Und das war gerade die Tochter eines reichen Rumänen. Bis zum dritten Tage wagte sich niemand an sie heran. Sie blickte auf alle die Mädchen ihres Alters und wunderte sich, daß mit ihr sich keiner zu schaffen machte. Dieses Mädchen war schön, so schön, wie man sich nicht vorstellen kann.

Da kam einmal ein schöner junger Bursche und nahm sie in seine Arme, küßte sie und setzte sich zu ihr, bis der Hahn am Morgen krähte.

Und als der Hahn in aller Frühe gekräht hatte, ging er weg. Die alte Frau, bei der er zu Gaste gewesen war, bemerkte, daß er Hahnenfüße hatte. Sie hatte die Füße des jungen Burschen gesehen und sagte: »Niza, Mädchen, hast du etwas bemerkt?« – »Ich habe nicht aufgepaßt.« – »Wenn ich mich nicht irre, hatte er Hahnenfüße.« – »Laß mich in Ruhe, Mütterchen, ich habe nichts gesehen.« Das Mädchen kam nach Hause, schlief, stand wieder auf und begab sich wiederum zum Spinnabend ins Haus der Alten, wo noch mehr Mädchen waren und gemeinsame Arbeiten verrichteten. Wieder sind die jungen Burschen gekommen, und jeder hat sich seine Geliebte wieder geholt, und sie haben sie geküßt und sind beieinander geblieben bis zu einer gewissen Zeit, und dann sind sie nach Hause gegangen. Auch zu dem schönen Mädchen kam der junge Bursche wieder, nahm es in die Arme, küßte und liebkoste es und blieb bis Mitternacht bei ihm. Da krähte der Hahn, und als der junge Bursche ihn hörte, verschwand er. Was sagte die Alte, die im Häuschen saß? »Niza, hast du bemerkt, daß er Pferdefüße hatte?« – »Ob er sie hatte oder nicht, ich habe nichts gesehen.« Und dann ging das Mädchen wieder zu den Ihren nach Hause, und es schlief und stand in aller Frühe wieder auf und hat dann die Arbeit verrichtet, die ihm zukam. Und die Nacht kam, und das Mädchen nahm seinen Spinnstab in die Hand und ging zur Alten ins Bordeiu. Auch die andern Mädchen kamen wieder. Es kamen auch die Burschen, und jeder legte die Hand um seine Geliebte. Aber das schöne Mädchen blickte neidisch auf sie, denn sein Geliebter war nicht gekommen. Dann sind die jungen Burschen wieder nach Hause aufgebrochen, und es blieb mir nichts, dir nichts das Mädchen allein zurück. Und siehe, da kam der junge Bursche des Mädchens, sein Geliebter. Was wollte es machen, das junge, schöne Mädchen? Es blieb. Aber diesmal nahm es ihm heimlich Maß und steckte ihm eine Nadel mit Zwirn in den Rücken. Er ging wieder weg, als der Hahn krähte, und niemand erfuhr, wohin er sich begeben hatte. Da sprang in aller Frühe das Mädchen auf und machte sich zurecht, nahm den Zwirn und ging der Spur des Fadens nach. Da sah es seinen Geliebten in einer Grube, wo er unten zusammengekauert lag. Zu Tode erschrocken eilte das Mädchen nach Hause zu seinen Eltern. Doch gegen Abend kam der junge Bursche, der in der Grube lag, wieder zum Bordeiu der Alten, und als er sah, daß das Mädchen ferngeblieben war, fragte er die Alte: »Wo ist Niza?« So hieß das Mädchen. »Sie ist nicht gekommen.« Dann ging er zu Niza ins Haus, wo sie wohnte, und rief: »Niza, hier bist du? Niza, antworte mir, sage mir, was hast du gesehen, als du in die Kirche gingst? Wenn du es mir nicht sagst, werde ich deinen Vater töten.« — »Ich habe nichts gesehen.« Darauf sah er ihren Vater und tötete ihn und ging wieder in seine Grube. Doch gegen Abend kam er wieder. »Niza, sage mir, was hast du gesehen?« Niza sagte: »Ich habe nichts gesehen.« — »Sage mir's ja, denn ich werde deine Mutter töten, wie ich deinen Vater getötet habe; sage mir, was hast du gesehen?« — »Nichts habe ich gesehen.« Da tötete er auch ihre Mutter und ging dann wieder in seine Grube. In aller Frühe erhob sich das Mädchen. Es hatte zwölf Diener, und es sagte zu ihnen: »Seht, ich habe viel Geld und viele Ochsen und viele Schafe. Die sollen alle euch zwölfen gehören. Euch will ich das alles schenken, denn ich werde heute abend sterben. Es falle auf euch der Fluch, wenn ihr mich nicht im Walde bei dem bestimmten Apfelbaum begrabt.« Und Niza beschrieb ihnen den Apfelbaum.

Und nachts kam der junge Bursche aus seiner Grube und fragte sie wieder: »Niza, bist du zu Hause?« Sie sagte: »Ich bin zu Hause.« — »Sage, Niza, was hast du vor drei Tagen gesehen? Ich werde dich töten, wie ich deine Eltern getötet habe.« — »Ich habe dir nichts zu sagen.« Darauf machte er sich daran und tötete sie. Als er sie tot liegen sah, ging er wieder in seine Grube.

Als am Morgen in aller Frühe die Diener aufstanden, fanden sie Niza tot. Die Diener hoben sie auf und kleideten sie an, wie es sich geziemte. Und sie standen und machten ein Loch in die Wand, und führten die Leiche durch die Wand[1] und geleiteten sie nach jenem Orte in den Wald und gruben sie bei dem Apfelbaume ein.

Ein halbes Jahr verging. Da geschah es, daß ein junger Kaisersohn mit Windhunden auf die Hasenjagd ging. Er ging

[1] allgemeiner Aberglaube bei den Zigeunern: ein Toter darf nicht durch die Tür getragen werden.

auf die Jagd, und die Windhunde sprangen im Walde umher und stießen auch auf das Grab des Mädchens. Und schau! Gerade an der Stelle, wo des Mädchens Kopf lag, war eine Blume emporgesprossen, die so schön war, wie du sie in keinem Kaiserreich wiederfindest. Dann legten sich die Windhunde auf das Grab und fingen an zu bellen und schnüffelten am Grabe des Mädchens. Darauf fing der Kaisersohn an, die Hunde mit dem Horne zu rufen. Doch die Hunde kamen nicht. Da sagte der Kaisersohn zu seinen Dienern: »Geht schnell dorthin!« Da erhoben sich vier Jagdgenossen, und sie kamen dorthin und sahen die Blume, die wie eine Kerze leuchtete. Sie gingen wieder zurück zu ihm. Er fragte sie: »Was ist dort?« – »Dort ist eine Blume, die ich seit Menschengedenken noch nicht gesehen habe«, sagte einer. Als das der junge Prinz hörte, ging er zum Grabe des Mädchens. Er sah die Blume und brach sie. Er kam nach Hause und zeigte sie seinem Vater und seiner Mutter und dann steckte er sie in einen Becher am Kopfende seines Bettes, in welchem er schlief. Nachts, als er schlief, erhob sich die Blume aus dem Becher und überschlug sich und verwandelte sich in ein schönes Mädchen. Und die Schöne nahm den jungen Burschen und küßte ihn, sie biß ihn, sie balgte sich mit ihm und schlief in seinen Armen und legte ihre Hand unter seinen Kopf. Doch der Kaisersohn wußte von alledem nichts. Denn als der Tag dämmerte, wurde sie wiederum zur Blume. Frühmorgens erhob sich der Jüngling. Er war krank und jammerte seiner Mutter und seinem Vater: »Mir tut der Rücken und der Kopf so weh.« Und seine Mutter ging hinaus und holte eine Wahrsagefrau herbei, daß sie ihn bespreche. Er bat darum, daß man ihm zu essen und zu trinken gebe. Und er ging seiner Arbeit wieder nach, die er hatte. Und gegen Abend kam er wieder nach Hause. Er aß und trank, legte sich aufs Lager, und es überkam ihn der Schlaf. Da erhob sich die Blume wieder und wurde wieder zum Mädchen, und das Mädchen nahm ihn wieder in die Arme, schlief mit ihm und lag in seinen Armen, während er schlief. Dann kehrte sie wieder in den Becher zurück. Und als er erwachte, schmerzten ihm seine Knochen. Er sagte es seinem Vater und seiner Mutter. Da paßte sein Vater auf und sagte seiner Gemahlin: »Es mag sein, daß etwas Merkwürdiges mit der Blume ist, denn seitdem die Blume ins Haus gekommen ist, ist der Junge ganz krank. Sehen wir einmal bis heute abend zu und gehen wir beiseite und beobachten, wer zu unserem Knaben kommt.« Es brach die Nacht herein, und es erhob sich der Prinz vom Mahle und legte sich aufs Bett zum Schlafe. Da stand das Mädchen wieder aus dem Becher auf und wurde so schön wie keines auf der ganzen Welt, so schön, wie die Flamme der Kerze leuchtet. Und als seine Mutter und sein Vater, der Kaiser, das Mädchen sahen, legten sie die Hand auf das schöne Mädchen. Da erwachte der Knabe aus dem Schlaf, und er sah das Mädchen, das so schön war. Und er küßte es, und sie legten sich ins Bett, und er schlief bis zum frühen Morgen mit dieser seiner Geliebten. Er machte Hochzeit, und sie aßen, und sie tranken, und die Leute staunten über solch einen schönen Mann, und solch ein schönes Mädchen hatten sie noch nirgends, in keinem Kaiserreich gesehen. Und sie lebten zusammen ein halbes Jahr. Nach dieser Zeit gebar seine junge Gemahlin einen Knaben von Gold mit zwei Äpfeln in der Hand. Und das gefiel dem Kaisersohn sehr.

Davon hörte ihr früherer Geliebter, der Vampir, der sie einmal geliebt und sie getötet hatte. Er machte sich auf und ging zu ihr und fragte sie: »Niza, sage mir, was hast du bei mir gesehen?« Niza sagte: »Ich habe nichts gesehen.« – »Sage mir es ehrlich, denn ich werde deinen Knaben, meinen jungen Herrn töten, wie ich deinen Vater und deine Mutter getötet habe, sage mir die Wahrheit.« – »Ich habe dir nichts zu sagen.« Darauf tötete er ihren kleinen Knaben. Und sie erhob sich und brachte ihn in die Kirche und begrub ihn. Wieder kam gegen Abend der Vampir und fragte sie: »Niza, was hast du gesehen?« – »Ich habe nichts gesehen.« – »Sage mir, sonst werde ich deinen Herrn töten, den du zum Manne genommen hast.« Da erhob er sich, und Niza sagte: »Das geschieht nicht, daß du meinen Herrn tötest. Gebe Gott, daß du gleich verrecktest.« Als der Vampir hörte, daß Niza sagte, daß er gleich verrecken solle, starb er und zerbarst vor Ärger. In aller Frühe stand Niza auf und sah auf der Tenne Blut, soviel wie zwei Hände voll. Da befahl Niza ihrem Schwiegervater, daß er ihm so schnell wie möglich das Herz herausreiße. Als das ihr Schwiegervater, der Kaiser, hörte, überlegte er nicht lange und nahm das Herz heraus und legte es in Nizas Hände. Sie aber ging zum Grabe ihres Kindes und erweckte das Kind. Sie legte das Herz aufs Grab hin, und das Kind stand auf. Dann begab sich Niza zu ihrem Vater und zu ihrer Mutter und rieb sie mit jenem Blute ein, und siehe da, sie erhoben sich. Als Niza das sah, erzählte sie alles, was ihr widerfahren, und was durch die Hand des Vampirs geschehen war.

14. Das Patenkind des lieben Gottes

Es war einmal ein Kaiser. Und dieser Kaiser hatte bis in sein hohes Alter nur ein einziges Kind, und dieses Kind war ein Held. Als es geboren wurde, konnte es gleich sprechen und sagte zu seinem Vater: »Lieber Vater, hast du nicht für mich einen Dolch oder eine Keule?« – »Nein, mein Kind, aber ich werde befehlen, daß man dir einen Dolch oder eine Keule mache.« Da sagte der Knabe: »Befiehl es nicht, lieber Vater, denn ich gehe auch so.« Der Knabe machte sich auf; und es verging viel Zeit, bis er an einen großen Wald kam. In diesem Walde setzte er sich unter einen Baum, um auszuruhen, denn er war müde. Er verweilte dort kurze Zeit. Da stiegen der heilige, liebe Gott und der heilige Petrus zu dem Knaben herab; denn er war noch nicht getauft. Da fragte ihn der liebe Gott: »He, Knabe, woher kommst du und wohin willst du?« — »Liebes Väterchen, ich bin auf Heldentaten ausgezogen.« Da dachte der liebe Gott nach[1]: es entstand sogleich eine Kirche. Er schläferte den kleinen Knaben ein und setzte den heiligen Petrus in die Kirche, nahm den Knaben an der Hand, und sie gingen beide in die Kirche. Er taufte ihn und gab ihm den Namen Handac[2]. Der liebe Gott sagte ihm: »Junge, so ein tüchtiger Held wie du soll nicht wieder in der Welt sein. Nimm meine Tochter!« Er hatte nämlich eine Tochter, die ebenso heldenhaft war und gleichfalls von ihm getauft war. Er sagte zu ihm, er solle sie nehmen, und er gab ihm eine Wunderkeule und einen Dolch. So gab er ihm Kraft und ließ ihn unten zurück. Und der, der ihn getauft hatte, ging in den Himmel wie der heilige Gott selbst, der er war. Handac fühlte, daß ihn Gott mit Kraft ausgestattet hatte, und brach auf, um Heldentaten zu vollbringen. Wieder verging eine große Zeit. Da kam er in einen großen Wald, und darin lebte ein Ungeheuer von 300 Jahren. Seine Augenbrauen reichten bis zur Erde, und sein Haar ebenso. Und da ging der Knabe zu ihm und grüßte ihn: »Wohl habe ich dich gefunden.« — »Willkommen seist du mir[3]!« Als der Held seine Stimme hörte, da fühlte er, daß er das Taufkind des lieben Gottes sei. Da fragte ihn der Knabe Handac: »Wohnt das Patenkind des lieben Gottes weit?« — »Nein, es wohnt nicht weit, es sind aber doch noch drei Tage Weges.« Da machte sich der Knabe auf, und es vergingen drei Tage, bis er endlich zum Mädchen gelangte. Kaum sah es ihn, als es erkannte, daß er das Taufkind seines Paten sei, und das Mädchen ließ ihn zu sich. Es deckte ihm den Tisch, es aß mit ihm und fragte ihn: »Was suchst du hier, Handac?« Er sagte: »Ich bin gekommen, um dich zu heiraten.« — »Wen? Mich?« — »Wenn du willst.« — »Ich will nicht so mir nichts, dir nichts

[1] Interessant ist, daß durch das intensive Nachdenken stets etwas Wunderbares bewirkt wird, vgl. auch die folgenden Märchen. [2] Zigeunerischer Rufname. Als primitives Volk kennen die Zigeuner keine Familiennamen in unserem Sinne. [3] Allgemeine Grußformel bei allen Balkanvölkern.

ohne Kampf.« Und der Knabe antwortete: »Gut, laß uns kämpfen.« Und sie kämpften drei Tage, und der Knabe besiegte es. Er nahm es und führte das Mädchen zu seinem Paten. Der hat sie getraut, und sie machten Hochzeit. Sie aber blieben Herrscher über alle Länder.

Und woher ich gekommen bin, habe ich euch erzählt.

15. Die böse Mutter

Es war einmal ein Kaiser. Zehn Jahre war er schon verheiratet und hatte noch kein Kind. Doch Gott gab, daß seine Gemahlin, die Kaiserin, schwanger wurde und ein Kind gebar. Und dieses Kind war ein Held, wie es noch keinen anderen auf der ganzen Welt gegeben hat. Ein halbes Jahr lang überlebte der Kaiser die Geburt seines Sohnes, und dann starb er. Was sollte der Knabe machen? Er ging auf Heldentaten aus. Viel Zeit verging, da kam er an einen großen Wald. Und in dem Walde waren einige Häuser. Und in diesen Häusern wohnten zwölf Unholde. Der Knabe begab sich schnurstracks dorthin und sah, daß niemand drinnen war. Er machte die Türen auf und ging hinein und sah einen Dolch am Nagel hängen, nahm ihn, legte ihn hinter die Türe und wartete dort, bis die Ungeheuer kamen. Zum Glück kamen sie nicht alle auf einmal ins Haus, sondern immer nur einer nach dem anderen. So saß der Knabe hinter der Tür und lauerte mit dem Dolche in der Hand. Demjenigen, der gerade eintrat, schnitt er den Kopf ab und warf ihn in den Keller. Auf diese Weise tötete der Knabe alle Ungeheuer. Nur eines blieb noch, das kleinste. Der Knabe ging hinter ihm her hinaus, und sie wollten sich schlagen. Einen halben Tag hieben sie aufeinander ein, bis endlich der Knabe den Drachen unterwarf, ihn hernahm und in ein Faß warf und dieses Faß gut verschloß. Da ging der Knabe eines Tages einmal spazieren und stieß noch auf andere Häuser, in denen nur ein einziges

Mädchen war; und als er das Mädchen erblickte, da verliebte er sich in es und ebenso das Mädchen in ihn. Aber das Mädchen war eine Heldin, größer als der Knabe. Aber sie liebten sich sehr. Da sagte der Knabe zum Mädchen, daß er elf Drachen getötet habe, aber einen am Leben gelassen und in ein Faß gesteckt habe. Das Mädchen sagte: »Das hast du schlecht gemacht, daß du ihn nicht getötet hast. Nun mußt du ihn am Leben lassen.«

Da sagte der Knabe dem Mädchen: »Schau, ich gehe und hole meine alte Mutter, die ist so allein und einsam zu Hause.« Darauf sagte das Mädchen: »Hole sie, aber du wirst es bereuen, aber geh nur und hole sie und wohne mit ihr zusammen.« Da brach der Knabe auf, holte seine Mutter und führte sie in die Häuser der zwölf Ungeheuer, von denen er elf getötet hatte. Er sagte zu seiner Mutter: »Schau, durch alle Zimmer kannst du gehen, nur dieses eine darfst du nicht betreten.« Darauf versprach ihm die Mutter: »Ich gehe nicht hinein, mein Sohn.« Da ging der junge Held in den Wald auf die Jagd. Währenddessen begab sich die Mutter doch an das Zimmer, in das sie nicht gehen sollte. Kaum hatte sie die Tür geöffnet, als sie den Drachen sah, der ihr sagte: »Kaiserin, gib mir ein wenig Wasser, denn auch ich werde dir Gutes tun.« Sie ging und gab ihm Wasser, und er fragte sie: »Liebst du mich? Ich werde dich zur Frau nehmen und zu meiner Kaiserin machen.« Sie sagte: »Ich habe dich lieb.« Darauf sagte der Unhold wieder zu ihr: »Schau, was du tun sollst, damit du deinem Sohne entrinnst, und damit wir beide zusammen bleiben. Du stellst dich krank und sagst, daß du einen Traum gehabt habest, er solle dir ein Ferkel von der Sau holen, die jenseits in der andern Welt sitze, und sag ihm, wenn er es dir nicht holen will, wirst du sterben. Aber wenn er dir's holen will, sag' ihm, daß du gesund wirst.« Sie ging ins Haus und band sich ein Tuch um den Kopf und stellte sich krank. Als der Sohn nach Hause kam und sie mit verbundenem Kopfe sah, fragte er sie: »Was hast du denn gemacht,

Mutter?« Sie antwortete: »Ich bin krank, mein Sohn, ich werde wohl sterben. Aber siehe, ich habe einen Traum gehabt, ich soll ein Spanferkel essen, ein Ferkel von der Sau, die sich auf der andern Welt befindet.« Darauf fing der Sohn an zu weinen, daß seine Mutter sterben müsse. Und er ging hinaus und begab sich zu seiner Geliebten und sagte ihr: »Liebes Mädchen, meine Mutter wird wohl sterben, doch sie hat einen Traum gehabt, daß ich ihr aus der andern Welt ein Ferkel holen soll.« Das Mädchen sagte: »Geh, aber sei klug; wenn du zurückkommst, komm gleich zu mir. Nimm mein Pferd, das zwölf Flügel hat, aber laß dich ja nicht von der Sau fassen, denn sie wird dich und das Pferd fressen.« Und der junge Held nahm das Pferd und brach auf. Er kam dort an. Und als gerade die Sonne im Mittag stand, ging er zu den kleinen Schweinen, nahm eins an sich und entfloh. Da hörte die Sau das Ferkel quieken und wollte nach dem Kaisersohn schnappen. Und gerade an der Erdspalte, in dem Augenblicke, als das Pferd wieder ins Diesseits springen wollte, da holte die Sau das Pferd ein und fraß den halben Schwanz des Pferdes, und glücklich kam der junge Held wieder zurück.

Das Mädchen ging hinaus, nahm das Ferkel, verbarg es und setzte ihm ein anderes hin. Da ging der Held zu seiner Mutter ins Zimmer und gab ihr das Ferkel. Sie bereitete das Essen und aß und sagte, daß es ihr wohlgetan habe. Doch nach drei bis vier Tagen wurde sie wieder krank. So hatte es sie der Drache gelehrt. Als der Knabe kam, fragte er sie: »Was hast du denn wieder, Mutter?« – »Schau, wieder bin ich krank geworden und habe einen Traum gehabt, du sollst mir einen Apfel holen vom goldenen Apfelbaum aus der anderen Welt.« Wieder ging der Knabe zum Mädchen. Wie es ihn so betrübt sah, fragte es ihn: »Was hast du denn?« – »Schau, was ich gemacht habe, wie es mir ergeht. Meine Mutter ist wieder krank geworden. Sie hat einen Traum gehabt, ich solle ihr einen Apfel aus der anderen Welt bringen.« Da wußte die Tochter, daß seine Mutter darauf ausginge, seinen

Kopf zu essen, d. h. ihm nach dem Leben trachtete, und sie sagte dem Knaben: »Nimm mein Pferd und gehe. Aber sei klug und laß dich nicht vom Apfelbaum fassen. Und wenn du zurückkommst, so komme gleich zu mir.« Da brach der Knabe auf, erreichte das Ende der Welt, ließ sich durch die Erdspalte hinunter und kam zum Apfelbaum, als es gerade Tag war und die Äpfel schliefen. Er nahm sich einen Apfel und schlich sich hinaus. Doch die Blätter fühlten es und fingen an zu zittern. Da lief der Apfelbaum immer hinter ihm her und wollte ihn greifen und ihn töten. Doch der Knabe gelangte glücklich wieder in die diesseitige Welt und eilte zum Mädchen. Da nahm das Mädchen ihm heimlich den Apfel weg und verbarg ihn und legte ihm einen anderen dafür hin. Der Knabe blieb noch ein Weilchen und ging dann zu seiner Mutter. Als die Mutter ihn sah, fragte sie ihn: »Hast du ihn, mein Sohn?« – »Ja, ich habe ihn.« Sie nahm den Apfel und aß ihn und sagte, daß sie nun nichts mehr wolle und ihr nichts mehr fehle.

Doch nach einer Woche sagte ihr der Unhold, sie solle sich wieder krank stellen und solle Wasser aus den hohen Bergen verlangen. Wieder wurde sie krank, und als der Knabe sie wieder krank sah, weinte er und fragte: »O du lieber Gott, meine Mutter wird mir sterben, immer wieder wird sie krank.« Er ging zu ihr und fragte sie: »Was hast du denn, Mutter?« – »Ach, ich werde wohl sterben, mein Sohn, aber ich werde wieder aufstehen, wenn du mir Wasser von den hohen Bergen bringst.« Da hielt es den Jungen nicht länger. Er eilte zum Mädchen und sagte zu ihm: »Ach, meine Mutter ist wieder krank geworden. Sie hat einen Traum gehabt, ich solle ihr Wasser von den hohen Bergen bringen.« Das Mädchen sagte: »Geh, mein Lieber. Doch diesmal habe ich Angst, daß dich die Wolken und die Berge dort greifen und dich töten könnten. Aber nimm mein Pferd, das 22 Flügel hat, und wenn du dort ankommst, so verweile erst und halte dich einen halben Tag in der Nähe auf. Gerade zur Mittagszeit setzen sich die Berge und die Wolken zu Tisch und essen. Aber du eile in dieser Zeit und nimm einen Krug, schöpfe schnell Wasser und fliehe.« Da nahm der Knabe den Krug und machte sich auf zu den Bergen und verweilte, bis die Sonne gegen Mittag stand. Er nahm das Wasser und floh, aber die Wolken und Berge hatten ihn gesehen und eilten hinter ihm her. Doch sie konnten ihn nicht mehr erreichen. Der Knabe kam zum Mädchen. Es nahm heimlich den Krug mit Wasser und setzte ihm dafür einen anderen hin, ohne daß er es wußte. Da erhob sich der Knabe und ging nach Hause und gab seiner Mutter das Wasser. Sie wurde wieder gesund. Da ging der Knabe in den Wald auf die Jagd. Doch die Mutter begab sich zum Drachen und sagte zu ihm: »Er hat mir auch das Wasser gebracht. Was soll ich mit ihm bloß noch anfangen?« – »Schau, was du anfangen sollst. Setze dich zu ihm und spiele Karten mit ihm. Aber sag ihm, er solle sich dabei binden lassen, so hättet ihr auch mit seinem Vater gespielt.« Als der Knabe nach Hause kam, sah er seine Mutter in guter Laune. Ihm schien es ein gutes Zeichen und es freute ihn. Als sie bei Tische saßen und aßen, da sagte sie zu ihm: »Lieber Sohn, als dein Vater noch lebte, was machten wir denn da? Nachdem wir gegessen und uns erhoben hatten, spielten wir Karten mit gebundenen Händen.« – »Wenn du willst, Mutter, so spiele doch mit mir.« Sie setzten sich, um zu spielen. Dann holte seine Mutter Seidenstricke und band ihm beide Hände so fest, daß das Seil in seine Hände schnitt. Da fing der Knabe an zu weinen und sagte zu seiner Mutter: »Mutter, lockere die Fesseln, ich sterbe sonst.« Sie aber sagte: »So wollte ich es gerade mit dir machen, auf diesen Augenblick habe ich schon lange gewartet«, und sie rief den Unhold: »Komm heraus, Drache, eile herbei und töte ihn.« Da kam der Drache heraus, griff ihn, zerschnitt ihn in Stücke, steckte ihn in einen Sack und band ihn auf sein Pferd, das er verjagte. Zum Abschied gab er dem Pferde die Worte mit: »Pferdchen, trage ihn als Toten, wohin du ihn als Lebendigen getragen hast.« Doch das Pferd kannte den Weg zu der Geliebten des Helden. Es eilte gerade zu der Geliebten. Als das Mädchen das Pferd erblickte, da fing es an zu weinen, nahm den Sack mit den Gebeinen vom Pferd und setzte Stück auf Stück, und wo es nicht reichte, da zerschnitt es ein Ferkel und setzte ihm Fleisch vom Ferkel ein. So brachte es jedes einzelne Stück an seine Stelle. Dann holte es jenes Wasser und übergoß ihn, daß es zusammenhielt und die Gelenke sich fügten, tröpfelte ihm den ausgepreßten Saft jenes Apfels in den Mund und machte ihn wieder lebendig. Da erhob sich der Knabe und begab sich zu seiner Mutter nach Hause, schlug einen Pfahl in den Erdboden, wickelte sie in eine Schilfmatte mit dem Drachen zusammen und legte Feuer an die Matte, daß beide verbrannten. Von dort ging er wieder zurück zu seiner Geliebten und machte Hochzeit und feierte drei Monate lang, Tag und Nacht. Und von dort bin ich gekommen und habe es euch erzählt.

16. Die drei Kaisertöchter und der Teufel

Es war einmal ein Kaiser, der hatte kein einziges Kind. Erst im Alter wurden ihm drei Mädchen geboren. Weil sie so schön waren, kam der Teufel und nahm ihm alle drei Mädchen. Währenddessen hatte sich der Kaiser nämlich um die Tochter der Schlange geschlagen, bis ihm die eine Hälfte des Schnurrbarts und des Kopfes ganz weiß wurde, nur wegen der Tochter der Schlange. Da verging die Zeit, und er hatte immer noch kein Kind, denn die Mädchen hatte ihm der Teufel geholt. Er sann jetzt nach und sagte zur Kaiserin: »Was soll ich bloß machen, Frau? Ich gehe drei Jahre lang weg; wenn ich wiederkommen werde, will ich ein Kind von dir vorfinden, und wenn ich über Jahresfrist keines finde, werde ich dich töten.« Und er machte sich auf den Weg und ging ein ganzes Jahr. Seine Frau sann und sann, und wie sie so an ein Kind dachte, fand sie einen Mann mit Äpfeln: »Wer von diesen Äpfeln essen wird, wird schwanger.« Da ging sie hin und nahm einen Apfel und aß ihn, und wirklich wurde sie schwanger. Es kam die Zeit, daß sie gebären sollte, und wirklich gebar sie ein Kind, dem sie den Namen Cosma[1] gab. Da kam der Kaiser über Nacht und fragte sie, ob sie die Bedingung erfüllt habe. Sie sagte: »Ich habe dein Wort erfüllt.« Da trat er hinein ins Haus, und als er sein Kind sah, da war sein Herz voller Freude. Der Knabe sollte nun auch heiraten, denn die Zeit war mittlerweile gekommen. Der Vater starb. Der Sohn fühlte sich so kräftig und stark, daß er den ganzen Hof auf seinen kleinen Finger setzen und in die Höhe heben konnte. Da kam er eines Tages von der Jagd, hob den Grundpfeiler des Hofes ein wenig in die Höhe und rief seine Mutter, daß sie die Brustwarze unter die Schwelle des Hofes legen solle. Die Mutter tat, wie ihr befohlen, und der Sohn klemmte ihre Brust unter den Balken, so daß sie vor Schmerz aufschrie. Da sagte der Knabe zu ihr: »Mutter, sage mir jetzt, warum war der Schnurrbart meines Vaters weiß?« Sie sagte: »Höre, dein Vater hat sich neunmal um die Tochter der Schlange geschlagen und hat sie nicht bekommen.« Da fragte er sie weiter: »Habe ich denn keine Brüder?« – »Nein«, sagte sie, »du hast keine Brüder, aber du hattest drei Schwestern, die hat der Teufel geholt.« Er fragte weiter: »Wohin hat er sie denn entführt?« Da antwortete sie, daß er sie dorthin geführt habe, wo die Sonne untergehe. Da nahm der junge Held den Sattel und den Zügel seines Vaters, sattelte seines Vaters Pferd und brach auf, um seine Schwestern zu suchen, und gelangte zu den Häusern, wo seine Schwestern wohnten, und schleuderte die Keule, daß die Pflaumenbäume davon zersplitterten. Da kam eine Schwester heraus und fragte ihn: »Warum hast du die Pflaumenbäume zerschmettert? Der Teufel wird gleich zurückkommen und dich töten.« Darauf sagte er: »Komm lieber heraus, an-

[1] Kosmas = griechischer Rufname.

statt mir Vorhaltungen zu machen, und gib mir einen Schluck Wein und ein Stück Brot.« Und sie kam mit Wein und Brot. Und indem sie ihm Brot und Wein in die Hand gab, blickte sie auf das Pferd ihres Vaters und erkannte es wieder. Sie sagte: »Mir scheint, dieses Pferd gehört meinem Vater.« – »Ja, und vernimm, ich bin der Sohn deines Vaters.« Da fielen sie sich beide ohnmächtig in die Arme. Darauf sagte sie ihm: »Mein Bruder, der Teufel kommt von zwölf Ländern her, und sowie er kommt, wird er dich umbringen.« Und er kam und warf die Keule und schloß zwölf Türen auf und hängte sie an den Nagel. Dann nahm er die Keule wieder in die Hand und trat ins Haus ein. Der Teufel aber sagte: »Frau, ich rieche Menschenfleisch.« Doch sie verwandelte ihren Bruder in einen Ohrring und steckte ihn sich ins Ohr. Darauf sagte sie zu ihm: »Du verspeist alle Sorten Fleisch und bist wohl gekommen und willst mich fressen, denn ich bin ja auch ein menschliches Wesen.« Da sagte er zu ihr: »Lüge nicht. Es ist mein Schwager gekommen, nicht wahr?« – »Nun, wenn wirklich dein Schwager gekommen wäre, würdest du ihn fressen?« Da sagte er zu ihr: »Nein, ich fresse ihn nicht.« – »Schwöre bei deinem Schwert, daß du ihn nicht fressen wirst.« Da nahm sie den Ohrring vom Ohr und führte ihn zu Tisch und aß mit ihm zu Mittag. Da tat der junge Held, als ob er einmal hinausginge, und zog am Knöchel des Pferdes und versteckte sich dort. Da erhob sich der Teufel und durchstreifte das ganze Land. Aber seinen Schwager fand er nicht. Und er ließ sein Horn ertönen. Auf diesen Ruf hin versammelten sich alle Vögel auf dem Pferde und durchsuchten sogar das ganze Fell des Pferdes. Auch der Teufel suchte. Und als er daran war, dem Pferde die Knöchel zu untersuchen, fingen die Hähne an zu krähen, und plumps! da fiel er herunter. Und Cosma kam heraus und ging auf ihn zu: »Guten Tag, Schwager.« Darauf fragte ihn der Unhold: »Wo warst du denn?« – »Ich war vorhin mit dem Pferd im Heu.« Da sagten sie sich Lebewohl und nahmen Abschied. Er aber eilte zu den anderen Schwestern und machte es ebenso wie bei der ersten und ließ sich in einen Ring verwandeln. Da fragte ihn die kleine Schwester: »Wo willst du denn hin, Bruder?« – »Ich will die weiße Stute hüten, um mir ein Füllen zu stehlen. Dann will ich mich dorthin begeben, von wo ich die Tochter der Schlange holen kann.« Und sie sagte zu ihm: »Gehe, lieber Bruder, doch wenn du das Füllen hast, so komme erst zu mir.« Da ging er dorthin.

Da jagten eines Tages einige Rumänen einen Wolf auf und wollten ihn töten. Der Wolf bat: »Cosma, Cosma, verlasse mich nicht. Lenke die Rumänen anderswohin, damit sie mich nicht töten. Hier hast du ein Haar, stecke es in deine Tasche. Sobald du an mich denken wirst, bin ich bei dir, was auch immer dir zustoßen könnte.« Und er ging und ging und traf eine Krähe, deren Flügel gebrochen war. Sie sagte zu ihm: »Tritt nicht auf mich, Cosma, verbinde meinen Flügel, ich gebe dir eine Feder, die stecke in deine Tasche. Bei irgendeiner Schwierigkeit, welche es auch sei, stehe ich dir bei.« Und er ging weiter und traf einen Fisch, der sagte: »Geh nicht vorbei, Cosma, binde mich an den Schwanz deines Pferdes und setze mich ins Wasser, auch ich werde dir dann Gutes tun.« Und so tat er es auch. Er steckte ihn ins Wasser. Da kam er zu der alten Frau, die eine weiße Stute hatte, und setzte sich an ihre Tür und bat sie: »Gib mir ein Füllen von der weißen Stute, Alte.« Darauf erwiderte die Alte: »Wenn du sie drei Tage hütest, dann sollst du ein Füllen von ihr haben, aber wenn du das nicht vermagst, haue ich dir den Kopf ab und setze ihn auf diesen Pfahl.« Da sagte er: »Ich führe sie auf die Weide.« Sie gab ihm die weiße Stute, und er ging mit ihr auf die Weide. Die Stute lief mitten unter die Schafe, und dort verschwand sie im Erdboden. Da stand der Knabe auf und suchte die weiße Stute; doch er fand sie nicht. Da erinnerte er sich an den Wolf, und er dachte an ihn. Bei diesem Gedanken kam auch schon der Wolf und fragte ihn: »Was hast du gemacht, Knabe?« – »Schau, ich finde die weiße

Stute nicht.« Da antwortete der Wolf: »Dort unter den Schafen ist sie. Gehe dorthin, nimm den Hirtenstab und setze dich mit dem Hirtenstab auf sie, so wirst du sie finden.« So tat er es auch, und wirklich, die Stute erhob sich. Und sie bekam ein Füllen, und alle drei gingen zur alten Frau, welche sagte: »Nun hast du noch zwei Tage.« – »Jawohl, Alte«, sagte der Knabe. Und wieder ging er mit der weißen Stute auf die Weide. Die Alte schlug die Stute und fragte sie, warum sie sich nicht gut versteckt habe, er dürfe sie nicht wieder finden. Da sagte die Stute: »Verzeihe mir, Alte, jetzt verstecke ich mich hinter die Wolken, da wird er mich nicht finden.« Der Knabe ging mit ihr auf die Weide, und sie verschwand in den Wolken. Der Knabe suchte von frühmorgens bis zum Mittag. Und als er sie nicht fand, kam ihm die Krähe in den Sinn. Und wie er an sie dachte, da kam auch schon die Krähe: »Was hast du denn, Knabe?« – »Ich habe die Stute verloren und finde sie nicht wieder.« Da versammelte die Krähe alle Krähen, und sie suchten in allen Ländern, bis sie sie endlich fanden. Da nahm sie die Stute in den Schnabel und brachte sie dem Knaben. Und der Knabe nahm sie am Zügel und führte sie zur Alten. »Einen Tag hast du noch«, sagte die Alte. Und es kam der Tag, an dem er sie nochmals hüten sollte. Die Alte aber ging mit der Stute in den Stall und schlug sie nachts so, daß sie bald gestorben wäre. Da sagte die Stute zu der Alten: »Jetzt, Alte, wird er mich nicht finden, und wenn doch, so wisse, daß ich sterbe, denn ich begebe mich schnurstracks in das Meer.« Und als der Knabe mit ihr aufbrach, ging sie ins Meer. Der Knabe suchte und suchte, und bis zum Abend blieb ihm nur noch herzlich wenig Zeit. Da erinnerte er sich an den Fisch. Und der Fisch kam und fragte ihn: »Was hast du denn, Knabe?« – »Ich weiß nicht, wo die weiße Stute sich hinbegeben hat.« Da verschwand der Fisch, und er versammelte alle Fische, und sie trafen die Stute weit draußen mit dem Füllen, das immer hinter ihr hertrabte. Der Knabe nahm sie am Zügel und ging mit ihr zur Alten. Die sagte zu ihm: »Nimm sie dir, wenn sie dir so gefällt.« Der Knabe aber nahm das Füllen. Doch die Alte sagte: »Nicht dieses, Knabe, denn dieses Füllen ist nicht gut. Nimm ein schöneres.« Da sagte der Knabe: »Laß mir dieses.« Dann ging der Knabe weit weg, und das Füllen überschlug sich und verwandelte sich in eines von Gold mit 24 Flügeln; es gehörte ja nicht der Alten, der Schlange, sondern ihm. Darauf ging er zu seinen Schwestern, nahm sie alle drei mit und holte auch die Tochter der Schlange. Alle zusammen kamen nach Hause. Weder der Teufel noch das Waldungeheuer haben sie wieder einholen können. So machte er Hochzeit, und sie aßen und tranken, und dort habe ich sie zurückgelassen und bin gekommen und habe euch dies erzählt.

17. Die zwei Diebe

Es war einmal, wann es war. Es waren einmal zwei Diebe, der eine war vom Lande und der andere aus der Stadt. Sie trafen sich alle beide. Und einer fragte den anderen, woher er sei und was er sei. Der vom Lande sagte dem von der Stadt: »Ah, wenn du so ein Dieb bist, dann kannst du auch Eier von der Krähe wegstehlen, und dann erst weiß ich, daß du ein Dieb bist.« Da sagte er: »Schau mir gut zu, wie ich stehle.« Er stieg langsam auf einen Baum und legte die Hand unter eine Krähe und stahl die Kräheneier, ohne daß die Krähe es merkte. Während der eine jedoch die Kräheneier stahl, stahl der andere vom Lande die Unterhosen des anderen vom Leibe weg, ohne daß es der Dieb aus der Stadt merkte. Und als er unten wieder ankam und sah, daß er nackt war, sagte er ihm: »Bruder, ich habe wirklich nicht gefühlt, als du meine Unterhosen stahlst. Komm, wir machen Brüderschaft. Brüder wollen wir sein.« Und sie machten Brüderschaft. Nun beratschlagten sie, was sie tun sollten. Sie gingen auf den Markt und nahmen eine Frau. Der von der Stadt sagte: »Bruder, es ist Sünde, daß wir zwei Brüder eine Frau haben. Es ist besser, sie gehört dir allein.« Da sagte er: »Schön, so sei es. Und wohin soll ich dich jetzt führen, daß wir Geld herbeischaffen?« – »Los, Bruder, wenn du weißt wo.« Und sie gingen los zum Kaiser und forschten, wo der Kaiser die Schatzkammer hätte. Da sagte der von der Stadt: »Los, Bruder, wir brechen von oben die Schatzkammer auf und lassen uns einer nach dem andern hinein. Los!« Sie kletterten hinauf und machten ein Loch, und es ließ sich der vom Lande hinein und nahm 200 Beutel Geld, und dann kam er heraus, und sie gingen nach Hause. Frühmorgens stand der Kaiser auf und schaute nach seinem Geld und entdeckte, daß 200 Beutel fehlten. Sofort ging er ins Gefängnis, wo ein alter Dieb war. Er ließ ihn kommen und fragte ihn: »Du, alter Dieb, ich weiß nicht, wer in mein Haus gekommen ist und mir 200 Beutel Geld gestohlen hat. Ich weiß nicht, von wo er eingedrungen ist, denn die Schatzkammer zeigt nirgends eine Öffnung.« Der alte Dieb sagte: »Es ist doch ein Loch, du siehst es nur nicht. Aber geh einmal nach Haus. Mach Feuer im Hause an und gehe hinaus und schaue aufs Dach, und wo du Rauch herauskommen siehst, dort sind die Diebe eingedrungen. Und dann setze ein Faß mit Pech gerade auf das Loch, denn der Dieb, der das Geld genommen hat, wird wiederkommen.« Und der Kaiser machte Feuer und sah das Loch und sah, wie der Rauch aus dem Innern der Schatzkammer aufstieg. Dann nahm er ein Faß mit Pech und setzte es vor das Loch.

Und die Diebe kamen nachts wieder an dieses Loch, und es ließ sich wiederum der Dieb vom Lande hinein, und kaum hatte er sich hinuntergelassen, als er in das Faß mit Pech fiel. Da sagte er zu seinem Bruder: »Bruder, bis hierher sind wir nun gekommen. Von hier entrinne ich nicht wieder. Aber damit wir nicht dem Kaiser den Gefallen tun, komm und schneide mir meinen Kopf ab, damit ich ganz tot bin.« Und da ließ sich sein Gefährte hinunter und hieb ihm den Kopf ab und begrub ihn in einem Walde. Und der Kaiser stand frühmorgens auf und begab sich dorthin, wo der Dieb hineingefallen war. Er sah den Dieb dort im Fasse ohne Kopf. Was machte er nun? Er ging wieder zu dem alten Dieb und sagte ihm: »Alter Dieb, ich habe den Dieb gefangen, aber er hat keinen Kopf.« Da sagte der Alte zu ihm: »Schau, Kaiser, es ist ein Dieb, und es ist auch kein Dieb. Schau, was du nun tun sollst. Du nimmst den Toten und hängst ihn oben an deiner Tür von draußen auf. Derjenige, der seinen Kopf gestohlen hat, wird kommen und wird auch diesen stehlen. Stelle aber ja Soldaten auf, daß sie aufpassen.« So machte es auch der Kaiser. Er nahm den Toten, hängte ihn auf und stellte Posten aus, daß sie ihn bewachten.

Da kaufte der Dieb eine weiße Stute und einen kleinen Wagen und nahm auch ein Faß von zwanzig Eimern Wein mit. Er setzte es in den Wagen und fuhr schnurstracks dorthin, wo sein Gefährte aufgehängt war. Er machte sich älter, als er war. Es geschah nun, daß sein Wagen gerade dort zerbrach und das Faß herunterfiel. Da fing der Dieb an zu weinen und sein Haar zu raufen und tat so, als ob er heulte und jammerte, daß er nun arm geworden sei und sein Herr ihn schlüge. Die Soldaten, die den Toten bewachten, sagten einer dem anderen: »Helfen wir dem Alten sein Faß auf den Wagen, denn er ist zu bedauern.« Und sie machten sich daran, ihm zu helfen, und sagten zu ihm: »He Alter, wir wollen dir dein Faß wieder auf den Wagen heben. Gib uns dafür ein bißchen zu trinken.« – »Ja, ich gebe euch.« Und da setzten sie ihm das Faß auf den Wagen. Und der Alte sagte zu ihnen: »Nehmt und trinkt, denn ich habe nichts anderes, was ich euch geben könnte.« Da tranken die Soldaten, bis sie genug hatten und nicht mehr konnten. Doch der Alte tat so, als ob er von nichts wüßte, und fragte: »Wer ist denn jener dort?« Da sagten die Soldaten: »Das ist ein Dieb.« – »Auleu[1], ich kann hier über Nacht nicht bleiben, denn mir stiehlt wohl

[1] Ausdruck des Schmerzes: »aoleo!«

gar der Dieb meine Stute über Nacht.« Da sagten ihm die Soldaten: »Du bist wohl ganz närrisch, Alter, wie kann dieser deine Stute stehlen.« – »Doch, es passiert. Ist denn der kein Dieb?« – »Schweig, Alter, er stiehlt deine Stute nicht. Und wenn er sie dir stiehlt, dann bezahlen wir sie dir.« – »Doch, er wird sie stehlen, denn er ist ein Dieb.« – »Sieh doch, Alter, er ist doch tot. Wir geben es dir schriftlich, wenn er dir deine Stute stiehlt, geben wir dir 300 Lei[2].« Da sagte der Alte: »Gut, wenn es so ist.« Und er blieb dort.

Und er machte sich ein Feuer, und der Schlaf überkam ihn. Er tat aber nur so, als ob er schliefe. Die Soldaten machten sich an den Wein und tranken das Faß aus. Sie betranken sich. Und dort, wo sie hinfielen, schliefen sie einen Schlaf, so tief, wie man sich ihn kaum vorstellen kann. Da erhob sich der alte Dieb, der sich stellte, als ob er schliefe, und stahl den Aufgehängten und setzte ihn aufs Pferd und führte ihn in den Wald und begrub ihn dort. Und die Stute ließ er auch dort. Alsdann kam er wieder ans Feuer und tat wieder so, als ob er schliefe. Die Soldaten aber wunderten sich, als sie aufstanden und sahen, daß der Aufgehängte nicht mehr dort war und auch die Stute des Alten verschwunden war, und sagten: »Seht, der Alte hat doch recht gehabt, daß der Dieb ihm die Stute stiehlt. Da haben wir nun etwas Schlimmes auf dem Halse.« Und ehe der Alte aufstand, taten sie schnell 400 Lei für ihn zusammen und jagten ihn davon mit der Bitte, doch ja nicht davon zu sprechen. Als der Kaiser aufstand und sah, daß der Dieb nicht mehr am Seile hing, ging er zu seinem alten Dieb und fragte ihn: »Schau, auch den aufgehängten Dieb haben sie sogar gestohlen. Was mache ich nun?« – »Sagte ich dir nicht, Kaiser, daß dies ein Dieb ist und auch kein Dieb ist? Aber schau, was du tun mußt: verbiete jegliches Schlachten und Zerteilen von Fleisch in der Stadt, schneide du selbst alles Fleisch auf dem Markte und biete zwei Pfund Fleisch für einen Dukaten aus, so daß nie-

[2] Rumänische Münze.

mand mehr kaufe, soviel Geld er auch habe. Denn der Dieb wird länger als drei Tage nicht hungern können.« Und so tat es der Kaiser auch, und es kam kein Mensch und kaufte Fleisch an jenem Tage. Am nächsten Tage konnte es der Dieb aber nicht mehr aushalten, nahm den Wagen, spannte sein Pferd an und wollte sich Fleisch holen. Doch er verstellte sich wieder, sein Wagen ging entzwei, und dann jammerte er, er hätte kein Beil, seinen Wagen wieder instand zu setzen. Da sagte ihm der Fleischer: »Nimm doch ein Beil von mir und mache dir deinen Wagen.« Das Beil lag neben dem Fleische. Und während er das Beil nahm, nahm er auch eine große Keule Fleisch und steckte sie unter seinen Bauernkittel. Und er warf das Beil dem Fleischer wieder hin und fuhr heidi nach Hause. Am nächsten Tag kam der Kaiser und fragte die Fleischer: »Habt ihr an jemand Fleisch verkauft?« Sie sagten: »Nein, an niemand.« Da ließ der Kaiser das Fleisch abwiegen und fand, daß 40 Pfund Fleisch fehlten. Und er ging zum Dieb und sagte: »Sieh, 40 Pfund Fleisch sind gestohlen worden, und niemand hat einen Dieb gesehen.« – »Sagte ich es dir nicht, Kaiser, daß das kein richtiger Dieb ist, den man nicht ertappen kann?« – »Doch, Alter, hilf mir doch aus der Klemme. Wie soll ich es machen?« – »Mache dir ein Verzeichnis der Aussteuer und setze mehr Geld hinein, auch wenn du nicht soviel hast, und sage, daß derjenige Kaiser an deiner Statt sei, der dir sagt, welches der Dieb ist.« Der Kaiser setzte ein großes Verzeichnis auf, wie der Dieb ihm gesagt hatte, und er heftete es draußen an die Tür. Da kam der Dieb und las dies und dachte nach, wie er es machen könnte. Er faßte sich ein Herz und ging zum Kaiser und sagte ihm: »Kaiser, ich bin der Dieb.« – »Du bist es?« – »Ja, ich bin es.« Da sagte der Kaiser: »Wenn du es bist, so stiehl dem Bauern, der da kommt, den Ochsen vom Joch, ohne daß er es sieht. Dann glaube ich auch, daß du es bist.« Da sagte der Dieb: »Ja, ich stehle ihn, Kaiser. Schaue mir zu.« Da ging er vor dem Bauern her und fing an zu schreien, allerlei Unsinn zu machen und zu rufen: »Auf zur Komödie!« Da sagte der Bauer: »Sooft ich auch auf den Markt gekommen bin und allerlei Unsinn und dummes Zeug habe ausrufen hören, niemals bin ich hingegangen, ach, ich werde mir anschauen, wie die Komödie ist.« Und er ließ den Wagen zurück und ging durch die Sträucher zum Eingang des Marktplatzes, der Dieb rief immerfort, bis der Bauer sich von dem Ochsen entfernt hatte. Da ging der Dieb zurück, ergriff den einen Ochsen, schnitt ihm den Schwanz ab und steckte ihn dem anderen Ochsen ins Maul. Den schwanzlosen Ochsen führte er zum Kaiser. Da lachte der Kaiser so herzlich, daß er bald daran gestorben wäre. Aber als der Bauer zurückkam, fing er an zu weinen. Der Kaiser rief ihn zu sich und fragte ihn: »Warum weinst du denn?« – »Ach, Kaiser, während ich nur zur Komödie ging, hat der eine Ochse den anderen aufgefressen.« Wieder lachte der Kaiser und sagte seinen Dienern, sie sollten dem Bauern zwei gute Ochsen geben. Er gab ihm auch seinen Ochsen wieder und fragte ihn: »Kennst du diesen deinen Ochsen wieder?« – »Jawohl, ich kenne ihn, Kaiser.« – »Dann nimm ihn und gehe nach Hause.« Und zum Dieb sagte er: »Wenn ich dir meine Tochter geben soll und du Kaiser an meiner Stelle sein willst, so stiehl mir den Popen[1] aus der Kirche.« Da ging der Dieb auf den Markt und kaufte 300 Krebse und 300 Kerzen und ging in die Kirche. Und er setzte sich obenhin auf den Kirchboden. Und während der Pope sang, ließ der Dieb immer einen Krebs nach dem anderen mit einer Kerze am Fuß hinunter. Und der Pope sprach zu seiner Gemeinde: »Schaut, ich bin beim lieben Gott, denn Gott schickt die Heiligen direkt zu mir.« Und der Dieb ließ alle Krebse mit je einem Lichte am Fuß hinunter und rief laut: »Ehrwürden, Gott ruft dich mit deinen Büchern, denn du hast recht.« Der Pope sagte: »Aber wie soll ich zu dir kommen?« – »Setze dich hier in diesen Sack«, und der Zigeuner ließ den Sack hinunter, und der Pope stieg ein, und der

[1] Rumänischer Priester.

Dieb zog ihn hinauf und stieg die Treppe hinunter und zerrte den Popen im Sacke nach, indem er seinen Kopf auf die Stufen aufschlagen ließ. Dann sagte der Dieb: »Haltet Euch, ehrwürdiger Pope, denn Ihr seid an der Decke des Himmels angelangt.« Und er nahm ihn auf den Rücken und brachte ihn zum Kaiser. Dort warf er ihn auf den Boden. Als das der Kaiser sah, fing er an herzlich zu lachen. Er gab dem Dieb seine Tochter und machte ihn zum Kaiser an seiner Statt.

18. Der gestohlene Ochse

Es war einmal ein Bojar und ein armer Bauer. Der arme Bauer hatte zwölf Kinder. Er wußte aber nicht, wie er sie ernähren sollte. Drum bettelte er von den Bauern so lange, bis ihm die Bauern nichts mehr gaben. Dann saß er wieder leer da. Er hatte nun nichts mehr, was er seinen Kindern zu essen geben konnte. Was tat er nun vor Kummer? Er ging ins Dorf, stahl einem Bojaren einen Ochsen und schlachtete ihn. Seinen Kinderchen schmeckte das Fleisch ganz gut. Frühmorgens kam der Herr, dem der Ochse gehörte, und suchte seinen Ochsen. Und während er so suchte und suchte, traf er unterwegs die Kinder, die ihm den Ochsen aufgezehrt hatten. Und er fragte die kleinen Kinder: »Kinder, was macht ihr hier?« – »Wir spielen.« – »Aber gestern abend, da wolltet ihr doch vor Hunger sterben und schriet.« Da sagten die Kinder: »Unser Vater ist auf den Hof gegangen und hat einen Ochsen gestohlen und hat ihn geschlachtet, und wir haben ihn bis zur Hälfte aufgegessen, und die Hälfte ist noch übrig geblieben, und der Vater hat sie in ein Fell gesteckt und auf den Boden getragen.« Der Bojar rief den Alten, der den Ochsen gestohlen hatte: »He, Alter, warum hast du meinen Ochsen geschlachtet?« – »Warum sollte ich ihn nicht schlachten? Ich habe Hunger gehabt und wußte nicht, wie ich meine Kinder ernähren sollte.« – »Dann bezahle mir auch meinen Ochsen.«

— »Aber was soll ich dir denn geben für deinen Ochsen, ich habe doch kein Geld. Ich gebe dir ein Kind, das dir sieben Jahre dienen soll.« Und er gab ihm ein Kind, das ihm sieben Jahre dienen sollte, um damit den Ochsen zu bezahlen. Das Kind wurde immer größer und so tüchtig wie ein Held und ging mit seinem Herrn auf die Jagd. Doch als die sieben Jahre um waren, ging es nach Hause zu seinem Vater. Der Bojar gab ihm ein Schriftstück mit, in dem stand: wenn er heirate, solle er den Bojaren rufen. Denn der Bojar wollte ihn trauen. »Wenn du mich nicht benachrichtigst, haue ich dir den Kopf ab.« Auf seinem Heimweg traf er ein Waldungeheuer in Gestalt einer Schlange. In ihrem Maule hielt sie einen Hirsch. Neun Jahre lag der Hirsch schon in dem Schlangenmaule, denn die Schlange konnte den Hirsch wegen der Hörner nicht verschlingen. Doch die Schlange war keine wirkliche Schlange, sondern ein Kaisersohn. Als sie den schönen Knaben sah, sagte sie: »Den hat mir Gott geschickt.« — »Junge«, sprach sie zu ihm, »ziehe die Hörner des Hirsches nach vorn und reiße sie ab, damit ich ihn verschlinge. Neun Jahre halte ich ihn schon in meinem Maule.« So tat es auch der Junge, er zerschlug das Geweih, und die Schlange fraß ihn. »Nun, mein Lieber, lege mir ein Band um den Hals und führe mich zu meinem Vater. Denn er weiß nichts mehr von mir.« Da führte er sie zum Vater der Schlange, der ihn für seine Tat bezahlte.

Von dort bin ich gekommen und habe euch dies erzählt.

19. Der Uhrmacher

Es war einmal ein armer Knabe, der ging auf die Wanderschaft, um sich einen Meister zu suchen. Auf dem Wege begegnete ihm ein Priester. »Wo willst du denn hin, mein Junge?« — »Ich will mir einen Meister suchen.« — »Junge, bei mir ist ein Platz für dich. Ich habe noch einen Jungen wie du.

Ich habe sechs Ochsen und einen Pflug. Verdinge dich bei mir und pflüge und bestelle den Acker.« Da folgte ihm der Knabe, nahm den Pflug, spannte die Ochsen an und ging hinaus aufs Feld und pflügte zwei Tage. Da kam das Glück und der Verstand zu ihm, und der Verstand sagte zum Glück: »Gehe in ihn ein.« Aber das Glück wollte nicht. Da ging nur der Verstand in ihn ein. Da setzte sich der Knabe hin, zog seine Opanken[1] aus und lief und floh übers Feld. Der andere Knabe aber lief hinter ihm her. »Lauf nicht weg, Bruder, lauf nicht weg!« – »Ach, laß mich in Ruhe mit deinem Pflug dort.« Da kam er in eine Stadt, die so groß war wie Bukarest. Dort kam er an einem Uhrladen vorbei. Er schaute sich den Laden an und sah die Knaben, die bei dem Uhrmacher arbeiteten. Da fragte ihn einer der Knaben: »Was stehst du denn da und bietest Maulaffen feil?« Er sagte: »So gefällt mir's. Ich schaue gern eurer Arbeit zu, die ihr macht.« Da kam der Herr und sagte: »Junge, verdinge dich bei mir drei Jahre, und du sollst bei mir lernen und sollst so ein Meister werden wie ich.« Er fügte hinzu: »Ein Jahr lang sollst du nur Holz schlagen und Feuer im Ofen machen und dich auf den Tisch setzen und den Knaben zuschauen, wie sie arbeiten.«

Bei diesem Uhrmacher war die Uhr eines Kaisers schon seit 15 Jahren. Aber keiner konnte sie instand setzen. Uhrmacher aus Paris und Wien waren gekommen und hatten sie nicht instand setzen können. Da setzte der Kaiser die Hälfte seines Reiches für denjenigen aus, der die Uhr reparierte. Und doch gelang es keinem. Diese Uhr hatte 24 Lieder in sich, und wenn die Uhr ein Lied spielte, verjüngte sich der Kaiser. So kam Ostern heran. Der Uhrmacher ging mit seinen Kindern in die Kirche, und zu Hause blieb nur eine alte Frau und der Junge. Wie immer hackte und schnitt der Junge Holz und setzte sich wieder an den Tisch, wo die Burschen sonst arbeiteten. Er rührte auch nicht die kleinste Uhr an. Aber die große nahm er in die Hand und legte sie auf den Tisch. Und

[1] in Balkanländern gebräuchliche Schuhe.

wie er zwei Schrauben gelöst und sie abgerieben hatte, und wie er sie wieder an Ort und Stelle gesetzt hatte, da fing die Uhr an, zu gehen und 24 Lieder zu singen. Da versteckte sich der Knabe aus Furcht, und als die Leute diese Lieder singen hörten, kamen sie eilends aus der Kirche gelaufen. Da kam auch der Uhrmacher nach Hause und sagte: »Mutter, wer hat mir das Gute getan und die Uhr repariert?« Da sagte die Alte: »Kein Mensch, nur der Junge ist am Tisch herumgegangen.« Da suchte er ihn und fand ihn in der Pferdekrippe und nahm ihn in seine Arme. »Du warst's, mein Junge, du bist ein größerer Meister als ich. Ich habe dich verkannt, und ich habe dich Ostern Holz schlagen lassen.« Da kamen drei Schneider und machten dem Uhrmacher drei Kleider. In aller Frühe kam ein Wagen mit vier Pferden. Der Uhrmacher nahm die Uhr in die Arme und brach zum Kaiser auf. Als das der Kaiser hörte, stieg er hinab und nahm seine Uhr in die Arme und wurde wieder jung. Darauf sagte er zum Uhrmacher: »Hole mir auch den herbei, der mir die Uhr instand gesetzt hat.« Er aber sagte: »Ich habe sie instand gesetzt.« – »Nicht doch, du hast sie nicht instand gesetzt. Geh und hole mir den, der sie repariert hat.« Da ging er und holte den Knaben. Der Kaiser sagte zu einem Knaben: »Geh und nimm drei Körbe voll Dukaten für den Uhrmacher.« Und zum Uhrmacher sagte er: »Den Knaben gebe ich dir nicht zurück. Ich werde ihm 10 000 Dukaten jährlich geben, daß er die Uhr nachsieht, wenn sie entzwei geht.« Und der Knabe blieb bei der Uhr 13 Jahre. Der Kaiser hatte eine Tochter, die war so groß geworden, daß sie sich verheiraten konnte. Sie schrieb einen Brief und gab ihn ihrem Vater. Und was stand in dem Brief? »Vater, ich will mich stumm stellen, und wer mich zum Reden bringen wird, dem will ich angehören.« Da erließ der Kaiser einen Aufruf, wer seine Tochter zum Reden bringen könne, der sollte sie als Gattin haben, aber wer es nicht fertigbrächte, den wolle er töten. Da kamen viele Jünglinge. Doch keiner brachte seine Tochter zum Reden. Der Kaiser tötete sie alle, bis überhaupt keiner mehr kam. Endlich kam der Knabe vom Uhrmacher zum Kaiser und sagte: »Kaiser, laß du mich zu deiner Tochter gehen, ich werde sie zum Reden bringen.« – »Meinetwegen, doch kennst du den Brief auf dem Tische? Ich habe geschworen, daß ich den töten werde, der es nicht vollbringt.« – »Töte auch mich, Kaiser, wenn ich es nicht fertigbringe.« – »Wenn du so hartnäckig darauf bestehst, gehe zu meiner Tochter.« Der Knabe kleidete sich schön an und ging in das Zimmer zu ihr. Sie stickte. Der Knabe sagte beim Eintreten: »Guten Tag!« – »Ich danke dir, Uhrmacher. Setz dich erst ein bißchen nieder und nimm etwas zu dir. So ist es nun einmal, mein Kronleuchter!« Er sprach alle diese Worte selbst, und als er ein Weilchen gesessen hatte, ging er hinaus. »Gute Nacht, mein Kronleuchter!« – »Gehab dich wohl, Uhrmacher!« Am zweiten Tage rief ihn nachts der Kaiser, daß er ihn töte. Doch der Knabe sagte: »Laß mich heute abend noch einmal zu ihr.« Da begab sich wieder der Knabe zu ihr und sagte: »Wohl habe ich dich gefunden!« – »Willkommen seist du mir, Uhrmacher! Weil du gekommen bist, bleibe und verweile, setze dich zu Tisch.« Aber all dies sprach er noch immer zu sich selbst, auch: »Gute Nacht!« – »Gehab dich wohl, Uhrmacher!« Am zweiten Tage rief ihn der Kaiser. »Aber jetzt muß ich dich töten, denn deine Zeit ist überschritten.« Da erwiderte der Knabe: »Du weißt doch, Kaiser, dreimal verzeiht Gott den Menschen.« – »Meinetwegen, gehe auch heute abend noch einmal zu ihr.« Darauf ging der Knabe abends zu ihr und sagte: »Guten Abend, mein Kronleuchter.« – »Ich danke dir, Uhrmacher, nun, weil du gekommen bist, setze dich an den Tisch.« Der Uhrmacher fuhr fort: »Verweile doch! Siehst du dieses Messer in meiner Hand? Ich werde dich in Stücke schneiden, wenn du mir auf meine Frage keine Antwort geben wirst.« – »Aber wie soll ich sie dir nicht geben, Uhrmacher?« – »Nun, mein Kronleuchter, kennst du nicht die Tochter des Kaisers?« – »Wie soll ich sie nicht kennen, Uhrmacher?« – »Kennst du die drei

Kaisersöhne?« — »Ich kenne sie, Uhrmacher.« — »Schön, daß du sie kennst. Und auch drei Brüder halten zu diesem Mädchen. Doch diese drei Brüder wußten nicht, daß sie alle drei die eine liebten. Aber was tat das Mädchen? Sie wußte, daß sie Geschwister sind. Der älteste kam gegen Abend, und sie setzte ihn an den Tisch und aß mit ihm. Dann schlief sie mit ihm und schloß ihn in ein Zimmer ein. Dann kam nachts auch der mittlere, und sie schlief mit ihm und schloß ihn in einem anderen Hause ein. Endlich kam auch der jüngste, und sie schlief mit ihm. Am andern Morgen holte sie die drei Brüder hervor. Da sprangen sie alle drei auf und wollten einander totschlagen. Das Mädchen sagte: ›Setzt euch, Brüder, tötet euch nicht, sondern begebt euch nach Hause und nehmt je 10 000 Dukaten und geht damit auf drei verschiedene Marktplätze. Und wer mir das Schönste mitbringt, dem werde ich angehören.‹

Da ging der älteste nach Bukarest und fand einen schönen Spiegel. Und was für ein schöner Spiegel war das! ›He, Kaufmann‹, fragte er, ›was kostet dieser Spiegel?‹ — ›Nun, 10 000 Dukaten.‹ — ›Wirklich. Aber ist das nicht zu teuer?‹ — ›Schau dir doch den Spiegel einmal an, was für ein schöner Spiegel es ist. Schaue hinein, da siehst du die Toten und die Lebendigen darin.‹ Dann kam der zweite an die Reihe. Er ging in eine andere Stadt und fand einen Kaftan[1]. ›He, Kaufmann, was kostet denn dieser Kaftan?‹ — ›Nun, 10 000 Dukaten.‹ — ›Was redest du da, Kaufmann? Ein Kaftan soll 10 000 Dukaten kosten?‹ — ›Ei ja, schau einmal, was für ein Kaftan das ist. Sooft du dich auf ihn legen wirst, wird er dich führen, wohin du willst. Nun glaubst du wohl, daß er nicht zu teuer ist.‹ Der jüngste endlich ging in eine andere Stadt und kam zu einem Juden. Von diesem kaufte er einen Apfel. Der Apfel war so wunderbar, daß, wenn ein toter Mensch ihn aß, er sich wieder erhob. Mit diesem Apfel ging er zu seinen Brüdern. Als sie alle nach Hause kamen, fanden

[1] = dicker, langer Mantel.

sie ihre Geliebte tot vor. Da gab der jüngste ihr den Apfel zu essen, und sie stand wieder auf. Aber wen sollte sie denn da nehmen? Sie nahm den jüngsten. Was sagst du nun dazu?« Da fing die Kaisertochter an zu sprechen, und der Uhrmacher bekam sie zur Frau und machte Hochzeit.

20. Der rote Kaiser und der Vampir

Es war einmal ein roter Kaiser. Der kaufte sich für 10 Gulden zu essen. Er bereitete sich Speisen und setzte sie in einen Schrank. Dann schloß er den Schrank zu, und jede Nacht rief er Leute, die auf sein Essen aufpassen sollten. Am zweiten Tage fand er die Schüsseln leer, soviel er auch suchte. »Nun«, sagte der Kaiser, »ich gebe die Hälfte meines Kaiserreiches demjenigen, der auf meinen Schrank aufpaßt, daß nichts aus ihm verschwindet.« Dieser Kaiser hatte drei Söhne. Der älteste dachte bei sich: »Ach Gott, es ist nicht gut, wenn er die Hälfte seines Kaiserreiches einem Fremden gibt, ich will selber aufpassen, und Gott mag mit mir machen, was er will.« Er ging zum Vater. »Vater«, sagte er, »du sollst leben. Aber warum willst du die Hälfte deines Königreichs einem Fremden geben? Ich will Wache halten.« Da sagte der Vater zu ihm: »Meinetwegen, aber fürchtest du dich nicht vor dem, was du sehen wirst?« Doch er sagte: »Gott wird es mit mir schon recht machen«, und er ging und stellte sich als Wache auf. Er legte den Kopf auf das Kissen, und so mit dem Kopf auf dem Kissen lag er bis zum frühen Morgen. Da kam ein heißer Wind und schläferte ihn ein. Und nun stand seine kleine Schwester auf, überschlug sich und verwandelte sich in ein Wesen mit Fingernägeln wie Sensen und Zähnen wie Schaufeln. Sie machte den Schrank auf und aß und aß. Dann wickelte sie sich wieder in Windeln, legte sich zurück in die Wiege, denn sie war noch ein ganz kleines Kind. Der Junge erhob sich und sagte seinem Vater, daß er nichts gesehen habe.

Sein Vater ging an den Schrank, fand aber darin nichts mehr vor. Da sagte ihm der Vater: »Ein anderer wäre tüchtiger gewesen als du, bei ihm wäre nichts weggenommen worden.«

Da ging der mittlere Sohn zum Vater: »Vater, du sollst leben, ich will heute abend aufpassen.« – »Gehe, mein Sohn, aber sei tapfer.« – »Wie Gott will.« Und er ging in das Haus und legte den Kopf auf das Kissen; und so gegen zehn herum kam ein heißer Wind, und der Schlaf überkam ihn. Da erhob sich seine Schwester, die zum Vampir geworden war, und wickelte sich aus den Hüllen, die sie umgaben. Sie überschlug sich, und da wurden ihre Zähne wie Schaufeln und ihre Nägel wie Sicheln. Sie ging an den Schrank, schloß ihn auf und aß, was sie nur fand. Als sie alles aufgezehrt hatte, überschlug sie sich wieder und legte sich wieder in ihre Wiege. Der Morgen kam, und der Knabe erhob sich, und als er zum Vater kam, sagte dieser zu ihm: »Andere wären tapferer gewesen als du und hätten mir keinen Schaden angetan, aber so ein Elender wie du –!«

Da erhob sich der jüngste Sohn: »Vater, du sollst leben, erlaube auch mir, daß ich am Schranke heute abend Wache stehe.« – »Gehe, mein Sohn, habe aber keine Furcht vor dem, was dir geschehen wird!« – »Wie Gott will«, sagte der Knabe. Und er ging, nahm vier Nadeln und legte sich mit dem Kopf aufs Kissen. Und die vier Nadeln stach er an vier verschiedenen Stellen ein. Immer wenn der Schlaf ihn übermannen wollte, stach er sich mit dem Kopf in eine Nadel und sprang auf. Und so ging es bis zehn Uhr. Da erhob sich seine Schwester aus der Wiege, und er sah sie. Sie überschlug sich, und er blickte starr auf sie hin. Da wurden ihre Zähne wie Schaufeln und ihre Nägel wie Sensen. Wieder ging sie an den Schrank und aß alles auf und ließ die Schüsseln leer zurück. Sie fuhr sich über den Kopf und wurde wieder so klein, wie sie vordem gewesen war. Dann ging sie wieder in die Wiege. Als das der Knabe sah, da verlor er seinen Verstand, so sehr fürchtete er sich. Und die Zeit bis zum Morgen schien ihm, als ob es zehn Jahre gewesen wären. Dann stand er auf und ging zum Vater. »Vater, du sollst leben.« Aber der Vater fragte ihn: »Hast du etwas gesehen, Peter?« – »Ich habe etwas gesehen, ich habe aber auch nichts gesehen. Gib mir ein Pferd und Geld, soviel wie ein Pferd tragen kann, denn ich will mich verheiraten«, setzte er hinzu. Da gab ihm sein Vater ein paar Säcke voll Gulden und schnallte sie aufs Pferd. Darauf ging der Knabe hinaus vor die Stadt und machte am Rande der Stadt ein Loch. Er machte sich eine Steinkiste und legte sein ganzes Geld dort hinein und vergrub es. Er setzte ein Kreuz von Stein darauf und brach auf. Und er ging auf die Wanderschaft acht Jahre lang. Da kam er zur Kaiserin der Sperlinge, der Herrscherin über alle Vögel.

Die Sperlingskaiserin fragte ihn: »Wo bist du her, und wo willst du hin, Peter?« – »Wo es keinen Tod und kein Alter gibt, dort will ich mich verheiraten.« Da sagte die Kaiserin zu ihm: »Hier gibt es keinen Tod und kein Alter.« Aber Peter fragt sie: »Warum gibt's das hier nicht?« Und sie antwortete ihm: »Wenn ich alle diese Bäume und alle diese Wälder durchlöchert haben werde, dann kommen das Alter und der Tod und holen mich.« Aber Peter sagte: »Heute einer und morgen einer und so fort, und so kommt der Tod und das Alter doch einmal und holt mich schließlich auch.« Darum ritt er weiter und weiter, wieder acht Jahre lang, und kam an einen Hof, der war von Kupfer. Aus dem Hofe kam ein junges Mädchen, die umschlang ihn und küßte ihn. Und sie sagte zu ihm: »Ach, wie lange habe ich auf dich gewartet.« Dann nahm sie das Pferd und führte es in den Stall. Er blieb über Nacht dort. Am zweiten Tage erhob sich der junge Held und sattelte sein Pferd. Doch das schöne Mädchen fing an zu weinen und fragte ihn: »Wo willst du hin, Peter?« – »Dorthin, wo es keinen Tod und kein Alter gibt.« Da sagte das junge Mädchen: »Hier gibt's keinen Tod und kein Alter.« Er fragte sie: »Warum nicht?« – »Siehe, dann erst kommt der Tod und das Alter, wenn all diese Berge abgeholzt und diese

Wälder gefällt sein werden.« – »Nein, hier ist nicht mein Ort«, sagte der Knabe.

Und wieder ging's weiter. Da sagte das Pferdchen zu ihm: »Gib mir vier Peitschenhiebe und dir zwei, damit wir aufs Feld der Sehnsucht kommen. Doch wenn die Sehnsucht dich ergreift und dich vom Pferde werfen will, so gib mir die Sporen und eile, so schnell du kannst, und bleibe um Himmels willen nicht stehen.« So gelangte er an ein kleines Häuschen. In diesem Häuschen sah er einen Knaben, der etwa zehn Jahre alt war. Dieser fragte ihn: »Was suchst du hier, Peter?« – »Ich suche ein Land, wo es keinen Tod und kein Alter mehr gibt.« – »Hier gibt's keinen Tod und kein Alter, denn ich bin der Wind.« Aber Peter sagte: »Von hier gehe ich nicht wieder weg.« Und hier blieb er Hunderte von Jahren und alterte nicht. Während der junge Held dort weilte, ging er zur Jagd auf die Berge von Gold und Silber. Doch Wild brachte er kaum nach Hause. Der Wind mahnte ihn: »Peter, du kannst über alle Berge von Gold und Silber gehen, aber auf den Berg der Sehnsucht und ins Tal der Trauer darfst du nicht gehen.« Aber er dachte nicht daran und ging doch auf den Berg der Sehnsucht und ins Tal der Traurigkeit. Da packte ihn die Traurigkeit und warf ihn zu Boden. Und er weinte, bis ihm die Augen voll Tränen waren.

Da begab er sich zum Wind. »Ich will jetzt nach Haus zu meinem Vater, ich bleibe nicht länger.« – »Gehe nicht zu deinem Vater, denn dein Vater ist längst tot. Auch von deinen Brüdern lebt keiner mehr. Seit damals sind vielleicht schon Millionen[1] von Jahren vergangen. Und wo der Hof deines Vaters stand, daran erinnert sich kein Mensch mehr. Dort hat man Melonen gepflanzt. Es ist kaum eine Stunde her, seitdem ich von dort komme.« Dennoch brach der Knabe auf und kam zu dem jungen Mädchen, das den Hof von Kupfer hatte. Ein einziges Stück Holz war ihm noch geblieben zum Zerhacken, doch es war schon sehr alt geworden. Gerade als er

[1] Der Zigeuner übertreibt gern. Er überschätzt stets sein Alter.

an ihre Tür klopfte, fiel der Greisin das Holz aus der Hand, und sie starb. Da begrub er sie und brach von dort wieder auf.

Nun gelangte er zur Kaiserin der Sperlinge. In jenen weiten Wäldern war ihr nur noch ein einziger Zweig übrig geblieben, den sie noch zu durchlöchern hatte. Und als sie ihn sah, sagte sie: »Peter, so jung bist du noch?« Aber er sagte zu ihr: »Siehst du, und du sagtest mir, ich solle bei dir bleiben.« Sowie der letzte Zweig durchlöchert war, fiel sie zu Boden und starb. Und er begrub sie und brach von hier weiter auf. Da kam er an die Stelle, wo einstmals die Gehöfte seines Vaters gestanden hatten. Er blickte sich überall um. Aber da stand kein Hof mehr, nichts war um ihn herum. Da wunderte er sich gar sehr. »Herr, groß bist du.« Er erkannte nur den Brunnen seines Vaters wieder, zu dem ging er. Seine Schwester, die ein Vampir war, sah ihn und schrie: »Seit langem erwarte ich dich, du Hund!« und stürzte auf ihn los, um ihn zu fressen. Da schlug er schnell ein Kreuz, und sie verschwand. Dann brach er auch von hier auf und gelangte an einige Holundersträucher. Dort traf er einen Alten mit einem Barte, der bis zum Gürtel reichte. »Alter«, sagte er, »wo befinden sich die Höfe des roten Kaisers, ich bin sein Sohn.« – »Ei, mein Sohn, was du nicht sagst. Du bist sein Sohn? Der Vater meines Vaters erzählte mir einst vom roten Kaiser. Es gibt keine Stadt mehr. Siehst du nicht, daß alles verlassen ist? Und du willst mir sagen, daß du der Sohn des roten Kaisers bist?« – »Noch nicht einmal 20 Jahre sind vergangen, seitdem ich von meinem Vater aufgebrochen bin. Und du sagst mir, daß du meinen Vater nicht kennst?« Es waren aber schon Millionen von Jahren vergangen, seitdem er von Hause aufgebrochen war. »Komm hierher, wenn du mir nicht glauben willst.« Er ging ans Steinkreuz und siehe, nur eine Handbreit war vom Kreuz noch zu sehen, und er grub zwei Tage lang, bis er auf die Lade mit Geld stieß. Als er die Lade von unten heraufholte und sie aufmachte, da saß der Tod in einer Ecke und das Alter in der andern Ecke, beide zusammengekauert.

Da sagte das Alter zum Tod: »Hole ihn, Tod!« – »Hole du ihn!« Da ergriff ihn das Alter und schließlich auch der Tod. Und der alte Mann begrub ihn schön und setzte ihm ein Kreuz. Dann nahm er das Geld und das Pferd.

21. Der Kaisersohn, der Menschen fraß

Es war einmal ein Kaiser, der hatte keine Kinder. Da schickte ein anderer Kaiser zu ihm, daß er sich mit ihm schlage. Der Kaiser rüstete sich zum Marsch. Und als er einen halben Tag marschiert war, erinnerte er sich, daß er kein Kind hatte. Da kehrte er zur Kaiserin zurück und sagte zu ihr: »Wenn ich aus dem Krieg zurückkomme und ich finde kein Kind von dir vor, so töte ich dich.« Da nahm sie einen Wagen und fuhr spazieren. Unterwegs begegnete ihr ein ganz winzig kleiner Mann und schickte sie nach Hause. Sie kam nach Hause und fegte das Haus und sagte zu ihren Wächtern: »Wenn ein Mann kommen wird, so laßt ihn herein.« Da stand er plötzlich vor ihr. Er brachte ihr ein kleines Fläschchen mit Arzneien mit und sagte zu ihr: »Nimm und trinke es.« Und sie trank. Doch während sie trank, schaute sie sich um, und siehe da, sie erblickte niemand an ihrer Seite. Sie ging hinaus und fragte die Wächter: »Ist hier kein Mann herausgegangen?« Doch sie sagten ihr, daß hier kein Mensch vorbeigegangen wäre. Darauf ging sie wieder hinein und schlief. Und als sie früh aufwachte, war sie guter Hoffnung. Neun Monate war sie schwanger. Und siehe da, sie gebar ein Kind, das war zu einem Drittel Hund, zum andern Bär und zum dritten Mensch. Das Kind sagte zu seiner Mutter: »Mache mir eine Wiege, und laß eine Rumänin mich schaukeln.« Aber es verlangte weder zu essen noch zu trinken. Es wartete, bis sein Vater aus dem Krieg zurückkam. Und Gott fügte es, daß dieser den anderen Kaiser besiegte und gesund nach Hause kam.

Als er nach Hause kam, erhob sich der Knabe und ging seinem Vater entgegen und fragte ihn: »Wo warst du denn, Vater, seit drei Jahren erwarte ich dich!« Aber sein Vater zog den Dolch und wollte ihn schon töten, denn er kannte seinen Sohn ja nicht. Er legte seine Hand auf den Dolch und sagte: »Doch vorher will ich fragen, wer der ist.« Und er fragte ihn: »Wer bist du, der du mich fragst?« Aber das Kind sagte zu ihm: »Ich bin dein Kind.« Und der Kaiser sagte: »Ich verstehe nicht, ich soll ein Kind haben?« Und das Kind erwiderte: »Hast du denn vergessen, daß, als du in den Krieg zogest, du von meiner Mutter verlangt hast, sie müsse dir ein Kind schenken?« Aber der Kaiser sagte: »Wenn du mein Kind bist, so laß mich zu dir hinabsteigen.« – »Steige nicht hinab«, bat er seinen Vater, »sondern gehe in die Kirche, die im Walde steht, dort sind zwölf Priester, verjage sie alle zwölf. Doch einer ist da, der Andreas heißt, den laß dort. Dann mache mir einen Steinsarg und trage mich in die Mitte der Kirche und schicke mir jede Nacht einen Wächter.« Drei Jahre lang schickte ihm sein Vater nun in jeder Nacht einen Wächter. Aber die Leute des Kaisers sprachen unter sich: »Soviel er von uns wegschickte, ist noch keiner zurückgekommen. Jetzt wollen wir ihm nicht mehr gehorchen.« Sie sprachen also zum Kaiser: »Jede Nacht geben wir dir Männer, und jedes Mal kommt der, den du schickst, nicht wieder zurück. Du bekommst von jetzt ab keinen Mann mehr. Morgen oder übermorgen kann uns vielleicht ein anderer Kaiser zum Kampfe herausfordern. Was sollen wir machen, wenn wir keine Männer mehr haben, die in den Krieg ziehen, mit wem sollen wir dann ausziehen?« Da beauftragte der Kaiser einen Helden und führte ihn zu jenem Vampir in die Kirche. Und dieser tötete ihn an Ort und Stelle, doch der Kaiser setzte zum Danke den Helden als Kaiser ein.

22. *Der Kaisersohn und der Unhold*

Es war einmal ein Kaiser, der hatte einen Sohn. Dieser Sohn war ein Held ohnegleichen. Eines Tages zog er auf Heldentaten aus. Es verging eine geraume Zeit, und er wanderte und wanderte, bis er an einen Wald kam. Und da setzte er sich in den Schatten eines Baumes und schlief ein. Da hatte er einen Traum: Er solle sich erheben und zu dem Hügel hingehen, denn dort seien die Pferde des Drachen. Aber er müsse immer geradeaus gehen, daß er ja nicht den Mann ohne Nieren verfehle, der so laut schreie.

So brach er auf. Und er kam wirklich zu dem Mann ohne Nieren. Und als er zu ihm kam, fragte er ihn: »He, warum schreist du so?« Er sagte: »Siehe, ein Böser hat mir meine Nieren genommen und hat mich so gelassen, wie du mich siehst.« Da sagte ihm der Knabe: »Verweile hier ein wenig, bis ich an diesen Ort wieder zurückkomme.« Und er ging drei Tage und drei Nächte, bis er zu jenem Hügel kam. Er setzte sich nieder, aß und ruhte sich aus. Dann stand er auf und ging zum Hügel. Als die Pferde ihn sahen, liefen sie auf ihn zu und wollten ihn fressen. Der Knabe rief ihnen entgegen: »Freßt mich nicht, denn ich werde euch Heu von Tausendschönchen und Gänseblümchen geben und frisches Wasser.« Da sagten die Pferde: »Sei unser Herr, und gib uns, was du gesagt hast.« Der junge Held sagte zu ihnen: »Seht, Pferde, wenn ich nicht halte, was ich euch versprochen habe, so mögt ihr mich töten und auffressen.« So machte er sich auf den Weg und ging mit ihnen nach Hause. Und er brachte sie in die Scheune und gab ihnen frisches Wasser und Heu von schönen Blumen. Danach kam er auf einem kleinen Pferde heraus und brach zu dem Manne ohne Nieren auf. Er fragte diesen, wie jener Drache heiße, der ihm seine Nieren genommen habe, und erhielt zur Antwort: »Ich weiß nicht, wie er heißt, aber ich weiß, daß er in die andere Welt gegangen ist.« Da machte sich der junge Held auf und kam bis ans Ende der

Welt, und er ließ sich hinunter und gelangte ins Jenseits. Da sagte er zum Drachen: »Heraus mit dir, damit ich sehe, was für ein Mensch du bist.« Als der Unhold den Jüngling hörte, ging er hinaus und wollte ihn schlachten. Doch der junge Held nahm die Heldenkeule und den Dolch und schleuderte mit der Keule, und in demselben Augenblick band er ihm rücklings die Hände. Und der Held sagte: »He, Unhold, jetzt sage mir sofort, wo die Nieren meines Bruders sind. Sonst töte ich dich jetzt sogleich.« Da sagte der Unhold: »Dort in einem Topfe sind sie, gehe hin und hole sie.« Und der Knabe fragte ihn: »Doch wenn ich sie nehmen werde, was soll ich mit ihnen machen?« – »Wenn du sie nimmst, tue sie ins Wasser und gib sie ihm zu trinken.« Der Knabe tat, wie er ihm sagte. Er ging zum Manne ohne Nieren, tat die Nieren ins Wasser und gab sie ihm zu trinken. Kaum hatte er sie getrunken, als er sich erhob und den Knaben begrüßte und sprach: »Ein Bruder seist du mir, bis wir sterben werden, ich und du wollen die ganze Welt durchwandern.« Da schlossen sie Brüderschaft und gingen auf Heldentaten aus. Einen jeden, den sie auf ihrem Wege trafen, töteten sie. Da sagte der Mann ohne Nieren, daß sie sich zu dem Unhold begeben wollten, um ihn ins Jenseits zu befördern. Und sie gingen ans Ende der Welt, ließen sich hinunter, und wie sie unten anlangten, da schlugen sie sich mit dem Unhold zwei Tage lang. Und wieder banden sie ihm rücklings die Hände, schnitten ihm die Gurgel durch und nahmen ihm seine Häuser, und da wuchsen zwei Apfelbäume. Dann gingen sie weiter zu einigen andern Häusern. Dort wohnten drei Mädchen. Da warf der Held mit seiner Keule und zerstörte sie zur Hälfte. Die Mädchen eilten hinaus, um zu sehen, woher das käme. Sie warfen einen Kamm auf den Weg, und sofort entstand ein Wald, den die beiden nicht durchdringen konnten. Als das der Held sah, warf er seine Keule und seinen Dolch. Und der Dolch fällte den Wald, und die Keule machte Holzscheite daraus. So fällte er den ganzen Wald, bis nichts mehr da war. Sowie das die Mädchen sahen, warfen sie einen Stein, und da entstand sofort eine Burg aus Stein. Und wieder wußten die beiden nicht, wie sie vordringen sollten. Da warf er die Keule und zerschmetterte die Steine zu Pulver. Nachdem die Mädchen sahen, daß die Steine zerschmettert waren, warfen sie einen Spiegel vor sie hin, und der Spiegel wurde zum Bach. Wieder wußten die beiden Helden nicht, wohin sie sich wenden sollten. Da warf der Held seinen Dolch, und der zerschnitt das Wasser, und sie gingen ungehindert hindurch und gelangten endlich zu den Mädchen. Unser Held fragte sie: »Warum habt ihr mir solche Hindernisse bereitet?« Da sagten die Mädchen: »Junger Held, wir haben geglaubt, du kommst, um uns zu töten.« Da gab der junge Held allen drei Schwestern eine tüchtige Ohrfeige: »Ihr Mädchen, jetzt nehmt uns zu Männern.« Also nahmen sie sie zu Frauen, und die dritte gaben sie einem andern Helden. Dann gingen sie mit ihnen nach Hause und feierten Hochzeit.

23. Der Apfel, der guter Hoffnung macht

Es war einmal ein Kaiser und eine Kaiserin. Sie hatten weder einen Knaben noch ein Mädchen. Sechzehn Jahre waren sie kinderlos geblieben und dachten darum, daß sie nun keine Kinder mehr bekämen, und weinten und jammerten, daß sie ohne Kinder bleiben sollten. Da sagte der Kaiser zur Kaiserin: »Schau, Kaiserin, ich gehe jetzt fort und lasse dich zurück. Wenn ich bei der Rückkehr kein Kind von dir vorfinden werde, so wisse, daß ich dich mit eigner Hand töte oder dich aus dem Hause jage und nicht mehr mit dir lebe.« Gerade ehe er ging, erhielt er von einem anderen Kaiser einen Brief, worin er sagte, daß er sich mit ihm schlagen wolle, und wenn er nicht komme, würde er ihn auf seinem Throne töten. Da sagte der Kaiser zur Kaiserin: »Sieh, ich habe einen Brief erhalten, ich soll mich schlagen. Wenn ich einen Knaben hätte, ginge er jetzt in die Schlacht, und ich könnte zu Hause bleiben.« Sie sagte: »Ja, was soll ich denn tun, Kaiser, wenn es nicht Gottes Wille war, uns Kinder zu geben, was sollen wir tun?« – »Ach, rede nicht von Gott! Wie gesagt, wenn ich komme und kein Kind von dir vorfinde, so töte ich dich.« Alsdann brach der Kaiser auf.

Da berieten Gott und der heilige Petrus: »Was sollen wir mit der Kaiserin tun?« Und Gott sagte zu Petrus: »Petrus, gehe mit diesem Apfel hinunter und gehe am Fenster vorbei und rufe: ›Ich habe einen Apfel, und wer ihn ißt, der wird guter Hoffnung‹, so wird sie dich hören und dich zu sich rufen, denn es ist Sünde, Petrus, daß der Kaiser sie tötet, wenn er zurückkommen wird.« Petrus nahm also den Apfel und begab sich hinunter auf die Erde und tat, wie ihm Gott befohlen hatte. Er rief durchs Fenster, und sie hörte es, ging hinaus und rief ihn zu sich und fragte ihn: »Wieviel Geld verlangst du für den Apfel?« Er sagte: »Ich verlange nicht viel, gib mir einen Beutel voll Geld.« Da holte die Kaiserin einen Beutel voll Geld und gab ihn ihm. Dann nahm sie den Apfel und aß ihn. Und kaum hatte sie ihn gegessen, da wurde sie guter Hoffnung. Der heilige Petrus ließ aber den Beutel voll Geld bei ihr zurück. Die Zeit kam heran, wo sie gebären sollte. Am Tage nach der Geburt des Knaben kam auch sein Vater aus der Schlacht. Er hatte die Schlacht gewonnen, und da er hörte, daß die Kaiserin ihm einen Sohn geboren hatte, ging er vor Freude in die Schenke und trank, bis er völlig betrunken war. Aber als er aus der Schenke nach Hause gehen wollte, kam er nur bis zur Tür, fiel nieder und starb. Das hörte der Knabe und erhob sich aus den Händen seiner Mutter, begab sich zum Schenkwirt und tötete ihn mit einer einzigen Ohrfeige. Dann ging er wieder nach Hause, und die Rumänen und Bojaren sahen, daß er ein Held war, und wunderten sich über ihn. Er aber wurde verzaubert, war drei Tage krank und starb an Verzauberung.

24. *Die beiden neidischen Schwestern*

Es war einmal ein Prinz. Eines Tages ging er zu seinem Vater und sagte: »Vater, ich will heiraten.« Der Vater sagte darauf: »Wenn du dich verheiraten willst, so bin ich zufrieden, aber gehe und suche dir eine Frau.« Der Prinz sagte: »Ich werde schon eine finden«, und ging weg. Er wanderte zu Roß und zu Fuß, aber eine Frau konnte er nicht finden. Da machte er sich auf den Heimweg, um zu seinem Vater zurückzukehren. Auf dem Rückwege kam er an mehreren Palästen vorbei und auch am Hofe des Kaisers. Darin saßen drei Mädchen. Die älteste von den Mädchen sagte: »Peter, Peter Fatfrumos[1], nimm mich zur Frau, denn ich habe einen Brotranft, womit ich dein ganzes Heer und das deines Vaters ernähren kann.« Die mittlere sagte: »Nimm mich, denn mit einem Faden, den ich habe, spinne ich Kleider für das ganze Heer.« Die jüngste aber sagte: »Nimm mich, Peter, denn ich werde dir zwei Kinder von Silber gebären, die Zähne von Gold und das Haar von Silber, und mit zwei Äpfeln in den Händen, ganz von Silber.« – »Dich nehme ich«, sagte er und nahm sie. Sie gingen nach Hause und machten Hochzeit, und es kamen die Musikanten und spielten, und es wurde ein reiches Mahl zubereitet. Da aßen sie und tranken und tanzten drei Tage und drei Nächte. Am nächsten Morgen gingen sie zum Popen, und er traute sie.

Es verging nun ein Jahr, seitdem der Prinz seine Frau genommen hatte, und sie wurde schwanger. Was taten nun die beiden anderen Schwestern aus Zorn? Sie gingen zur Hebamme des Dorfes und sagten: »Wir küssen dir die Hände und Füße, daß du uns eine Wohltat erweisest, und wir geben dir einen Scheffel Dukaten. Du sollst zu unserer Schwester gehen, wenn die Zeit gekommen sein wird, wo sie niederkommen soll, und sollst ihr zwei Hündchen unterlegen, die Kinder aber sollst du wegnehmen und mit ihnen tun, was du magst.«

[1] = Schöngestaltiger.

Da machte sich die Hebamme auf und ging zur Schwester der Mädchen. Als sie der Kaiser sah, da sagte er: »Hebamme, ich gebe dir einen Scheffel voll Dukaten, nur rette das Haupt meiner Frau.« Die Hebamme antwortete: »Laß nur, o Kaiser, ich werde es schon machen. Aber die Niederkunft kann nicht im Hause stattfinden, sie kann nur auf dem Dachboden gut vonstatten gehen.« Darauf nahm sie die Kaiserin und führte sie auf den Boden. Dort kam sie nieder und gebar zwei Kinder, so schön wie die Sonne. So schön waren sie, daß man durch das Fleisch die Knochen und durch die Knochen das Mark sah. So schön waren sie.

Die Hebamme nahm sie und warf sie den Schweinen vor, daß sie sie fressen sollten. Aber eines darunter sagte: »O Schweine, fressen wir nur diese Kinder nicht, denn diese werden einmal unsere Herren sein, und sie werden uns dann gut füttern.« Darauf nahmen sie die Kinder und legten sie zu einer Sau, daß sie sie säugte, und so tranken sie die ganze Nacht. Als die Hebamme sah, daß sie die Schweine nicht gefressen hatten, legte sie sie den Pferden vor, damit ein Pferd sie fresse. Aber eines darunter sagte: »O Pferde, fressen wir sie nicht, denn diese Kinder werden einst unsere Herren sein.« Sie legten nun die Kinder auch zu einer Stute, und diese tranken bis zum anderen Morgen. Als die Hebamme des Dorfes sah, daß sie die Kinder nicht gefressen hatten, legte sie sie den Ochsen vor, damit sie ein Ochse auf seine Hörner nehme und aufspieße. Aber einer unter den Ochsen sagte: »O Ochsen, freßt sie nicht, denn diese Kinder werden einst unsere Herren sein.« Sie nahmen daher die Kinder und legten sie zu einer Kuh, und die Kinder tranken bis zum anderen Morgen. Als die Hebamme sah, daß diese die Kinder auch nicht gefressen hatten, nahm sie sie und legte sie aufs Wasser. Gott aber, der dies sah, ließ es nicht zu, daß die Kinder untergehen sollten, und zog sie ans Ufer. Dort fand sie ein alter Mann, der sagte: »Diese mögen meine Kinder sein!« und nahm sie. So erzog er sie bis zu ihrem siebenten Jahre. Darauf starb er.

Nach einiger Zeit setzten die beiden Kinder, der Bruder und die Schwester, über das Wasser und bauten sich ein Haus am jenseitigen Ufer. Die Hebamme erfuhr nun, daß sie nicht gestorben waren, und ging an das Ufer des Wassers. Sie konnte aber nicht hinüber. Da rief sie hinüber: »Mädchen, Mädchen, sage doch deinem Bruder, daß er dir die Krone der großen Schlange bringe, von deren Schweif bis zum Kopfe ein Weg von neun Jahren ist. Ihre Krone möge er dir bringen.« Das Mädchen aber rief: »Fliehe, denn wenn mein Bruder erwacht, wird er dir von seinem weißen Pferde Fußtritte geben lassen.« Die Hebamme des Dorfes lief erschreckt davon. Das Mädchen aber, seine listige Schwester, stellte sich, als ob sie schliefe und träumte. Darauf erwachte sie und erzählte ihrem Bruder, daß es ihr geträumt habe, er müsse neun Jahre und abermals neun Jahre reiten, von einem Ende der Schlange zum anderen, um ihr die Krone zu nehmen. Der Bruder sattelte gleich sein Roß und ritt weit fort und immer weiter und noch weiter, bis er zur Fee Montag gelangte. »Guten Tag, Mütterchen Montag!« – »Guten Tag, aber was suchst du denn hier? Wozu bist du hergekommen?« Und er sprach: »Ich bin nicht zu meinem Vergnügen hierher gekommen, sondern aus Not habe ich mich auf den Weg gemacht, denn meine Schwester hat geträumt, ich müsse ihr die Krone der Schlange bringen.« – »Gehe mit Gott, mögest du Glück haben!« Er ritt weiter und gelangte endlich bis zum Kopfe der Schlange. Vor ihr lagen große Knochenhaufen; das waren die Knochen der Menschen, die die Schlange gefressen hatte. Wie sollte er nun die Krone ergreifen? Er ließ zuerst sein Pferd geradeaus rennen, dann schwenkte er plötzlich um, ergriff die Krone und entfloh so rasch, als das Pferd laufen konnte. Hinter ihm drein die Schlange. So liefen sie bis in die Nähe der Wohnung der Montag. Schon hatte sich ihm die Schlange so genähert, daß er ihr kaum noch zu entrinnen glaubte. Da suchte er Zuflucht bei der Mutter Montag: »O Mutter Montag, laß mich doch nicht von der Schlange ergreifen und verzehren, sieh, da kommt sie hinter mir!« Die Mutter Montag ging gleich hinaus und rief: »O du unreine Schlange, wie kommst du auf mein Gebiet?« – »Mir ist ein Mensch entflohen, und bei dir hält er sich verborgen.« – »Er ist nicht hier«, sagte Mutter Montag, aber die Schlange antwortete: »Schwester, Schwester, laß ihn nur einmal herauskommen, damit ich sehe, was für ein Mensch es ist. Möge mich Gott schlagen, wenn ich ihn fresse.« Da ließ ihn die Mutter Montag hinaustreten. Als die Schlange sah, daß er ein schöner Mensch war, sagte sie: »O Bruder, schöne Knochen zum Benagen hast du. Jetzt aber gehe deiner Wege und reise mit Gott.« Er kam nun nach Hause zu seiner Schwester und sagte: »Ich habe dir gebracht, was du gewünscht hast.« – »Mögest du stets durch Gott beglückt werden«, antwortete sie ihm, »denn du hast mir gebracht, was ich dir aufgetragen hatte: die Krone der Schlange. Bruder, was wir jetzt haben, hat nicht einmal der Kaiser!«

Die Hebamme hörte davon, und rasch bekreuzigte sie sich und ging an das Ufer des Wassers. Sie kam mit einem Löffel von Herz schnell dorthin, wo des Mädchens Haus stand, das Wasser aber überschritt sie nicht. Was tat sie nun? Sie rief: »Mädchen, Mädchen, sage deinem Bruder, daß er sich die Leana Simziana zur Frau hole.« – »Fliehe von hier, denn ich bin sehr ärgerlich, und wenn mein Bruder erwachen sollte, würde er dir einen Fußtritt von hinten und einen Faustschlag ins Gesicht geben, daß das Blut an dir herabströmte.« Erschreckt lief die Hebamme davon. Das Mädchen aber tat, als ob sie geschlafen habe und von einem Traume erwacht sei, den sie nun ihrem Bruder erzählte. »Bruder, mir hat geträumt, du habest Leana Simziana als Frau heimgeführt. Bruder, wie bei uns ist es nicht einmal beim Kaiser.« Da sattelte der Bruder sein Roß und ritt immer weiter bis zum Saume Gottes, d. h. bis zum einen Ende des Himmels. Dort gelangte er zu einem Birnbaum der Leana, der voller wurmstichiger Birnen war. Die Schlange hatte ihm aber geraten, eine Birne zu essen und zu sagen: »O Herr! Seitdem mich meine Mutter geboren, habe ich noch nie eine so schöne und süße Birne gegessen wie diese da.« Was sagte nun darauf der Birnbaum? Er sagte: »Bruder! Bruder! So viele bis jetzt hier vorübergezogen sind, haben mich alle geschmäht, nur du allein hast mir Gutes erwiesen. Das soll dir gelohnt werden.« Er ritt weiter und gelangte zu einem Schlehenstrauch, der voller Würmer war. »O Gott«, sagte er, »wie schön sind doch diese Schlehen!« und nahm eine und aß sie. Darauf sagte er: »O Herr, seitdem mich meine Mutter geboren, habe ich noch nie so süße Schlehen gegessen wie diese da.« Und der Schlehenstrauch sagte: »So viele ihrer diesen Weg gezogen, haben sie meine Schlehen geschmäht. Nur du allein hast sie gegessen und gesagt: ›Solch süße Schlehen habe ich, solange ich lebe, noch nicht gegessen.‹ Daher, Bruder, geh mit Gott!« – »Bleib mit Gott[1]!« sagte er und ritt weiter, bis er zu einem Wasser gelangte, das voller Würmer war. Was tat er nun? Er trank davon und sagte: »Solch süßes Wasser habe ich noch nicht getrunken, seitdem mich meine Mutter geboren hat.« Und das Wasser, was sagte es? Es sagte: »Gehe mit Gott!« – »Bleib mit Gott!« So ritt er weiter und gelangte zu einem Brunnen, dessen Wasser er trank, und er rief ebenfalls aus: »O Herr, ich habe noch nie so süßes Wasser getrunken, seitdem mich meine Mutter geboren.« So gelangte er endlich bis zur Wohnung der Leana. Er ging aber nicht an der warmen Seite hinein, denn dort hatte sie zu ihrem Schutze zwölf Büffel stehen, sondern er ging durch die kühle Seite hinein, denn da merkten es die Büffel nicht. Er ging also in das Haus, ergriff sie bei den Haaren und begann sie zu schlagen. Leana Simziana aber rief: »Laß mich los, denn ich will dich heiraten.« So ließ er sie denn los, setzte sie aufs Pferd und ritt nach Hause. Als sie in die Nähe des Brunnens kamen, rief Leana: »Brunnen!« – »Ich höre, Herrin«, antwortete dieser. »Ergreife ihn!« Der Brunnen aber, was sagte der? «Ich ergreife ihn nicht«, sagte

[1] Zigeunerischer Abschiedsgruß.

er, »denn so viele hier vorbeizogen, haben sie mich alle geschmäht, nur er allein hat Wasser getrunken und gesagt: ›O Herr, solches Wasser habe ich noch nie getrunken, seitdem mich meine Mutter geboren.‹« Sie ritten weiter und kamen zum Wasser. »Wasser, greife ihn!« – »Ich greife ihn nicht, Herrin, denn alle, die vorbeizogen, haben mich geschmäht, nur er allein hat getrunken und zu Gott gesagt: ›O Herr, solches Wasser habe ich noch nie getrunken.‹« Sie ritten weiter und kamen zum Schlehenstrauch. »Ergreife ihn!« – »Ich ergreife ihn nicht, denn alle, die vorbeizogen, haben mich geschmäht, nur er allein hat Schlehen gepflückt und gegessen und zu Gott gesagt: ›O Herr, solch süße Schlehen habe ich noch nie gegessen, seitdem ich geboren bin.‹« Sie ritten weiter und kamen zum Birnenbaum. Leana Simziana rief: »Birnenbaum, faß ihn!« – »Ich fasse ihn nicht, denn alle, die vorüberzogen, haben mich geschmäht, nur er allein hat mich gelobt.« Als Leana Simziana sah, daß sie all ihre Macht verloren hate, folgte sie ihm in sein Haus, nahm ihn zum Manne und ließ sich vom Popen trauen. Darauf kamen sie zu seiner Schwester. Als die Hebamme des Dorfes es hörte, ging sie wieder hin und rief: »Mädchen, Mädchen, schicke nur deinen Bruder, daß er den singenden Baum und den sprechenden Vogel bringe. Denn so schön du auch jetzt bist, so wirst du dadurch noch viel schöner werden.« – »Fliehe von hier, wenn mein Bruder erwacht, wird er dir Fußtritte mit dem Pferde geben.« Erschreckt lief die Hebamme nach Hause. Was tat nun das Mädchen? Es legte sich schlafen, erwachte aus dem Traume und sagte: »Bruder, Bruder! Gehe und bringe den redenden Vogel und den singenden Baum.« Dieser schämte sich, es ihr abzuschlagen, sattelte sein Roß und ging, den Vogel und den Baum zu suchen. Er ritt ganz weit und noch weiter und gelangte endlich zu dem Baume, auf dessen Gipfel sich der Vogel befand. Als dieser ihn bemerkte, rief er: »Wo gehst du hin, du Armer?« Er aber antwortete nicht, sondern fing an, den Baum zu besteigen. Da rief der Vogel wiederum:

»Wo gehst du hin, du Armer?« – »Zu dir gehe ich.« Kaum hatte er diese Worte ausgesprochen, als er vom Baume herunterfiel und zu Stein wurde. Leana Simziana fühlte im selben Augenblick, daß er gestorben sei. Sie zog Männerkleider an und ging, um ihren Mann zu suchen. Endlich auch gelangte sie zum Baume. Der Vogel erkannte, daß es ein Weib war, und rief auch ihr zu: »Wo gehst du hin, du Arme?« Sie aber antwortete nicht, bis sie die zwölf Zweige erstiegen hatte. Dort ergriff sie den Vogel, zog ihm eine Feder aus und stieg wieder herunter. Den Stein aber schlug sie mit der Feder, und ihr Mann wurde wieder lebendig. Sie kehrten nun nach Hause zurück. Am anderen Morgen war auch der Baum mit dem Vogel da. Er war selbst gekommen und stand nun vor der Tür. Die Hebamme konnte ihnen nun nichts mehr antun, und so lebten sie denn glücklich und zufrieden.

25. Der Eisenmann

Ein König hatte drei Söhne. Nachdem sie herangewachsen waren, gingen sie zu ihrem Vater und sagten: »Vater, wir wollen heiraten!« Darauf sagte ihnen ihr Vater: »Meine Kinder! Nehmet eure Lanzen und werfet sie gegen den Himmel, und wo eure Lanzen herniederfallen werden, dort sind eure Weiber.« Die drei Brüder gingen nun und warfen. Es fiel die Lanze des ältesten Bruders in das Land des roten Kaisers, die des mittleren Bruders in das des roten Königs, deren Töchter sie nun zu Weibern nehmen sollten. Die Lanze des jüngsten Bruders aber fiel in einen Sumpf. Die drei Brüder kamen nun zum Vater. Er fragte sie: »Nun, was geschah, meine Kinder?« Da stand der älteste auf und sagte zum Vater: »Meine Lanze fiel zum roten Kaiser, und dessen Tochter werde ich mir zum Weibe nehmen.« Der Vater lobte ihn darüber. Darauf sagte der mittlere: »Meine Lanze fiel zum roten Könige.« Auch ihn lobte er. Der jüngste nun sagte: »Meine Lanze fiel in einen

Sumpf.« Da rief der Vater: »Fliehe von mir, du bist ein Unglücklicher, während meine älteren Kinder glücklich sind. Diese werde ich verheiraten und auf ihrer Hochzeit essen und trinken.« Darauf machte er Hochzeit, ganz wie es bei uns Zigeunern Sitte ist, und sie tanzten und sprangen, bis die Hochzeit zu Ende war. Sie nahmen dann alle Teppiche und Kleider zusammen und kehrten heim mit ihren Weibern zu ihrem Vater, der, als er sie mit ihren Weibern so reich geschmückt sah, sich mit ihnen sehr freute. Er befahl dann den Dienern, das ganze Vermögen, das seine Kinder mitgebracht hatten, ins Haus zu tragen, da sie reiche Bräute heimgeführt hatten.

Dem jüngsten Sohn aber sagte er: »Gehe in die Welt und fliehe von mir, denn du bist ein Taugenichts!« Dieser nahm nun seine Lanze, verabschiedete sich von den Brüdern und ging dem Sumpfe zu, in den seine Lanze gefallen war. Als er dahin gelangte, sagte er: »Hier muß ich mein Glück suchen«, und blieb beim Sumpfe, baute sich eine Hütte, um darin zu wohnen. Als er damit fertig war, dachte er darüber nach, was er wohl anfangen sollte. Er machte sich nun auf, nahm sein Gewehr und ging auf die Jagd, Vögel, Raben und Wölfe zu schießen. Nachdem er eine ganze Anzahl geschossen hatte, sammelte er sie, um sie sich in seiner Hütte zuzubereiten. Als er nun hungrig und müde an seine Hütte kam, sah er zu seinem Erstaunen den Tisch gedeckt. Er setzte sich daran und aß und trank nach Herzenslust. Als er satt war, stand er auf, bekreuzte sich und rief: »Wenn ich doch nur denjenigen sehen könnte, der mir solch eine Wohltat erwiesen hat, ich würde ihm alles, was er wünscht, geben.«

Am anderen Tage ging er wieder auf die Jagd, fing aber den ganzen Tag hindurch nichts als eine Wachtel und ging wieder hungrig und müde seiner Hütte zu. Er hatte sie aber in der Frühe kaum verlassen, da stieg das silberne Mädchen aus dem Sumpfe, legte ihre Weidenkleidung ab und fing an, alles in der Hütte zu ordnen. Sie wusch das Geschirr, bereitete ihm die Speisen, weder zu heiß noch zu kalt, sondern ihm ganz angemessen. Inzwischen kam der Prinz wieder zurück, und als das Mädchen sich verstecken wollte, bemerkte er es, ergriff es und küßte es, indem er sie bat, sie möchte sein Weib werden. Das Mädchen sagte darauf zu ihm: »O du Schlechter! Du hättest mich sonst auch nur noch in kurzer Zeit erlangen können.« Sie willigte nun ein, und sie lebten miteinander zufrieden in der Hütte.

Eines Tages, als der Prinz wieder ausgegangen war, ging sie und rief ihren eisernen Bruder und sagte zu ihm: »Lieber Bruder, mache mir doch ein schönes Haus, aber es muß fertig sein, ehe mein Mann zurückkommt.« Der versprach es, winkte, und ein prächtiger Palast stand an der Stelle der alten Hütte. Als der Mann nach Hause kam, staunte er und freute sich und wohnte darin. Nach einiger Zeit beschlich ihn der Wunsch, zu seinem Vater zurückzukehren, und er sagte es zu seinem Weibe. Diese aber warnte ihn und sprach: »O Mann, es wird dir nicht wohlergehen, wenn du mit mir von hier zu deinem Vater gehen willst!« Er konnte aber seinen Wunsch nicht unterdrücken, und sie machten sich auf und gingen zum Vater. Als dieser seinen Sohn und dessen Weib, das silbern war, sah und merkte, daß das Weib nicht wie andere Menschen war, wurde er neidisch auf den Sohn und wollte ihn umbringen. Er ließ ihn zu sich kommen und sagte zu ihm: »Wenn du mir nicht das ganze Heer mit einem Stücke Kopfkohl sättigen wirst, dann wisse, daß ich dir das Haupt abschlagen lasse und mir dein Weib nehme.« Der Prinz ging betrübt weg und kam weinend zu seinem Weibe. Da sagte ihm sein Weib: »Ich habe dich ja gewarnt und dir gesagt, daß es dir nicht wohlergehen wird, aber tröste dich nur, das tut nichts; gehe zu deinem Schwager, meinem Bruder, und rufe ihn: ›Eisenmann, tue mir, was ich wünsche!‹« Der Prinz ging und rief ihn. Da erschien der Eisenmann und fragte ihn: »Was wünschest du?« – »Mein Vater verlangt, daß ich ihm sein ganzes Heer mit einem Krautkopfe sättige.« Da sagte sein Schwager, der Eisenmann, zu ihm: »Gehe und bringe mir 24 Ochsen, damit wir diesen Krautkopf aus dem Boden ziehen, denn es ist ein Krautkopf, der schon 24 Jahre bewässert wird.« Der Prinz lief schnell zu seinem Vater, daß er ihm 24 Büffel gebe, um das Kraut herauszuziehen. Als das der Vater hörte, gab er ihm die 24 Büffel, und er brachte sie seinem Schwager. Da nahm der Eisenmann die 24 Büffel, spannte sie an Ketten an, die er an das Kraut gebunden hatte, hieb dann mit der Keule auf sie los, und so zogen sie diesen Krautkopf heraus und schleppten ihn bis vor den König. Als der König das sah, freute er sich und sagte zu seinem Sohne: »Nun gehe und erhole du dich!« Das Kraut aber übergab er seinem Heere, und diese hatten noch nicht einmal die Hälfte der Hälfte davon verzehrt, als sie schon satt wurden.

Der Vater dachte nun darüber nach, wie er doch wohl den Sohn umbringen könnte, um sich sein Weib zu nehmen. Endlich ließ er den Sohn wieder rufen und sagte ihm: »Bringe mir den Ring, den ich mit der Königin bei der Trauung gewechselt habe!« – »Aber wo ist denn die Königin?« – »Die Königin ist seit 18 Jahren tot, und den Ring hat sie am Finger, von dort sollst du ihn mir holen!« Da sprach der Prinz: »Aber wie kann ich ihn denn holen, wenn sie schon so lange tot ist?« Der König, erzürnt, fuhr ihn barsch an und sprach: »Wenn du mir nicht den Ring bringst, so wisse, daß ich dich töten lasse und dein Weib nehme.« Weinend kam wieder der Prinz zu seinem Weibe, die ihn gleich wieder zu ihrem Bruder schickte. Als der Prinz den Eisenmann wieder gerufen hatte, erzählte er ihm das Verlangen seines Vaters, der ihn sonst ermorden wolle. Der Eisenmann aber sprach: »Fürchte dich nicht, was er verlangt, werden wir schon machen, gehe du nur zu deinem Vater und verlange zwei Hähne mit Hufeisen.« Der Prinz brachte beide Hähne; sie bestiegen sie und ritten hinab in die Unterwelt. Sie ritten immer weiter und gelangten zu Kühen, die, auf guter Weide, am Wasser, auf fruchtbaren Inseln lebend, doch nicht so viel Fleisch am Leibe hatten, als man auf eine Nadelspitze legen kann. Der Prinz fragte den Schwager, warum diese Kühe, anstatt fett zu sein, gar so mager seien? Der Eisenmann aber sprach: »Auf der Rückkehr werde ich es dir erklären.« Sie ritten weiter und stießen wieder auf Kühe, die, obwohl auf Sandboden lebend, so dick und fett waren, daß sie vor Fett bei der geringsten Berührung mit dem Finger auseinander geborsten wären. Der Prinz fragte wieder, wie denn diese Kühe auf dürrem Sandboden so fett und feist sein könnten, während die andern auf fetter Trift mager zum Umfallen wären. Auch jetzt vertröstete ihn der Schwager auf die Rückreise, und sie ritten weiter, bis sie zu dem Reiche der Toten gelangten. Dort tanzte seine Mutter, die Königin, sie hatte ein Tuch in der Hand und den Ring am Finger. Da sagte ihm der Eisenmann: »Du gehst schweigend zu deiner Mutter, lege die Hand auf das Tuch und ziehe den Ring vom Finger, aber sprich kein Wort, sonst mußt du bei den Toten bleiben. Ich würde gern mit dir hineingehen, aber ich kann jetzt nicht, da ich mit dem Erzengel entzweit bin. Sobald du den Ring hast, gehe weg und komme zu mir, deine Mutter wird dich rufen, du aber gib den Ring nicht wieder; sie wird dann weinen und zanken, du aber fürchte dich nicht, denn ich bin da, und vor mir hat sie keine Macht.«

Der Prinz ging nun mutig in das Totenreich, wo seine Mutter aß und trank und tanzte, legte die Hand auf das Tuch und nahm es und zog ihr den Ring vom Finger. Die Mutter rief ihn darauf, er aber hörte nicht auf sie, sondern ging zu seinem Schwager, dem Eisenmann, und sie traten nun den Rückweg an, nachdem sie das, was sie gewünscht, erreicht hatten. Als sie wieder bei den Kühen anlangten, fragte der Prinz den Eisenmann wieder: »Was bedeuten diese Kühe?« Der Eisenmann sprach: »Die fetten Kühe auf magerem Boden sind diejenigen, die mit ganzem Herzen für ihre Kinder gearbeitet haben, die mageren aber auf fettem Boden sind die Ungetauften und Neidischen.« Sie ritten nun weiter, bis sie an die Oberwelt und zum Könige gelangten. Früh am anderen Morgen ging der Prinz zum Vater, den er noch im Schlafrocke traf und der ihn, sobald er ihn erblickt hatte, böse ansah und ihn fragte: »Wozu bist du wieder hergekommen? Was verlangst du denn noch von mir?« – »Was du verlangt hast, bringe ich dir«, antwortete der Prinz und übergab ihm den Ring, den er seiner Mutter vom Finger gezogen, und das Tuch, das er ihr abgenommen. Der König aber sagte: »Ich habe noch einen Wunsch, wenn du mir diesen nicht erfüllst, wisse, daß ich dich töten werde. Du sollst mir einen eisernen Mann bringen! Ich werfe dich sonst den Schlangen vor, daß sie dich bis auf die Knochen benagen.« Weinend ging der Prinz weg und kam zu seiner Frau, die ihn um die Ursache fragte: »Warum weinst du denn wieder?« – »Wie soll ich nicht weinen, wenn mein Vater von mir einen eisernen Mann verlangt. Denn wenn ich ihn nicht bringe, will er mich töten und mich den Schlangen vorwerfen lassen.« – »Darüber brauchst du dich nicht so zu grämen und zu weinen. Als eine, die das vermag, werde ich alles für dich tun, was in meiner Macht liegt. Gehe wieder zu meinem Bruder, er wird dir schon helfen.« Als er seinen Schwager, den Eisenmann, wieder gerufen und ihm die ganze Sache wieder erzählt hatte, daß der König ihn selbst zu sich einlade, wurde der Eisenmann zornig und rief: »Möge ihn Gott strafen! Nicht einen Tag läßt er mir Ruhe, trotzdem ich ihm schon so vieles geleistet habe.« Er ging nun in seinen Palast, holte sich eine eiserne Leiter und einen eisernen Stuhl, die er in seine Tasche steckte, und beide machten sich auf den Weg zum Könige. Als der Eisenmann zum Könige kam und die Treppe hinaufsteigen wollte, brach sie unter ihm zusammen, da sie von Holz war. Der Eisenmann lehnte darauf die von ihm mitgebrachte eiserne Leiter an und stieg hinauf. Der König erschrak heftig darüber und sah ein, daß er einen bösen Wunsch getan. Der Eisenmann kam hinauf und fragte den König: »Wozu hast du mich gerufen?« – »Ich habe dich gerufen, damit du bei mir zu Tische seiest.« Es wurden nun Stühle herumgestellt; der Eisenmann zerbrach aber jeden, auf den er sich setzte, zog dann den eigenen eisernen Stuhl heraus, setzte sich auf ihn und fragte den König wieder: »Wozu hast du mich gerufen?« – »Ich habe dich gerufen, damit du mit mir zusammen speisest.« Der Eisenmann sagte darauf: »Dann mögest du wieder ein lebendiger Mensch sein, wenn du wieder mit mir am Tische sitzen wirst«, und gab ihm mit seiner eisernen Hand einen solchen Schlag ins Gesicht, daß er augenblicklich tot hinstürzte. Nachdem er den König totgeschlagen, ging der Eisenmann zu seiner Schwester und zu seinem Schwager, erzählte ihnen, was vorgefallen, ließ die beiden nochmals trauen und feierte drei Tage und drei Nächte eine prächtige Hochzeit. Darauf setzte er sie auf den Thron und zeigte seinem Schwager bei dieser Gelegenheit, daß seine silberne Frau goldenes Haar habe. Er nahm dann von ihnen Abschied und sagte: »Jetzt hat meine Macht sowohl in dieser als in der anderen Welt aufgehört, ich kann jetzt keinem mehr weder in der Oberwelt noch in der Unterwelt schaden«, sagte er und verschwand. – Diese aber lebten glücklich miteinander, und wenn sie noch nicht gestorben sind, leben sie noch heute.

26. Die Erschaffung der Geige

Es war einmal ein armer Mann und eine arme Frau, die hatten lange Zeit keine Kinder. Da geschah es einmal, daß die Frau in den Wald ging und einem alten Weibe begegnete, das also zu ihr sprach: »Gehe nach Hause und zerschlage einen Kürbis, gieße Milch in denselben und dann trinke sie, du wirst dann einen Sohn gebären, der glücklich und reich werden wird.« Hierauf verschwand das alte Weib, die Frau aber ging nach Hause und tat, wie ihr geheißen war.

Nach neun Monaten gebar sie einen schönen Knaben. Doch nicht mehr lange sollte die Frau glücklich bleiben; denn sie wurde bald krank und starb. Ihr Mann starb auch, als der Knabe zwanzig Jahre alt wurde. Da dachte sich der Jüngling: Was soll ich hier machen? Ich gehe in die weite Welt und suche mein Glück. Der Jüngling ging also von Dorf zu Dorf, von Stadt zu Stadt, fand aber nirgends sein Glück. Da kam er einmal in eine große Stadt, wo ein reicher König wohnte, der eine wunderschöne Tochter besaß. Ihr Vater wollte sie nur dem Manne zur Frau gehen, der etwas zustande bringe, was noch niemand auf der Welt gesehen habe. Viele Männer hatten schon ihr Glück versucht, aber sie wurden alle vom Könige aufgehängt; denn sie konnten nichts machen, was man nicht schon vordem gesehen hatte.

Als der Jüngling dies hörte, ging er zum Könige und sprach: »Ich will deine Tochter zur Frau haben; sag, was soll ich denn tun?« Der König erzürnte und sprach: »Du fragst, was du tun sollst? Du weißt ja, daß nur der meine Tochter zur Frau erhält, der so etwas machen kann, was noch niemand auf der Welt gesehen hat. Weil du so dumm gefragt hast, sollst du im Kerker sterben!« Hierauf sperrten die Diener des Königs den Jüngling in einen dunklen Kerker.

Kaum, daß sie die Tür zusperrten, da wurde es helle, und die Matuya, die Feenkönigin, erschien. Sie sprach zum Jüngling: »Sei nicht traurig, du sollst noch die Königstochter heiraten. Hier hast du eine kleine Kiste und ein Stäbchen, reiß mir Haare von meinem Kopfe und spanne sie über die Kiste und das Stäbchen!«

Der Jüngling tat also, wie ihm die Matuya gesagt hatte. Als er fertig war, sprach sie: »Streich mit dem Stäbchen über die Haare der Kiste!« Der Jüngling tat es. Hierauf sprach die Matuya: »Diese Kiste soll eine Geige werden und die Menschen froh oder traurig machen, je nachdem du es willst.« Hierauf nahm sie die Kiste und lachte hinein, dann begann sie zu weinen und ließ ihre Tränen in die Kiste fallen.

Sie sprach nun zum Jüngling: »Streich nun über die Haare der Kiste.« Der Jüngling tat es. Und da strömten aus der

Kiste Lieder, die das Herz bald traurig, bald fröhlich stimmten. Als die Matuya verschwand, rief der Jüngling die Knechte herbei, ließ sich zum Könige führen und sprach zu ihm: »Nun also höre und sieh, was ich vollbracht habe.« Hierauf begann er zu spielen, und der König war außer sich vor Freude. Er gab dem Jüngling seine schöne Tochter zur Frau, und nun lebten sie alle in Glück und Frieden. So kam die Geige auf die Welt.

27. Die Blume des Glücks

Es war einmal ein altes Mütterlein, das mit ihrem einzigen Sohne in tiefster Armut lebte. Als die Mutter im Sterben lag, weinte sie sehr über ihren Sohn und sprach: »Mein lieber Sohn, geh in die Welt und suche dein Glück; ich werde bald sterben, und dann hast du hier im Dorfe niemanden, der für dich nur ein gutes Wort hätte, denn du bist armer Leute Kind! Wenn du mich aber begraben hast, so komme um Mitternacht zu meinem Grabe und pflücke die Blume, die über mir wachsen wird, und achte auf sie wie auf dein Augenlicht, denn sie wird dir den Weg zu deinem Glück zeigen.« Bald starb das Mütterlein, und der Sohn begrub es. Als es Mitternacht wurde, ging er hinaus auf den Friedhof und sah auf dem frischen Grabe seiner Mutter eine wunderschöne blaue Blume blühen. Er pflückte sie ab und legte sie sorgsam in seine Tasche. Am nächsten Tage zog der Jüngling in die Welt und begegnete einem hinkenden Wolf, der ihn bat: »Lieber Mann, ziehe mir die Kugel aus dem Bein!« Der Jüngling tat es, und der Wolf sprach: »Ich kann dir vorläufig deine Güte nicht vergelten, aber zieh mir ein Haar aus, und wenn du einmal meine Hilfe benötigst, so hauche das Haar an!« Hierauf zog der Jüngling dem Wolfe ein Haar aus, steckte es in die Tasche zur blauen Blume und zog weiter in die Welt. Er wanderte schon lange Zeit in der Welt umher und fand nirgends sein Glück.

Da erinnerte er sich der Worte seiner sterbenden Mutter und nahm die blaue Blume aus der Tasche. Er legte sie mißmutig auf die Erde nieder und siehe! Da erhob sich die Blume in die Luft und sprach: »Komm und folge mir! Niemand sieht mich, nur du allein kannst mich sehen, darum folge mir getrost nach, ich will dich zu deinem Glück führen!« Die Blume schwebte nun vor dem Jüngling her, der ihr überall nachfolgte. Gegen Abend kamen sie in einen Wald, und da sah der Jüngling einen Fuchs, der sprach: »Lieber Mann, eine Wespe ist mir in das Ohr gekrochen und verursacht mir große Schmerzen. Zieh mir die Wespe heraus!« Der Jüngling tat es, und der Fuchs sagte darauf: »Ich kann dir deine Güte mit nichts anderem vergelten, als daß ich dir etwas mitteile. Du suchst dein Glück, doch ehe du es findest, mußt du bei einer bösen Urme[1] dienen, bei der du eine Kuh mit goldenen Hörnern drei Tage hindurch auf die Weide führen mußt, aber du mußt wohl sorgen, daß die Kuh nicht ohne dich nach Hause komme, sonst tadelt dich die Urme. Wenn es dir gelingt, die Kuh auf der Weide zu halten, so verlange als Lohn für deinen Dienst die Kappe, die hinterm Ofen am Nagel hängt. Wer diese Kappe aufsetzt, ist jedem Auge unsichtbar.« Dies sagte der Fuchs und verschwand, der Jüngling aber ergriff die blaue Blume, steckte sie in die Tasche und legte sich nieder.

Am nächsten Tage nahm er die Blume wieder hervor, und als er sie vor sich herschweben sah, folgte er ihr nach. Bald kamen sie an ein großes eisernes Haus, und die Blume sprach: »Steck mich nun in deine Tasche und nimm mich nur dann hervor, wenn ich dich rufe!« Kaum hatte der Jüngling die blaue Blume in seine Tasche gesteckt, als sich die Tür des eisernen Hauses öffnete und eine häßliche alte Frau auf der Schwelle erschien. »Was suchst du hier?« fragte die Alte. »Ich möchte gern in Dienst treten!« entgegnete der Jüngling. – »Gut!« antwortete die Alte, »ich will dich in meinen Dienst nehmen. Du sollst meine Kuh mit den goldenen Hörnern auf

[1] böse Fee.

die Weide treiben, doch darf die Kuh nicht ein einziges Mal vor Abend und ohne dich nach Hause rennen, denn sonst muß ich dich töten. Wenn du aber dreimal mit der Kuh nach Hause kehrst, kannst du dir aus meinem Hause das wählen und mitnehmen, was dir am besten gefällt.« – Der Jüngling war mit allem einverstanden und trieb die Kuh mit den goldenen Hörnern auf die Weide. Kaum war er auf der Wiese angelangt, als die Kuh schon nach Hause rennen wollte. Da nahm der Jüngling das Wolfshaar hervor, hauchte es an, und es kam darauf der Wolf mit vielen tausend Wölfen, welche die Kuh umringten und nicht von der Stelle ließen. Am Abend trieb der Jüngling die Kuh nach Hause und legte sich nieder. Am zweiten Tage geschah es ebenso, und als am dritten Tage der Jüngling mit der Kuh zur Urme kam, hieß sie ihn, sich etwas aus ihrem Hause zu wählen. Er wählte die Kappe und nahm sie vom Nagel herab. Doch die Urme schrie auf und wollte sie ihm aus den Händen reißen, der Jüngling aber setzte die Kappe schnell auf seinen Kopf, und so konnte ihn die Urme nicht fangen. Als er ins Freie hinausgelangte, steckte er die Kappe in seine Tasche und hörte die Blume rufen: »Nimm mich heraus!« Er nahm sie heraus und folgte nun der schwebenden Blume nach.

Tagelang wanderte der Jüngling in der Welt herum und war schon ganz verzweifelt, als er in ein Gebirge kam. Ermüdet setzte er sich nieder und hörte die Blume sagen: »Steck mich in deine Tasche!« Er tat es und legte sich in den Schatten eines Baumes. Es war schon längst Abend geworden, und der Jüngling schlief noch immer. Der Mond schien hell und beleuchtete die grauen Felsen des Gebirges. Keinen Laut konnte man hören, das ganze Gebirge lag wie tot im tiefen Schlaf. Da erscholl ein Schrei, und unser Jüngling erwachte. Als er erschreckt um sich blickte, bemerkte er eine große Kröte, die einen kleinen Mann, der nur zwei Spannen hoch war, am Fuße zerrte. Der Jüngling sprang auf und warf einen großen Stein auf die Kröte, daß sie den Mann losließ, der schnell zum Jüngling lief und ihn bat, ihn auf seinen Arm zu heben. Der Jüngling tat es und der kleine Mann sagte: »Du hast mich gerettet, aber wohin sollen wir uns nun verbergen, denn die Kröte ist eine böse Urme, die viele hundert Kröten herbeirufen wird, die uns töten werden.« Der Jüngling nahm schnell die Kappe hervor und setzte sie auf. Kaum daß er dies getan, so rückten viele tausend Kröten heran und suchten nach dem Jüngling, doch sie konnten ihn nicht sehen. Der Jüngling ging nun mit dem kleinen Mann weiter, und als sie in der Frühe an eine Höhle kamen, sagte der kleine Mann: »Setze mich auf den Boden nieder und folge mir nach. Ich will dich reich und glücklich machen.« Und er führte den Jüngling in die Höhle hinein, wo er an eine Felsenwand dreimal anklopfte und rief:

„Öffnet die Türe!
Gast ich jetzt führe,
Brüder, zu euch,
Öffnet mir gleich!"

Darauf öffnete sich eine Tür, und der kleine Mann sagte: »Verstecke deine Kappe, damit dich meine Brüder sehen können.« Der Jüngling steckte die Kappe in die Tasche, und sie traten in ein schönes, hölzernes Zimmer. Von hier gingen sie in ein eisernes Zimmer, da standen lauter Flinten an den Wänden. Dann kamen sie in ein silbernes Zimmer, dort waren viele silberne Flaschen aufgestellt. Darauf öffneten sie eine Tür und traten in ein goldenes Zimmer. Dort waren viele kleine Männer um einen König versammelt, der auch so klein war wie die anderen Männer und einen langen, silbernen Bart hatte. Der kleine Mann führte den Jüngling vor den König und sprach: »Mein gnädigster Herr König! Dieser Jüngling hat mich vom Tode gerettet. Die Urme, die im Gebirge wohnt, hatte sich in eine Kröte verwandelt und mich beinahe getötet.« Der König blickte auf den Jüngling und sprach: »Du hast meinem besten Diener das Leben gerettet. Nun will ich dich dafür belohnen und dir solche Geschenke geben, durch welche du glücklich wirst.« Und er riß sich aus dem Barte ein silbernes Haar aus, gab es dem Jüngling und sagte: »Wenn du in Not bist, aber nur in sehr großer Not, so hauche dieses Haar an, und ich werde mit meinem Volke erscheinen und dir helfen.« Dann führte er den Jüngling in das silberne Zimmer, gab ihm dort eine silberne Flasche und sagte: «Wenn du mit dem Wasser, das nie abnimmt, einen Stein befeuchtest, so wird er sogleich zu lauterem Gold.« Nun führte er den Jüngling zurück in das eiserne Zimmer, gab ihm dort eine Flinte und sprach: »Mit dieser Flinte triffst du alles, worauf du mit ihr zielst. Nun aber lebe wohl, denn kein Erdensohn darf länger bei uns weilen.« Hierauf führte ihn der kleine Mann hinaus und sprach: »Du wirst bald an den gläsernen Berg kommen, in welchem ein Drache die schönsten drei Jungfrauen der Welt hütet. Wenn du dort in Not geraten solltest, so ruf uns nur zu Hilfe.« Er küßte nun den Jüngling dreimal und ging dann zurück in die Höhle. Da rief die Blume: »Nimm mich heraus!« Der Jüngling tat es und folgte der schwebenden Blume nach. Gegen Abend kam er an einen See und legte sich am Ufer nieder. Kaum daß er sich ausgestreckt hatte, so erblickte er auf einmal drei goldene Gänse, die auf dem See herumschwammen. Der Jüngling ergriff rasch die Flinte und zielte auf die kleinste der Gänse; zwei flogen erschreckt von dannen, die kleinste aber verwandelte sich in eine schöne Jungfrau, die sagte: »Du hast mir meine menschliche Gestalt wiedergegeben, die der Drache auf dem gläsernen Berge mir und meinen zwei Schwestern genommen hat. Ich will gern dein Weib werden, wenn du auch meinen Schwestern die menschlische Gestalt wiedergibst.« Am nächsten Tage gelangten sie an den gläsernen Berg, in welchem der Drache mit den zwei Schwestern wohnte. Da steckte der Jüngling die Blume in die Tasche zurück, nahm das silberne Haar hervor und hauchte es an. Auf einmal erschienen viele tausend kleine Männer, deren König aber sagte: »Ich weiß, was du willst!

Du möchtest in den gläsernen Berg hinein und kannst nicht. Nun, wir wollen dir ja helfen.« Darauf begannen die kleinen Männer zu hämmern, zu klopfen und zu bohren, und in kurzer Zeit brachen sie ein großes Loch in den gläsernen Berg. Als sie mit der Arbeit fertig waren, verschwanden sie ebenso rasch, wie sie gekommen waren. Im gläsernen Berg aber krachte und donnerte es, und zwei goldene Gänse flogen heraus. Der Jüngling ergriff die Flinte, zielte, und die Gänse fielen als zwei schöne Jungfrauen auf die Erde. Da aber kam auch der Drache hervor und stürmte auf den Jüngling los, doch dieser zielte mit seiner Flinte auf ihn, und der Drache verwandelte sich in Staub und Rauch, den der Wind brausend weiter führte. Als dies alles geschehen, flog die blaue Blume hervor und sagte: »Lebe wohl, mein Kind! Ich bin die Seele deiner gestorbenen Mutter, nun muß ich zurück in den Himmel, woher ich gekommen bin!« Darauf verschwand die blaue Blume, der Jüngling aber heiratete die jüngste der Schwestern, die zwei anderen heirateten auch gar bald darauf, und sie lebten nun alle glücklich, reich und zufrieden beisammen.

28. Der arme Zigeuner

Es lebte einmal ein armer Zigeuner. Der ging jede Woche einmal zu den reichen Hausherren betteln. Einmal kam er zu einer Witwe und bettelte um Brot; da sagte die Witwe: »Brot habe ich nicht gebacken, ich habe nur Weizen.« Der arme Zigeuner sagte: »Gib mir also Weizen!« Die Frau ärgerte sich und sprach: »Da hast du Weizen!« und warf ihm ein Weizenkorn hin. Der Zigeuner steckte es in seine Tasche und ging weg. Die Witwe lachte, und der Zigeuner ging mit dem Weizenkorn zu einem anderen Hausherrn und sprach: »Lieber Hausherr, ich gebe dir ein Weizenkorn; behüt es mir, ich werde gleich zurückkommen.« Als der Zigeuner wiederkam, hatte eine Henne des Herrn das Weizenkorn gefressen.

Da sagte der Zigeuner: »Die Henne ist mein, warum hat sie mein Weizenkorn gefressen!« und der Herr mußte ihm die Henne geben. Der Zigeuner ging zum Nachbarn und sprach: »Lieber Nachbar, ich gebe dir diese Henne, behüte sie, ich komme wieder zurück.« Und als er wiederkam, hatte die Katze des Hausherrn die Henne gefressen. Der arme Zigeuner sprach: »Die Katze hat meine Henne gefressen, die Katze ist mein!« Und er ging mit der Katze fort, denn der Mann mußte sie ihm geben. Dann ging er zu einem anderen Herrn und sagte: »Lieber Herr, behüte meine Katze, ich komme sogleich zurück.« Als er wiederkam, hatte der Hund des Herrn die Katze zerrissen. Da sprach der Zigeuner: »Der Hund ist mein!« und ging mit dem Hunde fort. Der Zigeuner gab den Hund wieder einem anderen Herrn und sagte: »Lieber Herr, behüte meinen Hund, ich komme gleich.« Als aber der Zigeuner kam, war der Hund tot. Ein Ochse des reichen Herrn hatte ihn totgestoßen. Der Zigeuner sprach: »Mein ist der Ochse!« Der Herr mußte ihm den Ochsen geben, und der Zigeuner ging mit ihm weg. Und er kam zu einem reichen, sehr großen Herrn und sagte: »Lieber Herr, ich gebe dir meinen Ochsen, ich komme sogleich wieder.« Als er wiederkam, hatte ein Pferd seinen Ochsen totgeschlagen. Der Zigeuner sagte: »Das Pferd ist mein!« und er ging mit dem Pferde weg. Da kam der König und nahm das Pferd des Zigeuners, denn sein eigenes Pferd war krank. Eilends ritt er dann auf dem Pferde des Zigeuners davon. Als der Zigeuner in die Stadt des Königs kam, war das Pferd krepiert und der König sagte: »Lieber Zigeuner, dein Pferd ist krepiert, aber ich gebe dir viel, viel Geld für dein totes Pferd.« Und der König gab dem Zigeuner sehr viel Geld. So wurde er reich, und als er nach Hause kam, bettelte er nicht mehr, sondern lebte glücklich in einem sehr schönen Haus und heiratete die Witwe, die ihm damals das Weizenkorn gegeben hatte ...

29. Die vier Brüder

Es lebten einmal vier Brüder, die waren gar sehr arm. Da sagte der älteste Bruder: »Ich will nicht mehr arm sein. Ich ziehe in die Welt, und wenn ich reich werde, komme ich zu euch und hole euch ab.« Der arme Bruder wanderte nun Tag und Nacht und hatte nichts zu essen. Müde kam er in einen großen Wald, der kein Ende zu haben schien, und legte sich nieder und schlief ein. Als er schlief, kam ein kleines Männchen, das hatte einen langen, weißen Bart und schrie: »Steh auf, du bist ein armer Mann und schläfst am Tage; du bist faul und willst nicht arbeiten. Steh nur auf!« Der Bruder stand auf und sagte: »Ich bin müde und habe keine Arbeit!« Das alte Männchen sprach: »Komm her in mein Haus. Ich gebe dir Speise und Trank und sehr viel Geld, Silber und Gold, wenn du weißt, was das Rätsel bedeutet, das ich dir sagen werde.« Sie gingen in den Wald hinein, und da war ein großes, schönes Haus. Sie gingen zusammen in die Wohnung des alten Männchens, und dieses sperrte eine große eiserne Tür auf und sagte: »Sieh, dies viele Gold gehört dir, wenn du mir sagst, was dies Rätsel bedeutet. Höre:

Ein Hölzchen, vier Schnürchen,
Ein Stäbchen, viel Härchen,
Sie rufen zum Tanze
Verliebte Pärchen!

Sag, was ist das?« Der Bruder sagte: »Guter Mann, ich weiß nicht, was das ist.« – »Gut«, sprach der alte Mann, »es ist die Geige; da du es nicht weißt, so bleibst du hier und wirst mein Diener.« Der arme Diener mußte jetzt schwer arbeiten, und der alte Mann schlug ihn immer. Er war sehr stark, obwohl er klein war.

Die Brüder wußten inzwischen nicht, wo ihr ältester Bruder weilte, und einmal sagte der zweite Bruder: »Unser Bruder kommt nicht, ich gehe jetzt fort, wenn ich reich werde, so komme ich zu euch.« Der Bruder ging auch weg und kam in den großen Wald und legte sich nieder. Als er schlief, kam das kleine alte Männchen und schrie: »Steh auf, du bist ein armer Mann und arbeitest nicht. Komm mit mir, ich gebe dir Speise und Trank und sehr viel Geld, Silber und Gold, wenn du weißt, was das Rätsel bedeutet, das ich dir sagen werde.« Sie gingen in das schöne Haus des Alten, und er sperrte die eiserne Türe auf und sprach: »Sieh, dies viele Gold ist dein, wenn du sagst, was dies Rätsel bedeutet! Höre:

Beinlos ist ein Hund und zungenlos,
Hebst ihn aber du in deinen Schoß,
Bellt und heult und kläfft er fürchterlich,
Legst du nieder ihn, nicht muckst er sich!

Was ist das? Weißt du es?« – »Ich weiß es nicht«, sagte der zweite Bruder, »ich bin nicht so klug.« Da sagte der alte Mann: »Wenn du so dumm bist und es nicht weißt, so sage ich es dir: es ist die Kette! Jetzt bleibst du hier und wirst mein Diener!« Nun waren die zwei armen Brüder beim alten Männchen, und sie waren sehr unglücklich.

Die zwei anderen Brüder wußten nicht, wo ihre Brüder waren, und da sagte der dritte Bruder: »Lieber Bruder, die anderen haben uns vergessen; ich gehe fort, und wenn ich reich bin, so komme ich zu dir.« Er ging weg und kam in den großen Wald, und müde legte er sich nieder. Und als er schlief, kam wieder das alte Männchen und schrie: »Steh auf, du Faulpelz! Du bist ein armer Mann und schläfst, anstatt zu arbeiten! Steh auf, komm her! Ich gebe dir Speise und Trank und viel Geld, wenn du weißt, was das Rätsel bedeutet, das ich dir sagen werde.« Sie gingen in das schöne Haus des alten Männchens. Dieses sperrte die eiserne Tür auf und sprach: »Sieh, dies gebe ich dir, wenn du weißt, was dies Rätsel bedeutet! Höre:

Zwischen zwei Bergen bellt ein stinkiger Hund
Laut in dem dunklen, finstren Waldesgrund!

Sag, was ist das?« »Ich weiß es nicht«, sagte der Bruder, »ich habe nicht viel gelernt und bin nicht so klug wie du. Du bist alt, ich aber bin noch jung und weiß nicht viel.« – »Gut«, sagte der Alte, »wenn du es nicht weißt, so sage ich es dir: es ist der F . . z.« Da lachte der Bruder, aber der alte Mann sprach: »Lache nicht, denn du wirst noch weinen. Du wirst mein Diener!« Und der arme Bruder wurde nun wie die zwei anderen Brüder Diener des alten Mannes. Und sie waren sehr unglücklich.

Da dache der vierte, der jüngste Bruder: »Die Brüder sind fortgegangen und haben mich vergessen, ich gehe in die Welt.« Er hatte drei Tiere, das waren ein Bär, ein Wolf und ein Fuchs. Diese liebte er sehr, und sie liebten ihn auch und gingen mit ihm. Sie kamen in den Wald, und der junge Bruder sagte: »Geht, meine Freunde, und sucht euch Speise, aber wenn ich pfeife, so kommt sogleich zu mir!« Sie gingen weg, und er legte sich nieder und schlief. Da kam der alte Mann und schrie: »Du, Mann da, nicht schlafen, steh auf und arbeite!« Der Bruder stand auf und sprach: »Was willst du?« – »Komm«, sprach der alte Mann, »ich gebe dir Speise und Trank und viel Geld, Silber und Gold, wenn du mir sagst, was das Rätsel bedeutet, das ich dir sagen werde.« Sie gingen in das große, schöne Haus des alten Männchens, dieses sperrte die eiserne Tür auf und sprach: »Dies viele Silber und Gold gebe ich dir, wenn du sagst, was das Rätsel bedeutet:

Graue endlos lange Leinewand
Breitet man durchs ganze Land.

Was ist das?« Der junge Mann sagte: »Das sind die Wege, die im Lande sind.« – »Gut«, sagte der alte Mann, »du bist klüger als deine Brüder, du sollst auch mein Diener sein. Deine Brüder sind schon meine Diener.« – »Ich will nicht«, sagte der jüngste Bruder, »gib mir dein Gold!« Der alte Mann wollte ihm das Gold nicht geben und schlug ihn. Da pfiff er, und es kamen der Bär, der Wolf und der Fuchs und zerrissen den alten Mann. Den vier Brüdern aber gehörte das viele Geld, Silber und Gold, und sie waren nun reiche und große Herren ...

30. Die Reise ins Totenreich

Es lebte einmal ein armer Zigeunerbursche, dem Vater, Mutter und auch die Geliebte im Laufe einer Woche gestorben waren. Trüben Herzens begrub er sie, konnte aber kein Totenmahl abhalten; denn er war so arm, daß er kaum von einem Tag auf den anderen leben konnte. Eine Woche nach dem Leichenbegängnis erwachte er in der Nacht, und es war ihm, als ob jemand an seinem Zelte rüttelte. Er fragte: »Wer ist da?« Darauf hörte er seinen Vater sagen: »Du hast mich begraben und mir keine Milch gegeben!« Die darauf folgende Nacht erwachte der Bursche wieder, und es war ihm, als ob jemand an seinem Zelte rüttelte. Er fragte: »Wer ist da?« Darauf hörte er seine Mutter sagen: »Du hast mich begraben und mir keine Milch gegeben!« Die nächste Nacht hörte er wieder jemanden an seinem Zelte rütteln, und er fragte abermals: »Wer ist da?« Darauf hörte er seine Geliebte sagen: »Du hast mich begraben und mir keine Milch gegeben!« Da wurde ihm gar schwer ums Herz, und er trat vor sein Zelt hinaus. Die Nacht war dunkel, und er konnte gar nichts sehen; doch hörte er seine Geliebte also sprechen: »Wenn du uns zur Ruhe bringen willst, so gehe hinauf ins Gebirge, dort findest du in einer Höhle drei Eier, diese nimm und öffne sie, wenn du es kannst; doch schwer wirst du dahin gelangen!« Darauf verschwand die tote Maid. Am anderen Tage zeitig in der Frühe machte sich der arme Bursche auf den Weg. Hoch oben im Gebirge traf er eine alte Frau an, die einen großen Sack mühsam auf dem Rücken trug. Der Bursche bedauerte sie und sprach: »Gebt her den Sack, ich will ihn euch tragen!« Die alte Frau übergab ihm den Sack, der Bursche nahm ihn auf seine Schulter und fragte die Alte, was sie darin bewahre, da ihm der Sack so leicht vorkomme. »Die Seelen totgeborener Kinder«, sagte die Alte, »ich pflege dieselben hinauf in das Reich der Toten zu tragen.« Kaum daß sie einige Schritte getan hatten, blieb die Alte vor einer Höhle stehen und sagte: »Wir sind angelangt!« – »Wieso?« fragte der Bursche, »so schnell?« – »Dir scheint es schnell«, sagte das alte Mütterchen, »obwohl du den Sack bereits seit neun Jahren auf deiner Schulter trägst.« Darauf erschrak der Bursche, die Alte aber fuhr fort: »Im Reiche der Toten vergeht die Zeit gar schnell, und, Freundchen, da befinden wir uns! Wenn wir auch nicht im eigentlichen Reiche der Toten sind, so haben wir doch schon seine Grenze überschritten. Ich weiß auch, warum du dich herbegeben hast! Hier gebe ich dir ein Stück Fleisch, einen Krug voll Milch, einen Schlüssel und einen Strick; mit diesen Sachen kannst du deinen Weg fortsetzen, und bald wirst du die Höhle erreichen, in die du zu kommen wünschest!« Hierauf übergab ihm die Alte ein Säckchen und verschwand. Der Bursche setzte seinen Weg fort und erreichte gar bald den Schlund einer dunklen Höhle. Er trat ein, und kaum war er vorwärts geschritten, als es ringsum hell wurde und er ein großes Haus vor sich stehen sah. Er öffnete das Tor und trat in den Hof, aber neun weiße Hunde stürzten sich wütend auf ihn. Er nahm aus dem Säckchen das Fleisch hervor und warf es den Hunden hin. Darauf ging er vorwärts und sah einen Brunnen, aus dem eine Frau Wasser schöpfte, indem sie einen an ihre Zöpfe gebundenen Eimer heraufzog und wieder in den Brunnen hinabließ. Er warf ihr den Strick hin, damit sie den Eimer an denselben binde, und fragte sie, wozu sie das viele Wasser schöpfe. »Für die Toten«, antwortete das Weib, »die von ihren Verwandten ungewaschen begraben wurden.« Darauf ging er weiter und öffnete mit dem Schlüssel die Tür des Hauses und trat in ein Zimmer, wo er drei Eier fand. Er brach das eine auf. Da schwebte Nebel ins Zimmer, und sein Vater trat vor ihn und sprach:

»O, ich bin hungrig und durstig!« – »Komm in den Hof«, sagte der Bursche, »vor der Tür steht ein Krug voll Milch!« – »Ich danke dir«, antwortete der Vater, »aber jetzt ist es schon zu spät; wenigstens habe ich jetzt Ruhe und kann weiter ins Reich der Toten gelangen!« Mit diesen Worten verschwand er. Der Bursche öffnete nun das zweite Ei, und nun trat seine Mutter hervor und sprach: »O, ich bin hungrig und durstig!« – »Komm in den Hof«, sagte der Bursche, »vor der Tür, da steht ein Krug voll Milch!« – »Ich danke dir«, antwortete die Mutter, »aber jetzt ist es schon zu spät; wenigstens habe ich jetzt Ruhe und kann weiter ins Reich der Toten gelangen!« Mit diesen Worten verschwand sie. Da nahm der Bursche das dritte Ei in die Hand und ging hinaus in den Hof, wo er es neben dem Kruge zerbrach. Jetzt erschien seine Geliebte und sprach: »O, ich bin hungrig und durstig!« – »Hier ist Milch, mein Lieb«, sagte der Bursche und überreichte ihr schnell den Krug. Die Maid trank und wurde so schön wie die schönste Tochter des Sonnenkönigs. Als sie die Milch ausgetrunken hatte, sprach sie also: »Geliebter, du hast mich vom Tod erlöst, nun kehre ich mit dir zurück ins Leben und werde dein!« Und so geschah's. Sie kehrten vom schrecklichen Gebirge heim und lebten nun in Glück und Zufriedenheit miteinander, bis auch sie für ewige Zeiten ins Reich der Toten übersiedeln mußten.

31. Der Tod als Geliebter

Es war einmal eine schöne junge Frau, die hatte keinen Vater und keine Mutter, auch keine Brüder und Bekannte, die waren alle schon gestorben. Sie lebte allein in einem kleinen Hause, und niemand kam zu ihr. Sie ging auch zu niemandem hin. Da kam einmal abends ein schöner Wanderer zu ihr, machte die Tür auf und rief: »Ich bin ein Wanderer und war weit in der Welt; ich will hier rasten, ich kann nicht mehr weitergehen.« Die junge Frau sagte: »Bleib nur hier! Ich gebe dir ein Polster zum Schlafen, und wenn du willst, auch Speise und Trank, was ich eben habe.« Der schöne Wanderer legte sich bald nieder und sagte: »Jetzt schlafe ich endlich wieder einmal, seit langem habe ich nicht geschlafen.« Die junge Frau fragte: »Sag mir, hast du seit langem nicht geschlafen?« Der Mann erwiderte: »Liebe Frau, in tausend Jahren schlafe ich nur einmal.« Da lachte die Frau und sprach: »Du scherzest, nicht wahr? Du bist ein schlimmer Mann!« Der Mann aber schlief schon, und morgens, als er aufstand, sagte er: »Du bist eine schöne junge Frau; wenn du willst, so bleibe ich hier noch eine Woche.« Die Frau willigte gerne ein, denn sie liebte schon den schönen Wanderer.

Einmal schliefen sie, und da weckte die Frau den schönen Mann auf und sagte: »Lieber Mann, höre! Ich hatte einen bösen Traum. Du warst so kalt und weiß, und wir fuhren auf einem schönen Wagen. Du bliesest in ein großes Horn. Da kamen die Gestorbenen heran und gingen mit dir; denn du warst ihr König und hattest einen schönen Tuchmantel an.« Da sagte der schöne Mann: »Das ist ein böser Traum!« Dann stand er auf und sagte: »Geliebte, ich muß gehen, denn in der Welt ist jetzt seit langem niemand gestorben. Ich muß gehen, laß mich los!« Die Frau weinte und sprach: »Geh nicht weg, bleib noch ein wenig!« Da sprach der Mann: »Ich muß gehen, behüt dich Gott!« Die Frau aber schluchzte, als er ihr die Hand reichte, und sprach: »Sag mir, wer du bist!« Da sagte der Mann: »Wer es erfährt, der stirbt; du fragst vergebens; ich sage es dir nicht, wer ich bin.« Da weinte die Frau und sprach: »Ich will alles erdulden, sag mir nur, wer du bist.« Da sagte der Wanderer: »Gut, dann kommst du mit mir, ich bin der Tod!«

Die junge Frau erschrak und starb ...

32. Die Quelle, die Diamanten sprudelt[1]

Es war einmal ein armer Mann, dessen Frau war guter Hoffnung. Doch als sie das Kind geboren hatte – es war ein Mädchen –, verschwand es auf ganz unaufgeklärte Weise. Weder die Eltern noch irgend jemand auf der weiten Erde wußten, wohin das Kind verschwunden war. Es war von Gott verzaubert, es sollte zu einer Quelle werden, die Diamanten sprudelte, in einem weit entfernten Lande. Nach einiger Zeit gebar die Frau des armen Mannes noch ein Kind, wieder ein Mädchen. Und dieses Mädchen blieb am Leben. Aus heißer Liebe zu dem Neugeborenen vergaß die Mutter aber ganz ihre von Gott verzauberte Tochter.

Das zweite Mädchen wurde groß, die Mutter starb, so daß nun der Vater mit der Tochter ganz allein war. Das Mädchen wuchs zur Jungfrau heran. Es kam die Zeit zu heiraten. Der Vater des Mädchens war arm, er war Tagelöhner bei einem Bauern. Nun starb gar noch der Primar, der Dorfschulze, der ein Freund des armen Mannes war. Was sollte er tun? Seine Tochter hatte immer mit der Tochter des Primaren gespielt. Sie ging im Hause des Primaren ein und aus. Da sagte eines Tages die Frau des Primaren zum Mädchen: »Warum sagst du denn nicht deinem Vater, Mädchen, daß ich keinen Mann habe, und daß er mich doch heiraten soll. Du lebst bei uns wie zu Hause und verträgst dich mit meiner Tochter gut.« Als das arme Mädchen nach Hause kam, sagte es zu seinem Vater: »Vater, ich will dir mal was sagen.« – »Was willst du sagen?« – »Ich will es dir gleich sagen.« – »Du sagst gar nichts!« – »Nein, ich sage lieber gar nichts. Und doch ... Wäre es nicht gut, wenn du die Frau des Primaren zur Frau nähmest?« Der Vater sagte: »O Gott! Gut, meine Tochter, ich würde sie nehmen, aber sie nimmt mich ja nicht; denn ich bin ein armer Mann, und sie ist reich. Heute, morgen oder übermorgen würde sie mir die Augen auskratzen und mich aus dem Hause

[1] Die Überschrift stammt vom Erzähler des Märchens selbst.

werfen. Sie bedeutet etwas, sie hat Geld. Wäre es für mich nicht eine Schande, wenn sie mich wie einen Hund aus dem Hause jagte? Ich muß mir eine Arme suchen, die ebensowenig hat wie ich. Besser, ich bin arm und wir haben gerade so viel zum Essen, wie wir bedürfen, als daß ich mich von einer Reichen schlecht behandeln lasse.« Doch im stillen fragte sich der Vater: Was soll ich machen? Das Mädchen sagte seinem Vater: »Ich habe schon mit der Frau des Primaren gesprochen. Nun sprich du noch mit ihr!« – »Gut, ich will es dir zu Gefallen tun, aber du wirst es später einsehen, wie unrecht ich gehandelt habe, wenn du dich mit der Tochter zanken wirst. Es wird für dich schlecht auslaufen, weniger für mich. Ihr werdet euch nicht mehr vertragen.«

Der arme Zigeuner nahm die reiche Primarsfrau, feierte mit ihr Hochzeit und zog mit seiner Tochter in das Haus der Primarin. Aber die beiden Mädchen vertrugen sich von Stund an tatsächlich nicht mehr. Wie ihr Vater vorausgesagt hatte, so war es eingetroffen. Immer gab es Streit, bis schließlich seine Frau verlangte, daß er sofort seine Tochter verstoße und sich von ihr trenne, damit das Mädchen des einen nicht mehr mit dem der anderen zusammensitze. Er sagte zu seiner Tochter: »Siehst du, was sagte ich dir? Du kommst noch dahin, daß du mir recht gibst, die ganze Welt wird über uns lachen. Wäre es nicht besser gewesen, ich lebte mit einer Armen zusammen? Siehst du, daß du nicht gut mit ihrer Tochter leben kannst, du wirst schon noch dahinter kommen! Sie sagt, ich soll dich verstoßen.« Das Mädchen erwiderte: »So verstoße mich nur, denn ich habe die Schuld, ich habe dir nicht gehorcht. Wie du gesagt, so ist es gekommen.« Seine Frau drang darauf und stellte ihn vor das Entweder – oder. So sprach sie eines Tages: »Verstößt du um meinetwillen deine Tochter oder nicht?« Bei diesen Worten fing der Alte an zu weinen; er erhob sich und richtete zu Gott ein Gebet. Dann sagte er zu seiner Tochter: »Los, mach dich fertig, wir wollen gehen!« Das Mädchen fragte: »Wohin, Vater?« – »Wir wollen Holz holen.« – »Schön, Vater, laß uns Holz aus dem Walde herbeischaffen!« So brachen sie beide auf. Sie wanderte mit ihrem Vater tief in den Wald hinein, da kamen sie an eine ganz öde Stelle, wo kein Gras und auch sonst nichts wuchs. Von da gelangten sie in einen noch größeren Wald. Jetzt trennten sie sich, sie suchten alle beide Holz an verschiedenen Orten. Die Tochter achtete nicht darauf, daß sie sich immer mehr von ihrem Vater entfernte. Plötzlich wurde sie gewahr, daß sie ganz allein war. Ihr Vater war nicht zu erblicken, so sehr sie auch rief, es antwortete ihr keine Stimme, nur das leere Echo gab ihren Ruf zurück. Ihr Vater hatte sich heimlich von seiner Tochter entfernt, er hatte ihr noch gesagt: »Suche fleißig Holz, wir haben keine Zeit, wir müssen noch vor Einbruch der Dunkelheit zu Hause sein, die Nacht kommt schnell.«

Nichts ahnend hatte sie vertrocknetes Krüppelholz gesammelt und war so eifrig dabei gewesen, daß sie gar nicht auf ihren Vater geachtet hatte. Er ließ das Mädchen im Walde allein zurück. Es rief und rief nach seinem Vater, bis es sich die Kehle ganz heiser geschrieen hatte. Da merkte das Mädchen, daß sein Vater es verlassen hatte. »Sei du, lieber Gott, mit mir, ich bin von meinem Vater im Stich gelassen, aber ich kann ihm keine Schuld geben; denn er hatte mir gesagt, daß er sich nicht wieder verheiraten wollte. Ach wie schlimm ist es jetzt mit mir, daß ich nun hier bin und mit den Tieren zusammen essen muß!« Drei Tage und drei Nächte saß sie im Walde und weinte. »Lieber Gott, warum schickst du nicht ein wildes Tier, das mich frißt, ich kann hier nicht mehr leben.« Und was für ein schönes Mädchen war es! Wie leuchtete ihm die Schönheit auf dem Angesicht, es trug den Mond auf der Brust und die Sonne auf dem Rücken, so schön war es.

Über Nacht kam ein Gewitter. Der Sturm riß die Äste und Zweige unter großem Krachen herunter. Ganz unheimlich war es dem Mädchen zumute. Es sagte: »Nun ist es vorbei mit mir, ich werde wohl sterben müssen«, und jammerte. Das

Gewitter kam immer näher und näher, jeden Augenblick dachte es: Jetzt werde ich erschlagen. Aber siehe da! Es kam ein Sturm und nahm das Mädchen mit hinweg und hob es empor und trug es in einen wunderschönen Garten, der einem Kaisersohn gehörte. Dieser Kaisersohn suchte gerade eine Braut. Er hatte schon lange gesucht, aber alle Mädchen, die er gesehen hatte, gefielen ihm nicht. In seinem ganzen Reiche war kein einziges schönes Mädchen. Da hatte ihm der Gewittersturm über Nacht eines zugeführt, das so schön war wie keines auf der weiten Welt. Nachdem der Sturm es in dem Garten niedergesetzt und das Mädchen sich ein wenig von dem Schrecken erholt hatte, schaute es sich im Garten um. Es konnte aber nichts erblicken; denn es war noch Nacht. Ganz in der Ferne sah es ein Licht. Das schöne Mädchen wunderte sich, wie dieses Licht in einen Garten käme. Was für ein Garten mag das sein! Es wird doch nicht gar Feuer ausgebrochen sein! Wie das Mädchen so nachdachte, da erblickte der Kaisersohn diese wunderbare Schönheit, die mitten in der Nacht Strahlen der Sonne und des Mondes aussandte. Er war darob ganz erschrocken, er bekreuzigte sich schnell und rief: »Lieber Gott, welches Wunder! Es wird doch nicht ein Heiliger sein, der sich in meinen Garten verirrt hat!« Und er lief, so schnell er nur laufen konnte, zu seiner Mutter und erzählte ihr, was er im Garten gesehen hatte: »Mutter, Mutter, was ist bloß in eurem Garten? Ich habe etwas ganz Furchtbares gesehen!« Da sagte die Mutter: »Komm mit mir und zeig es mir, ich will es sehen!« – »Nein, Mutter, das ist nichts für dich, wenn du es sähest, du würdest dich zu Tode erschrecken, laß mich noch einmal hingehen; ich werde eine Waffe mitnehmen und rufen: ›Wer bist du, der du dich in meinen Garten verirrt hast, antworte mir! Wenn du mir nicht antwortest, werde ich auf dich schießen, wenn du nicht beim dritten Male geantwortet hast, wirst du erschossen sein.‹« Und er ging in den Garten. Er rief dreimal. Und beim dritten Male antwortete das Mädchen. Darauf öffnete der Kaisersohn die kleine

Gartenpforte. Als er es an sich vorbeiließ, konnte er sich gar nicht satt sehen an der Schönheit des Mädchens.

Da sagte der Kaisersohn zu dem schönen Mädchen: »Ach, schönes Mädchen, komm doch ein wenig näher!« – »Ich kann nicht kommen.« – »Warum nicht?« fragte sie der junge Held. »Ich habe keine Kleider an, ich hülle mich nur in mein eigenes Haar ein.« Als der Kaisersohn dies hörte, ging er sogleich und holte Kleider und einen Mantel, kehrte damit zu dem Mädchen zurück und hüllte es in die Kleider. Er trug es sodann behutsam in das Haus. Es war von ihm schwanger geworden.

Des Morgens holte er allerlei schöne Frauengewänder herbei und schmückte es damit, dann rief er seine Mutter, daß sie das schöne Mädchen sehe. »Ei Mutter, siehst du, wer sie ist, wie schön sie ausschaut! Mir ist ganz von selbst eine Gemahlin ins Haus gekommen, wie von Gott ist sie mir geschickt.« Die Mutter aber sagte: »Bist du ein Narr, was für eine Wilde aus dem Walde hast du da!« Das Mädchen setzte sich mit dem jungen Helden in die Stube, wo es ihm alles erzählte, wie es sich zugetragen hatte. Dem Kaisersohn war das Mädchen zugetan, aber für seine Mutter konnte sie keine Liebe empfinden, und auch die Kaiserin nicht zu dem Mädchen; am liebsten hätte die Kaiserin dem Mädchen die Augen ausgekratzt, so wütend war sie. Aber der Knabe sagte zu seiner Mutter: »Wie es auch sei, ich habe eine Gemahlin gefunden, die mir gefällt.« – »Das ist deine Sache, das mußt du mit dir selbst abmachen.« Wieder war sie schwanger geworden, und nach der bestimmten Zeit gebar sie. Als ihr Gemahl nicht zu Hause war und nur die Mutter allein da war, kam ihre Stunde. Die Schwiegermutter, die Kaiserin, bekümmerte sich selbst um sie und half bei der Geburt. Und siehe, zweien Kinderchen schenkte sie auf einmal das Leben, einem Jungen und einem Mädchen. Aber was tat die Kaiserin? Sie ließ schnell zwei kleine Kästchen machen, legte die Neugeborenen hinein und warf sie lebendig ins fließende Wasser. Anstelle der Kinderchen legte sie heimlich zwei junge

Hunde neben ihre Schwiegertochter, die sich noch unter den fürchterlichsten Schmerzen wand wie ein Wurm und nicht bemerkte, was um sie her vorging. Die Kaiserin, die ihr nur Böses zufügen wollte, zeigte sie der jungen Mutter: »Hier sieh mal, was du geboren hast! Wilde haarige Tiere hast du geboren; ich werde deinem Gatten Kunde davon geben, was du ihm geschenkt hast.« Sie sandte sogleich einen Boten mit einem Briefe aus. Der Kaisersohn las die Nachricht. In dem Briefe stand: »Siehst du wohl, was dir deine Wilde geboren hat: zwei Hunde!« Er ließ der Kaiserin zurückberichten: Was auch immer geschehen sei, seine Mutter solle seine Gemahlin im Hause lassen, bis er zurück sei. Doch die Kinderchen, die die Kaiserin auf dem Wasser ausgesetzt hatte, waren nicht ertrunken, sondern lebten.

Auf ihrer Reise auf dem Wasser waren die Kästchen an einer Mühle hängengeblieben. Ein Müller, der zufällig Mais mahlte, hielt die Kästchen auf und zog sie aus dem Wasser. Als er sie öffnete, hörte er aus den Kästchen »Papa, Papa« rufen, und die Kinder streckten dem Müller ihre kleinen Händchen entgegen. Er nahm sie an seine Brust und brachte sie mit nach Hause. Als seine Frau ihn mit den zwei Kindern sah, schrie sie ihn an: »Ist es nicht genug, haben wir nicht schon eine Hetze Kinder? Warum hast du denn die noch mitgebracht?« – »Ach Frau, laß sie doch bei uns, wo zehn Kinder essen, da wird auch noch etwas für die zwei übrig sein, ich will sie schon noch mit durchfüttern.« Aber seine Frau wollte sie nicht aufnehmen, sie sagte: »Sie werden tüchtig essen, du wirst es sehen. Gib du ihnen nur zu essen, du wirst schon sehen, wo du hinkommst; du hast noch nicht einmal für deine eigenen Kinder etwas zu essen, und gar für diese hier!« – »Ach Frau, laß sie nur, ich will es schon schaffen.« Der Müller hatte ein gutes Herz. Er und die Seinen mußten mit zwei Pfund Mehl am Tag auskommen, die er als Entgelt für das Ausmahlen des Getreides von den Bauern erhielt. Aber zwei Pfund Mehl für eine so große Familie, das ist herzlich wenig!

Es war ein Wunder, daß alle zwölf Kinder bei dieser Nahrung am Leben blieben. Sie wurden groß, der Müller schickte sie in die Schule, sie lernten lesen und schreiben. Und siehe da, was seine eigenen Kinder in einem Jahre lernten, das schafften die zwei in zwei Monaten. Die Kinder vertrugen sich mit den anderen nicht, immer gab es Zank und Streit. Schließlich weigerten sich seine eigenen Kinder, mit den angenommenen zusammen zu gehen. Trotzdem der Müller sie tüchtig prügelte, es half nicht. »Wie sind nur diese Kinder geraten?« Er konnte sie nicht mehr beieinander lassen, sie prügelten sich jeden Tag. Um ein Unglück zu verhüten, nahm der Müller sie mit in die Mühle und baute ihnen ein Bordeiu.[1]

Jetzt machten sich diese beiden Kinder einen Bogen aus dem Haar des Mädchens und waren den ganzen lieben Tag auf der Jagd. Was sie über ihren Bedarf erjagten, gaben sie dem Müller, ihrem Pflegevater, ab. So brachten sie ihrem Vater und einer Schwester zwei Hühner mit; die anderen Geschwister und auch ihre Pflegemutter gingen leer aus.

Inzwischen hatte ihre alte Großmutter, die Kaiserin, erfahren, daß die Kinder noch am Leben seien. Sie ließ eine alte Frau zu sich kommen und schickte sie jeden Tag zum Müller. Jeden Tag kam sie in das Bordeiu, das den beiden Geschwistern als Wohnung diente, und fragte die Schwester: »Wo ist dein Bruder?« — »Er ist nicht hier, er ist auf der Jagd.« — »Wenn er jeden Tag jagt, dann muß er aber ein tüchtiger Jäger werden; sag ihm nur, er kann gar noch ein Wunder vollbringender Held werden, wenn er die Diamantenquelle herbeischaffen kann.« Nun brach die Alte von dort wieder auf. Endlich kam der Bruder. Die Schwester machte alles zurecht, daß sie essen konnten. Nach vielen anderen Fragen, was sich in seiner Abwesenheit zugetragen hätte, fragte auch ihr Bruder sie: »Wer ist noch hier gewesen, während ich fort war?« — »Nur eine alte Frau — eine reiche Frau — ist noch gekommen.« — »Was hat sie dir gesagt?« — »Sie hat mir

[1] eine halb unterirdische, auf dem Balkan landesübliche Behausung.

gesagt, daß du ein großer Held bist, und du würdest ein noch viel größerer Held, wenn es dir gelänge, die Diamantenquelle herbeizuschaffen.« Der Knabe machte sich gleich auf den Weg und ging in den Wald, wo die Diamantenquelle sein sollte. Auf dem Wege durch den dunklen Wald kam ihm ein Hase entgegengelaufen. Er setzte sich nieder und wollte essen, da setzte sich auch der Hase zu ihm. »Los, mein lieber Hase, wir wollen alle beide speisen!« Da aßen und tranken sie zusammen. Der Hase fing an zu sprechen: »Wohin willst du denn, junger Mann?« – »Ich will zu einer Quelle, die Diamanten aussprudeln soll.« – »Zu welchem Zwecke willst du denn dorthin?« – »Ich will sie von dort wegnehmen und zu einer Kaiserin bringen.« Da bot ihm der Hase seine Hilfe an und sagte: »Ich werde dir dabei behilflich sein, aber ich glaube nicht, daß du sie holen kannst. Sie wird dich gleich in Stein verwandeln, damit du niemals wiederkommen kannst. Ich werde dir mein Pferd geben.« Dieser Hase war nämlich der zukünftige Gemahl der Quelle. Seitdem das Mädchen verzaubert war, war es in eine Quelle verwandelt, damit niemand es erkennen sollte. Den Hasen hatte das gleiche Schicksal wie die Quelle getroffen. Auch er war verzaubert; im gleichen Augenblick, wie er das Mädchen zu seiner Frau machen wollte, wurde er ein Hase und hielt sich nun im Walde in der Nähe der Quelle auf. Er sollte der Gemahl des Mädchens werden, wenn der Zauber gelöst wäre. Da begann nun der junge Held zu weinen. Der Hase erkannte, daß es ein Verwandter war, der das in eine Quelle verwandelte Mädchen, die Tochter des armen Mannes, holen wollte. Sie gingen zu der alten Mutter des Waldes. Sie solle Mitleid mit ihm haben und ihn nicht in einen Felsen verwandeln. Er tat ihr um seiner Mutter willen leid. Die Mutter des Waldes war gerade die Mutter jenes anderen Mädchens des armen Mannes. »Nimm mein Pferd und auch diesen Brief von mir. Wenn du ganz dicht mit dem Pferde an die Quelle herangekommen bist, dann hole den Brief hervor und lies ihn, während du auf sie zureitest.« So sagte die Mutter des Waldes. Der Knabe nahm den Brief und brach auf. Er gelangte zur Quelle. Als er in Sehweite war, fing er an zu lesen. Je weiter er aber las, desto mehr verwandelte er und das Pferd sich zu Stein. Da erblickte ihn die Quelle. »O weh, es kommt mein Verwandter zu mir«, dachte sie, weil er auch zu Stein wurde. »Da werde ich wohl gleich erlöst, aber wie soll ich nur mit ihm mitgehen?« Während sie das dachte, hatte sie ihn schon zu Stein verwandelt und ebenso das Pferd. Da kam zufällig ein Mädchen an die Quelle und wollte Wasser schöpfen und besprengte den Stein mit Wasser.

Da fiel das steinerne Gewand von dem Knaben, und er wurde wieder in einen Menschen verwandelt. Nachdem er wieder ins Leben gerufen war, fragte die Quelle ihn: »Was suchst du hier?« – »Und du, wer bist du?« – »Was fragst du mich?« – »Warum soll ich dich nicht fragen?« – »Ich bin die Quelle, rede nicht weiter mit mir.« – »Dieses Mädchen hat mich wieder zu einem menschlichen Wesen gemacht, damit ich mit dir sprechen kann.« – »Zu welchem Zwecke bist du denn eigentlich gekommen?« Da sagte der Knabe: »Um die Quelle zu holen.« – »Ich bin die Quelle! Was willst du denn von mir?« – »Ich will dich zu meiner Gemahlin machen.« Da fing sie an zu lachen. »Du! Und ich deine Frau! Haidi, ich gehe mit dir!« Sie brachen gemeinsam auf und gelangten wieder in den Wald, und siehe da, da kam vor ihnen ein Hase heraus. »Hei Hase, komm ein bißchen her, wir wollen zusammen essen!« Wieder setzte sich der Hase mit ihm zum Mahle nieder. Als der Hase die Quelle sah, sagte er zum jungen Held: »Bin ich dir nicht wohlgesinnt gewesen, habe ich dir nicht Gutes getan? Jetzt mußt du mir etwas Gutes tun.« Bei diesen Worten blickte die Quelle auf den Hasen und fragte den jungen Helden ganz verwundert: »Was sagte der Hase zu dir?« – »Ach, sagt der Hase, habe ich dir nicht Gutes getan, was tust du mir jetzt Gutes?« Da wandte sich der junge Held zum Hasen und fragte ihn: »Was willst du, daß ich dir tue?« – »Haue mir den Kopf ab.« – »Ich soll dir den Kopf abhauen? Das ist doch wohl nicht möglich. Wie kann ich dir Gutes tun, wenn ich dir den Kopf abhaue?« Der Hase antwortete: »Das bedeutet, daß du mir nicht Gutes tun willst.« Er erhob sich und ging. Da fiel ihm die Quelle ins Wort und fragte den Helden: »Warum willst du ihm denn nicht den Kopf abhauen, vielleicht ruht auf ihm auch so ein Fluch wie auf mir, hau ihm den Kopf ab.« Der Knabe hörte die Quelle an, und ohne ein Wort zu sagen, zog er seinen Säbel und hieb mit einem Schlage dem Hasen den Kopf ab. Im gleichen Augenblick wurde aus dem Hasen ein Kaisersohn, der, als er die Quelle erblickte, sie herzlich küßte. So hatte sich der Zauberbann gelöst. Der Knabe sah dies und sagte sich, es sei ja nur aus Freundschaft geschehen. »Laßt mich mit Euch zum Schlosse gehen!« Als sie zum Bordeiu der Schwester des Helden kamen, gaben sich die Quelle, der Hase und der junge Held die Hand und wollten Abschied nehmen. »Bleibt bei uns!« Sie blieben. Sie gingen weiter und gelangten in eine Stadt, gerade an den Hof des Kaisers. Die Mutter der Kinder war bestraft worden. An dem Tor stand geschrieben: »Wer hier vorbeigeht, soll seinen ganzen Speichel auf die Schuldige ausspeien, denn die Wilde, die ihr hier seht, hat zwei Hunde geboren.« Sie gingen alle durch das Tor. Als der junge Held sie an der Türe sah, war er im Begriff, seine leibliche Mutter, die er nicht kannte, anzuspucken. Doch die Quelle hielt ihn zurück. »Warum?« fragte er sie. »Ein Mann braucht nicht auf die arme Frau zu speien.« Der Wachtposten, der an dem Tore stand, sah, daß alle vier Personen nicht gespien hatten. Er forderte sie auf, dem Befehle nachzukommen und zu speien. »Ihr seid verhaftet!« – »Warum?« – »Habt ihr nicht an der Tür gelesen, daß jedermann, der vorübergeht, diese Frau anspeien soll?« – »Jawohl, wir haben's gelesen.« – »Nun, dann müßt ihr mit in Haft.« Man sperrte sie ein. Der Kaiser sah es gerade, wie sie abgeführt wurden. Trotzdem ließ er sie drei Tage und vier Nächte hinter Schloß und Riegel sitzen. Am dritten Tage ließ er sich die drei Personen vorführen, um sie zu richten. Man stellte sie der Reihe nach auf, dann fragte er sie: »Könnt ihr lesen?« – »Jawohl!« antworteten sie. »Ihr seid vorübergegangen und habt gelesen, was am Tore geschrieben stand.« Da trat die Quelle vor und sagte: »Jawohl!« – »Nun, warum habt ihr dann auf die Schuldige nicht euren Speichel gespieen?« – »Warum?« sagte die Quelle, »sie ist ja unschuldig!« – »Woher willst du denn das wissen?« – »Ich weiß das allzugut! Geziemt es sich für ein Kind, seine eigene Mutter anzuspucken? Wie darf die Schwester die Schwester, der Sohn die Mutter, die Tochter die Mutter und ein Schwager seine Schwägerin so behandeln?« Der Kaiser konnte nicht fassen, was die Quelle zu ihm sagte. Ganz entsetzt fragte er sie: »Was, wie, warum? Sag es mir noch einmal, was du eben gesagt hast.« Und die Quelle wiederholte mit denselben Worten, was sie eben gesagt hatte. »Das ist die Wahrheit, sie hat nichts verbrochen!« – »Wie, warum nichts verbrochen?« – »Rufe die Frau sofort hierher, wir wollen sie ausforschen, was sich bei der Geburt zugetragen hat.« Man holte die Verurteilte von dem Tore. Der Kaiser fragte sie: »Wie ist es gekommen, daß du zwei Hunde geboren hast, Verurteilte, ist es die Wahrheit?« Da antwortete sie ihm aus Furcht: »Ja!« – »Da siehst du nun«, sagte der Kaiser zur Quelle, »da hast du nun den Beweis. Hat sie nicht Hunde geboren?« – »Und doch hat sie Kinder geboren und nicht Hunde!« Da schickte die Quelle nach dem Müller, der die Kinder gerettet hatte. Er kam, und an Ort und Stelle wurde der Müller gefragt: »Was hast du damals bei deiner Mühle gefunden?« – »Zwei Kinder, die auf dem Wasser ausgesetzt waren.« – »Habt Ihr vernommen, Majestät, daß er zwei Kinder gefunden hat?« – »Jawohl, zwei Kinder, die in zwei Kästchen gelegt waren.« – »Hört, hört, Majestät, was der Müller sagt!« sprach triumphierend die Quelle, »und dieses sind die Kinder, so wie ihre Mutter es auch sagt. Hat eine Mutter nicht Augen für ihre Kinder? Ich bin hergekommen, um Euch ihre Unschuld zu beweisen.« Da befahl der Kaiser, daß man die Verurteilte freilasse, und er sprach sie vor versammelter Menge von ihrer Schuld frei. Er ließ sie schmücken und erhob sie zum zweiten Male zu seiner Gattin. Dann rief er seine Mutter und erklärte ihr den ganzen Sachverhalt. »Sieh her, dieses sind die Kinder, die du ausgesetzt hast, und jener Müller dort hat sie aufgenommen, und bei ihm sind sie groß geworden.« Vor Schreck erblaßte die Kaiserin, seine Mutter. Ihr Sohn aber konnte sich nicht mäßigen und tötete vor Wut seine eigene Mutter. »Warum hast du mich betrogen und hast gesagt, daß meine Gemahlin Hunde geboren habe? Dich mag nun die Schmach und die Schande treffen, die meine unschuldige Gemahlin bis jetzt getroffen hat, indem alle Welt sie anspie!« Geschmückt führte er die Freigesprochene, seine wiedergewonnene Frau, als Kaiserin vor der Menge zum Throne. Der Kaiser veranstaltete ein großes Fest, sie aßen und tranken. Zum Zeichen, daß ich auch dabei war, habe ich euch diesen Knochen vom Mahle mitgebracht. Woher ich gekommen bin, habe ich euch erzählt.

33. Der rote und der weiße Kaiser[1]

Es war einmal ein roter und ein weißer Kaiser. Der rote Kaiser hatte keine Kinder, aber der weiße Kaiser hatte ein Mädchen, und das war sein einziges Kind. Er schickte die Amme mit seinem Töchterchen aufs Land, wo die Amme das kleine Mädchen an der frischen Luft spazieren führte. Da aber der rote Kaiser keine Kinder hatte, brachte er eine Bande Zigeuner zusammen, eine Bande von solchen Zigeunern, die mit Zelten herumziehen. Die sollten von der Amme die Kaisertochter stehlen. Wirklich stahlen auch die Zigeuner das Mädchen von der Amme, während sie schlief. Die Kaisertochter spielte gerade am Kopfe der Amme, als die Zigeu-

[1] Die Überschrift stammt vom Erzähler des Märchens selbst.

ner kamen und sie wegholten. Die Amme merkte es nicht. Als sie erwachte, rieb sie sich die Augen, suchte und suchte, fand aber die ihr anvertraute Kaisertochter nicht. Die Zigeuner hatten sie ja gestohlen, der böse Kaiser hatte sie dazu angestiftet. Da lief die Amme hin und her und schrie: »Wer hat mir das Mädchen genommen? Wo ist das Mädchen? Es wird doch keiner es gefressen haben, ein böses Tier, irgendwo muß es doch sein!« Sie fing bitterlich an zu weinen. »Wie soll ich ohne seine Tochter vor das Angesicht des Kaisers treten?« Sie ging jedoch zum Kaiser, kniete vor ihm nieder und weinte. Da begriff der Kaiser und fragte sie: »Wo ist meine kleine Tochter, du kommst ohne sie?« Da antwortete die Amme: »Ich weiß es nicht, wo das kleine Mädchen ist.« Der Kaiser wurde wütend: »Ich muß alles wissen, sag es mir, was haben sie mit meiner Tochter gemacht? Hast du sie nicht mit dir genommen? Bist du nicht mit ihr spazieren gegangen? Sag es nur, als der Abend kam, hast du dich hingelegt, da hat der Schlaf dich übermannt, nicht wahr?« Die Amme sagte ihm die Wahrheit: »Ja, so ist's, Kaiser. Ich will nicht lügen. Während das Mädchen neben mir spielte, überkam mich auf der schönen grünen Wiese der Schlaf, mit keinem Gedanken dachte ich daran, daß jemand kommen könnte, das Mädchen zu rauben. Als ich mich erhob, suchte und suchte ich, fand aber das Mädchen nicht mehr!« Da saß der Kaiser und sann nach; er sann aber nicht lange, dann ging er an die Stelle, wo die Amme mit dem Mädchen gesessen hatte und wo sich die Freveltat zugetragen hatte. Er kam an den Ort, ihm kam aber nicht der Gedanke, daß jemand das kleine Mädchen geraubt haben könnte. Er glaubte, ein wildes Tier habe es gefressen. Der Kaiser kam traurig wieder nach Hause und ließ die Kaiserin rufen und sagte ihr: »Ach, was suchen wir denn noch, alles Suchen ist doch vergebens, unser Töchterchen ist von einem wilden Tier gefressen. Was sollen wir denn nun anfangen? Und wenn wir auch der Amme eine schwere Strafe geben, zu was ist das nütze, es ist doch alles vergebens. Wir können unser Töchterchen nicht wiederfinden und auch nicht wieder lebendig machen, wir werden es wohl nie wiedersehen.« Dann rief er die Amme: »Nun, wir verzeihen dir, wir lassen dir das Leben. Hätte ich dich im rechten Augenblick erwischt, ich hätte dich ermordet. Aber jetzt bin ich wieder zur Überlegung gekommen; was nützt mir dein Tod, ich habe beschlossen, daß du am Leben bleiben sollst.«

Die Zeit verging. Das geraubte Mädchen befand sich beim roten Kaiser. Der weiße Kaiser wußte aber nicht, daß seine Tochter beim roten Kaiser weilte. So wuchs das Mädchen zur Jungfrau heran. Auf diese Weise hatte der rote Kaiser nun ein Kind, der weiße Kaiser keins. Die Frau des weißen Kaisers legte sich eines Abends schlafen, und während sie so neben ihrem Gatten lag, erzählte sie im Schlafe alles, was ihr träumte: »Wir werden einen Sohn bekommen, ein Kind im Traume. Ich werde im Traume schwanger werden.« Eine Stimme sagte ihr im Traume: »Doch du mußt dich in acht nehmen, wenn du das Kind gebären wirst. Laß es um Himmels willen nicht auf dem bloßen Erdboden herumgehen. Bis zum 21. Jahre darf es den Boden nicht berühren, denn sonst würde es von der Erde verschlungen werden.« Sie erhob sich und erzählte ihrem Gemahl, dem weißen Kaiser, ihren Traum. »Mein Guter, Lieber, was denkst du wohl, was ich geträumt habe? Ich lag so im Schlafe, da sagte mir eine Stimme im Traume, daß ich einen Sohn gebären werde, doch ich solle ihn nicht auf den Erdboden lassen bis zum 21. Jahre.« – »Was macht das, meine Gute? Ich freue mich schon darauf.« Und als der Kaiser sah, daß die Zeit um war, da konnte er sich vor Freude nicht fassen. Sie wußten nicht, ob es wohl ein Junge oder ein Mädchen wäre. Sie rieten. »Mir ist es gleich«, sagte der Kaiser, »Hauptsache, daß ein Kind im Hause ist.« Da gebar die Kaiserin einen Jungen, und dem Kaiser wurde berichtet[1], daß alles so eingetroffen sei, wie es

[1] Nach Zigeunerbrauch darf kein männliches Wesen bei der Geburt zugegen sein.

seiner Gemahlin im Traum geweissagt war. »Jawohl, Euer Gnaden, so ist's.« – »Doch jetzt müssen wir aufpassen, daß der Junge den Erdboden nicht berührt, denn sobald er auf die Erde tritt, wird ihn der Boden verschlingen.« Der Kaiser gab Befehl, daß die Ammen und Kammermädchen Tag und Nacht auf ihn achteten. Die Zeit verging, der Junge wurde groß. Da ging eines Tages der Kaiser auf die Jagd. Sein Sohn bat ihn: »Vater, ich will auch mit auf die Jagd.« Der Kaiser antwortete ihm: »Mein Sohn, für dich ist die Jagd nichts.« Der Junge fragte ihn: »Wie soll ich das verstehen, warum denn nicht? Nur ein bißchen will ich auf die Jagd, ich will mich ein bißchen zerstreuen.« Da rief ihn der Vater ins Zimmer und erzählte ihm, was seine Mutter vor seiner Geburt geträumt hatte. »Sieh mal, ich nehme dich deshalb nicht mit auf die Jagd, weil der Boden dich verschlingen wird in dem Augenblick, wo du vom Pferd steigst. Und ich sollte ohne dich dann weiterleben?« Der Knabe sagte: »Ich habe gar nicht nötig, den Erdboden zu betreten.« – »Los, nun dann geh mit mir! Aber denke daran, du darfst nicht vom Pferde steigen!« – »Gib auch mir eine Waffe in die Hand, ich schieße vom Pferde aus!« Man gab ihm auch eine Waffe, sie brachen zusammen auf; und heidi, ging's auf die Jagd. Kaum waren sie zum Tore hinaus, als ihnen schon das Wild über den Weg lief, so viel gab es. Jetzt trennten sie sich, einer nach dem andern ging einzeln dem Wilde nach. Auch der Kaisersohn kam an die Reihe. Als er so zu Pferde einem Wilde nachjagte, sauste er unter einigen Apfelbäumen, deren Zweige tief herabhingen, dahin. Auf dem eiligen Ritt fiel ihm seine Kappe vom Kopf. Da hielt er sein Pferd an und war schon im Begriff, seine Kappe aufzuheben, da kam ihm der Rat seines Vaters in den Sinn, daß er ja nicht vom Pferde steigen solle. Der Kaisersohn dachte nach: »Wie soll ich das nun anfangen, meine Kappe muß ich wiederhaben!« Er blickte um sich und rief, er sah aber niemand, den er rufen konnte, seine Kappe aufzuheben. Sollte er nun mit bloßem Kopfe reiten?

Er wußte sich keinen andern Rat, er zog seinen Säbel und berührte die Kappe mit der Säbelspitze, aber tiefer hinab reichte sein Arm nicht. »Was soll ich nun machen? Halt, da kommt mir ein Gedanke. Ich werde vom Pferde steigen, aber nur mit einem Fuß, mit dem einen werde ich den Boden berühren, mit dem anderen im Steigbügel hängenbleiben. Auf diese Weise kann ich meine Kappe wieder bekommen, und die Erde kann mich doch nicht verschlingen.« Während der Knabe darüber nachdachte, was er tun solle, da sperrte die Erde ihren Rachen auf; und als er einen Fuß auf die Erde setzte, da verschlang die Erde den Jungen, nur das Pferd blieb einsam am Rande des Erdloches stehen, und die Kappe konnte niemand aufheben. Die andere Welt hatte den Kaisersohn verschlungen. Bitterlich weinend kam der Knabe auf der anderen Welt an. Er besann sich auf die Worte seines Vaters: »Hättest du doch den Befehl deines Vaters nicht übertreten! Habe ich nicht Kappen genug zu Hause gehabt. So mußte es nun kommen, und immer noch wird mein Pferdchen an dem gähnenden schwarzen Schlunde stehen.« Oben auf der Welt konnte niemand dem Pferde nahe kommen, es biß und schlug aus. Auch der Kaiser kam zu der Erdspalte und wollte das Pferd holen, doch auch er konnte es nicht. Da begriff er, was geschehen war, daß der Sohn seinem Worte nicht gehorcht hatte. »Mein Sohn hat sicher geglaubt, daß ich lüge?« Der Kaisersohn ging in der unterirdischen Welt auf einem großen, weiten Wege und wanderte durch die Finsternis Tag und Nacht, er ging zwei Monate. Jener Weg führte nämlich zu dem schwarzen Kaiser. Und siehe da, ein Licht in der Ferne! In dem Augenblick, wo er das Licht erblickte, sah er auch schon das Schloß vor sich, das dem schwarzen Kaiser gehörte. Sogleich ging er auf sein Ziel los. Der schwarze Kaiser und die schwarze Kaiserin hatten zwei Töchter, von denen die jüngste Dianetta und die ältere Sultana hieß. Kaum hatte Dianetta den Kaisersohn gesehen, war sie schon in ihn verliebt. Was sagte nun der schwarze Kaiser? »Sieh dort, Gemahlin, was uns dort für ein zarter Braten zur Mittagszeit gekommen ist!« Die schwarze Kaiserin sagte: »Den werde ich nicht allein essen.« Da sagte der schwarze Kaiser: »Meine liebe Gemahlin, wir wollen ihn nicht so richten, er soll nicht geschlachtet werden.« – »Warum nicht?« fragte sie. Da antwortete der Kaiser: »Ach, wir geben ihm eine Strafe, wenn es ihm gelingen wird, die Aufgabe zu lösen, die wir ihm stellen, so soll er für diesmal dem Tode entrinnen, und wir werden mit ihm nichts weiter zu schaffen haben.« Die Kaiserin war nicht ganz damit einverstanden, doch sie sagte zu dem Kaisersohn: »Du kannst nochmals mit dem Leben davonkommen, ich will dir diesmal verzeihen, aber wenn du die Aufgabe nicht löst, werde ich dich mit Haut und Haaren fressen«, und dachte: »Und doch werde ich ihn fressen.« Der schwarze Kaiser sagte für sich: »Mir ist es gleich, was ihr mit ihm macht, möglich, daß ich ihn freispreche, auch wenn er die Aufgabe nicht löst, dann werde ich aus ihm einen rechtschaffenen Menschen machen.« Doch die schwarze Kaiserin sagte zum Kaiser: »Ich habe keine Geduld mehr, ich will nicht länger warten, gib ihm die Aufgabe, die du ihm geben willst!« – »Habe Geduld, ich gebe sie ihm.« So gab er sie ihm denn auch. Er ließ den Knaben zu sich ins Zimmer rufen. Da fing der Kaiser an zu reden und sagte: »Junger Held, damit du weißt, daß du hierher gelangt bist, sollst du eine Strafe bekommen.« Da fragte der Knabe: »Warum?« – »Ich bin nämlich der schwarze Kaiser von der anderen Welt, ich fresse Menschen.« – »Warum?« fragte der Kaisersohn. »Was fragst du noch, richtest du mich denn? Du bist doch in meinen Palast gekommen, ich bin noch großmütig und gebe dir nur eine Aufgabe, und du sollst entrinnen, wenn du diese Aufgabe lösen wirst. Ich werde dich dann nicht fressen, ich werde dich wieder laufen lassen, daß du wieder hingehest, woher du gekommen bist. Wisse, weshalb du diese Aufgabe erhalten hast: weil dich der Erdboden verschlungen hat; denn die Erde meint es gut mit mir, damit ich immer etwas zu essen habe. Doch ich darf dich noch nicht fressen, bevor du nicht die Aufgabe zu lösen versucht hast.« – »Schön«, sagt der Knabe unerschrocken, »welche Aufgabe stellst du mir denn?« »Du sollst sie gleich hören: Kannst du einen ganzen Wald von Bäumen schlagen? Ich werde ihn dir zeigen, du hast aber nicht viel Zeit dazu, vom Morgen bis zum Abend mußt du alles zu Holzscheiten zerhackt haben, und 1500 Ar[1] ist der Wald groß.« Als das der Knabe hörte, fing er bitterlich zu weinen an. Nach einem Weilchen sagte er: »Das also ist der Wald, den du mir zum Umhauen gibst.« – »Ja, das ist er«, sagte der schwarze Kaiser. Nun blieb dem Knaben nichts weiter übrig, wohl oder übel, er mußte es versuchen. Schweren Herzens brach er auf. Man gab ihm ein völlig stumpfes Beil in die Hand. Der Kaiser führte ihn selber an Ort und Stelle, er zeigte ihm nochmals den großen Wald und schärfte ihm nochmals ein, daß gegen Abend, wenn er wiederkäme, der ganze Wald umgehauen sein müßte, und außerdem müßten noch die Baumstämme in Stücke zerhackt sein. Der Kaisersohn ließ sich nichts merken und tat so, als ob ihm dies ein leichtes sei. Er erwiderte dem schwarzen Kaiser: »Gut, ich will es schaffen.« Der Kaiser brach wieder nach Hause auf. Da war nun der Knabe allein, er stellte sich vor den Wald, überschaute die Riesenaufgabe und weinte angesichts der Unmöglichkeit, die Aufgabe zu lösen. Zuerst versuchte er es mit dem Beile, aber wie er den ersten Hieb tat, da zerbrach der Stiel, und die Axt blieb zur einen Hälfte im Stamme, zur anderen Hälfte lag sie zerbrochen am Boden. Von dem kräftigen Schlage wurde der Knabe zur Erde geschleudert. Er weinte nun bitterlich, da er einsah, daß jeder weitere Versuch vergeblich wäre; er schien unrettbar verloren. Schon war die zwölfte Stunde herangekommen. Es war Mittagszeit. Der schwarze Kaiser hatte ihn aber nicht vergessen, er schickte ihm Essen; denn er sagte sich, wer arbeitet, der muß auch essen. Wer sollte dem Knaben aber das Essen hinbringen?

[1] Nach rumänischem Maß 30 pogoane, die 1500 Ar entsprechen.

Seine Töchter sollten gehen, sagte er. Aber welche von den beiden Mädchen, Sultana, die große, oder Dianetta, die kleine? Nun hatte bei der Taufe der kleinen Dianetta der Pate ihr einen Ring an den Finger gesteckt. Dieser Ring vollbrachte Wunder, sobald man ihn am Finger herumdrehte. Es war ein wunderkräftiger Ring, der alles erfüllte, was auch immer man von ihm verlangte. Dianetta wußte, was dem Kaisersohn bevorstand, deshalb hatte sie Mitleid mit ihm und wollte sich seiner erbarmen. Sie kam also Scarlat – so nannte sie den jungen Helden – zu Hilfe. Denn sie wußte, daß der Kaisersohn die Aufgabe, die man ihm gegeben hatte, nicht lösen konnte. Aber sie war ja in ihren Scarlat so verliebt. Die Mittagsstunde war gekommen, wer sollte dem Unglücklichen Essen bringen? Der schwarze Kaiser sagte zu Dianetta: »Dianetta, du bist meine Jüngste, bringe dem jungen Kaisersohn Essen, denn die Mittagszeit ist gekommen. Es geziemt sich nicht, einen Menschen, der schwer arbeitet, hungern zu lassen.« Das Mädchen aber sagte: »Nein, ich will nicht gehen, schicke doch meine ältere Schwester, doch sieh dich vor, Vater, sie ist in ihn verliebt!«

Sie erzählte ihrem Vater, der Kaisersohn sei so häßlich, sie ginge nicht, er solle doch Sultana schicken. Diese aber sagte: »Ich gehe, Vater.« Sie machte das Essen zurecht und war eben im Begriff zu gehen, als Dianetta sie erblickte. Schnell drehte sie den Ring an ihrem Finger. Die Folge war, daß es ihrer großen Schwester übel wurde. Sie wurde immer kränker, so daß sie dem Knaben das Essen nicht bringen konnte. Das sah ihr Vater und rief deshalb Dianetta zu sich. Da die Zeit nun immer mehr vorwärts schritt, drängte er, sie solle ihm doch den Gefallen tun und dem hungernden Kaisersohn das Essen bringen. »Nein, Vater, ich gehe nicht, Sultana soll gehen!« – »Weißt du denn nicht, daß sie krank ist? Gehe doch, meine Tochter, ich werde dich dann nie wieder nach etwas schikken.« – »Schön, Vater, ich will dir den Gefallen tun, aber es ist das erste und das letzte Mal!« – Sie machte sich auf den

Weg. Nachdem sie sich ungefähr zwei Meilen von dem väterlichen Hause entfernt hatte, drehte sie ihren Ring am Finger und flog davon. Niemand durfte sehen, welche Kräfte der Ring in sich barg, deshalb schaute sie sich nach allen Seiten um, ob nicht irgendwo ein menschliches Wesen sie sehen könnte. Im Nu war sie bei dem Knaben angelangt. Sie fand ihn schlafend, mit Tränen auf den Wangen. Sie weckte ihn und fragte: »Warum weinst du, Knabe?« – »Wie soll ich nicht weinen, schau, was für eine Aufgabe mir dein Vater gestellt hat.« – »Ich will dir helfen, mein Vater soll dich schon nicht fressen, aber morgen werde ich nicht wieder das Essen zu dir bringen. Jetzt will ich dir den Wald umhauen. Iß und sei guter Dinge!« Er aß, was sie mitgebracht hatte. Das Mädchen fragte ihn: »Wirst du mich vergessen?« Er aber sagte: »Nie und nimmer!« – »So leg dich schlafen.« Den Knaben überkam auch wirklich der Schlaf. Als sie so den Knaben im tiefen Schlafe glaubte, drehte sie am Ring, der sie sofort fragte: »Was befiehlst du, Herrin? Was soll ich für dich tun?« Das Mädchen sagte: »Siehst du den Wald dort?« – »Ja, dort drüben, ich sehe ihn.« – »Alles mußt du niederschlagen, kein Baumstumpf darf stehenbleiben, sogar Holzscheite müssen bis heute abend aus den Bäumen gespalten sein. Stelle einen Mann neben dem Knaben als Wache auf, der ihn sofort weckt, wenn mein Vater kommt, um nach der geleisteten Arbeit zu schauen. Leg auch zwei oder drei Klötze neben ihn hin, damit mein Vater denkt, er habe wirklich gearbeitet.« – »Ich habe verstanden, Herrin, so wie du gesagt hast, soll es geschehen!« Kaum war die Kaisertochter fort, da hörte man ein Hauen, wie man es auf der ganzen Welt noch nicht gehört hatte. Die Bäume krachten und fielen. Unzählige Äxte hieben die Bäume in Scheite. Gegen Abend kam der schwarze Kaiser an Ort und Stelle. Der Wächter sah ihn schon von weitem und weckte den Knaben. »Steh auf, es kommt der schwarze Kaiser, mach dir an zwei oder drei Klötzen zu schaffen, damit der Kaiser dich arbeiten sieht und nicht glaubt, du seiest müßig gewesen.« Der Knabe stand auf, und der Wächter verschwand. Ganz erschrocken blieb der Knabe zurück; er sah den Mann nicht mehr, der ihn geweckt hatte, sah jedoch, daß der ganze Wald umgehauen war. »Bravo, junger Held«, sagte der Kaiser und klopfte ihn auf den Rücken, »du bist dem Tode entronnen. Du hast aber noch zwei Aufgaben zu erfüllen. Ich hätte dir ja nur eine gestellt, aber meine Gemahlin, die Kaiserin, will, daß du drei Strafen erhältst.« Er nahm den Kaisersohn bei der Hand und führte ihn mit sich nach Hause. Er setzte ihn an den Tisch, und sie aßen zusammen. Die Kaiserin fragte: »Wie hast du ihn so schnell liebgewinnen können?« – »Wie sollte ich nicht, wenn er eine solche Tat vollführt hat, er hat vollbracht, was wir mit unseren Kräften nicht vermögen. Es ist erstaunlich, als wäre der liebe Gott mit ihm. Es muß auch so etwas mit ihm im Bunde sein, vielleicht ist er ein großer Held, der uns alle noch vernichten wird.« Die Kaiserin sagte: »Junge, leg dich hin, morgen in aller Frühe mußt du aufstehen, ich werde dir eine neue Aufgabe geben.« In aller Frühe erhoben sich der Kaiser und der junge Held. Sie brachen gemeinsam auf und machten nach langer Wanderung an einem Berge halt. Wieder hatte der junge Kaisersohn eine Axt in der Hand, und außerdem hatte man ihm diesmal einen Hammer mitgegeben. »Siehst du jenen Berg dort? Den sollst du bis heute abend zertrümmert haben, und aus den Trümmern mußt du eine Kirche mit allem, was darin ist, errichten, selbst die Glocke darf nicht fehlen. Wenn ich dann heute abend wieder zu dir komme, mußt du die Glocke läuten, damit sie mich von ferne begrüße.« – »Schön!« sagte der Knabe. Er war allein und fing, ermutigt durch die erste Arbeit, an, mit der Axt auf den Berg loszuschlagen. Aber schon beim ersten Hiebe zerbrachen das Beil und der Hammer. Da jammerte er. Wieder kam die Mittagszeit, der Knabe vertröstete sich, zum Mittag würde schon die helfende Hand wieder erscheinen. Wieder stritten sich beide Schwestern darum, welche dem Kaisersohn das

Essen bringen sollte. Dianetta sagte: »Ich gehe nicht wieder, der Kaiser hat es mir versprochen, er wollte mich nicht wieder schicken.« – »Dann gehe eben ich jetzt«, sagte Sultana. Wieder schickte sich Sultana an zu gehen, sie war schon unterwegs, als sie plötzlich wieder krank wurde. Ihre jüngere Schwester Dianetta hatte wieder ihren Ring am Finger gedreht. Diese verstellte sich und tat so, als ob sie weine, und als ob es ihr sehr schwer würde, den Gang zum Knaben wieder zu machen. »Gehe du, Dianetta, deine Schwester ist krank geworden!« Mit vieler Mühe gelang es dem Kaiser, sie doch zu überreden. Viel Zeit brauchte sie, um aus dem Hause zu kommen. Kaum war sie aber außer Sehweite, da war sie auch schon so schnell wie der Gedanke zu dem Knaben geflogen. Er erkannte sie sofort wieder. »Was hast du denn jetzt für eine Strafe von meinem Vater bekommen?« – »Ich soll diesen Berg in Stücke hauen, aus den Trümmern eine Kirche bauen, und wenn dein Vater heute abend wiederkommt, soll ich die Glocken läuten.« Das Mädchen antwortete: »Das ist schwer, das ist ein sehr großes Stück Arbeit, ein sehr großes Wunder, doch laß es nur meine Sorge sein, iß und sei guter Dinge!« Der Knabe ließ es sich gut schmecken, danach sagte Dianetta zu ihm: »Leg dich schlafen!« und dabei kraulte sie ihm in den Haaren. Sie wartete, bis er fest schlief, denn niemand durfte sehen, was sie vermochte. Sie drehte den Ring herum, und während sie es tat, fragte der Ring sie schon: »Was befiehlst du, Herrin?« – »Siehst du jenen Berg?« – »Ich sehe ihn.« – »Bis heute abend mußt du aus ihm eine Kirche gebaut haben und bei der Ankunft des Kaisers die Glocken läuten. Laß einen Wächter beim Knaben und läute die Glocken ein wenig eher, damit der Knabe Zeit hat, aufzustehen, und er selbst die Glocken läuten kann, wenn der Kaiser kommt. Hast du verstanden?« – »Ich habe verstanden.« Die Kaisertochter ging fort, und während der Knabe schlief, war das Wunder geschehen. Der Knabe traute seinen Augen nicht, als er durch das Glockengeläute geweckt wurde.

Der Berg war verschwunden, die Kirche stand in stolzer Pracht, und ein Mann stand neben ihm, der ihm sagte: »Steh schnell auf, der schwarze Kaiser kommt, steig auf den Kirchturm und läute die Glocken, damit er denkt, du habest alles gemacht.« Im gleichen Augenblick verschwand der Wächter. Der Kaisersohn stieg auf den Kirchturm und empfing den schwarzen Kaiser mit Glockengeläut. Vor Bewunderung küßte er den jungen Helden, nahm ihn bei der Hand und führte ihn nach Hause, wo sie zusammen speisten. »Schau, Gemahlin, auch diese Aufgabe hat er gelöst! Von mir aus ist er frei.« – »Nein«, sagte die Kaiserin, »von mir bekommt er noch eine Strafe, und diesmal wird er mir nicht entgehen. Ich freue mich schon auf den Braten.« In einer Ecke horchte Dianetta, und Tränen traten ihr bei diesen Worten ihrer Mutter in die Augen. »Los, du hast keine Zeit zu verlieren«, sagte die Kaiserin, »ruh dich aus, leg dich schlafen, morgen mußt du an die letzte harte Arbeit!« Er legte sich schlafen. Wieder in aller Frühe – die Hähne hatten noch nicht gekräht – stand er auf. Man gab ihm zwei Eierschalen in die Hand und führte ihn an die Donau. »Sieh, dieses große Wasser mußt du bis heute abend mit diesen Eierschalen ausgeschöpft haben, du mußt Korn säen, Backöfen bauen, das Korn ernten, mähen und mahlen und schließlich ganz warmes frisches Brot daraus machen und mir zu essen geben.« Der Kaiser ging wieder nach Hause. »Das ist mein Tod«, dachte der Knabe. Doch im stillen hoffte er auf Dianetta. »Nur habe ich Angst, daß sie diesmal nicht zu mir kommt und jemand anders zu mir geschickt wird, dann bin ich verloren.« Die Mittagszeit ging vorüber, niemand kam mit Essen. Nach angstvollem Warten kam endlich Dianetta und fand ihn weinend. »Was ist dir denn?« fragte sie und küßte ihn dabei. »Ach, mir war, als hättest du mich vergessen, denn ohne dich bin ich des Todes.« – »Niemals werde ich dich vergessen! Iß, leg dich schlafen und verlasse dich auf mich.« Sie drehte ihren Ring am Finger. Wieder fragte der Ring: »Was befiehlst du, Herrin?« –

»Siehst du jenes große Wasser?« – »Ich sehe es.« – »Schöpfe bis heute abend dieses Wasser aus, säe und schneide das Korn, mache Mehl daraus, baue Backöfen und backe Brot. Wenn mein Vater heute abend kommt, laß schon frisches Brot im Backofen sein, wecke dann schnell den Knaben, damit er aufsteht und das Brot selber aus dem Backofen herausholt.« Und so geschah es. Der Wächter sah den Kaiser von ferne, weckte im selben Augenblick den Knaben, rief ihm zu: »Der Kaiser kommt!« und verschwand. Der Knabe erhob sich, holte schnell das Brot aus dem Backofen und gab dem Kaiser noch warmes Brot zu essen. Der Kaiser wollte seinen Augen nicht trauen. Das Wasser war ausgetrocknet. »Du sollst leben[1], junger Held. Nun bist du frei.« Als er mit ihm nach Hause kam, sagte er zu seiner Frau: »Gemahlin, auch dieses große Wunder ist vollbracht. Ich kann dir frisches Brot überreichen.« – »Mag er dir meinetwegen entronnen sein, ich lasse ihn nicht, ich fresse ihn.« Für die Nacht gab sie ihm ein Zimmer, wo er allein schlief. Dieses Zimmer lag aber neben dem Dianettas. Heimlich sagte sie zu ihm: »Heute nacht um zwölf werde ich dich wecken, du mußt mit mir von hier fliehen, denn meine Mutter will dich fressen.« – »Ich stehe schon auf, gutes Mädchen.«

Dianetta erhob sich und klopfte leise an die Tür: »Schnell, schnell, denn jetzt kommt der Tod, los, wir fliehen!« Beim Weggehen spuckte sie ins Haus und gab dem Speichel den Befehl: »Speichel, antworte du für mich, wenn meine Mutter nach mir ruft!« Sie eilten, was sie konnten, in der Richtung jenes Loches, das den Kaisersohn verschlungen hatte. Sie gelangten endlich auf den Weg, der an jene Stelle führt, und Dianetta hob den Kaisersohn hinauf auf die andere Welt und stieg selbst nach. Jetzt durfte der junge Held mit den Füßen die Erde berühren, es geschah ihm nichts. So waren sie auf dem Wege zu seinem Vater, dem weißen Kaiser.

[1] Zigeunerischer Gruß: »Te traïs!« – »Du sollst leben!« Derselbe Gruß findet sich in entsprechender Übertragung bei allen Völkern des Balkans.

Bevor sie jedoch zum Erdloche kamen[1], hatte sich die Mutter Dianettas in der Nacht erhoben und rief nach ihrer Tochter. Der Speichel antwortete an ihrer Stelle: »Hier bin ich, Mutter«, obwohl sie in Wirklichkeit gar nicht da war. Dreimal rief sie nach ihrer Tochter. »Warum schläfst du denn gar nicht?« Und als es ihr verdächtig war, ging sie hinaus und schlich sich in die Kammer ihrer Tochter und sah zu ihrer großen Verwunderung, daß Dianetta gar nicht da war. »Aha, ihr Speichel hat an ihrer Stelle geantwortet«, sagte sie sogleich, und als sie bemerkte, daß der Kaisersohn auch verschwunden war, sagte sie: »Sie ist in ihn verliebt, und sie hat alle Arbeiten vollbracht, die doch für den Knaben Strafen sein sollten.« Sie eilte zu ihrem Gemahl und berichtete, daß Dianetta verschwunden sei und daß sie alle Aufgaben des Knaben gelöst habe. »Beeile dich, schicke Boten ihr nach, daß wir sie einholen!« Sofort wurden Boten ausgesandt, die die Spur der beiden ausfindig machen sollten. Sie fanden sie auch. Dianetta brannte es auf dem Rücken. »Mir brennt es wie von einem Sonnenstrahl auf dem Rücken, Scarlat«, sagte Dianetta, »schaue dich um, was da so sehr brennt.« Und siehe, es war ihr Vater, der solche Wirkung auf sie ausübte. Da sagte das Mädchen aus Furcht: »Ich kehre zu meinem Vater nach Haus zurück.« – »Warum willst du nach Haus?« – »Und ich frage dich, warum soll ich nicht, denn du vergißt mich ja doch.« – »Ich vergesse dich nie und nimmer.« – »Du sagst, daß du mich nicht vergißt, ich weiß es aber, daß du mich doch vergißt. Sag schnell, was soll ich dir noch zu Gefallen tun?« Während sie so fragte, nahm sie den Ring, drehte ihn am Finger, und sofort hörte man eine Stimme: »Was befiehlst du, Herrin?« – »Mache aus ihm einen Garten von Dornensträuchern und aus mir eine Rose zwischen lauter Dornen.« Der Vater hatte sie endlich eingeholt. Da stand er nun und

[1] Der Erzähler dieses Märchens nahm den Faden der Erzählung von neuem auf und flocht die Geschehnisse auf der Wanderung der beiden zum Erdloche nachträglich ein. Dies ist ein interessanter Beleg dafür, wie Primitive die Geschehnisse in der Erzählung aufeinanderfolgen lassen.

schaute nach allen Richtungen und konnte sie nicht erblicken. Er sah zwar eine Rose zwischen bunten Dornen und einen Garten von Dornensträuchern. Aber er erkannte sie nicht. So sehr er auch suchte, er fand seine Tochter nicht. Da sagte er: »Ich sehe sie ja doch nicht, an ihrer Stelle will ich wenigstens Sultana eine Rose mitbringen.« Und als er die Hand nach der Rose ausstreckte, da stach er sich fürchterlich in die Hand und zog sie schnell zurück; sie war über und über mit Blut bedeckt. Ohne Dianetta und ohne Rose mußte er wieder heimkehren. »Wie, du hast nichts gesehen?« – »Nein, Gemahlin, ich habe nichts bemerkt, ich habe nur eine Rose und einen Garten von Dornensträuchern gesehen.« – »Ach Gott, warum hast du sie denn nicht gebrochen?« – »Ich wollte schon, ich wollte sie um jeden Preis, aber ich habe mich so an den Dornen gerissen, sieh, wie meine Hand aussieht!« – »Merkst du nicht, daß es deine Tochter war, die nicht mit dir wollte? Jetzt schicke gleich Sultana ihr nach!«

Sultana fand die Spur und erreichte die beiden. Wieder sagte Dianetta: »Mein Rücken brennt mir arg. Gucke dich einmal um, wer hinter uns kommt.« – »Nur eine Frau.« – »Das ist meine große Schwester Sultana, jetzt aber gehe ich mit ihr nach Haus.« – »Nein, meine Liebe, tue das nicht.« – »Und doch gehe ich, du vergißt mich ja doch; ich verlasse jetzt meine Eltern und gehe mit dir. Wen habe ich denn, wenn du nicht mehr bist und du mich doch vergessen hast?« – »Ich werde dich nie und nimmer vergessen, meine Liebe.« – »Nun gut, ich will es dir nochmals zu Gefallen tun und bei dir bleiben.« Bei diesen Worten drehte sie wieder an ihrem Ring, und siehe da, es entstand unter ihren Augen eine Kirche. Ganz einsam stand sie, und das war Dianetta. Scarlat aber wurde zu einem alten ehrwürdigen Popen, der wohl an die hundert Jahre alt sein mochte. Sein wallender Bart hing ihm bis an den Gürtel, seine Augenbrauen wurden mit Hirtenstäben offen gehalten, daß sie nicht herunterfielen. So alt war er. Er hatte schon die Hundert überschritten. Da kam auch gerade Sultana, die ältere Schwester, zu der Kirche daher. Sie fragte den Popen: »Ehrwürdiger Vater, habt Ihr nicht ein Mädchen und einen jungen Burschen hier gesehen?« Der Pope antwortete ihr: »Nein, Mädchen, ich habe niemand hier gesehen, ich bin an die hundert Jahre alt geworden, und auch die Kirche hat diese Zeit über niemand hier vorübergehen sehen. Geh nur nach Hause!« Sie kehrte nach Hause zurück und sagte ihrer Mutter, was ihr begegnet sei. »Wen hast du unterwegs getroffen?« – »Einen Popen und eine Kirche, der Pope war wohl an die hundert Jahre alt.« Da sagte ihre Mutter: »Warum hast du nicht Hand an den Popen gelegt; denn der Knabe war der Pope.« – »Ich habe das nicht gewußt.« – »Halt, jetzt will ich nun gehen, mir werden sie nicht entwischen«, sagte die schwarze Kaiserin. »Ich werde sie schon kriegen, alle beide werde ich sie zurückbringen!« Nun brach auch sie auf. Wieder fühlte Dianetta ein Brennen auf dem Rücken. »Es brennt mir gar arg auf dem Rücken, Scarlat. Guck dich einmal um! Das ist meine Mutter«, sagte Dianetta. »Jetzt aber kehre ich mit meiner Mutter zurück.« – »Nein, meine Liebe, bleib, du bist jetzt meine Frau.« – »Gut, ich werde, wenn's sein muß, die Mutter töten.« Sie befragte den Ring, der aus dem Knaben sofort einen großen Teich machte und sie selber in eine Ente verwandelte, die sich auf dem großen Teiche tummelte. Gerade kam die schwarze Kaiserin an das Wasser und erkannte die Ente als ihre Tochter und redete ihr gut zu: »Komm zu deiner Mutter, Dianetta!« Aber die Ente hörte nicht auf die gutgemeinten Lockrufe, sondern machte immer nur: »Quak, quak, quak.« Dreimal rief ihre Mutter, und vor Ärger, daß die Ente nicht zu ihr kam, trank sie das ganze Wasser aus, es blieb nur ein ganz winzig kleines Fleckchen, aus dem die Ente gerade noch so heraus konnte. Als die Ente sah, daß ihre Mutter das ganze Wasser ausgetrunken hatte, überschlug sie sich einmal, wurde wieder zum Mädchen und drehte im selben Augenblick an ihrem Ring. Der fragte sie: »Was befiehlst du, Herrin?« –

»Töte meine Mutter!« So tötete er denn ihre Mutter. Das ganze Wasser, das sie getrunken hatte, floß wieder aus ihrem Körper heraus. Nur so konnte sie wieder den jungen Helden zum Manne machen. Als Dianetta nun die schwarze Kaiserin tot liegen sah, sagte sie zu Scarlat: »Glaubst du nun, daß ich meine Mutter nur aus Liebe zu dir getötet habe, da ich zu dir halten will! Wirst du mich jemals vergessen?« Er sagte: »Nein.« – »Nun dann gehe ich immer mit dir, was auch immer uns treffen werde. Zurück kann ich nun nicht mehr; denn ich habe meine Mutter umgebracht.« Sie gelangten zu dem Loche, wo der Erdboden den Knaben verschlungen hatte. An jener Stelle sagte das Mädchen zu ihm: »Ich habe dich zu dem Loche geführt, wo dich der Erdboden verschlungen hat. Heidi, geh nach Hause, steige hinauf in die andere Welt.« – »Wie! nur ich allein? Heidi, auch du mit mir!« – »Ich komme in drei Tagen nach. In drei Tagen kannst du mich von hier holen. Geh du erst mal allein zu deinem Vater.« Er schlüpfte zum Loche hinaus und fand das Pferd an der Stelle noch vor und auch die Kappe. Jezt durfte er auf dem Erdboden gehen. Er gelangte wieder zu seinem Vater und zu seiner Mutter, der weißen Kaiserin. Als beide ihn sahen, gerieten sie außer sich vor Freude, sie küßten ihn und ließen ihn nicht wieder los. Er küßte die ganze Familie. Unter all der Freude des Wiedersehens vergaß er ganz, was er Dianetta versprochen hatte. Er hatte sie völlig vergessen. Drei Tage später wollte er sich verheiraten, vielmehr wollte sein Vater ihn verheiraten. Nun rate mal mit wem? Er wollte, daß sein Sohn die Tochter des roten Kaisers nähme, die eigentlich doch seine Schwester war! Bald darauf wurde nun die Verlobung angesetzt, bald danach die Hochzeit in der Kirche. Als gerade der Brautführer mit der Braut in die Kirche gegangen war, kam Dianetta ganz allein aus dem Loche, drehte den Ring am Finger herum und ließ ein großes Wasser entstehen, das sogar bis in die Kirche drang. Es stieg und stieg den Leuten bis zum Hals. Das Brautpaar konnte daher nicht getraut werden. Dianetta aber fuhr mit einem Karren, der mit Ochsen bespannt war, übers Wasser und fuhr mit dem Karren in die Kirche und führte die Braut mit dem Brautführer ungetraut von der Kirche nach Hause. Dann kehrte sie wieder um, band einen Kranz aus Blumen, schrieb ein paar Zeilen[1] und steckte sie in den Blumenstrauß, den sie Scarlat geben wollte. »So, Scarlat, so hast du dein Wort gehalten, du hast mich ganz vergessen und am Loche zurückgelassen. Warum hast du nicht zu mir gehalten, ich habe doch zu dir gehalten und habe meine Familie für dich geopfert!« Darauf gab sie ihm unerkannt und verkleidet den Strauß und einen anderen der Braut. Als er den Duft der Blumen einatmen wollte, fand er den Brief darin versteckt. Er nahm ihn, las ihn, und als er sah, daß er von Dianetta war, fiel er ohnmächtig zu Boden. Nachdem er wieder zu sich gekommen war, spannte er Pferde vor den Wagen, und heidi ging's fort in rasender Eile. »Kommt alle mit mir zu dem Loche, wo die Erde mich verschlungen hat.« Er brach auf und fuhr lange und weit, um Dianetta von dort abzuholen[2]. Er kniete vor ihr nieder und bat sie um Verzeihung. Sie sagte: »Von mir sei dir verziehen. Ich wußte ja, daß dich deine Familie nicht fortlassen und dich herzen und küssen würde, so daß du mich darüber ganz vergessen hast. Wie ich hier einsam und verlassen auf dich wartete! Nun ist es ja vorbei.« Er nahm sie, brachte sie mit nach Hause und machte mit ihr Hochzeit. Zu dieser Hochzeit waren alle Kaiser der Welt geladen. Was machte Dianetta? Sie ging zu Scarlats Vater, dem weißen Kaiser, der jetzt ihr Schwiegervater wurde, und sagte ihm alles, was sie wußte. »Das mußte so kommen; denn diese ist Scarlats Schwester, die der Amme, während sie mit ihr an der frischen Luft spazierenging, geraubt

[1] wörtliche Übersetzung: »machte ein paar Zeichen«. [2] eigentlich: »und holte Dianetta von dort ab«. Erzählweise des Primitiven: Die Endhandlung, das Ziel, wird vorweggenommen, um gleichsam die Aufmerksamkeit des Zuhörers ein wenig zu entspannen. Durch Zurückgreifen auf zeitlich früher geschehene Handlungen nimmt die Erzählung einen ruhigeren Fortgang.

wurde. Eine Bande Zigeuner hat sie gestohlen und hat sie dem roten Kaiser gebracht, der keine Kinder hatte. Sie ist also deine Tochter und meine Schwägerin und Scarlats Schwester. Sie wuchs beim roten Kaiser auf bis zu dem Augenblick, wo Scarlat sie zur Hochzeit holte. Sie ist die Schwester meines Gatten. Wie durfte das geschehen, daß ein Bruder seine Schwester zur Gemahlin genommen hätte? Da habe ich alles wieder in das rechte Geleise gebracht. Ich habe verhindert, daß Scarlat seine Schwester heiratete.« Da fragte sie der weiße Kaiser, wie sie denn das gemacht habe. »Ich habe einfach ein großes Wasser kommen lassen, das bis in die Kirche drang, dann habe ich mir einen Wagen gebaut und habe euch alle nach Hause gefahren.« Der weiße Kaiser aber sagte zu ihr: »Nein, das kann ich nicht glauben; wenn du das kannst, zeig es uns. Laß Wasser bis in die Kirche dringen, laß den Wagen wieder übers Wasser fahren und lenke den Wagen wieder, daß wir alle dich sehen und uns überzeugen, daß es die volle Wahrheit ist. Kannst du das? Dann glaube ich dir auch, daß dieses meine Tochter ist«, und er zeigte bei den letzten Worten auf die angebliche Tochter des roten Kaisers. »Ihr sollt es alle sehen.« Der weiße Kaiser ging mit allen anderen Kaisern und allen Herrschaften hinaus. Dianetta drehte am Ring: siehe, da kam Wasser, und ein Karren mit Ochsen stand da. Sie setzte sich in den Karren und fuhr über das Wasser. Alle sahen das große Wunder, und niemand zweifelte mehr an der Wahrheit. So hatte der weiße Kaiser wirklich eine Tochter und einen Sohn. Er, der vorher nur einen Sohn hatte, den er verloren glaubte, hatte plötzlich drei Kinder. Aus einem waren drei geworden. Von wo ich hergekommen bin, habe ich erzählt. Ich bin wieder zum Anfang zurückgekehrt.

34. Der Bartlose

Es waren einmal zwei Brüder, die gingen in die Fremde in ferne Länder. Der eine starb unterwegs, der andere wurde groß und reich, so groß und reich, wie man sich kaum denken kann. Sein größtes Leidwesen war jedoch, daß er keine Kinder bekam, die sein Reich erben konnten. Deshalb schickte er eines Tages Nachricht zu seinem Verwandten, daß sein Neffe zu ihm kommen solle. Was sollte sein Neffe nun tun? Er brach also auf und begab sich zu seinem Onkel. Unterwegs begegnete ihm auf der Reise ein Bartloser, der ihn fragte: »Wohin willst du denn, mein Junge?« – »Ich will zu meinem Onkel in der Fremde, in ein fernes Land«, sagte er. »Hei, da geh ich mit dir!« Da zogen sie zusammen weiter, der Knabe zu Pferde und der Bartlose zu Fuß. Nachdem sie mehrere Tage gewandert waren, kamen sie durch einen öden, verlassenen Wald. Der Knabe war durstig geworden; endlich trafen sie auf eine tiefliegende Quelle mit Wasser. Da sagte der Knabe zum Bartlosen: »Gib mir ein wenig Wasser zu trinken.« Aber der Bartlose erwiderte ihm: »Steige selbst hinunter und trinke.« Auf diesen Augenblick wartete nämlich der Bartlose nur. Nichts Böses ahnend kletterte der Knabe hinunter; und als er wieder herauf wollte, war von draußen der Deckel zugeschlagen und er in dem Brunnen eingeschlossen. Der Knabe bat, der Bartlose solle ihn doch wieder herauslassen. »Das fällt mir gar nicht ein.« Der Knabe bat ihn inständig, aber alles Bitten war vergebens. »Warum läßt du mich denn nicht heraus?« – »Nur unter einer Bedingung will ich dich wieder freilassen, wenn du dich bei mir als Diener verdingst. Ich werde den Herren spielen und dein Pferd besteigen, du aber sollst zu Fuß gehen.« Der Knabe schwur einen Eid, daß es so geschehen solle und daß er bei niemand anders Dienste annehmen und niemand davon erzählen wolle, auch für den Fall, daß der Bartlose stürbe. Sollte der Knabe aber sterben und wieder lebendig werden, dann dürfe er von dem Vorfall erzählen. »Das wird ja doch nie eintreten«, dachte der Bartlose.

Sie machten sich also beide wieder auf den Weg. Der Bartlose war der Herr, der Neffe des reichen Mannes war sein Diener. Endlich gelangten sie zum Onkel, dem Kaiser. Als dieser von der Ankunft seines Neffen hörte, ging er ihm mit Musik und mit dem ganzen Heer entgegen. Der Bartlose näherte sich immer mehr dem Kaiser; und je näher er kam, desto mehr befahl er seinem Diener, bald dies, bald das zu tun; denn er fürchtete, der Knabe würde alles seinem Onkel verraten. Um dies zu verhindern, schickte er ihn fort, mit dem Auftrag, einen Karren voll grünem Heu zu holen, einem Auftrag, der auszuführen unmöglich war, denn im Herbste kann man kein Heu mehr finden. Trotzdem spannte der Knabe die Pferde an den Wagen und brach auf. Er weinte; woher sollte er das Heu nur nehmen? Da flog ihm in seiner Not ein Vögelchen zu und fragte ihn: »Was ist dir denn, Knabe? Warum weinst du?« Und er erzählte ihm die ganze Angelegenheit. »Habe keine Furcht, ich werde für dich schon alles machen.« Während der Knabe schlief, füllte sich der Wagen mit Heu. Freudestrahlend kam er nun zum Bartlosen zurück. Als der Kaiser ihn sah, wunderte er sich gar sehr über den merkwürdigen Diener, drückte dem Bartlosen seine Verwunderung darüber aus und sagte zu dem Diener: »Bravo, mein Junge!« und gab ihm noch obendrein einen großen Lohn. Der Bartlose platzte vor Wut, denn er konnte solche Wunder nicht vollbringen. Er dachte daher nach, wie er den echten Neffen wohl am schnellsten loswerden könnte. Am liebsten hätte er ihn selbst umgebracht. Er versuchte es aber noch einmal auf andere Art. Er schickte ihn zu drei schönen Mädchen, die noch keiner bisher hatte aufsuchen können, denn es waren drei böse Feen, Töchter von Drachen. Sein Diener sollte eine dieser Feen entführen. Der Knabe brach auf und begegnete unterwegs einigen Ameisen. Die fragten ihn: »Wohin des Wegs?« Der Knabe antwortete: »Ich gehe eine Waldfee holen.« Die Ameisen hatten Mitleid mit ihm und gaben ihm je einen Flügel mit den Worten: »Wenn du mal etwas nötig hast, so stecke diesen Flügel ins Feuer und wünsche dir etwas dabei, dann wird dir dein Wunsch erfüllt.« Er ritt und ritt und gelangte schließlich auch an die Donau. Da sah er am trockenen Ufer einen großen Fisch zappeln. Dieser Fisch bat den Knaben: »Lieber Knabe, bringe mich wieder ins Wasser, ich tue dir auch recht viel Gutes.« Der Knabe nahm den Fisch, steckte ihn ins Wasser, und zum Danke dafür gab der Fisch ihm eine wundertätige Schuppe. »Wenn du mal etwas recht nötig hast, so brauchst du nur diese Schuppe ins Feuer zu werfen, sofort stehe ich dir zur Verfügung.« Der Knabe ritt weiter und gelangte endlich zu den schönen Mädchen. Da kam auch gerade eine aus dem Drachenpalast; ganz verwundert fragte sie: »Was willst du denn hier, Knabe?« Dieser antwortete ihr: »Ich bin gekommen, um dich als Gemahlin heimzuführen.« – »Mich fortführen, das kannst du nicht. Doch halt, ich werde dir zwei Aufgaben geben, du sollst mich haben, wenn du sie lösen kannst. Ich habe einen Speicher, in dem ist Weizen, Mais und Gerste gemischt; wenn du alle drei Sorten voneinander scheiden und jede für sich an ihren Ort legen kannst, so gehe ich mit dir.« Da holte der Knabe heimlich einen Flügel der Ameise hervor und warf ihn ins Feuer, und siehe da, im selben Augenblick kamen Ameisen, so viele wie Regentropfen bei einem Regenguß. Er sagte ihnen, daß diese Nacht alle Körner in dem Speicher für sich in drei Haufen zusammengetragen werden sollten. Da sah man die unzähligen Ameisen emsig die einzelnen Körner zusammentragen. Es wimmelte und kribbelte. Frühmorgens, als der Knabe sich erhob, war die Arbeit getan. Das Mädchen sah es und sagte zu dem Knaben: »Bravo, das hast du gut gemacht, doch hast du noch eine Aufgabe. Als ich jung war, fuhr ich auf dem Meere spazieren, auf einer solchen Spazierfahrt fiel mir mein Ring ins Wasser. Wenn du den wiederfindest, dann gehe ich endgültig mit dir.« Als der Knabe den Auftrag vernahm, dachte er gleich an die Schuppe, die der Fisch ihm gegeben hatte. Er warf sie ins Feuer, und im Nu war auch der Fisch schon da. Der Fisch suchte den Meeresgrund ab, suchte hier und suchte dort, bis er den Ring endlich fand. Er gab ihn dem Knaben in die Hand. Flugs eilte dieser zu dem schönen Mädchen und überreichte ihm den Ring. »Dieses ist der Ring.« – »Nun gehe ich mit dir«, sagte sie, und sie brachen beide auf. Der Bartlose wunderte sich und war vor Schreck ganz starr, daß auch diesmal dem Knaben die große Tat gelungen war. Was sollte er nun machen, um den lästigen, gefährlichen Nebenbuhler loszuwerden? Außer sich vor Wut erhob er sich, gab ihm zwei kräftige Ohrfeigen, zog dann sein Schwert und schlug ihn tot. Schließlich warf er die Leiche fort. Aber das Mädchen sah dies, sie sammelte alle seine Knochen und setzte sie wieder zusammen, so wie sie waren, und goß Lebenswasser über sie; und siehe da, der Knabe erhob sich wieder und sagte: »Ach, ich habe einen tiefen, schweren Schlaf gehabt.« Aber sie sagte zu ihm: »Du hast nicht geschlafen, dich hat der Bartlose getötet, und ich habe dich wieder lebendig gemacht.« – »Aha, so ist das«, sagte der Knabe und ging darauf zu seinem Onkel und erzählte ihm alles. »Onkel, ich bin dein Neffe, nicht dieser Bartlose hier, den du siehst. Der hat mich in den Brunnen im Walde eingesperrt und hat mir in meiner Not einen Eid abgenommen, niemandem etwas von dem Betruge zu sagen. Andernfalls hätte er mich nicht freigelassen. Ich habe geschworen, ich habe zu niemandem etwas gesagt, bis zu meinem Tode; aber jetzt kann ich den Eid brechen, denn ich war tot, und diese hier hat mich wieder aufgeweckt.« Er wies dabei auf die Fee, die er für den Bartlosen hatte holen müssen.

Als das der Kaiser hörte, daß er der wirkliche Neffe sei, wußte er sich vor Freude nicht zu fassen und umarmte und küßte seinen Neffen. Zugleich packte ihn der Zorn über den Bartlosen, er zog sein Schwert und schlug ihn in Stücke. Dem

Knaben aber gab er das Mädchen zur Gemahlin, und noch am selben Tage feierten sie eine große, schöne Hochzeit. Der Knabe blieb nun beim Onkel und wurde Kaiser und blieb es bis zu seinem Tode.

35. Die drei Brüder und die wilden Pferde

Es waren einmal drei Brüder, die besaßen gemeinsam eine Wiese. Doch niemals konnten sie von ihrer Wiese Heu ernten. So sehr sie sich auch bemühten, sie konnten nicht herausbekommen, wer das Heu stahl oder auf welche Weise das Heu verschwand. Da sagten sie: »Wir wollen doch einmal zusehen und selber aufpassen.« Da ging der älteste Bruder auf die Wiese, und er aß und trank gut und hielt dann von einem Baume Umschau. Aber er schlief ein, und es kamen drei wilde Pferde und fraßen drei Haufen Heu. Als der älteste Bruder wieder erwachte, sah er, daß nichts mehr da war, und er wunderte sich, wie das zugehen konnte, und was das wohl für eine Bewandtnis habe. »Himmeldonnerwetter, wie geht das zu?« fragte er sich. Er brach nach Hause auf, und seine Brüder fragten ihn: »Nun, wie war's?« – »Ich habe nichts ausgerichtet.« Da ging der zweite Bruder, und auch er konnte nichts ausrichten. Und als der jüngste Bruder auf die Wiese ging und aufpaßte, da ertappte und griff er die wilden Pferde, die ihn himmelhoch baten, er solle sie doch wieder freilassen. Aber er wollte ihnen durchaus nicht freien Lauf lassen. Die wilden Pferde sagten: »Was willst du denn von uns?« – »Ich will ein Pferd zum Reiten und will mir ein Mädchen holen, so schön, wie man es in der ganzen Welt nicht wieder findet.« Und damit nahm er eines und ließ dann die anderen wieder frei. Er nahm drei Haare aus der Mähne des Pferdes. Als er nach Hause kam, fingen die Brüder an, auf ihn loszuschlagen. »Wir haben nichts ausgerichtet, aber hast du denn was fertiggebracht, du Schuft?« Und sie schlugen sich. Aber sie vermochten ihn nicht zu töten, denn nach einiger Zeit hörte man Trommelschläge: der Kaiser gab Befehl, einen Graben zu graben von 300 Klafter Breite und 300 Klafter Länge und 300 Klafter Tiefe. Und der Kaiser sagte: »Wer über diesen Graben springt, der soll meine Tochter, die Jungfrau, zur Gemahlin haben.« Da kamen von überall her junge Burschen und versuchten über den Graben zu springen. Aber niemandem gelang es. Da kam auch jener, der die wilden Pferde ergriffen hatte, mit Namen Cheleos[1], und er sprang dreimal, einmal hinüber und wieder herüber, wieder hinüber und wieder zurück und noch einmal. Die Kaisertochter sah ihn, und sein Bild prägte sich ihr ein. Doch schon war er verschwunden, keiner wußte, wer er war. Man fragte hier, man fragte dort, heute und morgen und übermorgen, niemand konnte Bescheid geben. Da gab der Kaiser Befehl, daß man den Jüngling suche. Und sie suchten von Haus zu Haus, aber sie fanden ihn nicht. Da kam der schöne Held stolz auf seinem Pferde, schön gekleidet, gerade auf das Schloß des Kaisers zugeritten. Die Kaisertochter erblickte ihn und rief ihrem Vater zu: »Vater, da ist der Held!« Da eilten sie ihm mit Musik und dem ganzen Heer entgegen. Und der Kaiser rief ihn nach oben und fragte ihn: »Bist du es, der über den Graben gesprungen ist?« — »Ja, ich bin's.« — »Willst du meine Tochter haben?« — »Ja, ich will sie nehmen.« Da gab der Kaiser ihm seine Tochter und ließ Hochzeit machen, und bis auf den heutigen Tag sind sie dort geblieben und leben zusammen. Und auch ich war bei der Hochzeit damals, und ich habe ein großes Stück Fleisch mitgenommen.

[1] Name türkischer Herkunft »Grindkopf, Kahlkopf«.

36. *Der junge Held und die Drachenmutter*

Es waren einmal drei Brüder, die besaßen gemeinsam einen Apfelbaum. Und alle Jahre kam zur Reifezeit eine böse Fee und aß die Äpfel auf. Was konnten sie dagegen tun? Da ging eines Tages der jüngste Bruder hinaus und wollte auf den Apfelbaum aufpassen. Und siehe da! Da kam auch die böse Fee. Er schlug sie mit der Keule und zerschmetterte ihr einen Fuß. Doch sie entkam in die jenseitige Welt, und er eilte ihr nach und suchte sie. Er ging von einem Erdloch zum anderen, kroch hinein und sprach mit jedem, bis endlich eins der Erdlöcher ihm sagte, daß hier die böse Fee sich versteckt halte. Als er das hörte, ging er auf den Markt und kaufte sich ein dickes Seil von 300 Klafter Länge. Darauf gingen die Brüder mit ihm bis an jenes Loch und umwickelten seinen Leib mit dem Seile und ließen ihn in das Loch hinunter. Da stieg er hinab, immer und immer weiter und tiefer, bis das Seil aufhörte. Und immer war er noch nicht unten angelangt. Als das die Brüder merkten, ließen sie los, und ihr Bruder fiel auf eine große Wiese in der anderen Welt. Er fiel und fiel, bis er sich plötzlich vor dem Hause der bösen Fee wiederfand und wieder zur Besinnung kam. Die böse Fee war krank. Ihr war ja der Fuß gebrochen.

Sie hatte zwei Töchter. Als die Mädchen den Mann sahen, einen so schönen jungen Mann und Helden, da verliebten sie sich sofort in ihn und fragten: »Woher kommst du, junger Held?« – »Ich bin aus der anderen Welt.« – »Was treibt dich hierher und was suchst du hier bei uns?« – »Ich bin gekommen, eine böse Fee zu suchen.« – »Was hast du denn mit ihr?« – »Ach, sie hat mir viel Schaden zugefügt. Sie hat uns Brüdern alle Jahre unsere Äpfel gegessen. Ich will sie töten. Ich suche, bis ich sie finde.« Aber da sagten die Mädchen: »Schweig still, daß unsere Mutter dich nicht hört, denn wenn sie dich bemerkt, wird sie dich fressen.« Da trug er den Mädchen auf, sie möchten doch ihre Mutter fragen, wo sie ihre

Kräfte verborgen habe. »Wenn du sie gefragt hast, dann komm und sag es mir«, sprach er zu einer der Töchter. Da ging sie hinein in den Palast und fragte ihre Mutter: »Mutter, sage mir doch, wo sind deine Kräfte verborgen?« Da antwortete ihre Mutter: »Siehe, meine Kräfte liegen dort im Schranke. Wenn jemand ihn öffnet, dann muß ich sterben. Dort liegen meine Kräfte.« Sie kam wieder zum Helden und erzählte ihm alles. Darauf führte sie ihn hinein und rief den großen Hund ...[1], und ihre Mutter starb. Als nun das Mädchen sah, daß ihre Mutter gestorben war, sagte sie zu dem jungen Helden: »Nimm mich jetzt zur Frau.« – »Ich kann dich jetzt nicht zur Frau nehmen, denn ich muß wieder zurück. Aber ich hole dich bestimmt.«

Und so brach denn der Held mit dem Keulenstock in der Hand wieder auf und wanderte, bis er in den Schatten eines großen Baumes kam. Müde und von der weiten Wanderung ganz ermattet, setzte er sich in seinen Schatten. Da überkam ihn der Schlaf. Er hörte über sich in der Laubkrone ein Gepiepe von kleinen Vögeln. Und als er sich erhob, sah er gerade, wie auf dem Baume eine Schlange mit drei Köpfen herumkletterte. Oben auf dem Gipfel saßen die Jungen einer Eule. Und die Schlange war auf den Baum geklettert, um die Jungen zu fressen. Als das der junge Held von unten sah, erhob er sich schnell und stieg hinauf. Er schlug mit der Keule nach der Schlange und zerschmetterte ihr den Schädel. Dann warf er sie von der Pappel hinab und schnitt nur die Zunge aus dem Schlangenkopf heraus. Dann schlief er wieder ein. Und er schlief und schlief. Da kamen die Eulen vom Baume herunter, während er schlief, und fingen an, die Schlange aufzufressen. Und wie die Alten, so taten auch die Jungen. Als der junge Held wieder aufwachte, da fingen sie an zu weinen, denn sie glaubten, er wolle sie auch töten, obwohl er ihnen doch Gutes getan hatte. Als sie ihn nun aufstehen sahen, frag-

[1] Der Name des Hundes ist in meinem Manuskript leider nicht mehr leserlich.

ten sie ihn: »Was willst du von uns, Herr? Du hast uns doch eine große Wohltat erwiesen.« Er antwortete: »Ich will gar nichts von euch, ich will nur in die andere Welt zurück.« Da sagten sie: »Ach, wir brauchen sehr nötig neun Backöfen zum Brotbacken und neun Fleischkühe und neun Fässer Wein. Dann können wir wieder hinauf auf den Baum steigen.« Er versprach, ihnen den Gefallen zu tun. Da brach der junge Held wieder auf und wanderte und wanderte; doch die Eulen hatten ihm gesagt: »Junger Held, weiterhin findest du eine Quelle, und davor findest du ein weinendes Mädchen.« Und der junge Held fand auch wirklich das Mädchen und fragte: »Warum weinst du, Mädchen, was hast du?« Es erwiderte: »Fliehe, fliehe von hier, denn hier lebt eine böse Fee, die jeden Tag einen Menschen frißt, und heute bin ich an der Reihe.« Und der Knabe sagte zu dem schönen Mädchen: »Schweig still, Mädchen, und setze dich hier neben mich.« – »Aber was dann? Die böse Fee wird uns alle beide fressen. Schau nur, da kommt sie schon, und mit was für einer tierischen Freude! Jeden Tag frißt sie einen Menschen, heute wird sie wohl zweie fressen.« Und als das Mädchen die Drachenfee heranschnauben sah, rief es: »Sieh, da kommt die böse Fee!« Kaum hatte der junge Held sie gesehen, als er seine Keule hervorholte und sie gerade auf den Kopf traf und tötete. Dann schnitt er ihr die Zunge aus dem Rachen und schnitt ihr die Ohren ab und gab die Ohren dem Mädchen. »Da nimm und geh zu deinem Vater und bringe ihm die Ohren und sage ihm, ein Held habe die böse Drachenfee getötet; gib sie deinem Vater, damit er dir glaubt.« Doch als das Mädchen zu seinem Vater nach Hause kam, wollte sie der Vater verjagen. »Warum bist du gekommen, Mädchen?« – »Vater, da ist vor wenigen Tagen ein Held erschienen und hat die böse Fee getötet.« – »Bringe ihn mir erst, suche ihn, dann glaube ich dir.« – »Er hat mich von der bösen Fee befreit und hat sie getötet. Schau her, damit du siehst, daß es wahr ist!« Und sie zeigte ihm die Ohren der bösen Fee. Da schickte der Vater drei Männer aus, die den Helden suchen sollten, und sie fanden ihn an der Quelle, wo das weinende Mädchen gesessen hatte, und sagten zu ihm: »Komm schnell, junger Held, dich ruft der Kaiser.« Als sie mit dem Jüngling zum Kaiser kamen, sagte das Mädchen: »Das ist der Held, der die böse Fee getötet hat.« – »Du bist es, junger Held?« fragte der Kaiser. »Ja, Herr, ich bin es.« – »Aber wie hast du das Heldenstück fertiggebracht?« – »Ich habe sie mit meiner Keule auf den Kopf getroffen, so daß sie starb.« – »Bravo und Heil sei dir, denn du bist ein großer Held. Willst du meine Tochter zur Frau?« – »Jawohl, aber ich bitte dich noch um etwas anderes, gib mir, was ich von dir erflehe.« – »Nun, was willst du?« – »Gib mir neun Backöfen zum Brotbacken und neun Fleischkühe und neun Fässer Wein. Anderes wünsche ich mir nicht.« Da ging der junge Held zu jenen Eulen und rief sie herbei. »Heidi, eßt und trinkt, doch mich bringt wieder hinauf auf die andere Welt.« Da brachen sie mit ihm auf und zogen ihn hinauf, und er kehrte zu seinen Brüdern zurück. Seine Brüder glaubten schon, er sei tot, so lange war es her. Und als sie ihn wiedersahen, da konnten sie sich vor Freude nicht mehr lassen.

37. Die frierende alte Zauberin

Es war einmal ein Kaiser, und dieser Kaiser hatte keine Kinder. Eines Tages ging er mit der Kaiserin am Ufer der Donau spazieren. Da sah er einige schöne Fische und ließ sich einen fangen, und seine Köchin mußte ihn zubereiten. Die Kaiserin aß davon und wurde guter Hoffnung. Und guter Hoffnung wurde auch die Köchin. Und als die Zeit gekommen war, gebaren die Kaiserin und die Köchin jede einen Sohn. Die Knaben wuchsen heran und wurden beide gemeinsam erzogen. Da bat das Kind des Kaisers: »Vater, kaufe doch dem armen Kinde Kleider, denn ich schäme mich, mit ihm zusammen zu spielen.« Da ließ der Kaiser ihm einen schönen Anzug machen, und als die Kinder beide nach Hause kamen, konnte die Kaiserin ihr Kind nicht mehr von dem anderen unterscheiden. Deshalb legte sie den Schürhaken ins Feuer und zeichnete eins der Kinder auf der Hand, damit sie es als ihr Kind erkenne. Da sagte das Kind: »Mütterchen, mich hat soeben das Glück gezeichnet. Ich bleibe nicht mehr länger zu Haus, ich gehe in die weite Welt.« Und der junge Bursche holte sich ein Pferd aus dem Stalle, bestieg es und ritt in die weite Welt. Er nahm auch einen Hund mit, und als sie weit geritten waren, da sah er in einem Walde ein Haus. Dort wohnte die heilige Sonntag. Er hielt sich aber unterwegs nicht lange auf und verweilte nicht lange bei der heiligen Sonntag. Sie hatte ihm jedoch geraten, er solle Vorsicht im Walde üben. Nun kam er an ein großes Feuer. Aber keine Menschenseele saß daran. Doch der junge Bursche hielt am Feuer an und setzte sich daran nieder, um sich zu wärmen. Da erschien plötzlich eine alte Frau. Sie kam zitternd heran und sagte: »Hu, mich friert.« – »Komm her, Mütterchen, wenn dich friert.« – »Ach ich fürchte mich«, sagte sie, »vor dem Hunde, ich habe Angst, daß er mich beißt.« – »Komm nur näher, Mütterchen, ich halte den Hund schon, damit er dich nicht beißt.« – »Ach nein, junger Held, gib mir erst ein Haar von deinem Pferd und von deinem Hunde.« Er war auch so töricht und gab ihr ein Pferde- und ein Hundehaar. Und was denkst du wohl, was die alte Frau damit machte? Sie verzauberte den jungen Burschen mitsamt dem Pferd und dem Hund. Nun konnte der Hund ihr nichts mehr antun. Und sie steckte alle drei in den Keller. Doch sein Pflegbruder, der mit ihm erzogen war, sah plötzlich zur selbigen Stunde, daß von der Wand Blut herabfloß. Da lief er zu seiner Mutter und sagte: »Mutter, ich gehe meinen Bruder suchen, auch wenn ich dabei sterben sollte. Es ist ihm ein Unglück zugestoßen.« Da machte er sich auf die Suche nach seinem Bruder, der in Wirklichkeit gar nicht sein Bruder war, kam auch wieder in jenen Wald, wo das Haus stand, und ging hinein und fand die heilige Sonntag, die ihn belehrte: »Junger Held, nimm dich in acht. Am Feuer dort sitzt eine alte Frau, eine Zauberin. Nimm dich in acht, daß sie dich nicht verzaubert wie deinen Bruder!« – »Sage mir, liebe Fee, was soll ich tun?« – »Wenn du ans Feuer kommst, so sei nicht so töricht und gib ein Haar von deinem Pferd und deinem Hund weg, denn sonst verzaubert dich die alte Frau, wie sie deinen Bruder verzaubert hat.«

Darauf gelangte der junge Held ans Feuer. Er setzte sich, und siehe, die alte Frau kam wirklich zitternd auf ihn zu. Der Knabe fragte sie: »Was hast du denn, Mütterchen?« – »Ach, mich friert.« – »Hier ist doch Feuer, kannst du dich denn nicht wärmen?« – »Ach nein, dann kommt der Hund. Ich kann nicht, ich fürchte mich vor dem Hunde.« – »Hab keine Furcht, ich halte den Hund schon.« – »Gib mir erst ein Haar vom Hund und vom Pferd.« – »Ach, was du willst, das bin ich weder gewohnt, noch gewillt zu geben. Komm her, wenn du willst, oder scher dich zum Teufel, wenn du nicht willst.« Da ließ sie sich betören, und der junge Held rief dem Hunde zu: »Faß sie, denn sie hat mir meinen Bruder umgebracht.« Da faßte sie der Hund, und als sie vor Angst nicht aus noch ein wußte, fragte sie der Knabe: »Wo ist mein Bruder?« – »Er ist zu Hause bei mir.« – »Geh und hole ihn her, daß ich ihn befreie.« Da ging sie mit ihm und holte den Bruder, das Pferd und den Hund hervor. Und schließlich gab der junge Held nach altem Brauch der bösen Frau eins mit der Keule und tötete sie. Und die beiden Brüder brachen gemeinsam nach Hause auf, und als ihre Mütter sie wiedersahen, da wußten sie vor Freude nicht, was sie tun sollten. Sie herzten und küßten ihre Kinder mit gleicher Liebe, denn der andere war auch wie ihr Kind geworden.

38. Die zwei Brüder

Es waren einmal zwei Brüder. Der jüngere war ein kühner und tapferer Held; der ältere auch, er war aber schmächtiger und hatte ein gutes Herz. Da sagte eines Tages der kleine Bruder zum größeren: »Bruder, ich gehe in die weite Welt, bleib du zu Hause. Wenn du dieses Taschentuch mit Blut getränkt sehen wirst, dann weißt du, daß ich tot bin.« Der Knabe brach auf und unterwegs begegnete ihm ein Schäfer im Walde. »Guten Tag, Schäfer!« – »Guten Tag auch, Knabe«, gab der Schäfer ihm zurück. »Woher kommst du denn, und wohin willst du?« fuhr der Schäfer fort. »Ich suche die Furcht.« – »Wenn du die Furcht suchst, dann mußt du diesen Weg gehn. Aber nimm dich vor den Drachen in acht, daß sie dich junges Blut nicht fressen!« – »Ach, ich habe keine Furcht.« – »Du bist wohl gar ein großer Held? Ich kann dir aber nicht glauben, iß erst diesen Backofen voll Brote und trinke diesen Kessel voll Milch aus; wenn du das fertigbringst, dann will ich dir glauben, daß du die Drachen töten wirst.« Der junge Held machte sich daran, aber schau, er konnte den Backofen voll Brote nicht aufessen. Da sagte ihm der Schäfer: »Siehst du, daß es dir nicht gelang! Du wirst im Kampfe mit den Drachen umkommen.« Der Held antwortete ihm: »Das hält mich nicht ab, ich gehe trotzdem.« Er ging mutig schnurstracks auf die Behausung der Drachen los und trat in den Garten der Drachenmutter ein. Und siehe, da kam gerade ihre Tochter aus dem Palast. Als sie den jungen Helden erblickte, wie er immer weiter durch den Garten drang, eilte sie zu ihrer Mutter und sagte zu ihr: »Mutter, Mutter, sieh, sieh, ein großer Held ist in unseren Garten eingedrungen. Was wollen wir nur mit ihm machen?« – »Was werden wir weiter mit ihm anfangen, wir essen ihn natürlich!« Sie wandte sich zu dem kühnen Helden, der es wagte, in ihren Garten einzudringen, und rief: »He, junger Held, komm ein wenig näher, was dich auch zu uns führt, willkommen seist du uns!« Da ging er auch zu ihr. Sie machte gerade alles zum Backen zurecht, setzte die Backglocke[1] übers Feuer und fing an, den Brotteig zu zerteilen. Währenddessen sagte sie zum Helden: »Ich bitte dich, junger Held, blase ein wenig das Feuer an, komm ein bißchen näher, hier bei mir mußt du das machen.« Wirklich ließ er sich betören und ging ans Feuer. Und als er im Begriffe war zu blasen, da verschlang sie ihn mit Haut und Haaren.

In diesem Augenblick färbte sich das Taschentuch, das der Jüngling seinem Bruder beim Abschied zurückgelassen hatte, blutrot. Das war für diesen das Zeichen, daß sein Bruder gestorben war. Da sagte der ältere Bruder zu seiner Mutter: »Mutter, mein Bruder ist ums Leben gekommen, ich gehe ihn suchen, ich will ihn rächen.« Damit brach er auf, um seinen Bruder zu suchen. Er kam durch denselben Wald, durch den auch der andere Bruder gegangen war, und begegnete ebenfalls jenem Hirten. Der fragte ihn: »He, junger Held, wo willst du denn hin?« – »Ich suche meinen Bruder.« – »Was, deinen Bruder? Dich soll wohl auch die Drachenmutter fressen wie ihn?« – »Und wenn mir auch dasselbe Los beschieden ist, ich gehe doch und versuche es.« – »Nun, wenn du einen Backofen voll Brote aufessen und diesen großen Kessel voll Milch austrinken kannst, dann wird es dir auch gelingen, die Drachenmutter umzubringen.« Nachdem der junge Held das gehört hatte, machte er sich sofort an diese schwierige Aufgabe. Zum größten Staunen des Schäfers aß er den ganzen Backofen voll Brote auf und trank auch noch, ohne einmal abzusetzen, den vollen Kessel Milch. Nicht ein einziges Mal setzte er ab und nicht ein einziges Mal hörte man ihn beim Trinken tief Atem holen, auch jiepste er keineswegs hinterher. Das war selbst dem Schäfer zuviel, und er rief ein um

[1] Backglocke, eine aus Lehm gebrannte Glocke, die durch Holzfeuer und glühenden Kuh- oder Pferdemist erhitzt und unter der in der glühenden Asche das Brot gebacken wird. Die Verbreitung der Backglocke ist allgemein auf dem Balkan und reicht bis zu den Arabern.

das andere Mal: »Bravo, Bravo! Wisse, daß du die Drachenmutter töten wirst!« Der Held brach schnurstracks zu ihr auf, drang in den Garten ein und richtete allerlei Schaden in dem Garten an. So wütend war er auf die Drachenmutter. Er begann, ihre Äpfel und Birnen zu essen, und aß sie alle bis auf den letzten mit Strunk und Stiel. Das sah die Tochter und eilte zu ihrer Mutter und rief: »Mutter, o weh, in unseren Garten ist diesmal ein ganz Verwegener eingedrungen, behüt uns Gott! Er ißt uns alle Äpfel und Birnen weg.« – »Ruf ihn doch her!« Auf ihren Ruf kam der junge Held herbei; sie gab ihm einen Schemel zum Sitzen, und er ließ sich darauf nieder. Die Drachenmutter trug die Backglocke ans Feuer, da fing das Feuer an zu rauchen. Als sie das sah, bat sie: »Blase doch, bitte, ein wenig ins Feuer!« Er aber antwortete: »Seit wann ist es Sitte, daß Gäste ins Feuer blasen? Schämst du dich denn nicht, mich als Feuerschürer hinzusetzen?« – »Was ist da weiter dabei, wenn du ein wenig ins Feuer bläst! Du siehst, wir haben keinen Knecht; ich mache das immer so. Blase nur ein wenig!« Doch in dem Augenblick, als sie ein paar Schritte zur Seite machte, ergriff der Held seine Streitkeule und zerhieb sie in zwei Teile. Siehe, da kam auch schon sein Bruder ihm entgegen, und der Ältere nahm ihn bei der Hand und führte ihn nach Haus. Da wurde ein großes Fest gefeiert, und bald darauf machten beide Brüder Hochzeit. Und ich war auch dabei, ich habe getanzt, gegessen und getrunken, und diesen Hut hier haben sie mir mitgegeben.

39. Der Teufel und der arme Zigeuner

Es war einmal ein armer Zigeuner, der nahm eines Tages sein einziges Kind bei der Hand und führte es in die Stadt. Er wollte es in die Schule geben, damit es lesen und schreiben lerne. Als sie so unterwegs waren, kam der Teufel ihnen entgegen in Gestalt eines Popen und sagte zu dem Zigeuner: »Wohin willst du denn mit deinem Kinde?« – »Ich gehe in die Stadt und will mein Kind in die Schule geben«, erwiderte der Mann. Da sagte der Pope zu ihm: »Gib mir das Kind, bei mir lernt es viel besser lesen und schreiben als anderswo.« Der Zigeuner hatte keine Ahnung, daß vor ihm der Teufel stand, und leichtgläubig vertraute er sein Kind dem Teufel an. Darauf sagte der Pope, der der Teufel war: »Komm zur bestimmten Zeit hier an diese Stelle und hole dir dein Kind wieder.« Ein jeder ging nun nach Hause, der Pope mit dem Kinde, und der Zigeuner trollte allein seiner armseligen Hütte zu. Der arme Zigeunersohn aber war ein schöner Junge, und so kam es, daß die Tochter des Popen sich in ihn verliebte und sich zwischen ihr und dem Knaben, während der Pope nicht zu Hause war, eine geheime Liebe entwickelte. Da fragte sie ihn eines Tages: »Sag einmal, Knabe, was hast du eigentlich bei uns gesucht?« – »Der Pope hat mich angenommen und will mir Lesen und Schreiben beibringen.« – »Junge, ich will dir mal etwas insgeheim sagen, der Pope ist gar nicht Pope, er ist der Teufel.« – »O, wehe mir, was fange ich da nur an, daß ich wieder aus seiner Gewalt komme!« Da beruhigte ihn das Mädchen und sagte: »Sei still, ich lehre dich, wie du dich verwandeln kannst, d. h. wenn du willst, daß ich gut zu dir sein soll.« Alle Tage gab das Mädchen dem Knaben Lehren, wie er sich in eine Kuh, in einen Ochsen, in ein Pferd und alle anderen Tiere, die es auf der ganzen Welt gibt, verwandeln könne. Das Mädchen tat dies wohlweislich jedesmal, wenn der Teufel nicht da war.

Die Zeit verging, das Jahr war bald um. Da gab der Teufel dem Knaben tüchtig zu essen, damit er recht wohlgenährt aussehe, wenn sein Vater käme, sein Kind wieder zu holen. Eines Abends, als der Teufel nach Hause kam, fragte er das Kind: »Sag mal, Junge, hast du etwas bei mir gelernt?« – »Ich weiß noch gar nichts, ebensowenig, wie ich vor einem Jahre wußte.« – »Aber Junge, wie ist denn das möglich, daß du bei mir nichts gelernt hast!« sagte ärgerlich der Teufel.

»Es war doch niemand da, der mich etwas hätte lehren können«, erwiderte darauf der Knabe. »Na warte, morgen werde ich dich einmal gehörig vornehmen, und übermorgen wirst du sehen, daß du in der Ausbildung fertig bist und daß ich dir viel beigebracht habe.« Am nächsten Tage brach der Teufel in aller Frühe auf. Was machte das Mädchen in der Zeit? Es wußte, daß sein Vater den Knaben auffressen wollte. Daher sagte es zu seinem heimlichen Geliebten: »Mein lieber Junge, ich habe dir nun alle geheimen Künste gezeigt, jetzt gehe schleunigst nach Hause, denn heute abend will dich mein Vater fressen.« Da brach der Knabe sofort auf und zögerte auch nicht einen einzigen Augenblick. Freudestrahlend kam er wieder zu seinem Vater und sagte zu ihm: »Vater, ich werde mich in ein Pferd verwandeln, damit du nicht mehr zu betteln brauchst. Verlange für mich 1000 Frank, wenn einer mich kaufen will; mich kannst du ruhig verkaufen, aber um des Himmels willen gib die Halfter nicht weg. Denn wenn du die Halfter verkaufst, dann hast du mich verloren.« Bei diesen Worten verwandelte er sich in ein wunderschönes Pferd, über das sich alle Welt freute. Da kam viel Volks auf dem Markte zusammen, alle wollten das schöne Pferd sehen. Und siehe, da kam auch der Teufel auf den Markt. Er hatte wieder die Gestalt eines Popen angenommen, niemand erkannte ihn. Der Teufel näherte sich dem Alten mit dem Pferde und fragte ihn: »Na, Alterchen, was verlangst du denn für dein Pferd?« Der Alte antwortete: »20000 Frank.« – »Soviel kann niemand geben, das ist zu teuer.« Alle, die herumstanden, waren sehr begierig zu erfahren, ob der Pope das Pferd für den Preis wohl kaufen würde. Er zog seinen Geldbeutel und gab dem Alten 20000 Frank. Er nahm das Pferd beim Zügel und war eben im Begriff abzuziehen, als der Alte ihn zurückrief und sagte: »Aber die Halfter habe ich dir nicht mit verkauft, die gebe ich dir nicht.« Der Pope erwiderte: »Ja, ohne Zügel nehme ich das Pferd nicht.« Da redeten alle, die dem Kaufe mit beigewohnt hatten, dem Alten zu, er solle doch das

Pferd mit Halfter verkaufen. Sie sagten: »Na, Alter, nun sei nicht so halsstarrig, der lumpigen Zügel wegen willst du nicht verkaufen, du bekommst doch so viel Geld, du mußt auch nicht allzu viel verlangen.« Der Alte ließ sich überreden und gab das Pferd mit den Halftern weg. Er war ganz berauscht, als er das viele Geld in seiner Hand sah. Die auf ihn losredenden Menschen und das Geld machten ihn ganz irre, so daß er jenes Wort seines Sohnes, die Halfter nicht wegzugeben, ganz vergaß. Der Teufel hatte sein Pferd, er bestieg es und ritt gemächlich nach Hause. Was sollte nun das arme Kind machen? Jetzt war es wieder in den Händen des Teufels. Es fluchte seinem Vater, daß er so töricht gewesen war. Aber alles Fluchen half nichts. Da versuchte das Pferd den Teufel herunterzuwerfen, es sprang von Berg zu Berg, aber der Teufel hielt sich zu fest an seiner Mähne. Da mußte es einsehen, daß alle Anstrengungen vergebens waren, es konnte auch nicht mehr, es konnte nun dem Teufel nicht mehr entrinnen. Während das Pferd nun so dahinflog, verwandelte es sich in einen Apfel. Der Apfel fiel in einen Schornstein und gelangte in ein Haus. Da verwandelte sich der Teufel sofort in einen lahmen Bettler und begab sich nach dem Haus, in das der Apfel gefallen war. »Ich bitte euch, ihr lieben Leute, gebt mir einen Apfel, gebt mir jenen dort, der ist gewiß soeben vom Baume durch die Esse gefallen, der ist für mich heruntergefallen.« Die Leute hoben ihn auf und warfen den Apfel aus dem Hause zur Tür hinaus. Wie der Teufel den Apfel durch die Luft fliegen sah, lief er hinter ihm her. Das Kind verwandelte sich nun in Hirse, als es sah, daß es dem Teufel nicht entrinnen konnte, denn der Teufel hätte den Apfel mit Strunk und Stiel verschlungen. Da verwandelte sich der Teufel in eine Glucke mit Küchlein. Diese fraßen die Hirse. Sie hatten fast alle Körnchen aufgepickt; nur zwei waren übrig geblieben, die hatten die Küchlein nicht gefunden. Da wunderte sich der Teufel, daß er das Kind doch noch nicht in seinem Besitze hatte, es mußte also doch noch ein Körnchen irgendwo liegengeblieben sein. Was sollte er nun machen? Dem Kinde wurde angst und bange, daß es doch noch aufgefressen würde, bevor es eine andere Verwandlung angenommen hätte. Doch schnell wurde es zu einem Fuchse. Und der Fuchs biß der Glucke den Kopf ab und tötete damit den Teufel. So war der Knabe doch dem Teufel entronnen. Da ging er zu seinem Vater nach Hause und machte ihm Vorhaltungen, daß er seinen Sohn in so große Gefahren gebracht hatte, nur weil er auf ihn nicht gehört hatte. »Habe ich dir nicht gesagt, du sollst die Halfter nicht aus deinen Händen lassen?«

40. Der Wahnsinnige

Es waren einmal zwei Brüder. Der eine von ihnen aber hatte einen bösen Geist, er war wahnsinnig. Beide zusammen besaßen sieben Ochsen. Da kam dem einen Bruder eines Tages in den Sinn, er wollte sein Hab und Gut, das ihm zustand, haben. »Los, wir teilen unser Erbe!« sagte der Wahnsinnige zu seinem größeren Bruder. »Na meinetwegen«, sagte der Verständige. Er zerteilte den einen Ochsen, den siebenten, und nahm die eine Hälfte für sich und die andere Hälfte gab er seinem Bruder. Da fing plötzlich ein Ochse aus vollen Kräften an fürchterlich zu brüllen. Aber der Narr sagte: »Du, Ochse, brülle mich nicht an, verbeuge dich nicht vor mir!« Der Narr dachte nämlich, der Ochse mache sich über ihn lustig, und wußte nicht, daß dies die Art der Ochsen sei, so zu brüllen. Er war so erbost, daß er den Ochsen hernahm und mit einem großen Knüppel schlug, bald auf den Kopf, bald auf das Hinterteil. Schließlich blieb der Ochse tot auf dem Platze liegen. Als das sein Bruder sah, schrie er den Wahnsinnigen an: »Was hast du denn da gemacht, du dummer Kerl?« – »Warum hat er sich denn über mich lustig gemacht?« – »Aber wie kann denn ein Ochse sich lustig machen, wenn er brüllt und dabei den Kopf senkt; das ist seine Natur, seine Art, so zu tun, Ochsen brüllen nun einmal so.« Der Narr zerschnitt den Ochsen, nahm das Fell und ging mit dem Fell über Land, um es zu verkaufen. Als er durch einen Wald kam, traf er eine Krähe, die krächzte ihn an: »Kra, kra, kra!«[1] Er glaubte, sie spräche mit ihm, und rief daher: »Felle, Felle, Felle, ich verkaufe das Fell, ich verkaufe das Fell.« Aber da die Krähe keine Anstalten machte, das Fell zu kaufen, dachte er, sie hätte kein Geld, und sagte: »Gut, wenn du heute kein Geld hast, so gib es kommenden Sonntag.« Dabei merkte er gar nicht, daß er für sich redete, denn die Krähe war längst davongeflogen; er redete mit der Baumkrone allein. Er ließ das Fell zurück und ging wieder nach Hause. Als sein Bruder ihn sah, fragte dieser ihn: »Bruder, wo hast du denn das Fell?« – »Das Fell habe ich verkauft«, war die Antwort, »ich gehe am Sonntag hin und hole mir mein Geld.« Als er am Sonntag nun zu jenem Baume kam, sagte er: »Guten Tag, jetzt möchte ich mein Geld haben.« Aber wer sollte ihm da antworten? Die Baumkrone etwa? Da wurde er wütend, er zankte und schimpfte, was er nur konnte: »Was machst du, gibst du mir das Geld oder nicht?« Er hieb auf den Baum los, als er keine Antwort bekam, und schlug so lange auf ihn ein, bis der Baum zu Boden fiel. Und siehe da, unter dem Baume war ein Kessel voll Geld. Als der Narr den Kessel voll Geld sah, lief er sogleich nach Hause und rief seinen Bruder. »Schnell, Bruder, schnell, laß uns den Schatz, das Geld für das Fell, heben!« Und sie gruben also den Kessel mit den vielen Münzen vollends aus und gingen damit nach Hause. Ihr eigenes Haus war aber verschlossen. »Es ist niemand zu Hause«, sagte sein Bruder. »Geh zum Popen[2] und hole einen Korb, daß wir die Menge Münzen abmessen, aber hüte dich und sag dem Popen nicht, daß wir Geld abmessen wollen.« Als er zum Popen kam, bat er ihn: »Ehrwürden,

[1] Die Zigeuner ahmen das Krächzen der Krähe in ihrer Sprache mit »ga, ga, ga« nach. [2] Rumänischer Geistlicher.

gebt mir einen Korb.« – »Nun, was willst du denn mit dem Korbe machen?« – »Wir wollen ein bißchen Geld abmessen.« Neugierig wie der Pope war, sagte er sich im stillen: da will ich doch auch zuschauen! Und er guckte durchs Fenster. Als der wahnsinnige Bruder den Popen durchs Fenster lugen sah, hob er einen großen Stein auf und warf ihn ihm an den Kopf, so daß der Pope tot zu Boden fiel. Da sagte sein Bruder: »O weh, was hast du bloß angerichtet, du Wahnsinniger, was sollen wir nun tun? Wir müssen fliehen!« Und sie flüchteten in einen großen Wald, kletterten auf einen hohen Baum und verblieben dort, bis es Tag wurde. Dieser Baum spendete einen großen Schatten, und jeder, der vorbeiging, hatte die Gewohnheit, sich in seinem Schatten auszuruhen. So kamen auch einige Fuhrleute vorüber und hielten an, um sich auszuruhen. Der Wahnsinnige saß oben in der Laubkrone und sagte: »Ich lasse mich jetzt hinunter.« Sein Bruder, ganz außer sich, antwortete ihm: »Um Himmels willen, schweig still, daß uns die Leute nicht hören.« Trotzdem fing der Wahnsinnige an hinunterzuklettern, und als er zur Hälfte unten war, ließ er sich plötzlich hinunterfallen. Ganz verstört und erschrocken waren die Leute, die im Schatten saßen, und sie stoben im Augenblick auseinander. Sie glaubten, das Jüngste Gericht wäre gekommen. Der Wahnsinnige blieb heil und hatte sich keinen Schaden getan und fand nun Säcke mit Reis, Mais und Weizen vor; in einem kleinen Säckchen war sogar Weihrauch. Er nahm das Säckchen mit Weihrauch, brannte es an, so daß ein starker Rauch gen Himmel aufstieg und gerade zum lieben Gott gelangte. Dem lieben Gott tat gerade ein Backenzahn weh, und von dem Rauch wurden die Schmerzen gelindert. Er schickte sogleich einen Heiligen auf die Erde und sagte: »Geh und sieh nach, wer derjenige ist, der mir dieses Gute angetan hat.« Da traf der Heilige auf den Wahnsinnigen. »Los, mach dich fertig,« sagte er zu ihm, »dich ruft der liebe Gott.« Sie brachen beide auf, und als sie im Himmel anlangten, fragte der liebe Gott den Narren: »Sag, was möchtest du denn gerne von mir haben?« Der Wahnsinnige sagte zuerst: »Nichts.« Doch als er eine Hirtenflöte sah, bat er den lieben Gott, er solle ihm doch die Flöte geben. Der liebe Gott segnete sie und gab ihr den Heilsspruch: »Wer auch immer dich spielen hören wird, der soll tanzen, und wenn es auch Steine und Bäume sind.« Darauf verabschiedete sich der Narr vom lieben Gott und kam wieder auf die Erde. Er flötete, und siehe da, alle Bäume und Steine tanzten um ihn herum. Als er so seines Weges dahinging, begegnete ihm ein Pope. »Guten Tag, Ehrwürden.« – »Guten Tag, mein Junge, wo willst du denn hin?« fragte der Pope. »Ich will mich bei einem Herrn verdingen.» – »Warum willst du dich denn nicht bei mir verdingen, ich brauche gerade jemanden.» – »Schön, ich verdinge mich bei dir, bis der Kuckuck schreit.« Der Pope sagte ihm: »Tue alles willig, sei nicht halsstarrig, rege dich nicht auf, was ich dir auch sagen werde.« – »Nein, ich will mich nicht aufregen, Ehrwürden«, sagte der Wahnsinnige zum Popen, der ihn nochmals ermahnte, sich ja nicht zu erregen. »Aber, Pope, du darfst dich auch nicht aufregen über das, was ich dir sage«, machte der Narr zur Bedingung. So gingen sie alle beide nach Hause. Der Wahnsinnige verrichtete dem Popen alle Dienste, meist ging er aufs Feld, um zu pflügen. Eines Tages ging er wieder aufs Feld und nahm die Hündin mit, die im Hofe des Popen war, ohne daß der Pope davon wußte. Als der Pope rief, wunderte er sich, daß die Hündin nicht bellte. Am nächsten Tage merkte er, daß die Hündin mit dem Wahnsinnigen Freundschaft geschlossen hatte. Als der Wahnsinnige wieder mit dem Pfluge vom Hofe des Popen gehen wollte, gab ihm der Pope den Auftrag: »Wo die Hündin stehenbleiben wird, da pflüge mit dem Pfluge so lange, bis sie sich niedersetzt.« Und er pflügte und pflügte und pflügte, aber die Hündin blieb nicht stehen. Da wurde der Wahnsinnige so erbost, daß er einen Knüppel nahm und die Hündin tötete, das Fell abzog und den Leichnam auf die Gabel des Pfluges legte. Das Fell ließ er zurück. Als er zum

Popen zurückkam, fragte ihn dieser: »Was hast du denn da angerichtet?« – »Ich habe Gutes getan. Ich habe ja einen Hasen mitgebracht.« – »Bring ihn her, los, wir wollen eine Suppe machen.« Da machte sich die Frau des Popen daran, die Hündin zu zerlegen und eine Suppe davon zu machen, denn sie glaubte, es wäre wirklich ein Hase. Sie setzten sich zum Mittagsmahle, und wie gewöhnlich rief die Frau des Popen die Hündin mittags in das Haus hinein. Doch so sehr sie auch rief, die Hündin kam nicht, denn sie war ja gebraten auf dem Tische. Da wurde der Wahnsinnige über das viele Rufen ärgerlich und sagte: »Aber was ruft ihr denn die Hündin, habt ihr sie denn nicht eben gegessen?« – »O weh, was haben wir angerichtet! Hört Ihr, Ehrwürden, wir haben die Hündin aufgegessen.« – »Seid Ihr darüber ärgerlich, Ehrwürden?« – »Nein«, sagte der Pope, denn es war eine Vereinbarung, daß sie sich nicht aufregen wollten. »Morgen, da gehst du, wenn der Tag anbricht, wieder aufs Feld und pflügst weiter. Doch wenn du an das Wasser kommst, laß die Ochsen nicht durchwaten, denn die vertragen kein Wasser.« Als er nun mit den Ochsen an das Wasser kam, wußte er nicht, was er machen sollte. Da verfiel er plötzlich auf eine Idee. Er ließ die Ochsen halten, nahm ein Messer und zog ihnen das Fell von den Hufen bis zu den Knien ab, trieb sie durchs Wasser und kam gegen Abend wieder zum Popen. Als der Pope die armen Ochsen sah, da jammerte es ihn. Doch was sollte er mit dem Wahnsinnigen machen? Er fragte ihn: »Was hast du nur wieder angerichtet? Tut dir das nicht leid? Schau die armen Ochsen!« – »Habt Ihr denn nicht gesagt, daß die Ochsen kein Wasser vertragen, daß ihr Fell nicht mit Wasser in Berührung kommen solle? Aber Ihr seid wohl nun erbost, Ehrwürden?« – »Nein«, sagte der Pope; denn er wußte, daß der Wahnsinnige ihn in seiner Wut töten würde. Doch konnte er in seinem Unmut kaum noch an sich halten. Als er darüber nachsann, wie er sich dieses unbequemen Dieners entledigen könnte, kam er auf den Einfall, seine Tochter in den Garten zu führen, damit sie dort wie der Kuckuck rufe. Sowie sie nun »Kuckuck, Kuckuck, Kuckuck!« zu rufen anfing, rief der Pope den Wahnsinnigen herbei: »Hörst du, geh und hole deine sieben Sachen, der Kuckuck hat gerufen.« Aber der Wahnsinnige wußte, daß es ein Mädchen war, und sagte: »Wie ist das möglich? Jetzt soll der Kuckuck rufen?« und nahm bei diesen Worten einen Stein, warf nach dem Mädchen und traf es gerade am Kopfe, so daß es tot zu Boden fiel. Ganz entsetzt rief der Pope: »Was hast du nun angerichtet, oh weh uns Armen!« – »Was wollt Ihr denn, Ehrwürden, der Ruf ›Kuckuck, Kuckuck‹ hat deine Tochter getötet. Ihr seid mir nun wohl böse darüber?« – »Nein«, sagte der Pope und wußte jetzt, daß er dem Wahnsinnigen nicht mehr entrinnen konnte. Da tat der Pope eines Tages so, als ob er über Land müßte, und sagte zu seinem Diener: »Du bleibst doch immer zu Hause? Ich gehe jetzt über Land und werde wohl zwei bis drei Tage bleiben. Ich muß zur Taufe.« Damit brach er auf. Doch was tat der Wahnsinnige? Er hob die Tür aus, nahm sie auf den Rücken und ging hinter dem Popen her. Anfangs merkte es der Pope nicht, aber als sie in ein Dorf kamen, schaute er sich um und sah seinen Diener hinter sich. Da fragte der Pope ganz erstaunt: »Was suchst du denn hier? Ich habe dir doch gesagt, daß du zu Hause bleiben und auf die Tür aufpassen sollst.« – »Was wollt Ihr, Ehrwürden, ich passe doch auf die Tür auf, sie ist bei mir.« So mußte er wohl oder übel zwei Tage mit dem Wahnsinnigen zusammenbleiben, und am dritten Tage kehrten sie wieder heim. Der Wahnsinnige nahm die Befehle des Popen entgegen und legte sie immer falsch aus. Als der Pope sagte: »Zünde ein Licht an, ich kann nicht mehr sehen«, zündete der Diener ein großes Feuer an; als er sagte: »Mach Feuer an«, da zündete er des Popen Haus an, und als der Pope ihm sagte: »Oh weh, was hast du gemacht? Siehst du nicht, daß du das Haus in Brand gesteckt hast?« antwortete er: »Habt Ihr, Ehrwürden, nicht gesagt, daß Ihr gut und weit sehen wolltet?« und immer fragte ihn der Wahnsinnige: »Ehrwürden, Ihr habt Euch wohl sehr erzürnt?« und immer sagte der Pope aus Angst: »Nein.« Aber im stillen war die Furcht des Popen groß, und er sann ständig auf Mittel, wie er den Wahnsinnigen wieder loswürde. Da verfiel der Pope auf einen neuen Gedanken. Er ging mit seiner Frau und dem Wahnsinnigen an eine Brücke, und dort legten sie sich schlafen, der Pope an den Rand, die Frau des Popen an die andere Seite und der Narr in die Mitte. Am nächsten Tage sagte der Pope zu dem Wahnsinnigen: »Heute abend schlafen wir nochmal auf der Brücke.« – »Gut«, sagte der Wahnsinnige, »ich mache mit.« Diesmal legten sie ihn an den Rand und die Frau des Popen in die Mitte, und immer rückten sie näher, und der Pope feuerte seine Frau an, sie solle weiter hinrücken, damit der Wahnsinnige ins Wasser fiele. »Rücke hin, rücke hin!« Doch diesem gelang es, im letzten Augenblick in die Mitte zu kommen, und die Frau des Popen fiel ins Wasser und ertrank. Der Pope, der nicht gemerkt hatte, daß der Narr in die Mitte gerückt war, freute sich und rief: »Gott sei Dank, daß wir endlich den Wahnsinnigen los sind.« – »Nein, Gott sei Dank, daß wir deine Frau los sind«, sagte der Wahnsinnige. »Oh weh, was hast du bloß angerichtet!« – »Ihr habt Euch wohl erzürnt, Ehrwürden?« Diesmal konnte sich der Pope nicht mehr halten, ihm lief die Galle über. Er barst vor Zorn und sagte: »Ja!« Da packte ihn der Wahnsinnige und tötete ihn, und darauf kehrte er zu seinem Bruder zurück.

41. Die Katze[1]

Es war einmal ein Kaiser, und dieser Kaiser hatte so viel Geld, daß er nicht wußte, was er damit anfangen sollte. Und doch war er bei all dem Reichtum nicht glücklich, denn er hatte keine Kinder. Darum sprach er zu seiner Gemahlin:

[1] Diese Überschrift stammt vom Erzähler des Märchens selbst.

»Mein Weib, du weißt, was uns bedrückt.« – »Mein lieber Gemahl«, antwortete sie, »laß mich, ich möchte eine Spazierfahrt machen.« – »Warte noch ein wenig, ich will dir ein Schiff bauen lassen.« Und der Kaiser gab Befehl, ein so schönes Schiff zu bauen, wie es kein anderes auf Erden gäbe. Eher hätte man in die Sonne schauen können, ohne geblendet zu werden, als auf das Schiff, so schön war es. Und als es fertig war, sagte der Kaiser zu seiner Gemahlin: »Meine Liebe, morgen kannst du abfahren, das Schiff steht bereit.« Und er gab der Kaiserin noch auf den Weg: »Wenn du nicht guter Hoffnung zu mir zurückkommst, wird deines Bleibens bei mir nicht mehr sein, dann komme nicht wieder vor meine Augen.« Nun fuhr sie weit übers Meer. Sie hatte nur zwei Dienerinnen bei sich, und während der langen Fahrt von zwei Monaten bekam sie außer diesen beiden nicht ein einziges menschliches Wesen auf dem Meere zu sehen. Eines Tages fiel ein starker Nebel, und es erhob sich ein heftiger Sturm und warf das Schiff hin und her. Als der Morgen dämmerte und Nebel und Sturm sich gelegt hatten, erwachte die Kaiserin und erblickte in der Ferne einen großen Palast auf dem Meere. Da kamen auch die beiden Dienerinnen aufs Deck herauf, und die Kaiserin zeigte ihnen das große Gebäude. »Schaut dort den großen Palast.« Da die Vorräte an Bord zur Neige gingen, legte das Schiff vor dem Palast an. Alsbald kamen zwei Dienerinnen aus dem Palast, und die Kaiserin fragte sie: »Wer wohnt hier?« Es wurde ihr geantwortet, daß die Mutter Gottes hier wohne. Als sie das hörten, wagten die Dienerinnen der Kaiserin nicht, in den Hof einzutreten. Doch die Kaiserin schritt selbst hinein und erblickte einen Apfelbaum mit goldenen Äpfeln, und es gelüstete sie, einen solchen Apfel zu essen. »Wenn ihr mir nicht einen solchen Apfel stehlt, sterbe ich«, sagte sie zu ihren beiden Dienerinnen. Da versuchten die Dienerinnen, an den Apfelbaum heranzukommen, aber der Wache wegen, die den Baum umgab, gelang es ihnen nicht. Die Kaiserin wurde daraufhin schwerkrank. Da warteten die Dienerinnen, bis die Wache sich schlafen legte. Dann liefen sie geschwind zu dem Apfelbaum und stahlen einen Apfel und brachten ihn, so schnell sie konnten, der Kaiserin. Und siehe da, als die Kaiserin den Apfel gierig verschlang und sich übergab, da war ihr plötzlich, als ob sie schon sechs Monate guter Hoffnung wäre. Vor Freude wußte sie nicht, was sie tun sollte. Sie sagte: »Laßt uns gleich nach Hause fahren, denn es hat sich mein sehnlichster Wunsch erfüllt.« Die Mutter Gottes hatte sich indessen erhoben und hatte bemerkt, daß ein Apfel, einer der schönsten, von ihrem Apfelbaume fehlte. »Wer hat mir einen Apfel von meinem Baume gestohlen?« rief sie und stieß eine Verwünschung aus: »Wenn ein Mädchen durch den Genuß des Apfels geboren wird, so soll es so schön wie die Sonne werden. In die Sonne wird man schauen können, ohne geblendet zu werden, auf sie nicht. Aber in ihrem siebzehnten Lebensjahre soll sie zur Katze werden, dazu verhelfe Gott! Mitsamt dem ganzen Palast soll sie so lange verzaubert bleiben, bis eines Tages ein Kaisersohn kommen und der Katze den Kopf abschlagen wird; erst dann soll das ganze Gesinde des Hofes wieder zu Menschen werden; und bis dahin muß das Mädchen Katze bleiben.«

Als die Kaiserin nach Hause zu ihrem Gatten kam und dieser sie guter Hoffnung sah, war er außer sich vor Freude. Und als die Zeit da war, wo sie gebären sollte, da kam ein so schönes Mädchen zur Welt, daß alle Welt ihre Freude an ihm hatte. In die Sonne konntest du schauen, ohne daß sie dich blendete, aber wenn du das Mädchen anschautest, wurdest du geblendet von seiner Schönheit. In dem Maße wie ein gewöhnliches Kind in einem Jahre wuchs, wuchs dieses an einem Tage. Die Zeit verging, und das Mädchen wurde siebzehn Jahre alt. Während es mit seinem Vater eines Tages beim Mittagsmahle saß, verwandelte es sich plötzlich in eine Katze und verschwand mitsamt dem ganzen Hofgesinde.

Nun lebte in einem entfernten Lande ein Kaiser, der hatte

drei Söhne. Seine Gemahlin war ihm gestorben, und er hatte sich ganz dem Trunke ergeben. Da er seine Kinder los sein wollte, rief er sie alle drei zu sich und sagte zu ihnen: »Ich will euch Dienstleistungen aufgeben. Wer von euch ist imstande, mir Leinwand herbeizuschaffen, die so dünn ist, daß man hindurchblasen und sie in eine Nadel stecken kann? So soll jeder von euch mir etwas herbeibringen und mir zum Geschenke machen. Ich will sehen, wer von euch der größte Held ist.« Da machten sie sich alle drei auf, eingedenk des Wunsches ihres Vaters. Zunächst begaben sie sich zu dem großen Schlosse im Walde und veranstalteten ein Abschiedsfest, denn sie waren alle drei heute zum letzten Male beisammen. Drei Tage und drei Nächte dauerte das Gelage. Danach trennten sie sich. Ein jeder wählte sich seinen Weg, den er gehen wollte. Der Älteste ging einen Weg, auf dem er zu hungern hatte, denn es gab auf der ganzen Strecke nichts zu essen. Er hatte ein Pferd als einzigen Begleiter, und unterwegs traf er niemanden als einzig und allein ein kleines, hübsches Hündchen. Zwei Monate war er schon so geritten. Der zweite Bruder hatte einen Weg zurückzulegen, auf dem wohl er etwas zu essen hatte, aber nicht das Pferd, das er bei sich hatte. Er war schon zwei Monate geritten und hatte auf dem ganzen Wege nichts weiter gefunden als ein Stückchen Leinewand, das man tausendmal durch das Öhr einer großen Nadel ziehen mußte, wenn man es haben wollte. Der jüngste Bruder hatte auf seinem Wege einen großen, dunklen Wald zu durchschreiten. Als er mitten drin war, überraschte ihn eine Sintflut von Regen, die so stark war, daß er nicht einmal seine eigenen Finger sehen konnte. »Ach Gott, hier werde ich zugrunde gehen, hier werde ich meinen Tod finden! Ich weiß wirklich nicht mehr, wohin ich mich noch wenden soll, um ihm zu entrinnen.« Drei Tage und drei Nächte hatte es unaufhörlich so geregnet, und dabei war es stockfinstere Nacht. Und siehe, gegen Morgen des dritten Tages blitzte es einmal. Und als der Blitz die Umgebung beleuchtete, sah der junge

Held einen Palast vor sich. »O Gott, wie danke ich dir! Auf dem ganzen weiten Wege habe ich nicht ein einziges menschliches Wesen noch irgendein Haus gesehen, wohin ich meine Zuflucht hätte nehmen können. Ich gehe schnurstracks auf das Haus zu, was auch immer mich treffen möge, ich kann nicht mehr!« Doch das Tor des Palastes war verschlossen, und rings herum war eine hohe Mauer aufgerichtet, die so hoch war, daß sie bis in den Himmel ragte. »Ach, ich sterbe vor Hunger«, schrie er in die Einsamkeit hinein. Aber niemand hörte ihn. Als er an dem Tor emporblickte, da sah er zu seinem großen Erstaunen eine Fleischkeule hängen und dachte bei sich: »Ich hole mir die Keule, ich bin hungrig, seit einem Monat habe ich nichts gegessen.« Jene Fleischkeule aber war in Wirklichkeit gar kein Fleisch, sondern bestand aus kostbaren Steinen und war einer Keule nachgebildet. So gut er es vermochte, versuchte der junge Held die Mauer emporzuklimmen. Als er nach langen Mühen endlich oben war, blieb er mit dem Fuße an dem vermeintlichen Fleische hängen und konnte nicht wieder los. Doch nachdem er sich von dem Schreck wieder ein wenig erholt hatte, hörte er eine Glocke läuten, und vor lauter Furcht ließ er sich hinunterfallen. In dem Augenblick, als er unten ankam, öffnete sich das Tor, aber er sah niemanden. Er erblickte nur eine Hand, die das Tor geöffnet hatte. Er trat in den Hof ein und dachte bei sich: »Ich will es wagen, was auch immer mich treffen mag!« Doch soviel er sich umschaute, er sah keine einzige Menschenseele. Er ging in den Palast hinein und guckte in ein Zimmer, doch er sah nichts weiter als einen einzigen Tisch, einen Leuchter und ein Bett. »Da trete ich ein«, sagte er, »da will ich mich ausruhen, denn ich bin vom Regen ganz durchnäßt.« Als er nun in das Zimmer getreten war und sich ein wenig auf die Bettstatt setzen wollte, da erschienen plötzlich zehn Hände, die nach dem jungen Helden griffen, ihn fürchterlich zurichteten und ihm die Kleider vom Leibe rissen. Er wußte nicht, woher die Hände kamen, er sah ja niemanden; er sah immer nur Hände. In seiner Not schrie er: »O Gott, wer ist das nur, der mich so sehr schlägt?« Und siehe da, die Hände ließen ab von ihm, als er splitternackt war und keinen Fetzen seiner Kleidung mehr am Leibe hatte. Wie er sich so betrachtete, stand plötzlich eine Portion Essen vor ihm, und Kleider lagen für ihn zum Umkleiden bereit. Er stürzte sich sofort über das Essen, denn er hatte großen Hunger, und aß gierig, bis er völlig satt war. Nun hatte er wieder guten Mut und vergaß die Schläge, die er bekommen hatte. Am zweiten Tage trat er in eine andere Kammer, er wollte doch ein zweites Mal den Hieben, die er wieder zu bekommen fürchtete, entrinnen. Doch auch hier erging es ihm wie am Vortage. Wieder waren die Hände da und rissen ihm die Kleider vom Leibe. Wieder reichte man ihm Essen, und wieder erhielt er neue Kleider. Am dritten Tage gab die Kaiserin einer ihrer vielen Katzen Befehl, daß man den jungen Helden in den großen Prunksaal führen solle, der über und über mit Gold verziert war. Alles, was darin war, bestand aus purem Golde. Wieder kamen die zehn Hände. Diesmal brachten sie ein Gewand von reinstem Golde. Sie legten es dem jungen Helden an und führten ihn in den Prunksaal. Als er in den Saal trat, sah er weiter nichts als hundert Katzen, die wunderbar sangen und musizierten. Der junge Held wurde auf einen Thron von reinstem Golde gesetzt. Als er bei sich dachte: »Jetzt weiß ich wirklich nicht, wer die Herrin hier ist«, da fand er sich vor einem wunderhübschen kleinen Kätzchen, das in einem goldenen Korbe lag. Der Kaiserin der Katzen gefiel der junge Held, und gegen Mitternacht, als das große Fest bald vorüber war, erhob sich die Katze aus dem Korbe und sagte: »Von heute ab bin ich nicht mehr eure Herrin. Dieser ist euer Herr.« Da kamen alle Katzen gelaufen und küßten ihm die Hand und riefen: »Du sollst leben, unser Herr!«

Der Ball war zu Ende, alle Festteilnehmer waren nach Hause gegangen. Die Kaiserin der Katzen hatte den jungen Helden an der Hand genommen, ihn umarmt und ihn mit in ihre Kammer geführt und dort hatte sie ihn gefragt: »Mein lieber Held, zu welchem Zwecke bist du zu mir in meinen Palast gekommen?« Da sagte er: »Gute, liebe Katze, Gott führt den Menschen auf den verschiedensten Wegen, mich hat mein Vater geschickt, daß ich ihm hundert Meter Leinwand herbeischaffe, die so dünn sein soll, daß man hindurchblasen und sie in eine Nadel stecken kann. Ich bin aufgebrochen, diese Leinwand zu suchen.«

Seine beiden anderen Brüder waren schon nach Hause zurückgekehrt. Sie hatten geschworen, ein Jahr auszubleiben und aufeinander zu warten. Doch als sie sahen, daß ihr Bruder nicht zurückkam, waren sie nach Hause gegangen. Der Älteste brachte das kleine Hündchen mit, das er auf seinem Wege gefunden hatte. Da freute sich der Vater.

Der mittlere Bruder brachte hundert Meter Leinwand, die durch eine große, dicke Nadel ging. Da fragte ihn sein Vater, wo sein jüngerer Bruder wäre. Er antwortete: »Vater, ich habe ihn nicht gesehen, seitdem wir uns getrennt haben. Er ist einen Weg gegangen, von dem er wohl nicht wieder zurückkehren wird.« Da glaubte sein Vater, daß er gestorben wäre, er weinte, und es tat ihm sehr leid.

Doch siehe, der jüngste Bruder war immer noch bei der Katze. Diese fragte ihn eines Tages: »Mein Lieber, willst du denn nicht einmal nach Hause? Das Jahr ist nun um, wo ihr Brüder euch sehen wolltet.« – »Nein, nein, ich gehe nicht wieder nach Hause, was soll ich denn zu Hause, ich habe zu Hause nichts mehr zu suchen, hier ist mein Heim, hier bleibe ich bis an mein seliges Ende!« – »Nein, das darfst du nicht«, erwiderte die Katze, »wenn du hierbleiben willst, mußt du erst einmal wieder zu Hause gewesen sein und deinem Vater gebracht haben, was du versprochen hast.« Da fragte der junge Held: »Aber wo finde ich denn so dünne Leinwand mit einem so feinen Faden?« Die Katze beruhigte ihn, das solle sein geringster Kummer sein, darum brauche er sich nicht zu sorgen. Da fragte der Held: »Sag mir, mein gutes

Kätzchen, ist es wahr, daß drei Tage bei dir soviel sind wie ein Jahr?« – »Jawohl, noch mehr; von dort, von wo du gekommen bist, bis zu mir sind es neun Jahre.« Der junge Held traute seinen Ohren nicht und fragte ganz erstaunt: »Aber wie ist das möglich, daß morgen sich meine Trennung von meinen Brüdern jährt, warum soll ich denn da noch nach Hause gehen, wenn es noch neun Jahre dauert, bis ich nach Hause komme?« Da sagte die Katze zu ihm: »Gib mir mal die Lederpeitsche her, die dort an der Wand hängt, die Feuerpeitsche!« Sie nahm sie, knallte dreimal damit in drei Richtungen, und siehe da, es kam sofort ein Blitzwagen. Sie stiegen ein, und als der Held dreimal knallte nach drei Richtungen, rief eine Stimme, der Wagen solle sich niederlassen. Und im Nu ließ sich der Wagen vom Himmel herab. Da fragte ihn die Katze: »Bist du bereit?« – »Jawohl, ich bin bereit«, erwiderte er. »Nun, dann nimm noch diese Nuß mit nach Hause, aber daß du sie nicht aufmachst, ehe du zu Hause angekommen bist. Erst wenn du bei deinem Vater angelangt bist, knacke diese Nuß auf und gib ihm die Leinewand, die er sich erbeten hat.« Und wie der Wagen so aus heiterem Himmel herniederkam, erschraken seine Brüder und sein Vater gar sehr, sie glaubten, das Jüngste Gericht wäre angebrochen. Er sah seinen Vater, seine Brüder wieder, die sich jedoch ärgerten, daß er zurückgekehrt war. Sein Vater fragte ihn: »Hast du mir das mitgebracht, was ich von dir verlangt habe, mein Sohn?« – »Jawohl, Vater, ich habe es dir mitgebracht.« Bei diesen Worten zerschlug er die Nuß. Und siehe da, in der Nuß fand er ein Maiskorn, er zerschlug das Maiskorn und fand darin ein Weizenkorn. Als er das sah, ärgerte er sich und glaubte, die Katze habe ihn schmählich betrogen. Er rief aus: »Zum Teufel mit der Katze, sie hat mich wohl gar hinter das Licht geführt.« Kaum waren diese Worte seinem Munde entronnen, als er an seiner Hand eine Kralle fühlte, und als er näher hinschaute, entdeckte er, daß seine Hand mit Blut bedeckt war. Da zerschlug er das Weizenkorn und fand darin ein Samenkorn der Rade, eines Unkrauts, das am Wege wächst. Endlich zerschlug er auch noch dieses Samenkorn und siehe, da holte er hundert Meter ganz dünner, feiner Leinewand heraus. »Ich verbeuge mich vor dir, Vater, ich habe meinen Dienst ausgeführt.« – »Bravo, mein Sohn, du sollst leben, du verdienst die Krone zu tragen, werde an meiner Statt Kaiser«, rief der Vater, doch der junge Held erwiderte: »Nein, Vater, ich habe schon meine Reichtümer, ich habe schon ein Kaiserreich, ich habe zu leben, ich werde dorthin wieder zurückgehen, von wo ich gekommen bin.« Da sagte ihm sein Vater: »Nein, mein Sohn, das ist nicht möglich, das darfst du nicht eher, als bis jeder von euch sich ein Mädchen zur Frau geholt hat. Ich will doch auch sehen, wen ihr nehmt. Nun gut, ich will dann so entscheiden: Wer von euch das schönste Mädchen heimführt, der soll Kaiser an meiner Stelle werden.« – »Gut, wir sind einverstanden«, sagten die Brüder. Und sie brachen auf und suchten sich eine Frau, der jüngste Bruder aber setzte sich wieder in den Feuerwagen und fuhr zur Katze zurück. Bei seiner Ankunft fragte ihn die Katze: »Nun, was hast du ausgerichtet?« Da erzählte er nun, daß er die Leinewand seinem Vater gegeben, daß ihm dieser dafür die Krone des Landes aufsetzen wollte, daß er jedoch erwidert habe, er brauche sie nicht, und daß nun ein jeder ausgeschickt sei, sich eine Frau zu suchen. Die Schönste solle die Krone des Landes tragen. Die Katze hörte aufmerksam zu, sagte aber zu alledem kein Sterbenswörtchen. Der junge Held lebte mit der Katze weiter einen Monat zusammen, ohne daß sie auch nur diese Angelegenheit berührte. Da sagte sie eines Tages: »Nun, willst du denn jetzt nicht wieder nach Hause?« – »Ach, wozu soll ich denn nach Hause gehen, ich habe doch gar keine Veranlassung.« Mit der Zeit waren beide ineinander verliebt. Da fragte der junge Kaisersohn eines Tages die Katze: »Warum bist du eigentlich eine Katze?« Doch sie erwiderte ihm: »Frag mich jetzt noch nicht, ein ander Mal, mir ist es verhaßt, auf der Welt zu leben, gehen wir lieber gemeinsam zu deinem Vater nach Hause.« Wieder nahm sie die Lederpeitsche. Der Held eilte sofort herbei. Wieder knallte sie dreimal nach drei Richtungen, worauf wieder der Feuerwagen erschien. So gelangte er zu seinem Vater. Seine Brüder waren schon da und freuten sich, als sie sahen, daß ihr jüngster Bruder allein kam und keine Gemahlin mit nach Hause gebracht hatte. Als das sein Vater sah, fragte er ihn: »Nun, du hast dir keine Gemahlin genommen, du hast dich nicht verheiratet, oder wer ist deine Gemahlin?« Da zeigte der junge Kaisersohn auf die Katze und sagte: »Diese hier ist es! Dieses Kätzchen hier!« Die Katze saß in dem goldenen Körbchen. »O wehe, was willst du denn mit der Katze, sprichst du denn nicht mit ihr?« Die Katze ärgerte sich so sehr über diese Worte, daß sie aus dem Körbchen sprang und in ein anderes Zimmer entschlüpfte. Sie überschlug sich hier und verwandelte sich in ein wunderschönes Mädchen, das so schön war, daß du wohl in die Sonne blicken könntest, aber auf ihre Schönheit nicht, ohne geblendet zu werden. Als sie aus dem Zimmer trat, ging sie auf den jungen Kaisersohn zu und nahm ihn in ihre Arme. Als dies der Vater und die Brüder sahen, waren sie ganz versteinert. Der Vater war so begeistert von dem schönen Mädchen, daß er zu seinem Sohne sagte: »Wahrlich, du hast dir die schönste Gemahlin ausgesucht, du sollst Kaiser werden, sei du Herr über mein ganzes Kaiserreich.« Doch das Mädchen konnte nicht lange in diesem Zustande verharren. Während der Held zu seinem Vater sagte: »Nein, Vater, das geht nicht, ich habe schon ein Kaiserreich und eine Krone, gib beides meinem ältesten Bruder«, überschlug es sich einmal und wurde wieder zu einer Katze und legte sich in ihr goldenes Körbchen. Der Kaiser aber nahm die Krone und setzte sie seinem ältesten Sohne aufs Haupt. Der junge Held verließ nun mit der Katze wieder seinen Vater. Er war aber ein wenig erzürnt, weil sie nicht ein so hübsches Mädchen geblieben war. »Ach, mein Lieber, ich werde dir später einmal sagen, warum ich das nicht vermag, auf mir lastet nämlich ein Fluch.« So kamen sie wieder in ihr Reich und lebten wie vorher. Eines Tages ging der junge Held auf die Jagd. Währenddessen wetzte die Katze zwei große Jatagane[1] scharf. Als er von der Jagd nach Hause kam, setzten sie sich an den Tisch und aßen zusammen. Nachdem sie gegessen hatten, gingen sie in ihre Kammer, plauderten und hielten Zwiesprache. Nach einer Weile stellte sich die Katze krank. »Was hast du, meine Liebe«, fragte er sie. »Ach, ich bin sehr krank. Wenn du mich lieb hast und mir Gutes tun willst, dann haue mir den Schwanz ab! Er ist zu groß und auch zu schwer, ich kann ihn nicht mehr tragen.« Da fing der junge Held an zu jammern: »Nein, du darfst nicht sterben, lieber will ich sterben, ich habe eine Salbe, mit der werde ich dich wieder heilen.« Da sie nun immer mehr in ihn drang, er solle ihr doch den Schwanz abschneiden, tat er es endlich doch ihr zu Gefallen: er hieb ihr den Schwanz ab. Und siehe da, was geschah mit ihr? Sie verwandelte sich in ein Mädchen, aber nur zur Hälfte. Bis zur Hüfte war sie ein Mädchen, zur anderen Hälfte aber blieb sie eine Katze. Als der Held dies sah, freute er sich gar sehr, doch die Katze ließ nicht ab mit Bitten. Sie wolle nicht mehr auf dieser Welt leben, sie sei des Lebens, das sie bisher geführt habe, überdrüssig. »Ich bitte dich, haue mir doch den Kopf ab! Du sollst auch alles, was du hier siehst, das ganze Kaiserreich, haben.« – »Wie kannst du von mir verlangen, daß ich dir den Kopf abschlage?« – »Wenn du mich lieb hast und du mir ein Liebes tun willst, dann haue mir den Kopf ab!« So vielem Bitten und Drängen konnte er nicht widerstehen. Er nahm den andern Jatagan und schlug ihr den Kopf ab. Und siehe da, in demselben Augenblick verwandelte sich die Katze in ein wunderschönes Mädchen, und alle Katzen, die im Palaste waren, wurden wieder Menschen, und die ganze Stadt wurde wieder so, wie sie gewesen war. Und alle Welt rief: »Hoch lebe unsere Kaiserin!« Da nahm

[1] Türkische Säbel, kurz und breit.

der junge Kaisersohn das hübsche Mädchen und herzte und küßte es. Sie aber sagte ihm: »Von nun an bist du mein Gemahl, denn ich war bisher verflucht von der Mutter Gottes so lange, bis sich ein Kaisersohn fand, der mir den Kopf abhieb, und das warst du. Nun laß uns jetzt zu deinem Vater gehen, doch nimm dich vor deinen Brüdern in acht, sie trachten dir nach dem Leben.« Als die beiden zu seinem Vater kamen, da wußte der gar nicht, was er vor Freude tun sollte. Und noch mehr entbrannte sein Herz für die schöne Gemahlin seines Sohnes. Da versuchte er, seinen Sohn zu töten, um in den Besitz des schönen Mädchens zu kommen, und sagte eines Tages zu ihm: »Gehe auf die Jagd, ich habe so großen Appetit auf Wildbret.« Als der Kaiser nun so mit der schönen Frau allein war, ging er zu ihr ins Zimmer. Auf dem Wege zu ihr lief ihm eine Katze über den Weg. Er sagte seiner Schwiegertochter, sie solle ihn doch lieb haben, doch da gab sie ihm eine tüchtige Ohrfeige. »Was glaubst du denn, wer ich bin, du alter Tolpatsch?« rief sie, und als ihr Gemahl nach Hause kam, erzählte sie ihm, was ihr sein Vater angetan hatte. »Sogleich müssen wir von hier fort, wir kehren nach Hause zurück!« Der Sohn stellte sich freundlich zu seinem Vater und tat so, als habe ihm seine Gemahlin nicht davon erzählt, und sagte: »Es ist schön von dir, daß du mit meiner Gemahlin plauderst.« Sein Vater aber wollte ihn zwingen und drohte ihm: »Wenn du mir nicht jene da hier läßt, so werde ich dich aufhängen lassen.« — »Wenn ich bis heute abend sterben soll, so wisse, läßt mich meine Gemahlin nicht sterben.« Da gab sein Vater Befehl, daß man seinen Sohn einsperren solle mitsamt seiner Gemahlin. Als das die beiden erfuhren, flohen sie. Seinem Vater aber rief er noch zu: »Damit du es weißt, Vater, noch eine kurze Weile, und meine Gemahlin wird dich bestrafen!« Als die beiden wieder in ihr Reich kamen, hoben sie ein großes Heer aus und erklärten ihrem Vater den Krieg, um sich an ihm zu rächen. Was sollte da der alte Kaiser tun? Wohl oder übel mußte er sich mit dem Kaiser der Katzen schlagen. In drei Tagen hatte er schon sein Heer beisammen; doch der Sohn schlug seinen Vater und vernichtete sein ganzes Heer. Nur der Vater allein blieb übrig. Als er sah, daß er verloren war und keine Kräfte mehr hatte, sagte er zu seinem Sohn: »Verzeihe mir, mein lieber Sohn, in meinem ganzen Leben habe ich keinen Fehltritt getan, richte gerecht! Du wirst mein Kaiserreich mit Gerechtigkeit regieren. Woher ich gekommen bin, habe ich dir erzählt.«

42. Der Kaiser der Blumen[1]

Es war einmal ein armer Mann, der hatte 99 Kinder. Und der Kaiser sandte Boten im Lande aus, die 99 junge Burschen suchen und sie unverzüglich in seinen Palast schicken sollten. Die Boten kamen zum Primaren, dem Bürgermeister eines Dorfes. Der jammerte, wo sollte er 99 Männer hernehmen, so viele junge Burschen gäbe es ja im ganzen Dorfe nicht einmal. Der Primar schickte die kaiserlichen Boten zu seinem Onkel, dem armen Manne: er soll doch seine 99 Kinder zum Kaiser schicken, der sie für das Heer brauche. So arm der Mann auch war, so hatte er doch eine Wiese und ein Stück Feld, das er jedes Jahr mit Korn bestellte; doch seit 20 Jahren hatte der Acker ihm auch nicht ein einziges Weizenkorn mehr getragen. Er wunderte sich sehr darüber und sagte zu seinen Kindern: »Liebe Söhne, ich bin jetzt ein Mann von 90 Jahren und habe nicht ein einziges Korn geerntet. Jedesmal, wenn es reif war, wurde es gestohlen, aber keiner konnte den Dieb sehen.« Da trat ein Sohn vor und sagte: »Ich will hingehen und aufpassen; wehe dem, der sich erdreistet, das Korn zu nehmen, ich will doch dahinterkommen, wer der Dieb ist.« Dann ging er zu dem Kornfeld und stieg auf einen Baum, der in der Nähe stand. Gegen Mitternacht kam eine Wolke her-

[1] Die Überschrift wurde vom Erzähler selbst angegeben.

nieder, und der Sohn dachte gleich, als er die Wolke sah, diese sei der Dieb. Doch da kam eine Koppel Pferde vom Himmel. Vorneweg sah der junge Mann einen stolzen Hengst laufen und die anderen hinterdrein. Kurz entschlossen sprang er dem Hengst auf den Rücken und hielt sich an seiner Mähne fest. Das Pferd, das wohl an 100 Jahre alt war, eilte mit ihm davon und sagte zu ihm: »Bravo, Herr, du hast dich gut gehalten.« – »Jawohl, ich habe mich gut gehalten; so viele Jahre man Korn gesät hat, so viele Jahre hat man nichts geerntet.« Das Pferd antwortete ihm: »Nimm drei Haare aus meiner Mähne und gehe nach Hause.« – »Doch friß nie wieder Korn!« – »Wenn du mich brauchen wirst und an mich denkst, dann schüttle die drei Pferdehaare und im selben Augenblick werde ich bei dir sein.« Da nahm der junge Held die Pferdehaare und fragte das Pferd: »Wie soll ich nun nach Hause kommen, der Weg ist lang, wohl an die 100 Jahre muß ich reiten.« – »Besteige mich wieder!« Da fragte das Pferd den jungen Helden: »Soll ich fliegen wie der Gedanke oder wie der Wind?« Der junge Held antwortete: »Wie der Gedanke, denn der Wind macht mich zuschanden.« Kaum hatte der junge Held den Gedanken gefaßt, da war er auch schon zu Hause. Doch seinem Vater erzählte er nicht, was er erlebt hatte, sondern sagte nur: »Vater, wir wollen Korn mähen, es ist reif.« Der Vater sagte: »Gut, mein Junge, doch wir haben kein Geld, daß wir uns Mäher dingen können.« Der junge Held antwortete darauf: »Ich gehe zum Großbauern ins Dorf und sage ihm, wenn er Männer brauche, wollen wir 99 Brüder ihm helfen und ihm das Korn mähen. Er solle jedem von uns einen Franken geben.« Und er ging zum Bauern, und der dingte ihn zum Mähen. Er arbeitete zunächst einen Tag zur Probe. Darauf nahm der Bauer alle 99 Brüder, und ihr Vater mußte auf den Markt gehen und 99 Sicheln kaufen. Für jedes Kind hatte der Bauer ihm einen Franken gegeben. Er ging auch auf den Markt, aber er kaufte nur 98 Sicheln, den einen Franken vertrank er. Als er wieder nach Hause kam, übergab er dem Jüngsten alle Sicheln. Dieser brachte die Sicheln den anderen Brüdern, die sich schon auf dem Felde befanden, wo das Korn gemäht werden sollte, und gab einem jeden eine Sichel. Und als er sie alle weggegeben hatte, sah er, daß für ihn selbst keine mehr übrig geblieben war. »Aber Vater«, sagte er, »wo ist denn meine Sichel?« — »Mein Junge, deine Sichel habe ich vertrunken, als Aufseher stand mir doch ein Frank zu.« — »Das schadet nichts, Vater, dann bereite ich eben das Essen.« Da nahm der kleine Bruder ein Messer und schnitt ein wenig Korn, um damit Feuer zu machen. Als das Feuer angefacht war, war die Hälfte des Kornes schon gemäht. Er setzte Bohnen aufs Feuer, daß sie kochen sollten, außerdem bereitete er für seine Brüder ein Gericht Maisbrei. Und als das Essen gar war, rief er seine Brüder zur Mahlzeit. Sie hatten noch nicht ihre Mamaliga[1] gegessen, als das ganze Korn, ehe sie sich es versahen, umgehauen war. Da verwunderten sie sich gar sehr und glaubten, daß es ein großer Held gewesen sein müßte, der diese Tat vollbracht hatte, und sie fürchteten sich. Da kam Befehl, daß sie wieder fort sollten, und als sie zu Hause anlangten, da kam auch schon der Primar und sagte zu ihnen: »Morgen müßt ihr zum Kaiser aufbrechen.« Doch der Jüngste unter ihnen fragte den Primaren: »Wo sollen wir denn die Pferde hernehmen, auf denen wir zum Kaiser gelangen?« — »Ja, woher soll ich sie denn nehmen, findet sich doch in meinem Dorfe nicht ein einziges Pferd, und wie soll ich denn erst 99 aufbringen?« Doch der Knabe wußte, was er zu tun hatte, er besann sich auf das Pferd, das ihm drei Haare gegeben hatte. Er ging hinter das Haus, holte die drei Haare hervor und schüttelte sie in der

[1] Maisbrei, ziemlich fester Brei, ehemals aus Hirse, jetzt aus Mais, vornehmlichstes Nahrungsmittel nicht nur des rumänischen Bauern, sondern der Landbevölkerung des gesamten östlichen und südöstlichen Europa. Das Wort, unsicheren Ursprungs, hat nach Weigand einen bulg. Stamm »mamolja«, mummeln, und ist mit der Verbreitung des Maises im 16. Jahrhundert in alle umliegenden Länder gewandert. Die rumän. Form »mamaliga« hat sich überall durchgesetzt.

Luft, und siehe da, das Pferd war bei ihm und fragte ihn: »Was befiehlst du, Herr?« – »Ach, es ist Befehl gekommen, daß wir ins Heer eintreten sollen, und wir haben doch keine Pferde.« Kaum hatte er den Wunsch ausgesprochen, als auch schon 99 stattliche Pferde, mit den besten Sätteln und Zügeln versehen, angelaufen kamen. Alle waren zum Reiten fertiggemacht und warteten nur noch darauf, bestiegen zu werden. Als alles bereit war, kam das Pferd, das zuerst erschienen war, zum Knaben und flüsterte ihm ins Ohr: »Ich stehe neben dir, du brauchst mich nur zu besteigen.« Das Pferd brach mit dem Knaben auf, und es lief schon nahezu eine Stunde, die anderen 98 Pferde trabten immer hinterdrein. Da sagte der Knabe zu seinem Pferde: »Ach, wir haben gar keine Kleider, um uns fürs Heer anzukleiden.« Da sagte das Pferd leise zu ihm: »Stecke deinen Finger in mein Ohr und hole dir 98 fertige Kleider heraus.« Da zogen alle 98 Brüder sich diese Kleider an und konnten nun als Soldaten vor das Angesicht des Kaisers treten. Dann bestiegen sie wieder ihre Pferde und ritten wieder weiter. Unterwegs kamen sie in das Gebiet der Greifenmutter, einer gefürchteten Heldin, die eine größere Heldin war als der Held selbst. Er rief daher seinen Brüdern zu: »Jetzt nehmt euch in acht, denn dieses Weib hat eine große Macht und vernichtet, wen sie nur in ihre Klauen bekommen kann. Aber wenn ihr auf mich horcht, so wird euch nichts geschehen.« Da riefen sie alle einmütig: »Was du uns befiehlst, lieber Bruder, das tun wir.« Nun kamen sie bei der Greifenmutter an: »Guten Tag, Greifenmutter!« – »Guten Tag, ihr weltlichen Wesen! Welcher Wind hat denn euch zu mir geweht?« – »Ach, wir sind hierher gekommen, denn der Kaiser hat nach uns geschickt, daß wir seine Soldaten werden und ihm zu Dienste seien. Beherberge uns bis morgen, und gib uns zu essen und zu trinken!« Da gab die Greifenmutter einem jeden ein Zimmer und ließ jedem eine große Portion Essen reichen, und außerdem gab sie einem jeden der 99 Brüder ein Mädchen für die Nacht. Der Jüngste aber, Peter mit

Namen, sagte seinen Brüdern, ohne daß die Greifenmutter es hörte: »Seid um Himmels willen auf der Hut, paßt ja gut auf. Nehmt die Mädchen und scherzt mit ihnen und habt sie lieb und spielt mit ihnen, bis sie müde werden. Und wenn sie völlig ermattet sind, dann legt auf jedes Mädchen eins von euren Kopfkissen. Denn um 12 Uhr müssen wir alle auf und davon sein, denn sonst sind wir alle verloren. Die Greifenmutter wird um diese Zeit noch schlafen. In fünf Minuten kommen wir zu einem Kaiser. Gelingt es uns, dorthin zu fliehen, dann sind wir gerettet.« Als die zwölfte Stunde herannahte, fiel die Greifenmutter vor Müdigkeit auf ihre Füße, und der Schlaf überkam sie. Die 99 jungen Burschen erhoben sich und machten sich auf und davon. Kaum fünf Minuten waren sie weg, da erhob sich die Greifenmutter, nahm einen großen Säbel in die Hand, trat in die Zimmer, denn sie glaubte, die Soldaten wären noch darin. Und anstatt daß sie die jungen Burschen tötete, erschlug sie die 99 Mädchen mit ihrem Säbel. Doch als sie am Morgen sah, was sie angerichtet hatte, da packte sie die Wut, sie setzte sich auf den Mörser und ritt auf ihm den jungen Burschen in Windeseile nach. Sie flog, doch alles vergebens. Sie waren schon an den Grenzen des Gebietes der Greifenmutter. Da schrie sie dem Helden nach: »Ein großer Gauner bist du, ich bin schon einer, aber ein größerer bist du!« Da antwortete ihr der Held: »Greifenmutter, wenn ich ein Gauner wäre, würdest du mich nicht im Schlafe getötet haben, mich, der ich doch ein noch größerer Gauner bin als du?« So verhöhnte er sie. »Das schadet nichts«, sagte sie, »du wirst doch eines Tages noch in meine Gewalt kommen.« Bevor sie den Hof des Kaisers erreichten, gab der Held seinen Brüdern einige weise Ratschläge. Er selbst trat in den Palast des Kaisers ein und war ihr Sprecher. »Wie ich euch vorsagen werde, so sagt ihr mir es nach«, hatte er seinen Brüdern befohlen. »Hoch lebe Euer Gnaden, wir sind auf Euren Befehl gekommen, den Ihr gegeben habt.« — »Das freut mich, ihr jungen Burschen, ihr werdet Dienst tun bei mir wie ein jeder Soldat. Doch erst müßt ihr ausgebildet werden.« Der Kaiser bestimmte daher sofort einen Hauptmann, der ihnen Instruktionen gab. Dieser bildete die 99 Brüder zu Soldaten des Kaisers aus. Er schlug sie, wenn sie es nicht begriffen; zu schwerfällig waren sie auch. Der arme Hauptmann hatte seine große Mühe mit ihnen. Eines Tages ging der Kaiser auf die Jagd. Vorher ließ er den Hauptmann zu sich kommen und drohte ihm: »Ich werde jetzt auf die Jagd gehen, wehe dir, wenn ich bei meiner Rückkehr nicht ausgebildete Leute vorfinde; ich sage dir es gleich, ich werde dich töten.« Der junge Held, der jüngste der Brüder, begriff sehr leicht; was seine anderen Brüder in drei Jahren lernten, lernte er in drei Tagen. Das ärgerte die anderen, denn sie mußten darunter leiden. Sie gingen daher zum Kaiser und sagten zu ihm: »Erlauchter Kaiser, gestern abend prahlte Peter in unserer Gegenwart, daß er die Geige von der Greifenmutter herbeischaffen könne. Diese Geige spiele ganz von selbst. Das kannst du doch nur, erlauchter Kaiser, was bildet sich denn Peter nur ein!« Da ließ der Kaiser den Peter zu sich rufen. »Was befehlt Ihr, erlauchter Kaiser?« – »Ich befehle, daß du das vollführen sollst, dessen du gestern abend dich in der Trunkenheit gerühmt hast. Und zwar hast du das in drei Tagen auszuführen.« – »Wessen habe ich mich denn gerühmt?« – »Du hast dich gerühmt, die Geige, die aus dem Hintern von ganz allein spielt, der Greifenmutter zu entreißen.« Da fing er an zu weinen. Er ging in seiner Not zu seinem guten Pferd. »Sagte ich dir nicht, daß du wiederkommst?« Und als das Pferd ihn weinen sah, fragte es: »Warum weinst du denn?« – »O, mein gutes, liebes Pferd, warum sollte ich denn nicht weinen, meine Brüder haben mich beim Kaiser verleumdet und haben gesagt, ich wäre imstande, von der Greifenmutter die Geige zu holen.« Das Pferd beruhigte ihn und sagte: »Wenn du vernünftig bist und dich einigermaßen geschickt anstellst, werden wir beide die Geige herbeischaffen. Besteige mich, wir machen uns gleich auf den Weg.«

Endlich kamen sie auf dem großen Gute der Greifenmutter an. »Paß jetzt gut auf, was wir machen«, sagte das Pferd, »ich verwandle mich in einen Pferdeschädel, der am Wege liegt, und du überschlage dich einmal, so verwandelst du dich in eine Fliege, dann setze dich auf den Schlüssel, der in dem Schlüsselloch steckt, und halte dich an der Wand fest, aber komme um Himmels willen nicht mit deinen Flügeln der Wand zu nahe, denn sonst klebst du gleich fest. Und daß du um Himmels willen nicht mit dem Flügel an die Geige kommst, sonst wird sie laut schreien, daß man sie über neun Länder und neun Meere hört. Wenn das einträte, würde dich die Greifenmutter töten. Um zwölf Uhr wird sie vor Mattigkeit niederfallen. Diesen Augenblick mußt du wahrnehmen, schnell nach der Geige greifen und so schnell, wie du nur kannst, davoneilen.« So wie das Pferd gesagt hatte, so tat auch der Knabe. Zuerst hatte er sich als Fliege am Schlüssel versteckt, dann schlich er sich immer mehr an die Geige heran. Dort blieb er sitzen.

Gegen zehn Uhr kam die Greifenmutter und befahl, die Musikanten sollten ihr aufspielen. Die Musikanten war aber die Geige selbst. Als sie anhub zu tönen, kamen Kinderchen angesprungen und tanzten Reigen. Ihre Seele hüpfte aus ihren Körpern vor den wunderbaren Weisen der Lieder, die die Geige so ganz allein sang. Als die zwölfte Stunde herankam, fiel die Greifenmutter zu Boden und schlief ein. In diesem Augenblick legte der Held Hand an die Geige und eilte, so schnell er nur konnte, davon. Als sie so laut schrie, da ertönte es über neun Länder und neun Meere, so weit hörte man sie. Doch die Greifenmutter wachte davon nicht auf. Die Fliege und der Pferdeschädel hatten sich wieder verwandelt und flogen nun durch die Luft wie der Wind. Als die Greifenmutter erwachte, fand sie ihre Geige nicht mehr vor und beeilte sich nun, den beiden nachzufliegen und die Geige wieder abzunehmen. Sie erreichte ihre Grenze und konnte gerade noch den Schwanz des fliehenden Pferdes erwischen. Als sie nach dem Knaben greifen wollte, blieb der Pferdeschwanz in ihrer Hand. Da rief sie ihm bittend nach: »Peter, du hast mir mein Liebstes entführt. Gib es mir wieder zurück!« Peter erwiderte ihr: »Greifenmutter, es ist nicht meine Schuld, ich habe einen Befehl ausführen müssen, und das ist meine Pflicht.« Er begab sich wieder zum Kaiser und sagte ihm: »Ich habe deinen Befehl, den du mir aufgegeben hast, ausgeführt, hier ist die Geige!« Da versprach der Kaiser vor lauter Freude Peter alles, was er nur haben wollte, und schenkte ihm neun große Beutel voll Geld und sagte ihm, er solle wieder zu den Soldaten gehen, sie seien ganz außer Rand und Band gekommen, seit er weg sei. Sie seien völlig verdummt. Er solle ihr Hauptmann sein. So ging er wieder zu seinen Brüdern, unterrichtete sie und prügelte sie gehörig durch, weil sie sich allzu dumm anstellten. Er schlug sie beinahe zu Tode, aber er mußte ja so strenge sein, denn der Kaiser verlangte von ihm, daß sie tüchtige Soldaten werden sollten. Doch was taten die Brüder, als die Instruktion zu Ende war? Sie gingen alle zum Kaiser und verleumdeten ihren Bruder, indem sie sagten: »Erlauchter Kaiser, gestern abend hat Peter geprahlt, er könne die Glucke mit den neun Küchlein aus Gold herbeischaffen, die sich bei der Greifenmutter befinden.« Der Kaiser rief Peter zu sich und sagte: »Peter, was du gestern abend in der Trunkenheit gesagt hast, mußt du in drei Tagen ausführen.« – »Wessen soll ich mich gerühmt haben?« fragte erstaunt Peter den Kaiser. »Schon gut, du holst mir die neun Küchlein von Gold mitsamt der Glucke!« Da ging er weinend zu seinem Pferde. Das Pferd fragte ihn: »Warum weinst du denn? Anstatt daß du lachend zu mir kommst, kommst du mit Tränen in den Augen. Sei nur ruhig, Herr, das wollen wir schon schaffen, wir holen auch die Glucke herbei.«

Der Kaiser wußte gar nicht, was er vor Freude machen sollte. Er war ganz begeistert von der Geige. Alle Kaiser der Welt hörten es, wenn die Geige spielte, so weit ertönte sie.

Als die Kaiser nun gar erst die Geige sahen, die es nur einmal auf der ganzen weiten Erde gab, da lobten sie alle den, der die Geige der Greifenmutter entrissen hatte, und beglückwünschten den Kaiser zu einem solch tüchtigen Soldaten. »Bravo, Kaiser«, sagten sie, »du hast einen Soldaten, der verdient, im Range gleich nach dir zu kommen.« Alle konnten sich nicht satt hören an der schönen Musik. Sie übertraf jegliche Musik, die von Musikanten gespielt wurde. Währenddessen war der junge Held zur Greifenmutter aufgebrochen und hatte wirklich die Glucke mit den Küchlein gestohlen. Er kehrte zum Kaiser zurück und sagte: »Erlauchter Kaiser, ich verneige mich vor dir mit dem Dienste, den du mir aufgegeben hattest.« – »Bravo, Peter, hier hast du einen Beutel voll Geld!« sagte der Kaiser. Wieder ging er zu seinen Brüdern und mußte sie unterrichten, denn sie hatten in der Abwesenheit alles wieder vergessen, was er ihnen vorher beigebracht hatte. Er schlug sie und zog sie an den Haaren. Da gingen sie wieder zum Kaiser und verleumdeten ihren Bruder, denn sie wollten Rache an ihm nehmen, und erzählten, ihr Bruder habe gesagt, er könne die Greifenmutter lebendig zum Kaiser bringen. »Peter, was hast du gestern abend wieder geprahlt, du könntest die Greifenmutter mit Haut und Haaren heil herbeischaffen?« Als der Kaiser dies von seinen Soldaten gehört hatte, hatte er sich bekreuzigt. Als er es jetzt selbst aussprach, bekreuzigte er sich wieder, denn er konnte nicht fassen, wie einer seiner Untertanen Scherz und Spott mit der Greifenmutter treiben könnte. »Wie kannst du nur so dummes Zeug reden, bist du toll? Wie kann einer die Heldin aller Helden herbeischaffen wollen! Zur Strafe, weil du dich dessen gerühmt hast, sollst du dies in drei Tagen ausführen.« Da fing der junge Held vor dem Kaiser an zu weinen. »Erlauchter Kaiser, glaubt Ihr, daß ich mich dessen gerühmt habe? Bedenkt selbst, wie kann ich, ein Mensch von Fleisch und Blut, die größte aller Unholdinnen besiegen, ist das möglich? Wo der Kopf ist, steht auch der Fuß. Wir können doch nur Heldentaten für diese Welt vollbringen.« Doch der Kaiser blieb dabei, weinend ging der Knabe von dannen. Er eilte zu seinem Berater, dem Pferde, und klagte ihm sein großes Leid. »Ja, Herr, dies wird sehr schwer halten, dieser großen Gefahr werden wir wohl nicht entrinnen, ohne unser Leben dabei einzubüßen. Doch wir wollen es versuchen. Geh zum Kaiser und erbitte dir eine Axt, ein Zimmermannsbeil, eine Säge, drei eiserne Reifen und dreißig Nägel.« Der Jünglng trug dem Kaiser seine Bitte vor, und der Kaiser gab ihm sogar einen Wagen mit eisernen Achsen. So zog denn der junge Held in den Wald, in dem die Greifenmutter wohnte. Das Pferd machte halt und sagte zu seinem Herrn: »Mach einen Sprung, überschlage dich einmal und verwandle dich in einen alten Mann von 80 Jahren. Haue diesen Apfelbaum um und fertige einen Sarg. Und wenn dann die Greifenmutter kommt und dich fragt, wer dir die Erlaubnis gegeben habe, Holz in ihrem Walde zu schlagen, so sage ihr: ›O weh, liebe Greifenmutter, Peter, der Soldat, ist gestorben.‹ Paß auf, wie sie sich da freuen wird, wie sie dir dabei sogar noch helfen wird.« Und siehe da, wirklich kam sie an und fragte den alten Mann: »Wer hat dir denn Erlaubnis gegeben, daß du in meinem Walde Holz schlägst?« – »O weh, Königin aller Helden, o Greifenmutter, Peter, der Soldat, den Ihr doch wohl kennt, ist gestorben, und ich bin hierher gekommen, daß ich ihm aus diesem Holze einen Sarg mache.« Da freute sie sich in ihrem Herzen und ließ den alten Mann in ihrem Walde gewähren. Dieser schnitt nun in aller Ruhe die Bretter und zimmerte sich den Sarg zurecht. Da sagte er plötzlich zur Greifenmutter: »Wie, zum Teufel, machen wir es nur weiter? Ich habe die Maße vergessen. Steige du doch einmal hinein, damit ich sehe, wo der Sarg zu breit, und wo er zu schmal ist, damit ich an dir sehe, ob er paßt.« Die Greifenmutter stieg in den Sarg. Da sah nun der alte Mann, wo der Sarg zu eng war. Die Greifenmutter sagte: »Nur an der linken Schulter drückt er mich ein wenig.« Und an dieser Stelle schnitt der alte Mann noch etwas heraus. Als er damit fertig war, stieg die Greifenmutter noch einmal in den Sarg, um zu sehen, ob er ja passe. Sie sagte: »O, er paßt ausgezeichnet.« – »Da müssen wir doch einmal zusehen, ob auch der Deckel paßt«, erwiderte da der alte Mann und nahm den Deckel und legte ihn auf den Sarg und fragte sie: »Ist der Deckel recht?« – »Ausgezeichnet hast du das getroffen, besser konntest du es gar nicht machen.« – »Nun wollen wir einmal die Reifen darum legen, ob die passen.« Er legte alle drei Reifen herum und schlug noch zu guter Letzt alle dreißig Nägel ein. Als er damit fertig war, schrie die Greifenmutter von drinnen: »Nun, Alterchen, laß mich wieder heraus!« – »Das fällt mir gar nicht ein, hier drinnen sollen deine Knochen vermodern. Ich bin Peter, der Soldat, der doch ein größerer Gauner ist als du.« Sie wollte mit aller Gewalt wieder aus dem Sarge und schlug heftig an die Wände, aber die Bretter gaben nicht nach. Sie war eingeschlossen. Als Peter den Sarg auf den Wagen hob, hielt der Wagen die Last nicht aus und zerbrach. Da rief sie: »Peter, Peter, du tust mir Schaden an meiner Gesundheit, ich habe dir doch nicht ein einziges Übel zugefügt, noch habe ich irgendwie Hand an dich gelegt.« Peter aber sagte: »Was machen wir nur, der Karren ist entzweigegangen? Ach, ich werde den Sarg mit auf mein Pferd nehmen.« Er nahm den Sarg mit der Greifenmutter und hob ihn auf sein Pferd. So kam er zum Kaiser. Als dieser ihn sah mit solch einem Riesensarg, da erschrak er. Vor lauter Furcht und Angst richtete er ein großes Zimmer ein, das nur allein für die Greifenmutter bestimmt war. Und als Peter den Kaiser aufforderte, den Sarg zu öffnen, sagte der Kaiser: »Öffne du!« Da machte der junge Held den Sarg auf, in dem der Kaiser sie nun liegen sah, und dieser verwunderte sich sehr, daß es ihm geglückt war, diese Unholdin unschädlich zu machen. Peter aber trat vor den Kaiser und sagte: »Erlauchter Kaiser, ich habe nun drei volle Jahre Militärdienst getan. Ich bin doch wohl nun frei, daß ich wieder nach Hause gehen kann?« Der Kaiser ließ ihn aber nicht gehen, sondern sagte: »Nein, mein Sohn Peter, du mußt noch bleiben, ich kann dich nicht freilassen, ehe du nicht die Greifenmutter bezähmt hast. Geh wieder hinunter zu den Soldaten, denn diese sind ganz außer Rand und Band gekommen.« Was sollte er da tun, er mußte gehorchen, ob er wollte oder nicht. Er ging also wieder zu seinen Brüdern und schlug sie halbtot, da sie alle seine Instruktionen vergessen hatten. Da sagten die Brüder unter sich: »Liebe Brüder, wir gehen hier noch elendig zugrunde, wir können ihn nicht umbringen; sooft wir ihn beim Kaiser schlechtgemacht haben und glaubten, nun seien wir den strengen Herrn los, hat er es immer wieder fertiggebracht, die Befehle, die der Kaiser ihm zur Strafe gegeben hatte, auszuführen. Seiner Gewalt können wir nicht entrinnen.« Da versuchten sie es noch einmal und gingen zum Kaiser und sagten: »Erlauchter Kaiser, Peter ist völlig von Sinnen geworden. Er meinte, wir sollten mit ihm den Mann aus lauter Blumen aus den Bergen der Sehnsucht holen.« Als das der Kaiser aus dem Munde seiner Soldaten vernahm, gab er jedem eine kräftige Ohrfeige und schrie sie an, sie seien wohl verrückt geworden, einen Heiligen herbeischaffen zu wollen. Wieder rief er Peter zu sich und fragte ihn: »Was hast du von den Soldaten verlangt? Daß sie mit dir den Mann der Blumen vom Felde der Sehnsucht holen sollen?« Da fing Peter an bitterlich zu weinen; denn das war schier unmöglich. Doch der Kaiser setzte seine Rede fort und meinte: »Peter, wenn du mir den Heiligen der Blumen herbeischaffen kannst, sollst du mein Schwager werden, ich will dir meine Schwester zur Frau geben, und mit einem Schlage sollst du General werden.« Wie immer begab sich der junge Held zu seinem Pferd, das in solchen schweren Lagen ihm immer beigestanden hatte. Weinend erzählte er dem Pferde, was der Kaiser ihm gesagt hatte: »Höre doch nur einmal, ich soll dem Kaiser den Blumenheiligen bringen.« Da wurde das Pferd nachdenklich und sagte: »Herr, was wir bisher vollbracht haben, war eine reine

Spielerei gegen das, was wir nun vollbringen sollen, aber dieses letzte wird uns den Kopf kosten, jetzt verderben wir. Doch laß mir drei Tage Zeit, daß ich einmal darüber nachdenke, das will bedacht sein.« Lange hatte das Pferd nachgedacht, endlich fand es drei Lösungen. Zuerst hatte es ausfindig gemacht, wohin, in welche Richtung es sich zu wenden hätte, um den Heiligen der Blumen aufzufinden. Das Pferd brach zunächst allein auf, um zu erkunden, auf welchem Wege der Blumenheilige zu gehen pflegte. Nach langem Suchen fand es denn auch die Wege, die zum See mit süßer Milch führten. Es kam sogleich wieder zurück, und beide begaben sich wieder zum Kaiser. »Geh zum Kaiser und bitte dir drei Fässer von dem allerbesten und köstlichsten Weine aus«, sagte das Pferd zum jungen Helden. Darauf gingen sie an den Süßmilchsee. Als sie dort waren, machten sie eine große Grube in die Erde und versteckten sich beide darin, damit der Heilige sie nicht sähe. Sie schütteten Erde über sich, soviel, daß sie ganz verdeckt waren und nur die Augen heraussahen. Und siehe, es dauerte nicht lange, da kam der Heilige der Blumen an den See. Er kleidete sich aus und nahm ein Bad in dem See der süßen Milch. Nach einer Weile stieg er wieder heraus, zog sich wieder an und trank einen Becher eiskalten Wassers. Darauf überkam ihn der Schlaf. Nachdem er eine Stunde geschlafen hatte, da erwachte er, stand auf und ging weg. Da kamen die beiden aus ihrer Grube hervor und schüttelten die Erde ab, die an ihren Kleidern haften geblieben war. Sie leerten den Brunnen, aus dem der Heilige getrunken hatte, schöpften alles Wasser heraus und gossen den Wein, den sie vom Kaiser mitgenommen hatten, hinein. Ebenso schöpften sie die süße Milch aus dem See und gossen ihren Wein hinein. Als nun am zweiten Tage der Blumenheilige kam, sich wieder auszog, ein Bad nahm und wieder dem See entstieg, da war er ganz betrunken. Und dann ging er an den Brunnen und trank wie gewöhnlich einen Becher kalten Wassers, doch er wußte nicht, daß inzwischen jemand Wein hineingegossen hatte. In seinem Leben hatte er noch keinen Wein getrunken. Ein solches Getränk kannte er nicht. »Ah«, schmeckte er, »wie ist das Wasser süß! Solange ich doch schon Wasser trinke, hat es mir noch nie so gut gemundet. Ich trinke noch einen Becher voll ...« Und als er ihn ausgetrunken hatte, war das Wasser ihm noch süßer erschienen als vorher. Er holte daraufhin einen ganzen Eimer voll aus dem Brunnen und trank in einem Zuge den ganzen Eimer voll aus. Davon war er nun völlig betrunken. Als er wieder aufstehen wollte, konnte er es nicht, die Beine versagten. Er fiel immer wieder zu Boden. Er gab bald seine Bemühungen auf, sich wieder zu erheben, und schlief ein. Als das Pferd und der junge Held das sahen – denn ihre Augen schauten ja aus der Erde heraus –, da sagte das Pferd: »Schnell, springe auf, setze ihn auf mich und laß uns fliehen.« So kam Peter mit dem Blumenheiligen wirklich am Hofe des Kaisers an. Der Heilige schlief noch immer. Drei Tage und drei Nächte hatte er schon geschlafen, als er endlich wieder zu sich kam und aufwachte. Und als er um sich blickte und sah, daß er im Palaste des Kaisers war, da fing er an zu weinen.

Peter aber trat vor den Kaiser hin und sprach: »Erlauchter Kaiser, meine Dienstzeit ist nun um. Laß mich nach Hause!« Da wurde der Kaiser traurig, es tat ihm sehr leid, einen so tüchtigen Helden zu verlieren, und bat ihn, noch drei Tage zu bleiben: »Iß und trink, drei Tage lang.« Doch Peter wollte sich an den Soldaten, seinen Brüdern, rächen und trat vor den Kaiser und sagte ihm, was die Soldaten behaupteten, tun zu können. »Erlauchter Kaiser, sie könnten ihre Übungen auf brennenden Heuhaufen machen, ohne daß sie verbrennten. Laß mich den Versuch machen.« Daraufhin rief der Kaiser seine Soldaten zu sich und fragte sie: »Was habt ihr gestern in der Trunkenheit behauptet, ihr könntet auf brennenden Heuhaufen eure Übungen machen, ohne zu verbrennen? Drei Tage will ich euch Zeit geben, wehe euch, wenn ihr dies in der Zeit nicht fertiggebracht habt.« – »Erlauchter Kaiser, wir haben uns dessen nicht gerühmt«, jammerten sie. Aber der Kaiser hörte nicht auf sie. »Ihr sollt eure Übungen auf brennenden Heuhaufen machen, ihr habt doch gesagt, ihr würdet nicht verbrennen.« So geschah es auch. Man stellte die Soldaten auf die brennenden Heuhaufen, nachdem man ihnen vorher ihre Kleider abgenommen hatte. Und siehe da, sie verbrannten und blieben verkohlt auf dem Platze liegen. Das war ihre Strafe, weil sie ihren Bruder so oft verleumdet hatten. Auf diese Weise war er ihnen entronnen.

Währenddessen hatte sich der Blumenheilige erhoben, noch halb im Schlafe fragte er: »Wer war der Held, der mich entführt hat?« Peter wurde herbeigeholt und vor ihn geführt. »Bravo, Peter, du bist der Held und bist so klug und listig, daß du dich sogar in andere Welten wagst«, sagte der Kaiser zu ihm. Da fragte der Heilige den Kaiser: »Was willst du mit mir tun? Ich bin doch von einem anderen Reiche. Ich bin der Kaiser der Blumen. Laß mich wieder fort von dir in mein Reich. Aller Tribut, den ich dir als Gefangener schulde, wird dir bezahlt werden.« Da erwiderte der Kaiser ihm: »Ich habe nicht den Ehrgeiz, dich dem Volke zu zeigen und mich zu rühmen, was für einen Kaiser ich hier als Gefangenen bei mir beherberge. Denn ich habe noch einen wie dich. Ich habe ja noch die Greifenmutter, die auch von Peter herbeigeführt worden ist, lebendig und unversehrt. So hohe Persönlichkeiten habe ich als Gefangene bei mir, wie sie kein anderer Kaiser hat.« Da bat ihn der Kaiser der Blumen: »Laß mich doch denjenigen noch einmal sehen, der mich zu dir geführt hat, Peter den Soldaten.« Als Peter kam, schaute der Kaiser der Blumen ihn an. »Laß mich nun einen einzigen Augenblick mit ihm allein, daß ich drei Worte mit ihm rede.« Der Kaiser schlug in die Hand des Blumenkaisers ein, der über die Hand blies und den Kaiser in eine wunderschöne Blume verwandelte. So blieb nun Peter mit dem Kaiser der Blumen allein in einem Zimmer. »Wie hast du es nur fertiggebracht, Peter, daß du mich entführt hast?« fragte er ihn. »O Alterchen, ich bin nicht schuld daran, ich bin nur ein armseliger Soldat, der die Befehle seines Herrn ausführen muß, ich stehe unter dem Befehle des Kaisers. Mit der geheimnisvollen Kraft eines Pferdes habe ich diese Tat vollbracht. Doch ich will dir behilflich sein, daß du wieder von hier fortkommst.« Da fing der Blumenkaiser an zu weinen, denn er hatte zwei kleine Kinderchen, die nun mutterseelenallein zu Hause saßen und sich um ihren Vater grämten. Er versprach dem Peter: »Wenn du einst zu mir kommen wirst, werde ich dir eine meiner Töchter geben, und du wirst mein eigen Kind werden.« Peter ging hinaus aus dem Zimmer und begab sich zur Tochter des Kaisers. Der Kaisersohn spielte gerade Geige draußen im Vorsaale. Wieder und wieder war das Spiel zu vernehmen. Als es der Blumenkaiser hörte, rief er den Kaisersohn zu sich und bat ihn: »Gib mir doch nur einen Augenblick den Bogen, daß ich auch so Schönes hervorzaubere wie du.« Und er nahm den Bogen, blies über ihn hin und verwandelte ihn in eine wunderschöne Rose. Als das der Knabe sah, wie schön sein Bogen geworden war, bat er den Blumenkaiser, er solle ihm die Geige doch auch so schön machen. Der Kaiser nahm die Geige in die Hand und blies ein wenig über sie hinweg und verwandelte sie ebenso wie den Bogen in eine wunderbare Rose. Wie er sie dann in die Hand nahm, flog der Blumenkaiser davon, und keine Spur war mehr von ihm zu sehen. Aus Furcht, daß der Vater ihn totschlagen würde, versteckte sich der Knabe. Als der Kaiser wieder nach Hause kam, entdeckte er zu seinem großen Schrecken, daß der Blumenkaiser verschwunden war, und als er nach seinem Kinde rief, kam es hervor und erzählte, wie sich alles zugetragen hatte: »Ich habe nicht gewußt, Vater, daß ich ihm die Geige nicht geben durfte.« Da jagte der Vater vor Wut sein Kind aus dem Hause, und es mußte nun in der weiten Welt seinen Weg selber suchen. Als Peter von der Jagd nach Hause kam, fand er den Blumenkaiser und das Kind nicht mehr vor. Er ging zum Kaiser und sagte: »Kaiser, mein Dienst ist nun zu

Ende, ich gehe.« — »Wo willst du hin, Peter?« — »Ich will das Kind suchen, wenn ich es gefunden habe, werde ich wieder zu dir zurückkehren.« Mit Tränen im Auge sagte der Kaiser beim Abschied: »Geh mit Gott, Peter!« Der Jüngling brach auf und fand nach langem Suchen das Kind in einem Walde und nahm es auf sein Pferd. »Wo willst du hin?« fragte es. »Ich will zum Kaiser der Blumen.« Das Pferd wußte den Pfad, der zu diesem Kaiser führte, und fragte: »Willst du, daß ich wie der Wind dorthin fliege oder wie der Gedanke?« — »Wie der Gedanke«, erwiderte Peter. Kaum hatte er es gedacht, da war er auch schon auf dem Gebiet, auf dem der Blumenkaiser wohnte, auf dem Felde der Blumen. Der Blumenkaiser rief: »Wer ist auf meinem Gute?« — »Ich bin es, Vater, dein Kind mit Peter«, erwiderte der Knabe. »Was für ein Peter?« — »Nun, Peter, der Soldat.« Als der Blumenkaiser das hörte, war er ganz außer sich vor Freude und rief ihnen zu: »Geht den Nelkenweg und begebt euch zu meinen Töchtern und laßt euch Essen geben.« Als die beiden anlangten, freuten sich die Mädchen. Da kam auch schon der Blumenkaiser. Er veranstaltete ein großes Fest. Drei Tage und drei Nächte lang feierten sie. Am Schlusse des Festes fragte der Kaiser den Peter: »Peter, welche von meinen Töchtern gefällt dir?« — »Ich möchte gern die ältere haben.« Die jüngere bekam der Kaisersohn. Die Mädchen waren überglücklich, und die Hochzeit wurde gleich gefeiert.

Nach einigen Tagen sagte Peter: »Los, wir wollen mal zu unserem Vater, daß er uns sehe.« Sie stiegen in einen Wagen, der bestand nur aus Blumen. Als sie zum Kaiser kamen, war er außer sich vor Freude und bat Peter, er solle doch Kaiser an seiner Statt werden. Sein Sohn solle Kaiser im Reiche der Blumen werden. Doch Peter sagte: »Nein, ich gehe wieder zum Kaiser der Blumen zurück.« Als der Blumenkaiser das hörte, blies er vor lauter Freude über den Palast und verwandelte den ganzen Palast in einen großen Garten voller duftender Blumen.

Woher ich gekommen bin, habe ich euch soeben erzählt.

43. Der liebe Gott und der arme Zigeuner

Es war einmal ein armer Zigeuner. Der hatte einen Haufen Kinder. Was sollte da der arme Zigeuner tun? Ihn rief niemand zur Arbeit. Verdienen konnte er nichts, und die Kinder starben fast vor Hunger. Da sagte er zu seiner Frau: »Frau, ich gehe in die weite Welt und komme nicht eher wieder nach Hause, als bis ich reich geworden bin.« Und er nahm seinen Schnappsack, steckte ein paar Zwiebeln hinein und brach auf. Unterwegs begegnete ihm Petrus und der liebe Gott. Und Petrus sagte zu dem armen Zigeuner: »Wo willst du hin, Alterchen?« – »Ach, Herr, ich gehe in die weite Welt, ich habe sechs Kinder, die vor Hunger sterben.« Petrus aber sagte: »Das tut mir herzlich leid«, und sprach zum lieben Gott: »Gib ihm etwas. Der arme Mann will auch leben.« Da antwortete der liebe Gott: »Ruf ihn einmal her!« Dann sagte er zu ihm: »Schau, Alterchen, nimm diesen Stock, der wird dir geben, was du dir auf der Welt wünschest.« Da kehrte der arme Zigeuner zurück, und als ihn seine Frau kommen sah, fing sie an zu schimpfen: »Nun, was hast du angerichtet, warum bist du denn gekommen, du ekliger Kerl?« – »Halt's Maul, jetzt bin ich reich geworden.« Und er schlug auf den Stock. »Was willst du von mir, Herr? Wünsche dir etwas!« – »Decke einen Tisch und setze darauf allerlei Speisen und Trank.« Und siehe, da füllte sich der Tisch mit lauter Braten. Und der Mann sagte zu seinen Kindern: »Kommt und eßt und seid guter Dinge.« Und so ging's heute, und so ging's auch morgen, denn der arme Zigeuner war jetzt reich geworden. Doch die böse Welt munkelte und wunderte sich über seinen Reichtum. »Wie mag der Alte doch so schnell reich geworden sein?« – »Wie er reich geworden ist? So wie jedermann reich wird!« sagte die Frau, aber zu ihrem Manne sagte sie ärgerlich: »Die Leute wundern sich, nimm den Stock und trag ihn wieder dorthin, woher du ihn genommen hast.«

Er gehorchte seiner Frau, nahm den Stock und trug ihn

wieder dorthin. Da traf er wieder den lieben Gott und Petrus. »He, Alter, warum wirfst du denn den Stock weg?« fragte ihn Petrus. »Ach, ich brauche ihn nicht mehr, denn ich bin ja reich geworden.« Und der liebe Gott sagte zu Petrus: »Siehst du, er kann den Reichtum nicht vertragen. Er ist gewohnt, als armer Mann zu leben. Er soll ebenso arm bleiben, wie er gewesen ist. Er soll auch als Armer sterben!« So hatte der Zigeuner heute, morgen und übermorgen nichts zu essen und wurde wieder arm, wie er gewesen war. Er kam ganz auf den Hund, noch schlimmer, als es früher gewesen war. Er hatte keinen Stock mehr, der ihm Essen verschaffte. Er hatte leider auf seine Frau gehört, und darum blieb er arm. »Siehst du, Frau, was du angerichtet hast.« – »Ja, Mann, so hat es dir dein Kopf eingegeben, und so mußt du deshalb bleiben. Es war nicht schön für uns.« Wieder machte er sich auf den Weg und bettelte Petrus an: »Gib mir meinen Stock wieder.« – »Ich denke, du bist reich genug, warum widerstandest du denn nicht dem Wunsche deiner Frau? Darum hat dir Gott den Stock genommen. Du bist selbst schuld daran, und weil du nicht auf mich gehört hast, bist du jetzt wieder arm, wie du warst.« – »Ach laß, Gott ist groß, er wird es schon machen.« Und er begab sich zum lieben Gott. »Gib mir, Gott, etwas zu essen, meine Kinder haben Hunger.« Da gab ihm der liebe Gott einen Tisch, welcher sich mit allerlei Speisen[1] selber deckte. Und er sagte zum Alten: »Sieh, dieser Tisch wird alles geben, was du dir wünschest.« Da nahm der Zigeuner den Tisch und ging nach Hause. Und zu Hause angekommen, sagte er zu dem Tisch: »Decke dich, Tischlein.« Da kamen die verschiedensten Arten von Speisen und Getränken, Wein und Schnaps auf den Tisch. Seine Kinder setzten sich nieder und aßen und schwelgten. Und der Mann sagte zu

[1] Die Zigeuner haben wie ihr Wirtsvolk ganz niedrige, ca. 10 cm hohe Tische aus Holz. Die kreisrunde Tischplatte hat einen Durchmesser von 75 cm, um die nach türkischer Art hockend die ganze Familie beim frugalen Mahle sitzt.

seiner Frau: »Siehst du, Frau, Gott läßt mich nicht im Stich.« Da fing seine Frau an, den Leuten gegenüber den Tisch zu loben, der sich von allein decke und allein sich wieder abdecke. Als dies der Kaiser hörte, schickte er zu dem Zigeuner und gab Befehl, der Zigeuner solle ihm den Tisch geben, denn er habe Gäste. Als der Kaiser sah, was für ein guter Tisch das war, gab er ihn nicht wieder zurück, sondern ließ einen neuen machen und ihn dem Zigeuner ins Haus schicken. Der arme Mann sah den Tisch und sah, daß es nicht der seinige war, denn er bedeckte sich nicht mehr mit Speisen und Getränken. Wieder war er arm, und wieder ging er zum lieben Gott, der ihn fragte: »Nun, du bist schon wieder da?« – »Ja, Herr, ich bin wieder zu dir gekommen.« – »Nun, was willst du denn?« – »Gib mir etwas, meine Kinder sterben vor Hunger.« Da gab ihm der liebe Gott einen Hahn, der Dukaten legte. »Nimm den Hahn und gehe nach Hause.« Und der Zigeuner nahm den Hahn und band ihn am Halse fest. Und zu Hause angelangt, schlug er ihn und sagte: »Lieber Hahn, lege Dukaten.« Da füllte der Hahn einen ganzen Korb mit Gold, und der arme Mann wußte vor Reichtum nicht, was er mit dem Gelde anfangen sollte. Er sprach mit seiner Frau und sagte: »Frau, ich gehe auf den Markt und nehme den Hahn mit und gebe ihn jemandem, daß er ihn vergolde.« Und er ging zum Goldschmied und bat ihn: »Goldschmied, vergolde mir den Hahn, aber daß du mir ja nicht den Hahn verwechselst, denn dieser Hahn legt Geld.« Als das der Goldschmied hörte, behielt er den Hahn für sich und gab dem Zigeuner einen anderen, der keine Dukaten legte. Und als der Zigeuner kam, nahm er den vergoldeten Hahn und ging nach Hause. »Mein lieber Hahn, lege Geld.« Doch der Hahn legte keine Dukaten. Da erst sah der Zigeuner, daß es nicht mehr sein Hahn war, und wieder war er arm, und wieder ging er zum lieben Gott. Der aber sagte: »Du kommst wieder?« – »Ja, ich komme wieder.« Da gab ihm Gott eine Peitsche. »Nimm diese Peitsche.« – »Und was soll ich damit machen?« Da sagte ihm Gott: »Diese Peitsche wird dich grün und blau schlagen, wenn du zu ihr sagst ›gib‹, und wenn du wieder zu ihr sagst ›gib‹, dann hört sie auf.« Unterwegs packte ihn die Neugier, und er wußte gar nicht, was er vor Ungeduld machen sollte, und wollte einmal probieren, ob das wahr wäre. Er versuchte und sagte: »Gib, Peitsche.« Da schlug die Peitsche auf ihn los, daß ihm Hören und Sehen verging. Das Unglück wollte, daß er das rechte Wort vergessen hatte. Doch unwillkürlich entrann seinem Mund vor Schmerz das Wort: »Ja, gib«, und die Peitsche hörte auf zu schlagen. »Aoleo[1], beinahe wäre ich gestorben!« Als er nach Hause kam, fragte die Frau, was ihm Gott gegeben habe. »Schau, diese Peitsche dort.« Und mit dieser Peitsche ging er nun zu dem Goldschmied, der ihm den Hahn gestohlen hatte. »Gibst du mir meinen Hahn oder nicht?« Der Goldschmied aber erwiderte ihm gleich: »Ich habe deinen Hahn nicht gestohlen.« – »Gibst du meinen Hahn?« Und er sagte zur Peitsche: »Ja, gib, gib!« Und die Peitsche fuhr über den Goldschmied her, der vor Schmerz jammerte: »Ja, ich gebe den Hahn, befiehl, die Peitsche soll aufhören, ehe sie mich ganz totschlägt.« So bekam der Zigeuner seinen Hahn wieder und ging zufrieden nach Hause. Dann machte er sich wieder auf den Weg und wollte zum Kaiser gehen, der ihm den Tisch genommen hatte. »Ich gehe und hole mir meinen Tisch von dem Kaiser wieder.« Und der Kaiser sagte: »Habe ich dir den Tisch nicht gegeben?« – »Gib, Peitsche!« und da schlug die Peitsche den Kaiser beinahe zu Tode. Der Zigeuner aber nahm den Tisch und ging nach Hause. Und so war er reich geworden und ist es auch heute noch. Ich aber bin ein armer Schlucker geblieben.

[1] Ausruf des Schmerzes.

44. Es kommt doch an den Tag

Es war ein Mann, der hatte so viele Kinder, als Ameisen im Ameisenhaufen leben. Eines Tages gingen drei seiner Mädchen aufs Feld, um Weizen zu schneiden. Da kam der junge Kaiser des Wegs. Die Älteste sprach da: »Wenn der Kaiser mich nehmen möchte, wollte ich mit dem Zwirn aus einer Spindel sein ganzes Heer kleiden.« Die Mittlere aber sagte: »Ich würde mit einem Brot sein Heer ernähren.« Die Jüngste aber meinte: »Wenn er mich nähme, wollte ich ihm zwei gute und kluge Söhne schenken mit Haaren von Gold und Zähnen aus Perlen.«

Das hörte der Bediente des Kaisers und sprach: »Kaiser, das älteste Mädchen sprach, wenn du sie nähmest, würde sie dein Heer kleiden mit dem Zwirn aus einer Spindel; die mittlere aber sagte, wenn du sie nähmest, würde sie mit einem einzigen Brot dein Heer speisen; die jüngste aber erklärte, wenn du sie nähmest, wollte sie dir zwei gute und kluge Söhne schenken mit Haaren von Gold.« Da befahl der Kaiser: »Wende um und laß das jüngste Mädchen in den Wagen steigen!« So brachte er sie nach Hause. Als er ein halbes Jahr mit ihr zusammengelebt hatte, rief man ihn zum Heere, daß er kämpfe. Ein Jahr weilte er im Kriege. Unterdessen gebar ihm die Kaiserin zwei Söhne. Die Dienerin aber nahm sie und trug sie in den Schweinestall und legte an ihrer Stelle zwei kleine Hunde zu der jungen Mutter.

Als am Abend die Schweine kamen, rief das Mutterschwein aus: »Ach, hier sind die Söhne unseres Herrn, gebt ihnen doch sogleich die Brust, daß sie trinken, und wärmt sie.« Nachdem die Schweine wieder aufs Feld gegangen waren, kam die Dienerin und sah, daß die Knäblein nicht gestorben, sondern wohlauf waren. Da brachte sie sie in den Pferdestall. Als die Pferde am Abend kamen, rief die alte Stute aus: »Ach, da sind die Söhne unseres Herrn, laßt sie sogleich trinken.« Sobald am nächsten Morgen die Pferde aufs Feld gegangen waren, kam die Dienerin, nahm die beiden Kinder und begrub sie im Misthaufen. Da wuchsen an der Stelle zwei goldene Tannen aus dem Mist.

Als dann der Kaiser aus dem Kriege heimkehrte, ging die Dienerin ihm entgegen und sprach: »Kaiser, deine Gemahlin hat zwei junge Hunde zur Welt gebracht.« Da begrub der Kaiser seine Frau hinter der Tür bis zu ihrem Gürtel und setzte ihr die beiden jungen Hunde an die Brust, daß sie trinken sollten. Nun nahm er die Dienerin zur Frau. Eines Tages sprach diese zu ihrem Gemahl: »Fälle diese Tannen und mach mir ein Bett.« – »Ich werde sie nicht umhauen, eine solche Pracht zerstöre ich nicht.« – »Wenn du sie nicht fällst, sterbe ich.« Der Kaiser bestellte Leute und ließ die Tannen fällen. Die Späne aber ließ er alle sammeln und verbrennen. Dann machte er aus zwei Brettern ein Bett und schlief mit seiner neuen Gattin in diesem Bette. Da sprach das ältere der beiden Knäblein: »Bruder, drückt dich deine Last?« – »Sie drückt mich nicht, denn es ist ja mein Vater, der über mir schläft. Aber drückt sie dich, mein Bruder?« – »Ja, sehr, denn die Stiefmutter schläft über mir.« Diese aber hatte die Unterhaltung gehört. Am Morgen, als sie aufgestanden war, sprach sie: »Kaiser, schlag dieses Bett wieder zusammen und stecke es ins Feuer, daß es verbrennt.« – »Ich werde es nicht verbrennen.« – »Du mußt es verbrennen, sonst werde ich sterben.« Da befahl der Kaiser, es zu verbrennen. Seine Frau aber ließ den Rauchfang verstopfen, damit keine Funken hinausflögen. Zwei Funken aber flogen doch hinaus und fielen auf zwei Lämmer. Da wurde ihre Wolle zu Gold. Des Kaisers Frau sah das und befahl ihren Knechten, die Lämmer zu schlachten. Dann gab sie die Wolle den Dienerinnen zum Waschen, nachdem sie Faden für Faden genau gezählt hatte. Diese wuschen die Wolle im Wasser, zwei Fäden aber entkamen. Da schnitten die Dienerinnen zwei der Fäden entzwei, so daß die Zahl wieder stimmte, und gingen dann nach Hause. Die beiden auf dem Wasser entwichenen Fäden aber verwandelten sich in zwei Tauben, diese überschlugen sich und wurden wieder zu Knaben. Sie gingen nun zu einer Frau. Diese Frau war eine Witwe und nahm die Knaben auf und erzog sie sieben Jahre. Auch bekamen sie von ihr ihre Kleider. Eines Tages erließ der Kaiser einen Befehl im Lande, seine Untertanen sollten zum Balle zu ihm kommen. Da versammelte sich die ganze Bukowina, man aß und trank. Beim Festmahl sprach der Kaiser: »Erratet, was ich erlitten habe.« Doch niemand konnte es erraten. Auch jene beiden Knaben waren gekommen und setzten sich bei der Türe nieder. Als der Kaiser sie erblickte, sprach er: »Ruft auch jene zwei Knaben herbei.« Da rief man sie vor den Kaiser. Der fragte sie: »Warum seid ihr gekommen, meine Knaben?« – »Wir sind zum Erraten gekommen.« – »Nun, so ratet!«

Da erzählte der eine von ihnen also: »Es war ein Mann, der hatte soviel Kinder, als Ameisen im Ameisenhaufen wohnen. Drei seiner Töchter gingen eines Tages zum Weizenmähen. Da kam der junge Kaiser des Weges gefahren. Als die drei Mädchen ihn erblickten, verliebten sie sich sogleich in ihn. Die Älteste meinte: ›Ach, wenn dieser Jüngling mich zur Frau nehmen wollte, so würde ich mit dem Zwirn aus einer einzigen Spindel ihm die Uniformen für sein ganzes Heer schaffen.‹ Die Mittlere aber sprach: ›Wählte er mich zur Gattin, ich wollte mit einem einzigen Brot sein ganzes Heer speisen, so daß alle satt würden.‹ – ›Wenn er mich zu seinem Weibe nähme‹, meinte schließlich die Jüngste, ›so würde ich ihm zwei gute und kluge Söhne schenken mit Haaren von Gold und Zähnen aus Perlen.‹ Der Bediente des Kaisers aber hatte diese Worte der Mädchen im Vorüberfahren von seinem Kutschbock aus mitangehört und erzählte nun seinem Herrn: ›Kaiser, das älteste Mädchen sprach, wenn du sie zur Gattin wähltest, würde sie mit dem Zwirn aus einer Spindel dein Heer bekleiden; die Mittlere behauptete, sie würde, wenn du sie nähmest, mit einem einzigen Brot dein Heer verpflegen, die Jüngste aber sagte, wenn du sie zur Gemahlin machtest, würde sie dir zwei gute und kluge Söhne schenken mit Haaren von Gold und Zähnen aus Perlen.‹ – ›Komm herbei, du Perle!‹ rief da der Kaiser und nahm die Jüngste in seinem Wagen mit. Er lebte nun ein halbes Jahr mit ihr zusammen, dann mußte er in den Krieg ziehen. Ein Jahr lang blieb er im Felde. Unterdessen aber brachte seine Gemahlin zwei Knäblein zur Welt. Ihre Dienerin aber nahm sie und trug sie in den Schweinestall. Zu der Kaiserin aber legte sie zwei junge Hunde. Als die Schweine am Abend in den Stall kamen, rief das älteste Schwein: ›Ach, da sind ja die Söhne unseres Herrn, ihr müßt ihnen die Brust geben.‹ Am Morgen, als die Schweine wieder aufs Feld gingen, kam die Dienerin, sah, daß die beiden Kinder wohlauf waren, und warf sie in den Pferdestall. Am Abend kamen die Pferde in ihren Stall. Sogleich aber rief das älteste Pferd: ›Ach, da sind ja die Kinderchen unseres Herrn, ihr müßt ihnen die Brust geben.‹ Nachdem am Morgen die Pferde ins Feld gegangen waren, kam die Dienerin. Als sie aber sah, daß die beiden Knaben frisch und munter waren, begrub sie sie im Pferdemist. Da wuchsen an der Stelle, wo sie begraben lagen, zwei goldene Tannen. Als der Kaiser vom Feldzug heimkehrte, ging ihm die Dienerin entgegen und meldete ihm: ›Kaiser, die Kaiserin hat zwei Hündchen zur Welt gebracht.‹ Da begrub der Kaiser seine Gemahlin hinter der Türe und setzte die Hündchen an ihre Brust, daß sie sie trinken ließe. Dann nahm er die Dienerin zur Frau. Alsbald bat sie ihn: ›Fälle die Tannen und mache ein Bett daraus.‹ – ›Ich fälle sie nicht, sie sind so schön.‹ – ›Wenn du sie nicht fällst, werde ich sterben.‹ Da ließ sie der Kaiser umhauen. Die Späne aber sammelte er alle und warf sie ins Feuer. Und als er das Bett gezimmert hatte, schlief er mit der Dienerin darin. In der Nacht fragte der Erstgeborene der beiden Knaben: ›Drückt dich die Last, mein Bruder?‹ – ›Sie drückt mich nicht, denn mein eigener Vater schläft ja auf mir. Aber drückt sie dich, Bruder?‹ – ›Ja, auf mir lastet ein schweres Gewicht, denn auf mir schläft die

Stiefmutter.‹ Jene hörte diese Unterhaltung, und am Morgen sprach sie: ›Kaiser, haue doch dieses Bett zusammen und stecke es ins Feuer.‹ – ›Ich zerstöre es nicht, es ist ja so schön.‹ – ›Wenn du es nicht zerstörst, muß ich sterben.‹ Da ließ es der Kaiser in Stücke schlagen und ins Feuer stecken. Aber obwohl seine Gattin den Schornstein zustopfen ließ, flogen doch zwei Funken hinaus und fielen auf zwei Lämmer. Da wurde ihre Wolle zu Gold. Als das die Frau sah, ließ sie die Lämmer von ihren Knechten schlachten. Die Wolle aber gab sie zwei Dienerinnen zum Waschen. Dabei entwichen jedoch zwei Fäden, und die Dienerinnen schnitten, um die Anzahl wieder voll zu machen, dafür zwei andere Fäden entzwei. Die beiden entkommenen Fäden aber wurden zu zwei Tauben. Diese aber überschlugen sich und verwandelten sich in zwei Knaben. Nun gingen die beiden Knaben zu einer Witwe, die sie aufnahm und sieben Jahre lang erzog. Der Kaiser aber ließ in der Bukowina eine Einladung zum Balle ergehen. Man aß und trank. Der Kaiser aber sagte, man solle erraten, was er erduldet habe. Keinem gelang es, nur ich erriet es. Du magst es glauben oder nicht: wir sind deine Söhne, und unsere Mutter liegt hinter der Tür begraben.«

Da trat ihre Mutter auch schon in den Saal und rief: »Guten Tag, meine Söhne!« – »Guten Tag, Mutter!« Jene Dienerin wurde nun ergriffen und auf ein ungezähmtes Pferd gebunden. Das jagte man hinaus aufs Feld, wo es die Böse in lauter Stücke zertrat.

45. Der Säugling der Stute

Ein Priester ritt auf einer Stute zur Stadt. Auf einmal machte die Stute einen Satz und sprach: »Hopp, der Priester reitet mich.« Darüber schämte sich der Priester; er brachte die Stute in den Wald und ließ sie dort zurück. Hier brachte die Stute einen Knaben zur Welt. Nach der Geburt kam der liebe Gott, taufte ihn und gab ihm den Namen »Pferdesohn«. Ein Jahr hatte er an seiner Mutter Brust getrunken, da ging er zu einem Baume, um ihn auszureißen. Es gelang ihm aber nicht. Auf seine Bitte gab ihm nun seine Mutter noch ein weiteres Jahr die Brust. Dann ging er wieder zu dem Baum. Da konnte er ihn ausreißen. »Jetzt werde ich dich verlassen, Mutter.« Nun zog er durch die Wälder, bis er einen Menschen traf. »Guten Tag!« – »Danke!« – »Wie heißt du?« – »Spalteholz.« – »Ach, wir wollen Brüderschaft machen. Los, komm mit mir!« Dann gingen sie weiter, bis sie noch einen Dritten trafen. »Guten Tag!« – »Danke!« – »Wie heißt du?« – »Spaltestein.« – »Wir wollen Brüderschaft machen!« Da machten sie Brüderschaft. »Los, weiter!« Da gingen sie weiter, bis sie noch einen Vierten trafen. »Guten Tag!« – »Danke!« – »Wie heißt du?« – »Beugebaum.« – »Los, weiter!« Da wanderten sie zu vieren weiter, bis sie zu einer Räuberspelunke kamen. Die Räuber hatten gerade ein Kalb geschlachtet. Sowie sie aber unsere vier Wanderer erblickten, flohen sie und ließen alles Fleisch zurück. Jene kochten das Fleisch und aßen und übernachteten in dem Hause. Am Morgen sprach der Pferdesohn: »Drei von uns müssen in den Wald auf die Jagd, einer aber muß zu Hause bleiben, um das Essen zu kochen.« Da ließen sie den Spalteholz zurück, damit er Essen bereite. Nachdem er gutes Essen zugerichtet hatte, kam ein Greis zu ihm, der war eine Spanne lang und hatte einen ellenlangen Bart. »Gib mir zu essen!« – »Ich kann dir nichts geben, sonst kann ich ja meinen Kameraden, wenn sie von der Jagd zurückkehren, nichts vorsetzen.« Da ging der Alte in den Wald und schnitt vier Astgabeln. Dann warf er den Spalteholz zu Boden und klammerte ihn an Händen und Füßen an die Erde. Nachdem er alles aufgegessen hatte, gab er ihn wieder frei und ging von dannen. Spalteholz aber warf nun von neuem Fleisch in den Kessel zum Kochen. Als seine drei Kameraden von der Jagd kamen, fragten sie: »Hast du das Essen fertig?« – »Sobald ihr weggingt, habe ich das

Fleisch aufgesetzt, es ist aber noch immer nicht gar.« – »Gib es, wie es ist; wir sind hungrig.« Da nahm er es heraus, wie es war, und sie aßen. Dann gingen sie zur Ruhe. Am zweiten Tag ließen sie einen andern als Koch zurück, und die drei andern gingen zur Jagd. Wieder kam jener Alte. »Gib mir etwas zu essen!« – »Ich kann dir nichts geben, sonst habe ich für meine Kameraden nichts, wenn sie von der Jagd kommen.« Da ging er wieder in den Wald und schnitt wieder vier Astgabeln, mit denen er unsern Koch an Händen und Füßen an die Erde klammerte. Dann aß er alles auf und ging davon, nachdem er zuvor den Gefesselten wieder befreit hatte. Dieser setzte nun von neuem Fleisch zum Kochen auf. Die andern kamen von der Jagd und fragten: »Hast du das Essen fertig?« – »Sobald ihr fortgegangen, habe ich das Fleisch aufgesetzt, aber es ist noch nicht gar, da es so zähe ist.« Nach dem Essen gingen sie zur Ruhe. Am dritten Tag ließen sie einen andern als Koch zurück. Die drei andern gingen zur Jagd. Die beiden, die an den zwei vorhergegangenen Tagen zu Hause geblieben waren, erzählten aber nichts von ihrem Erlebnis. – Wieder kam der Alte und bat um Essen. »Ich gebe dir nichts, sonst kann ich meinen Kameraden, wenn sie von der Jagd kommen, nichts vorsetzen.« Wieder ging der Alte in den Wald und schnitt vier Haken, womit er ihn an Armen und Beinen an die Erde klammerte. Nun aß er, befreite ihn dann wieder und ging davon. Die andern kamen von der Jagd und fragten: »Hast du das Essen fertig?« – »Seit ihr weg seid, kocht das Fleisch; es will aber nicht gar werden, denn es ist sehr zähe.« Am vierten Tage blieb der Pferdesohn als Koch zurück und bereitete gutes Essen. Der Alte kam. »Gib mir etwas zu essen, ich bin hungrig.« – »Komm her, daß ich dir gebe!« So rief er ihn ins Haus, packte ihn dann an seinem Barte und führte ihn zu einer Buche. In die Buche aber schlug er mit dem Beil einen Spalt und klemmte den Bart des Alten dazwischen. Dann zog er das Beil wieder heraus und trieb neben den Bart noch einige

Keile in die Buche. So ließ er ihn dort. Die anderen kamen von der Jagd; er setzte ihnen zu essen vor und fragte: »Warum habt denn ihr nicht so gutes Essen bereitet wie ich?« – Sie aßen nun. Der Alte aber zog den Baum aus der Erde, nahm ihn über seine Schulter und zog ihn hinter sich her, bis er zu der Höhle in der anderen Welt gelangte. Der Pferdesohn aber sprach zu seinen Kameraden: »Kommt mit und seht, was ich gefangen habe!« Sie gingen mit, fanden aber nur noch die Stelle, wo die Buche gestanden hatte. Da meinte der Pferdesohn: »Kommt mit, ich muß ihn finden.« Da gingen sie immer der Spur des Baumes nach, bis sie zur Höhle des Alten kamen. »Hier ist er hineingekrochen. Wer will nun hineinschlüpfen, um ihn herauszuziehen?« Da sprachen sie: »Wir nicht, wir fürchten uns. Schlüpfe du hinein, du hattest ihn ja auch gefangen.« Er erwiderte: »Ich werde hineinschlüpfen, aber ihr müßt mir schwören, mir Treue zu halten.« Da schwuren sie, ihm Treue zu halten. Dann machten sie ein Korbgeflecht, und er ließ sich darin in die Höhle hinab. So kam er in die andere Welt. Dort war ein unterirdisches Schloß. Er fand den Alten, dessen Bart noch im Baume steckte, setzte ihn in den Korb, und seine Gefährten zogen ihn empor. Dann suchte er einen großen Stein und legte diesen in den Korb, indem er bei sich dachte: »Wenn sie den Stein hinaufziehen, werden sie auch mich wieder hinaufziehen.« Aber als jene den Korb halb emporgezogen hatten, durchschnitten sie das Seil. Da begann der Pferdesohn zu weinen: »Nun bin ich verloren.« Er gelangte unter die Erde und kam zu einem Haus. Dort wohnten ein alter Mann und eine alte Frau, beide blind, denn die Zenen[1] hatten ihnen die Augen ausgestochen. Pferdesohn ging zu ihnen und sprach: »Guten Tag!« – »Danke! Wer bist du?« – »Ich bin ein Mensch.« – »Bist du alt oder jung?« – »O, ich bin noch jung.« – »Du sollst unser Sohn werden.« – »Gut.« Der Alte hatte zehn Schafe. »Nimm doch die Schafe und weide sie,

[1] Bösartige weibliche Wesen.

mein Liebling. Gehe aber ja nicht nach rechts, sonst ergreifen dich die Zenen und stechen deine Augen aus. Dort ist nämlich ihr Gut. Gehe immer nach links. Da haben sie keine Macht, da ist meine Besitzung.«

Da ging er drei Tage lang immer nach links. Auf einmal kam ihm der Gedanke, sich zu einem Flötenspieler zu machen, und nun zog er mit den Schafen nach rechts. Da trat eine Zene ihm in den Weg und fuhr ihn an: »Du Aas, was suchst du hier?« Da begann er Flöte zu blasen: »Tanze ein wenig!« Er blies die Flöte, und sie tanzte. Als sie aber im besten Tanzen war, zerbrach er die Flöte mit den Zähnen. Die Zene sprach: »Was hast du denn gemacht, daß du die Flöte zerbrachst, wie ich gerade im besten Tanzen war?« – »Komm mit zu jenem Ahornbaum. Ich nehme sein Herz, um daraus eine Flöte zu machen. Dann flöte ich den ganzen Tag und du tanzest. Komm nur mit!« Sie gingen zum Ahornbaum, und er stieß sein Beil hinein und spaltete ihn entzwei. »Stecke deine Hand hinein und nimm das Herz heraus.« Da steckte sie ihre Hand hinein, er aber zog das Beil heraus und ließ ihre Hand im Baume. Da schrie sie: »Ziehe doch schnell meine Hand heraus, sie wird ja zerdrückt!« Da fragte er: »Wo sind die Augen des alten Mannes und der alten Frau? Wenn du es mir nicht sagst, schneide ich dir den Hals ab.« – »Geh zur dritten Kammer; in einem Glas sind sie dort aufbewahrt, die größeren gehören dem Manne, die kleineren der Frau.« – »Aber wie soll ich sie ihnen wieder anheften?« – »In einem Glas dort ist Wasser, befeuchte sie mit diesem Wasser, lege sie dann auf, so werden sie festkleben, bestreiche sie dann mit dem Wasser, dann werden sie sehen.«

Da schnitt er ihr den Hals ab, ging hin und nahm die Augen des Greises und der Greisin, nahm auch das Wasser und befeuchtete sie damit. Dann legte er sie ihnen auf, und sie klebten fest. Hierauf bestrich er die Augen nochmals mit dem Wasser, und sie sahen. Da sprachen die beiden Alten: »Wir danken dir, lieber Sohn! Du sollst ewig unser Sohn heißen. In deine Hand übergeben wir unsere ganze Habe; nun aber wollen wir zu unseren Verwandten gehen, denn seit zehn Jahren haben wir sie nicht mehr gesehen.« Dann bestieg der Alte einen Hammel und seine Frau ein Schaf, und der Alte sprach zu seinem Sohn: »Liebling, nun gehe spazieren, iß und trink nach Herzenslust.« Dann machten sich die beiden auf den Weg zu ihren Verwandten. Auch der Jüngling brach auf und wanderte durch den Wald. Auf einem Baum aber saßen die Jungen eines Adlers, und ein Drache kletterte gerade hinauf, um sie zu fressen. Als Pferdesohn das sah, stieg er hinauf und tötete ihn. Da sprachen die jungen Adler zu ihm: »Gott gebe dir Glück, da du jenen getötet hast, denn unsere Mutter hat uns erzählt, jedes Jahr habe sie Junge ausgebrütet, aber der Drache habe sie bisher alle gefressen. Aber wo sollen wir dich verbergen? Denn wenn unsere Mutter kommt, so wird sie dich fressen. Komm, leg dich unter uns, damit wir dich mit unsern Flügeln bedecken!« Als dann ihre Mutter kam, rief sie: »Ich rieche einen frischen Menschen!« – »Es ist keiner da, Mutter. Es scheint dir nur so, da du so hoch fliegst, der Dunst betäubt dich.« – »Das ist nicht wahr, es muß unbedingt ein Mensch da sein. Und wer hat denn den Drachen getötet?« – »Wir wissen's nicht, Mutter!« – »Zeigt ihn vor, daß ich ihn sehe.« – »Er ist hier zwischen uns.« Da zogen sie ihn heraus, und die Adlermutter sah ihn. Kaum hatte sie ihn erblickt, da verschlang sie ihn. Die Jungen begannen zu weinen und sich zu schlagen vor Trauer: »Er hatte uns vom Tode errettet, und du verschlangst ihn!« – »Wartet, ich werde ihn ausspeien.« Da spie sie ihn aus und fragte ihn: »Was begehrst du dafür, daß du meine Jungen vom Tode gerettet hast?« – »Ich verlange nichts weiter, als daß du mich wieder in die andere Welt hinaufbringst.« – »Wenn du das forderst, dann wäre es mir lieber, du hättest meine Jungen nicht gerettet. Denn es ist furchtbar schwer für mich, dich hinaufzubringen. Doch weißt du, wie ich dich befreien werde? Du mußt zwölf Backöfen voll Brot backen und mußt zwölf

Kälber und zwölf Faß Wein nehmen.« Nach drei Tagen hatte er alles bereit. Da sprach sie: »Leg es auf meinen Rükken, und wenn ich den Kopf nach links wende, so wirf mir ein Kalb und einen Backofen voll Brot in den Mund, drehe ich ihn dann nach rechts, so schütte mir ein Faß voll Wein in den Schlund.«

So brachte sie ihn heraus. Er aber ging zu seinen Brüdern, den Jünglingen, mit denen er Brüderschaft geschlossen hatte. »Guten Tag, Brüder! Ihr glaubtet, ich würde umkommen. Wenn ihr recht an mir gehandelt habt, so werft eure Pfeile in die Höhe und sie werden vor euch herabfallen, ohne euch zu treffen. Habt ihr aber Verrat an mir geübt, so treffen sie euch in den Kopf!« Da stellten sich alle vier in eine Reihe und warfen ihre Pfeile in die Höhe. Pferdesohns Pfeil fiel unmittelbar vor seinem Gesicht zur Erde. Die anderen aber wurden von ihren Pfeilen in den Kopf getroffen, so daß sie starben.

46. Der betrogene Drache

Ein alter Mann hatte eine Menge Kinder und wohnte mit ihnen in einer Erdhöhle im Walde. Eines Tages sprach er zu seiner Frau: »Backe mir ein Brot, denn ich will gehen, um einen Erwerb zu suchen.« Er ging also in den Wald hinein und gelangte zu einer Quelle. Bei der Quelle stand ein Tisch, auf diesen legte er das Brot. Da kamen die Krähen herbei und fraßen es auf, während er schlief. Als er erwachte und Fliegen sah, die sich über die Krumen hermachten, schlug er mit seiner Hand zu und tötete 100 Fliegen. Nach dieser Tat schrieb er auf den Tisch, er habe Hundert mit einem Faustschlag niedergemacht. Dann legte er sich wieder nieder und schlief weiter. Auf einmal kam ein Drache mit einem Ledersack, um Wasser zu schöpfen. Da sah er, daß auf dem Tisch geschrieben stand, jener habe Hundert getötet. Und wie er nun den Greis erblickte, geriet er in große Angst. Als der Alte aber erwachte, war das Fürchten auf seiner Seite. Da redete ihn der Drache an: »Wir wollen Brüderschaft machen.« Und sie schwuren, Kreuzbrüder werden zu wollen. Der Drache schöpfte sein Wasser und sprach zum Alten: »Komm mit mir in mein Schloß.« Also gingen sie miteinander, der Alte immer voran. Und jedesmal, wenn der Drache ausatmete, schob er den Alten nach vorn, und wenn er den Atem einzog, zog er ihn rückwärts. Da fragte der Drache: »Bruder, warum läufst du bald vorwärts und bald rückwärts?« Der Alte erwiderte: »Es kommt mich immer eine böse Anwandlung an, dich töten zu wollen.« Da meinte der Drache: »Halt, Bruder, dann will ich vorangehen, und du gehst hinter mir; vielleicht kommt dir dann ein anderer Gedanke.« So gelangten sie zu Kirschbäumen. »Bruder«, sagte der Drache, »wir wollen Kirschen essen!« Der Drache stieg auf den Baum und der Alte pflückte von unten. Da sprach der Drache: »Steig auch herauf, hier oben sind bessere.« Der Greis entgegnete: »Die sind nicht besser, denn die sind ja von den Vögeln beschmutzt.« – »Greif nach diesem Zweig.« Der Alte griff danach. Da ließ der Drache den Zweig wieder fahren und schleuderte so den Alten in die Höhe. Der fiel auf einen Hasen und ergriff ihn. Der Drache fragte: »Was hast du gemacht, Bruder, bist du von dem Zweig herabgefallen?« – »Ich bin selbst herabgesprungen, um den Hasen zu fangen, denn es blieb keine Zeit mehr, ihm nachzueilen, deshalb ließ ich mich auf ihn fallen.« Danach stieg der Drache wieder herunter und ging mit dem Alten nach Hause. Dort angelangt, fragte der Greis die Frau des Drachen: »Möchtest du ein Geschenk, Schwägerin?« – »Danke schön, Schwager.« Der Drache flüsterte ihr nämlich heimlich zu: »Wünsche dir nichts, er würde uns sonst töten, denn mit einem Fausthieb hat er Hundert niedergestreckt.« Danach schickte der Drache den Alten weg, um Wasser zu holen. »Geh, Bruder, bringe Wasser.« Jener nahm also den Ledersack und einen Spaten und ging damit zum Brunnen. Um den Brunnen zog er einen Graben. Der Drache kam zu ihm und fragte: »Was machst du da, Bruder?« – »Ich will den ganzen Brunnen ausgraben und nach Hause tragen.« Der Drache entgegnete: »Laß mich selbst Wasser schöpfen, du verdirbst mir sonst die Quelle.« Als der Drache das Wasser geschöpft hatte, nahm er den Alten bei der Hand und führte ihn nach Hause.

Ein andermal schickte er ihn in den Wald, um einen Baumstamm zu bringen. Jener rindete eine Linde ab, machte sich daraus ein Seil und band einige Bäume zusammen. Wieder kam der Drache. »Was tust du da, Bruder?« – »Ich will den ganzen Wald umhauen und nach Hause bringen.« – »Du richtest mir den ganzen Wald zugrunde, Bruder, da will ich lieber selbst den Baumstamm holen.« Der Drache nahm also den Baum auf seine Schultern und ging nach Hause. Dort sprach er zu seinem Weib: »Was sollen wir nur tun, Frau, der wird uns noch umbringen, wenn er zornig wird!« Die Frau erwiderte: »Nimm die große Keule unseres Onkels und schlag sie ihm auf den Kopf.« Der Alte aber hatte es mitangehört. Anstatt sich nun wie sonst in der Nacht auf die Bank zur Ruhe zu legen, nahm er die Mörserkeule, legte diese auf die Bank, umhüllte sie mit einem Gewand, setzte ihr seine Mütze auf den Kopf und legte sich selbst unter die Bank. Als der Drache die Mütze fühlte, schlug er mit der Keule danach. Der Alte aber stand auf, legte die Mörserkeule unter die Bank und nahm selbst auf der Bank Platz und rieb sich ein wenig am Kopfe. »Gott soll dich töten, Bruder, zusammen mit deinem ganzen Hause, ein Floh hat mich am Kopf gebissen.« – »Hörst du, Frau, ich glaubte ihn mit der Keule erschlagen zu haben, und nun sagt er, es habe ihn nur ein Floh gebissen. Was sollen wir mit ihm machen, Frau?« – »Gib ihm einen Sack voll Gold, und dann soll er uns verlassen.« – »Was soll ich dir geben, Bruder, daß du dich wieder entfernst? Ich werde dir einen Sack voll Gold geben, und dann magst du gehen.« – »Ich bin einverstanden.« Er gab ihm also einen Sack, ganz mit Gold gefüllt. »Nimm den, Bruder, und geh fort.« – »Ich habe mein Geschenk selbst herbeigetragen, trag du nun auch das deinige.« Da nahm der Drache den Sack auf seine Schulter und trug ihn. Als sie zu der Erdhöhle, der Wohnung des Alten, kamen, sprach dieser: »Warte hier, Bruder, ich will ins Haus gehen, um die Hunde anzubinden, denn sonst würden sie dich zerreißen.« Der Greis ging also in sein Haus zu seinen Kindern und schnitt ihnen Messer aus Holz. Dann wies er sie an, wenn sie den Drachen sähen, sollten sie sagen »Mutter, unser Vater bringt einen Drachen, den wollen wir verspeisen.« Der Drache hörte das, warf den Sack weg und floh. Da begegnete er dem Fuchs. »Wohin fliehst du, Drache?« – »Der Alte will mich erschlagen.« – »Hab keine Angst. Komm mit mir, ich werde ihn umbringen, denn er ist im Grunde ein Schwächling.« Die Kinder kamen heraus und schrien: »Mutter, der Fuchs bringt uns die Drachenhaut, die können wir gebrauchen, um unsere Höhle zu decken.« Da ergriff der Drache die Flucht, faßte den Fuchs und schlug ihn zu Boden, so daß er starb. Nun holte sich der Alte aus dem Dorf einen Wagen, lud das Geld darauf, zog ins Dorf, baute sich Häuser und kaufte Ochsen und Rinder.

47. Die Henne, die Diamanten legte

Ein armer Mann hatte drei Söhne. Eines Tages fand der Jüngste sechs Kreuzer, gab sie seinem Vater und sprach: »Vater, nimm diese sechs Kreuzer, geh in die Stadt und kauf uns etwas.« Der Alte ging in die Stadt, kaufte eine Henne und brachte sie nach Hause. Da legte die Henne ein Ei, das ein Diamant war. Der Alte legte es auf die Fensterbank, und es verbreitete Licht um sich wie eine Kerze. Als er am andern Morgen aufstand, sprach er zu seiner Frau: »Frau, ich geh mit diesem Ei in die Stadt.« In der Stadt ging er zu einem

Kaufmann. »Willst du nicht dieses Ei kaufen?« – »Was verlangst du?« – »Gib mir 100 Lei.« Da gab ihm der Kaufmann 100 Lei. Damit ging er nach Hause, kaufte sich Nahrungsmittel und schickte seine Söhne zur Schule. Da legte die Henne noch ein Ei. Er brachte es wieder zu jenem Kaufmann, und der gab ihm wieder 100 Lei. Zum dritten Mal legte die Henne ein Ei, das er ebenfalls dem Kaufmann brachte. Auf diesem Ei stand geschrieben: »Wer den Kopf der Henne ißt, der wird Kaiser werden, wer ihr Herz verspeisen wird, der wird in jeder Nacht 1000 Goldstücke unter seinem Kopfe finden, wer aber ihre Füße ißt, der wird ein Prophet werden.«

Bald darauf kam der Kaufmann ins Dorf, um den Alten in seine Dienste zu nehmen. »Was soll ich dir geben, wenn du meine Waren austrägst?« – »Gib mir 100 Lei.« Da nahm er für ein halbes Jahr den Mann mit der Henne in seine Dienste. Eines Tages kam der Kaufmann zur Frau des Alten und sprach: »Dein Mann ist gestorben, und den Lohn hab ich nun umsonst gezahlt. Ich will dich aber heiraten, denn ich bin reich.« – »Gut, so wollen wir heiraten!« – »Schön, so wollen wir heiraten, aber schlachte mir die Henne zur Hochzeit, Lautenspieler brauchen wir nicht.« Und sie nahmen eine Köchin. »Bis wir aus der Kirche kommen, soll die Henne zubereitet sein.« Da kamen die Söhne aus der Schule. »Gib uns zu essen«, sagten sie zur Köchin. »Ich kann euch nichts geben, denn er hat gesagt, ich dürfte nichts von der Henne weggeben.« Da bettelten die Jungen: »Laß auch uns davon kosten, wenn es auch nur wenig ist, denn wir haben sie ja immer gehegt und gepflegt.« Da gab sie dem Ältesten den Kopf, dem Mittleren das Herz und dem Jüngsten die Füße. Dann gingen sie zur Schule. Als der Kaufmann mit der Frau von der Trauung zurückkam und sich an den Tisch setzte, sprach er zur Köchin: »Nun trag uns das Essen auf.« Und sie stellte die Henne auf den Tisch. Der Mann suchte nach dem Kopf, dem Herzen und den Füßen, aber sie waren nicht da. Da fragte er die Köchin: »Wo ist der Kopf?« Sie sagte: »Die

Jungen haben ihn gegessen.« Da sprach der Kaufmann: »Ich werde von dieser Henne nicht essen, gib mir den Kopf, das Herz und die Füße, nur das will ich haben.« Die Köchin erwiderte: »Die Jungen haben es aufgezehrt.« Da wandte er sich zu seiner Frau: »Frau, mache ihnen bitteren Kaffee, so daß sie erbrechen.« Als die Knaben von der Schule kamen, sprach der Jüngste: »Trinkt nicht den Kaffee, sonst müßt ihr sterben.« Als sie nach Hause kamen, gab ihnen die Mutter den Kaffee, sie gossen ihn aber auf die Erde und gingen wieder zur Schule. Als der Kaufmann kam, fragte er: »Haben sie sich übergeben?« Sie verneinte. »Ich muß in die Stadt gehen und Äpfel kaufen, sperr sie unterdessen ein, dann werde ich sie töten und herausnehmen, was sie von der Henne verzehrt haben.« Der jüngste Bruder aber sprach: »Wohlan, wir wollen in die Welt ziehen.« – »Warum sollen wir gehen?« – »Unser Vater will uns töten.« So zogen sie in die Fremde und kamen in ein anderes Land. Dort hatte ein Kaiser geherrscht, der war gerade gestorben, und seine Krone hatte man in der Kirche aufgestellt. Derjenige, auf dessen Haupt die Krone von selbst fiele, sollte Kaiser werden. Vielerlei Leute kamen in die Kirche, unter ihnen auch die drei Brüder. Der Älteste trat als erster in die Kirche, und schon flog ihm die Krone auf sein Haupt. »Wir haben einen neuen Kaiser!« riefen die Leute, nahmen ihn bei der Hand und bekleideten ihn mit den kaiserlichen Gewändern. Und er ließ verkünden, daß er der neue Kaiser sei. Das Heer zog auf und huldigte ihm. Da meinte der mittlere Bruder: »Ich bleibe nicht, ich will weiterziehen und auch Kaiser werden.« Der Jüngste aber sagte: »Ich werde nicht mitgehen.« Der Mittlere wanderte also weiter und kam schließlich zu einem anderen Kaiser, der eine Tochter hatte. Dieser Kaiser gab bekannt: »Wer meine Tochter im Glücksspiel besiegen wird, soll sie zur Frau haben.« Der zweitälteste Bruder kam also zu ihr und sprach: »Wohlan, wir wollen miteinander um Geld spielen.« Kaum hatten sie zu spielen begonnen, da besiegte er sie. Einen Tag nur spielten sie und keinen zweiten mehr. Da er sie nun besiegt hatte, wurde sie seine Frau, und der Kaiser vermählte sie miteinander und machte ihn zum König.

Die Kaisertochter aber hatte einen Liebhaber, der schrieb ihr einen Brief: »Frage ihn doch, woher er soviel Geld hat.« Und sie fragte ihn: »Mein Gemahl, woher hast du soviel Geld, daß du mich besiegen konntest?« – »In jeder Nacht finde ich 1000 Goldstücke unter meinem Kopf.« – »Wieso denn?« – »Ich habe das Herz einer Henne gegessen.« Da schrieb sie ihrem Liebhaber zurück: »Er hat das Herz einer Henne gegessen, und nun findet er in jeder Nacht 1000 Goldstücke unter seinem Kopfe.« Jener aber schickte ihr wieder einen Brief: »Bereite ihm einen Kaffee, so daß er sich übergeben muß und das Herz wieder von sich gibt. Das nimm dann und iß es, und ich werde dich heiraten.« Sie machte ihm also Kaffee, und er trank ihn und gab das Herz wieder von sich. Und die Kaisertochter verzehrte es. Dann ging sie zu ihrem Vater: »Komm, Vater, und schau, wie er sich erbricht. Ich mag ihn nicht mehr.« Der Kaiser sah es sich an und rief: »Geh mir aus den Augen, ich will dich nicht mehr sehen!« Und er nahm ihm all die kostbaren Gewänder wieder ab und gab ihm gewöhnliche Kleider. Der Jüngling zog von dannen, gelangte in die Wälder und wurde hungrig. Da kam er zu einem Apfelbaum, der trug Früchte. Er pflückte einen Apfel, aß ihn und wurde in einen Esel verwandelt. Weinend ging er hin und her. Als er aber weiterging, fand er einen wilden Apfelbaum, von dem aß er einen Apfel und erlangte seine menschliche Gestalt wieder. Dann kehrte er um und pflückte zwei Äpfel von dem ersten Apfelbaum und ebenso pflückte er noch zwei Äpfel von dem wilden Apfelbaum. Nun machte er sich auf zu der Stadt, in der seine Frau wohnte, und stellte sich am Wege auf. Seine Frau kam heraus, um spazierenzugehen. »He, Mann, verkaufst du Äpfel?« – »Ja.« Und er verkaufte ihr einen Apfel. Kaum hatte sie hineingebissen, da wurde sie in eine Eselin verwandelt. Da nahm er sie bei der

Mähne, legte ihr einen Zügel um den Kopf und ritt auf ihr in die Stadt hinein und kam zu einem Wirtshaus. Dort ließ er bitteren Kaffee bereiten und goß ihn ihr ins Maul. Da mußte sich die Eselin wieder und wieder erbrechen, und schließlich kam das Herz zum Vorschein. Der Jüngling nahm es und verzehrte es. Dann sprach er: »Jetzt bin ich Herr.« Und er ging zu seinem Schwiegervater. »Du mußt Gericht halten, hier bring ich deine Tochter.« Der Kaiser berief seine Minister. Der Jüngling aber sprach: »Ich will nicht, daß ihr den Richtspruch fällt, kommet mit mir zu dem neuen Kaiser.« Da machten sie sich auf den Weg zum neuen Kaiser. Der Kaiser fuhr im Wagen, und sein Schwiegersohn, der Jüngling, ritt auf seiner Gattin. So kam er mit ihnen zu seinem Bruder, dem neuen Kaiser. Der jüngste Bruder hatte aber bereits vorausgesagt: »Unser Bruder wird hierher vor Gericht kommen, darum fälle du ein gutes Urteil.« Als die beiden Kaiser zusammentrafen, verneigten sie sich voreinander, und der Schwiegervater sprach: »Sprich du das Urteil für diesen Mann.« – »Ich werde es sprechen. Du hast diese in eine Eselin verwandelt, gib ihr wieder Menschengestalt.« – »Aber nur, wenn sie Treue hält.« Der Kaiser erwiderte: »Sie wird Treue halten, nur soll er ihr ihre Gestalt wiedergeben.« Da gab er ihr eine Frucht des wilden Apfelbaums, die aß sie und wurde wieder zur Frau. Ihr Vater, der Kaiser, nahm seine Krone und setzte sie dem Jüngling aufs Haupt mit den Worten: »Nimm meine Krone, du sollst Kaiser sein!«

48. Der Kaisersohn mit der Sehergabe

Ein Kaiser hatte drei Söhne. Eines Tages veranstaltete dieser Kaiser ein Fest, zu dem sich alle Bewohner der Bukowina einfanden. Plötzlich entstand eine Finsternis, und ein Drache kam herbei und raubte die Kaiserin. Er trug sie nach einem Berg tief in den Wäldern und verschwand mit ihr in der Erde; denn drinnen in der Erde war sein Schloß. Nach dem Fest gingen die Leute wieder nach Hause. Der jüngste Kaisersohn nun war ein Seher, seine älteren Brüder freilich behaupteten von ihm, er sei ein Narr. Dieser sprach zu seinen Brüdern: »Wir wollen in unserm ganzen Land nach der Mutter suchen.« Da machten sich die drei auf und gingen, bis sie an einen Kreuzweg kamen. Da fragte der Jüngste: »Brüder, welchen Weg wollt ihr einschlagen?« Der Älteste entgegnete: »Ich gehe geradeaus.« Der Mittlere wählte den Weg zur Rechten und der Jüngste den zur Linken. So gelangte der Älteste in Städte, der Mittlere in Dörfer, der Jüngste aber in Wälder. Sie waren bereits ein weites Stück gegangen, da war der Jüngste noch einmal zurückgekehrt und hatte seinen Brüdern zugerufen: »Kommt einmal her, wie werden wir es erfahren, wenn einer die Mutter gefunden hat? Wir wollen darum drei Trompeten kaufen, und wer die Mutter findet, der soll die Trompete blasen, damit die andern es hören und nach Hause zurückkehren.«

Der Jüngste gelangte nun tief in den Wald und wurde hungrig. Da fand er einen Apfelbaum, mit Früchten beladen. Als er aber einen Apfel aß, wuchsen ihm zwei Hirschhörner. Da sprach er bei sich: »Was mir Gott gegeben hat, das will ich tragen.« Dann zog er weiter, und als er einen Fluß durchschritt, da fiel das Fleisch von seinem Körper. Und wieder sprach er: »Was mir Gott bestimmt hat, will ich tragen; ihm sei Dank.« Auf seiner Wanderung fand er einen anderen Apfelbaum, und er dachte: »Ich werde wieder einen Apfel essen, wenn mir auch noch zwei Hörner wachsen sollten.« Kaum hatte er jedoch den Apfel gegessen, da fielen die Hörner von ihm ab. Beim Weitergehen gelangte er wieder an einen Fluß und sprach: »Ach Gott, vorhin ist das Fleisch von mir abgefallen, jetzt werden wohl auch noch meine Gebeine auseinanderfallen. Aber ich werde trotzdem hinübergehen.« Sowie er aber durch den Fluß watete, wuchs ihm neues Fleisch, und er war schöner als zuvor. Dann bestieg er einen Berg. Oben auf kahler Bergkuppe war ein Fels. Da streckte er seine Hand aus, schob den Fels zur Seite und gewahrte ein Loch in der Erde. Nun schob er den Felsen wieder an seinen Ort, machte sich auf den Rückweg und gab mit der Trompete das Zeichen. Seine Brüder hörten es und kamen herbei. »Hast du unsere Mutter gefunden?« fragten sie. »Ja, kommet nur mit mir.« Da stiegen sie mit ihm zu dem Felsen auf dem Berg. »Hebt den Felsen hinweg«, forderte er sie auf. »Wir sind dazu nicht imstande.« – »Nun, so will ich es tun.« Und er schob mit seinem kleinen Finger den Felsen zur Seite und sprach: »Hier befindet sich unsere Mutter! Wer will sich hinunterlassen?« Aber jeder der beiden sprach: »Ich möchte nicht.« Da meinte der jüngste Prinz: »Kommt mit mir in den Wald, wir wollen einen Lindenbaum abrinden.« Das taten sie und machten daraus ein Seil und einen Korb. »Ich werde mich nun darin hinunterlassen, sobald ich aber am Seil ziehe, müßt ihr mich wieder emporziehen.« Also ließ er sich hinab und gelangte zuerst zu einem Haus, in dem er eine Kaisertochter fand, die der Drache geraubt und in dem Haus eingeschlossen hatte. Diese fragte: »Warum bist du gekommen? Wenn der Drache dich findet, wird er dich umbringen.« Er aber fragte sie: »Hat nicht der Drache auch eine ältere Fürstin hierher gebracht?« Sie erwiderte: »Ich weiß es nicht, aber geh einmal in das zweite Haus. Dort wohnt meine mittlere Schwester.« Da ging er zu jener, und auch sie sagte: »Warum bist du gekommen? Wenn der Drache dich findet, wird er dich umbringen.« Er fragte sie nun: »Ist hier nicht auch eine ältere Fürstin?« Aber sie erwiderte: »Ich weiß es nicht, geh in das dritte Haus. Dort wohnt meine jüngste Schwester.« Auch diese richtete die gleiche Frage an ihn, und auch sie fragte der Jüngling: »Ist nicht auch eine ältere Fürstin hier?« Sie entgegnete: »Ja, im vierten Haus.« Da ging er zu seiner Mutter, und sie fragte ihn: »Warum bist du gekommen? Wenn der Drache dich findet, wird er dich töten.« Er aber erwiderte: »Hab keine Angst. Komm nur mit mir.« Und er führte sie hinaus, setzte sie in den Korb und sprach zu ihr: »Sag meinen Brüdern, sie müßten noch drei Mädchen emporziehen.« Dann gab er das verabredete Zeichen, und sie zogen ihre Mutter empor. Und darnach zogen sie auch die beiden älteren Mädchen heraus. Bevor er aber die Jüngste in den Korb setzte, ließ er sie schwören, nicht zu heiraten, bevor er selbst käme. Sie schwur es. Dann setze er sie in den Korb und gab das Zeichen zum Emporziehen. Darnach nahm er einen Stein, legte diesen in den Korb und gab das Zeichen, indem er bei sich dachte: »Wenn sie den Stein emporziehen, meinen sie es redlich und werden auch mich emporziehen.« Aber als jene den Korb mit dem Stein halb herausgezogen hatten, da durchschnitten sie das Seil, um ihren Bruder umkommen zu lassen, denn sie glaubten, er säße im Korb. Als der jüngste Prinz sein Schicksal begriff, begann er zu weinen. Er ging nun in das Schloß, in dem der Drache wohnte, zog die Tischlade auf und fand darin einen verrosteten Ring. Als er ihn aber reinigte, da trat aus ihm ein Herr hervor, der sprach: »Womit kann ich dir dienen, o Herr?« Der Kaisersohn erwiderte: »Trag mich hinauf in die Welt.« Da nahm ihn der Mann auf seine Schultern und trug ihn hinauf auf die Erde. »Nun bringe mich nach Hause.« Da brachte er ihn in seine Heimatstadt. Der Kaisersohn aber hatte sich zwei Krüge mit Wasser mitgebracht. Sobald er sich aus dem einen wusch, veränderte sich sein Gesicht, und wenn er sich aus dem andern wusch, wurde es wieder, wie es war. Dieser Herr nun führte ihn in der Stadt zu dem Schneider. Der Prinz wusch sich aus dem einen Kruge und ging mit verändertem Aussehen zu dem Schneider, den sein Vater für ein Jahr in Dienst genommen hatte, nur damit er die jungen Lehrlinge anleite. Bei diesem Schneider, der noch zwölf Gesellen hatte, fand auch der Prinz Arbeit, denn der Schneider kannte weder den jungen Prinzen noch seine Brüder.

Der älteste Bruder hatte nach der Rückkehr in die Stadt alsbald um die Hand der jüngsten der drei Schwestern geworben, die sein Bruder von dem Drachen befreit hatte. Sie aber hatte erklärt: »Ich werde nicht heiraten, denn ich habe geschworen zu warten, bis der Meinige kommt.« Darnach bemühte sich der Mittlere um sie, aber er erhielt dieselbe Antwort. So heiratete denn der älteste Königssohn die älteste der Schwestern und der Mittlere die zweite. Dann riefen sie den Schneider zu sich, damit er ihnen Gewänder für die Hochzeit mache, und gaben ihm Stoff dazu. Der junge Prinz sprach nun zum Schneider: »Laß mich sie nähen!« – »Das geht nicht, denn so, daß sie passen, wirst du sie nicht nähen können.« – »Laß mich nur, ich werde sie so machen, daß sie genau passen.« Da gab ihm der Schneider den Stoff, und jener rieb den Ring, und wieder kam das Herrchen zum Vorschein und fragte: »Womit kann ich dir helfen, Herr?« – »Nimm diesen Stoff und geh zu meinem ältesten Bruder und nimm ihm Maß, damit das Gewand weder zu weit noch zu eng wird, sondern genau paßt, und nähe so, daß die Naht nicht zu sehen ist!« Der Mann tat, wie ihm geheißen, und am nächsten Morgen brachte dann der Königssohn die Gewänder zum Schneider und sprach: »Bring sie ihnen.« Als die Prinzen die Gewänder sahen, fragten sie den Schneider: »Wer hat diese Kleider genäht, denn bisher hast du nie so gute Arbeit geliefert?« Der Schneider erwiderte: »Ich habe einen neuen Gesellen, der hat sie genäht.« Da meinten die beiden Brüder: »Da uns die jüngste Schwester nicht gemocht hat, wollen wir sie jenem geben, so daß sie unsere Untergebene wird.« Dann gingen die beiden Brüder zur Trauung. Nach der Trauung riefen sie den Schneidergesellen zu sich und ließen auch die jüngste Schwester kommen und sprachen zu ihr, sie solle ihn zum Gatten nehmen. Sie aber sprach: »Ich will nicht«, denn sie kannte ihn ja nicht. Da ergriff sie der älteste Kaisersohn und schlug sie. Aber sie blieb dabei: »Ich werde ihn auf keinen Fall nehmen!« – »Du mußt ihn nehmen!« – »Du magst mir den Kopf abschlagen, ich will nicht!« Da sprach der jüngste Bruder: »Weißt du, Prinz, was du machst? Du läßt mich zusammen mit ihr in ein Gemach gehen, damit ich mit ihr rede.« Da ging jener mit ihr in ein Gemach und wusch sich aus dem andern Kruge, und sein Gesicht wurde wie vorher, so daß das Mädchen ihn erkannte. »Wohlan, nun werde ich dich nehmen«, rief sie. Da wusch er sich wieder aus dem andern Kruge, und sie ging zurück zum Kaiser. Der fragte sie: »Wirst du ihn nehmen?« – »Ja, ich werde ihn heiraten.« Da sprach er: »In zwölf Tagen soll die Hochzeitsfeier vorbereitet sein.« Und sie gingen auseinander.

Sechs Tage waren schon vergangen. Noch war nichts zur Hochzeit vorbereitet, denn der Prinz war ja ein armer Schneidergeselle. Schon waren zehn Tage vorbei, und nur zwei waren noch geblieben, da rief der Schneider den Bräutigam: »Was sollen wir nur machen, denn es ist nichts da für die Hochzeit.« – »Mach dir keine Sorgen, und gräme dich nicht, Gott wird uns schon helfen.« Jetzt war nur noch ein Tag geblieben. Da ging der Bräutigam hinaus, rieb den Ring, und wieder kam das Herrchen zum Vorschein und fragte: »Womit kann ich dir helfen, Herr?« – »Baue mir bis Tagesgrauen ein Schloß mit drei Stockwerken, das sich auf einer Scheibe immer zur Sonne drehen läßt. Sein Dach soll kristallen sein, und einen Teich mußt du darauf anlegen, in dem Fische schwimmen und spielen, so daß die Herren, die hinaufschauen, sich über diese Pracht wundern. Und Speisen sollen in goldenen Schüsseln aufgetragen werden, und silberne Löffel sollen da sein und goldene Becher zum Trinken und Schöpfen.« Bei Tagesgrauen stand das Wunderschloß fertig da. Da sprach der junge Bräutigam: »Nun möchte ich noch einen Wagen mit sechs Pferden bespannt und 100 Berittene, die vor dem Wagen herziehen, und 200, die ihn auf beiden Seiten begleiten.« Und auch dieser Wunsch wurde alsbald zur Wirklichkeit. In diesem Aufzuge nun zogen sie in der Frühe zur Trauung in die Kirche, der Bräutigam von dieser und die Braut von jener Seite her. Als die Feier zu Ende war, gingen sie nach Hause. Zum Festschmaus erschienen seine Brüder, sein Vater und eine große Anzahl von vornehmen Herren. Sie aßen und tranken, und alle schauten mit Bewunderung nach dem Dach. Nach beendetem Mahle fragte der junge Gemahl die Herren: »Was soll mit dem geschehen, der seinem Bruder nach dem Leben trachtet?« Seine Brüder hörten das und antworteten: »Der verdient den Tod.« Da wusch er sein Gesicht aus dem andern Kruge und bekam sein voriges Aussehen. Sofort erkannten ihn seine Brüder. Er aber sprach zu ihnen: »Gesegnet sei euer Tag, meine Brüder. Ihr hieltet mich für tot, nun aber habt ihr euch selbst das Todesurteil gesprochen. Kommt nun mit mir heraus und werft eure Schwerter in die Höhe. Wenn ihr es gut mit mir meintet, so sollen sie vor euch zur Erde fallen. Meintet ihr es aber böse mit mir, so sollen sie euch ins Haupt fahren.« Da warfen alle drei ihre Schwerter in die Höhe, und während das Schwert des Jüngsten vor diesem niederfiel, wurden die beiden anderen ins Haupt getroffen, so daß sie starben.

49. Der Eifersüchtige

Ein reicher Kaufmann hatte eine wunderschöne Frau, die ließ er niemals ins Freie gehen. Eines Tages mußte er zusammen mit einem andern Kaufmann eine Handelsfahrt auf der Donau unternehmen. Als es Abend wurde, zogen sie ihre Schiffe ans Ufer, banden sie dort fest und traten in ein Haus, um zu übernachten. Während sie sich miteinander unterhielten, meinte der eine: »Wird jetzt deine Frau zu Hause nicht etwa einen Liebeshandel anfangen?« Der Gatte aber erwiderte: »Das ist ausgeschlossen, meine Frau bleibt mir treu.« Der andere aber fuhr fort: »Nun, was wirst du mir geben, wenn ich es bin, dem sie ihre Liebe schenkt?« — »Wenn sie sich in dich verliebt, so werde ich dir meine Besitzungen, meine Waren und das Schiff geben.« — »Woran wirst du aber erkennen, daß ich Erfolg bei ihr hatte?« — »Wenn du mir ihr Muttermal nennen und den goldenen Ring von ihrem Finger vorzeigen kannst. Aber gewiß würde dich meine Frau schlagen, wenn du ihr einen Antrag machen solltest. Ich habe überdies eine Magd bei ihr zurückgelassen, so daß meine Frau das Haus nicht zu verlassen braucht.« Der andere aber erwiderte: »Es wird mir dennoch gelingen.« – »Nun, so gehe zu ihr ins Haus, ich werde solange auch die Führung deines Schiffes übernehmen.«

Jener ging also in das Haus der Kaufmannsfrau. Aber was sollte er nur tun, er konnte sich ihr nicht nähern. Da traf er eine alte Frau und sprach zu ihr: »Alte, was soll ich tun, um den Ring von deiner Herrin zu bekommen?« Die erwiderte: »Was wirst du mir geben? Erst dann werde ich es so einrichten, daß du den Ring erlangen kannst.« – »Ich gebe dir 100 Lei.« Da riet die Alte: »Zimmere eine große Truhe, bringe daran ein Fenster an, lege dich dann hinein und verschließe sie von innen. Dann will ich dich so zu meiner Herrin bringen.« Der Kaufmann tat so, und die Alte trug ihn in der Truhe bis vor das Haus und ging dann zu ihrer Herrin und sprach: »Ich bitte dich, Herrin, meine Truhe mit den Kleidern im Haus unterstellen zu dürfen, damit meine Kleider nicht gestohlen werden.« – »Gut, bringe sie nur in die Vorhalle«, sagte sie zu der alten Magd und half ihr auch noch dabei, die Truhe hineinzutragen. »Ach, ich bitte dich, Herrin, sie in dein Gemach stellen zu dürfen, morgen früh werde ich kommen, um sie wieder herauszuholen.« – »Schön, stelle sie nur in eine Ecke.« Darauf ging die Alte in ihr Haus. Am Abend bereitete sich die Kaufmannsfrau ihr Bad, legte den Ring auf den Tisch und badete. Da gewahrte der Mann durch das Fensterchen unter ihrer rechten Brust ein Mal. Die Kaufmannsfrau legte sich nun ins Bett und löschte die Kerze aus. Aber sie vergaß den Ring auf dem Tische. In der Nacht aber stieg der Mann aus der Truhe, nahm den Ring vom Tisch, legte sich wieder hinein und verschloß sie wieder. Vor Tagesanbruch erschien die alte Magd und trug ihre Truhe wieder hinaus, und der Mann stieg wieder heraus, nahm die Truhe und entfernte sich, um den Ehemann aufzusuchen. Als sie sich trafen, fragte dieser: »Hast du bei meiner Gemahlin geschlafen?« – »Ja, gewiß.« – »Nun, was hat sie denn für ein Mal?« – »Unter der rechten Brust hat sie ein Muttermal. Aber wenn du es noch nicht glaubst, hier ist der Ring.« – »Wahrhaftig«, sagte der Ehegatte. »Nimm also mein Schiff mit allem, was darin ist, und komm mit mir nach Hause, dann will ich dir auch meine Besitzungen übergeben.« Da ging er mit dem andern Kaufmann in sein Haus. Er sprach nun mit seiner Gattin kein Wort, sondern machte nur ein kleines Schiff fertig, setzte sie hinein und ließ sie auf der Donau treiben. »Da du so gehandelt hast, fahre dahin!« rief er ihr nach. Nun war er, da er alle seine Güter weggegeben hatte, arm geworden und verdiente sich damit sein Brot, daß er Wasser für die Juden holte. Seine Gemahlin aber hatte ein Jahr auf der Donau zubringen müssen – damals war ein Jahr wie jetzt ein Tag –, da hielt ein alter Mann das dahintreibende Boot auf, zog es ans Ufer, öffnete es, führte sie heraus und nahm sie mit sich. Bei diesem Alten blieb sie dann drei Jahre, spann mit der Spindel und ersparte sich Geld. Dann kaufte sie sich prächtige Männerkleider, zog diese an, schnitt sich ihre Haare ab und ging so zu ihrem Gemahl zurück. Unterwegs brachte sie eine Nacht unter einer Linde zu und schlief dort. In der nahen Stadt war ein Kaiser, der sein Augenlicht verloren hatte. Nun hatte die Kaufmannsfrau einen Traum. In der Linde sei eine Öffnung, darinnen sei Wasser, und wenn der Kaiser sich damit bestreiche, so würde er sein Augenlicht wiedergewinnen. Als sie am Morgen erwachte, suchte sie ringsum und fand schließlich jene Öffnung. Sie hatte einen kleinen Krug bei sich, den füllte sie mit dem Wasser, steckte ihn in die Tasche und ging in die Stadt hinein. Dort setzte sie sich in eine Schenke, trank für drei Kreuzer Raki[1] und fragte dabei einen Juden: »Was hört man Neues bei euch?« – »Unser Kaiser ist erblindet«, erwiderte er, »und

[1] Traubenbranntwein.

wer ihm wieder zum Augenlicht verhilft, dem wird er sein ganzes Reich übergeben.« – »Da bin ich der richtige Mann«, sprach die verkleidete Kaufmannsfrau. Sofort ging der Jude zum Kaiser, brachte ihm die Kunde, und der Kaiser befahl: »Man soll ihn sogleich zu mir bringen.« Da wurde die Kaufmannsfrau vor den Kaiser geführt. Und der Kaiser sprach: »Mache mich sehend, dann werde ich dir mein Reich übergeben.« Da nahm sie von dem Wasser, strich ihm damit über die Augen, und er war wieder sehend. Darauf setzte ihr der Kaiser die Krone aufs Haupt und sprach: »Du sollst nun Kaiser sein, ich bin es zufrieden, wenn ich nur bei dir bleiben kann.« Er zog ihr also die kaiserlichen Gewänder an, ließ das Heer aufmarschieren und machte unter Paukenschlägen bekannt, ein neuer Kaiser hätte die Herrschaft angetreten. Da erblickte plötzlich die einstige Kaufmannsfrau ihren Mann, wie er Wasser für die Juden holte, und rief ihn heran mit den Worten: »Komm einmal her und erzähle, wie es kommt, daß du so arm bist.« Der entgegnete: »Ich war nicht immer so arm, ich war einmal reich und hatte Besitzungen und war ein großer Handelsherr.« – »Aber wodurch hast du denn deinen Besitz verloren?« fragte sie weiter. »Ich verlor ihn durch eine Wette«, erzählte er. »Meine Gattin verliebte sich in einen andern, und so mußte ich an diesen meine Güter abtreten. Sie selbst aber setzte ich in ein Boot auf der Donau und überließ sie ihrem Schicksal.« Da schickte sie sogleich nach dem andern Kaufmann. Er wurde herbeigeführt, und sie fragte ihn: »Wie kamst du zu dem Besitz dieses Mannes?« – »Durch eine Wette«, antwortete er. »Worum ging denn die Wette?« – »Daß seine Frau sich mit mir einlasse.« – »Hattest du denn Erfolg bei ihr?« fragte sie weiter. Er erwiderte: »Ja, sie willigte ein.« – »Was für besondere Male hatte sie denn?« fragte die Kaufmannsfrau. Er entgegnete: »Unter der rechten Brust hatte sie eine kleine Warze.« Da fragte sie: »Wirst du jenes Mal wiedererkennen?« – »Gewiß werde ich es erkennen.« Da öffnete sie die Brust und fragte: »Warst du etwa bei mir?« – »Nein, nie«, antwortete er. »Warum hast du gelogen?« sprach sie und befahl, daß er ergriffen und in Stücke gehauen würde. Dann wandte sie sich zu ihrem Gemahl. »Warum hast du mich denn damals nicht gefragt?« Der erwiderte: »Ich war töricht und war erregt.« Da gebot sie: »Nehmt ihn und zählt ihm 25 auf, damit er zur Vernunft kommt.« Dann legte sie die kaiserlichen Gewänder wieder ab, gab sie dem Kaiser zurück und sprach: »Du bist der Kaiser, und ich will deine Kaiserin sein.«

50. Der geflügelte Prinz

Es war einmal ein großer und reicher Künstler. Doch er fing an zu trinken und Karten zu spielen und vertrank sein ganzes Vermögen, so daß er arm wurde und nichts mehr zu essen hatte. Einst träumte er, er mache sich Flügel. Am Morgen machte er sich denn auch wirklich Flügel und befestigte sie an seinem Leib. Dann flog er neun Welten weit und gelangte zum Schloß des Kaisers und ließ sich dort herab.

Der Sohn des Kaisers kam heraus zu ihm und fragte ihn: »Mann, woher bist du?« – »Ich komme von weit her.« – »Verkaufe mir deine Flügel.« – »Gerne.« – »Was soll ich dir dafür geben?« – »Tausend Goldstücke.« Er gab ihm tausend Goldstücke und sagte zu ihm: »Geh mit den Flügeln nach Hause und komme in einem Monat wieder.« Als jener nach Hause geflogen und nach einem Monat zurückgekehrt war, sagte er zu ihm: »Lege mir nun die Flügel an.« Er machte sie fest und beschrieb ihm, welche Schraube er anziehen solle, um zu fliegen, und welche er anziehen müsse, um wieder auf die Erde zu gelangen. Jener flog ein wenig und kam wieder herab. Da gab er ihm noch außerdem tausend Lei und ein Reitpferd. – Der Sohn des Kaisers machte seine Flügel fest und flog bis Mittag. Um Mittag aber erhob sich ein Wind, so daß die Bäume geschüttelt wurden und er bis um Mitternacht dahintrieb. Um Mitternacht legte sich der Wind, der auch ihn neun Welten weit geführt hatte.

Ein Feuer leuchtete auf in der Stadt, und er ließ sich zur Erde hinab, faltete die Flügel zusammen und trug sie so an seinem Körper. Dann ging er in ein Haus, in dem ein altes Weib wohnte, und bat um Nahrung. Sie gab ihm trockenes Brot, das er aber nicht aß. Dann setzte er sich nieder und schlief ein. In der Frühe schrieb er einen Brief, gab der Alten Geld und schickte sie damit in die Garküche. Sie gab den Brief dort ab und bekam dann allerlei gute Speisen. Diese brachte sie ihm, und er gab ihr auch davon. Als er hinausging, erblickte er das Schloß des Kaisers, das drei steinerne und ein kristallenes Stockwerk hatte. Und er fragte die Alte: »Wer wohnt in dem Schloß, und wer bewohnt das vierte, kristallene Stockwerk?« – »Dort wohnt die Tochter des Kaisers, doch sie darf nie das Schloß verlassen; ihre Speise wird ihr mit einem Seil zugeführt.« Und gerade ließ auch ihre Dienerin das Seil hinab, die Speisen wurden darangehängt, und sie zog sie hinauf. Die Kammer der Dienerin, in der sich diese nur des Nachts aufhielt, lag abseits, den Tag über weilte sie bei der jungen Prinzessin. Da legte der Fürstensohn seine Flügel an, flog hinauf zu dem kristallenen Stockwerk und versuchte das Fenster zu öffnen; das gelang ihm, und er trat ein.

Die Prinzessin lag auf ihrem Bett wie eine Tote. Er berührte sie, aber sie gab keinen Laut von sich. Aber als er die Kerze, die zu ihren Häupten stand, herabnahm, erhob sie sich und faßte ihn um den Hals mit den Worten: »Weil du zu mir gekommen bist, bist du nun mein, und ich bin dein.« Sie liebkosten sich, bis es Tag wurde. Dann stellte er die Kerze an ihren Platz, und die Prinzessin lag wieder wie tot da; er aber ging hinaus, schloß das Fenster und flog wieder zu der Alten. Ein halbes Jahr machte er der Prinzessin seine Besuche, da wurde sie schwanger. Die Dienerin bemerkte diese Veränderung. Sie schrieb dem Kaiser einen Brief: »Was mag es bedeuten, daß die Prinzessin so dick geworden ist?« Der Kaiser antwortete ihr: »Bestreiche den Estrich am Abend mit Teig, und wenn jemand kommt, so wird er seine Spur hinterlassen.«

Die Dienerin setzte die Kerze neben die Prinzessin, so daß diese wie tot dalag. Dann bestrich sie den Boden mit Teig und begab sich in ihre Kammer. Als nun der Sohn des Kaisers kam, bemerkte er nicht, daß der Boden bestrichen war, und seine Schuhe hinterließen Spuren in dem Teig. Ruhig wie sonst begab er sich wieder nach Hause und legte sich schlafen. Als die Dienerin zur Tochter des Kaisers ging, sah sie die Spuren und schrieb dem Kaiser einen Brief. Sie maß nach, wie groß die Schuhe waren, und schickte das Maß dem Kaiser.

Dieser berief zwei Minister und gab ihnen den Brief und das Schuhmaß. Und er befahl: »Führet mir den herbei, für dessen Schuhe das Maß paßt.« Als sie die ganze Stadt durchsucht hatten, ohne jemanden zu finden, sagte der eine: »Gehen wir auch zu der Alten«, der andere aber meinte: »Wir wollen nicht hingehen, ein Mann wohnt ja nicht dort.« – »So bleib du hier, ich gehe hin.« Da erblickte er den schlafenden Prinzen, und siehe, das Maß paßte für dessen Schuhe. Da riefen die Minister: »Komm mit uns zum Kaiser!« – »Gut, ich komme.«

Der Prinz kaufte sich einen großen Mantel und legte ihn so um sich, daß die Flügel nicht zu sehen waren, und ging zum Kaiser. Dieser fragte ihn: »Warst du bei meiner Tochter?« – »Ja.« – »Mit welcher Absicht bist du dahin gegangen?« – »Um sie zu heiraten.« Da sagte der Kaiser: »Pah! Du wirst sie nicht bekommen, auf einem Dornhaufen werde ich euch verbrennen.« Und wie der Kaiser befohlen hatte, trugen seine Diener drei Haufen Dornen zusammen und steckten sie in Brand. Die Prinzessin wurde vom kristallenen Stockwerk herabgelassen, und die beiden sollten nun verbrannt werden. Der Prinz bat: »Laßt uns erst noch ein Vaterunser beten.« Dann flüsterte er dem Mädchen zu: »Sobald ich niederknie, schlüpfst du unter meinen Mantel und fassest mich um den Hals, dann werde ich mit dir in die Höhe fliegen.« So tat sie. Er machte rasch die Flügel fest und flog mit ihr hinauf; der Mantel fiel herab. Die Diener schossen auf den Mantel, der Prinz aber flog mit ihr davon. Da rief sie: »Laß dich hinab, die Geburtswehen kommen über mich«, doch er redete ihr zu: »Hab noch ein Weilchen Geduld!«

Als er längere Zeit geflogen war, ließ er sich auf dem Felsen eines Berges nieder, und sie gebar dort das Kind. Sie bat ihn, Feuer zu machen. Auf einem Acker in der Ferne sah er einen Feuerschein. Da spannte er seine Flügel aus, flog zu dem Feuer, nahm einen brennenden Klotz und kam damit zurück. Doch ein Funke sprang auf einen Flügel über, so daß er verbrannte. Als er unten an dem Berge ankam, fiel der Flügel ab; da warf er auch den anderen von sich. Nun ging er um den Berg herum, doch konnte er ihn nicht besteigen. Da trat Gott zu ihm und fragte ihn: »Weshalb weinst du?« – »Ach, wie sollte ich nicht weinen, da ich den Berg nicht erklimmen kann, auf dem meine Gattin ein Kind geboren hat.« – »Was gibst du mir, wenn ich dich auf den Berg trage?« – »Was du willst.« – »So gib mir dein Liebstes.« – »Das will ich dir geben.« – »Machen wir also einen Vertrag!« Und so taten sie. Oben auf dem Berge schläferte Gott nun alle ein, trug sie in das Haus des Vaters des Prinzen und ging davon. Die Wächter hörten, wie das Kind im Zimmer weinte, kamen herbei, öffneten die Tür und erblickten den Kaisersohn. Da gingen sie zum Kaiser und brachten ihm die Botschaft: »Kaiser, dein Sohn ist gekommen!« – »Ruft ihn zu mir.« Der Prinz und seine junge Gattin kamen zum Kaiser und verneigten sich vor ihm.

Einen Monat waren sie nun schon dort. Der Sohn war inzwischen groß geworden und spielte. Eines Tages waren der Kaiser und die Kaiserin mit ihrer Schwiegertochter zur Kirche gegangen. Da kam der liebe Gott in Bettlergestalt. Der Prinz sagte zu seinem Söhnchen: »Gib diesen Beutel Münzen dem

Bettler.« Der Bettler aber wehrte ab: »Ich brauche sie nicht, die Geldstücke sind nicht gültig. Sag deinem Vater, er soll mir geben, was er geschworen hat.« Der Sohn des Kaisers wurde zornig, griff zum Schwert und ging auf den Greis los, um ihn zu töten. Dieser nahm ebenfalls ein Schwert und sagte: »Gib mir, was du mir gelobt hast, denn wisse, du hast mir deinen Sohn versprochen, als du am Fuße des Berges weintest.« – »Geld kannst du haben, aber nicht mein Kind!« Aber Gott faßte das Kind am Kopfe, und der Vater faßte es an den Füßen, und so zogen sie an ihm. Und Gott trennte das Kind in der Mitte. »Dir gehört eine Hälfte und mir die andere.« – »Was soll ich mit der Hälfte meines Sohnes? Behalte du sie!« Da nahm Gott das Kind, ging hinaus und setzte es zusammen, und es wurde wieder heil und lebendig. Darauf sprach Gott: »Nimm deinen Sohn hin«; denn er hatte ihm seine Sünden vergeben.

51. Die bestrafte Mutter

Es war einmal ein Königssohn, der ging auf die Jagd und verlor seine Genossen. In einem Heuschober befand sich ein kleines Mädchen, und als er an ihm vorbeiging, hörte er es weinen. Er nahm das Kind mit und brachte es nach Hause. »Sieh, Mutter, was ich gefunden habe!« Die Mutter gab sie in die Küche zur Köchin, damit diese sie großzöge. – Sie pflegte sie nun schon zwölf Jahre. Die Kaiserin kleidete sie in schöne Gewänder, nahm sie in das Schloß und setzte sie mit an den Tisch. Der Königssohn gewann sie lieb, denn sie war schön; es gab kein schöneres Mädchen auf der Welt. Sie hatten sich nun beide schon drei Jahre lieb, ohne daß es die Kaiserin wußte. Eines Tages sagte der Prinz: »Mutter, ich will mir eine Frau heimführen.« – »Zu welchem Kaiser willst du gehen?« – »Ich möchte die nehmen, die mit am Tische sitzt.« – »Nimm sie nicht, mein Herzenskind!« – »Wenn ich sie nicht bekomme, muß ich sterben.« – »So nimm sie denn!« Und so verheiratete er sich mit ihr.

Da kam der Befehl, er müsse in den Krieg ziehen. Er ließ sie schwanger zurück. Die Kaiserin rief zwei Minister: »Führt sie in den Wald und tötet sie, bringt mir dann ihr Herz und den kleinen Finger.« Da setzten sie sie auf einen Wagen und führten sie in den Wald. Hinter ihnen her lief ein Hündchen. Als sie sie nun in den Wald geführt hatten und töten wollten, sprach die junge Frau: »Tötet mich nicht, denn ihr hattet doch nur Gutes von mir.« – »Aber was sollen wir machen, da wir doch das Herz mitbringen sollen?« – »Schlachtet das Hündchen, denn sein Herz sieht wie das eines Menschen aus, und schneidet meinen kleinen Finger ab.« Sie schlachteten das Hündchen, nahmen sein Herz und schnitten ihr den kleinen Finger von der Hand. Darauf bat sie: »Sammelt Holz und macht mir Feuer, schält dem Lindenbaum die Rinde ab und fertigt mir daraus eine Hütte.« Da machten sie eine Hütte zurecht, steckten Feuer an und gingen nach Hause; das Herz und den kleinen Finger nahmen sie mit sich.

Die junge Frau gebar nun im Walde einen Sohn. Da kam der liebe Gott und der heilige Petrus und tauften ihn. Als Taufgeschenk gab ihm Gott ein Gewehr, daß er einmal ein Jäger würde. Alles Wild, das er sähe, solle er mit dem Gewehr erlegen, und sie gaben ihm den Namen Silvester. Dann verwandelte der liebe Gott die ärmliche Hütte in ein Haus, in dem das Feuer nie mehr erlosch. Er gab ihnen auch Brot: soviel sie davon auch aßen, so zehrten sie es doch niemals auf. So wuchs der kleine Knabe heran, und bald nahm er die Flinte in die Hand und ging in den Wald. Was er erlegte, brachte er seiner Mutter, und sie verzehrten es. Als er wieder einmal durch den Wald streifte, gelangte er zu dem Schloß der Drachen und setzte sich vor der Tür nieder. Um Mittag kamen die Drachen nach Hause. Schon von weitem sah er elf von ihnen und tötete sie mit seinem Gewehr, doch den zwölften betäubte er nur. Er nahm ihn, trug ihn in den Palast und schloß ihn in ein Zimmer; dann ging er zu seiner Mutter und sagte ihr: »Komm mit mir, Mutter!« – »Wohin soll ich gehen, mein Liebling?« – »Komm mit mir, wohin ich dich führe.« Sie ging mit ihm zu dem Schloß. »Nimm dir diese zwölf Schlüssel, Mutter: In jedes Zimmer magst du gehen, aber dieses eine darfst du nie betreten.«

Er ging wieder in den Wald, um zu jagen. Die Mutter aber sprach bei sich: ›Warum hat wohl mein Sohn gesagt, daß ich nicht hier hineingehen soll? Ich will doch einmal sehen, was darin ist.‹ Und sie öffnete das Zimmer. Da sprach der Drache zu ihr: »Wenn du ein kleines Mädchen bist, sollst du meine Schwester sein, doch wenn du eine Frau bist, sollst du meine Gattin werden.« – »Ich bin eine Frau.« – »Also mußt du meine Gattin werden.« – »Ich will dir gehören, aber du mußt ohne Falschheit zu mir halten.« – »Das will ich.« – »Nun, so schwöre!« – »Ich schwöre.« Und so schwur der Drache. Dann forderte er sie auf: »Schwöre auch du.« Und auch sie schwur. Nun küßten sie sich, und sie nahm ihn mit sich ins Haus, wo sie aßen und tranken und sich liebkosten. Da gewahrte sie ihren Sohn, wie er aus dem Walde zurückkehrte, und sie sprach: »Mein Sohn kommt, geh schnell wieder in die Kammer.« Er ging hinein und verschloß sie.

Als am Morgen der Sohn wieder in den Wald ging, um zu jagen, ließ sie den Drachen wieder zu sich kommen. Und sie aßen und tranken, und da sagte er: »Wie wäre es, wenn wir deinen Sohn umbrächten, wie gut könnten wir dann leben! Stelle dich doch krank und erzähle ihm, du hättest einen Traum gehabt, er müsse dir Bärenmilch zum Trinken herbeiholen; dann kann dir nichts mehr geschehen, denn die Bärin wird ihn verschlingen.« Der Sohn kam aus dem Wald zurück und fragte: »Was ist dir, Mutter?« Da antwortete sie: »Ich habe einen Traum gehabt: Bringe mir Bärenmilch, sonst muß ich sterben.« – »Ich bringe sie dir, Mutter.« Er ging wieder in den Wald und traf eine Bärin. Als er Anstalten machte, sie zu töten, rief jene: »Laß ab, Mann, was willst du?« – »Du mußt mir Milch geben.« – »Gerne, hast du ein Gefäß?« – »Ja.« – »So komm und melke mich.« Da molk er sie und brachte die Milch seiner Mutter. »Nimm, Mutter!« Die Mutter tat so, als wolle sie trinken, schüttete die Milch aber aus.

Am andern Morgen ging er wieder in den Wald und traf die heilige Luje[1]. »Wer bist du?« – »Ich bin die heilige Luje.« – »Werde meine Schwester.« – »Aber wer bist du?« – »Ich bin Silvester.« – »Dann bist du ja das Patenkind Gottes, und der liebe Gott ist dein Vormund. Auch ich gehöre dem lieben Gott.« – »So sollst du meine Schwester sein.« – »Ja, so sei es!« Als er weiterging, traf er die heilige Paraschtuji. »Wer bist du?« – »Ich bin Paraschtuji. Und wer bist du?« – »Ich bin Silvester.« – »So bist du Gottes Patenkind, und auch ich gehöre dem lieben Gott.« – »Dann sei du meine Schwester!«

Der Jüngling ging nach Hause, und als seine Mutter ihn sah, sprach sie: »Mein Sohn kommt.« – »Schicke ihn zum Wildschwein, daß er dir Milch bringe, das wird ihn sicher auffressen.« – »Bist du immer noch krank, Mutter?« fragte der Sohn. »Ja. Ich hatte einen Traum: Du mußt mir Milch von der Wildsau bringen.« – »Ich weiß nicht, Mutter, ob ich sie bringen kann oder nicht, aber ich will es versuchen.« Er ging und traf das Wildschwein. Schon war er im Begriff, es durch einen Flintenschuß zu erlegen, da rief es: »Halt ein, töte mich nicht! Was für einen Wunsch hast du denn?« – »Du sollst mir Milch geben.« – »Hast du ein Gefäß, dann komm und melke mich!« – Die Milch brachte er seiner Mutter. Sie tat, als wolle sie sie trinken, goß sie aber wieder aus. Als er wieder in den Wald ging, ließ sie den Drachen zu sich kommen und klagte: »Es war umsonst, das Schwein hat ihn wieder nicht verschlungen.« Da riet ihr der Drache: »Dann schicke ihn in die Blutberge, die wie Widder sich mit ihren Gipfeln stoßen, damit er dir Wasser bringe, Wasser des Lebens und der Genesung. Wenn er dort nicht stirbt, dann geht

[1] Luje, Tetrad, Paraschtuji (rumän. = Montag, Mittwoch, Freitag) gelten als Heilige.

er überhaupt nicht zugrunde.« Als der Sohn zurückkehrte, erzählte sie ihm: »Ich hatte einen Traum: Du mußt mir Wasser von den blutigen Bergen holen, die sich wie Widder mit ihren Gipfeln stoßen, dann wird mir nichts mehr fehlen.« Er ging zur heiligen Luje. »Wohin willst du, mein Bruder?« – »Ich bin auf dem Weg in die Berge, um meiner Mutter Wasser zu holen.« – »Geh nicht, Bruder, du wirst dort sterben.« – »Ich gehe doch, Schwester.« – »Dann nimm dir wenigstens mein Pferd, wenn du wirklich gehen willst, denn mein Pferd wird dich dorthin tragen. Nimm dir auch eine Uhr mit, denn die Berge stoßen sich von früh bis zum Mittag, um Mittag ruhen sie zwei Stunden. Wenn du dort um die zwölfte Stunde eintriffst, dann nimm in deine beiden Gefäße Wasser aus zwei Brunnen.«

Er kam um die Mittagszeit dort an, stieg ab und schöpfte Wasser in seine beiden Gefäße, Wasser des Lebens und der Genesung. Als er zur heiligen Luje zurückkam, sprach diese: »Setz dich hin, schlafe und ruhe aus, denn du bist müde.« Und sie verbarg das Wasser und goß anderes hinein. Er erhob sich und sprach: »Wohlan, Schwester, ich will jetzt nach Hause gehen.« – »Nimm mein Pferd und reite dahin, nimm auch Säcke mit.« Als er nach Hause zu seiner Mutter ging, sah sie ihn auf dem Pferd daherreiten und sagte zu dem Drachen: »Da kommt mein Sohn angeritten.« Der riet ihr: »Sag ihm, du habest geträumt, du müßtest ihm die Hände mit einem seidenen Strick auf dem Rücken binden, und wenn er ihn zerreiße, so würde er ein Held, und du würdest wieder gesund.« – »So binde mich, Mutter!« Sie nahm einen dicken seidenen Strick und band ihm die Hände auf dem Rücken. Er zog und bekam ein rotes Gesicht; er riß wiederum und wurde bläulich, und als er es zum dritten Male versuchte, wurde er schwarz. Da rief sie: »Komme nun, Drache, und schneide ihm den Hals ab!« Der Drache kam herbei: »Was soll ich jetzt mit dir anfangen?« – »Schneide mich ganz in Stücke, lege mich dann in die Säcke und auf mein Pferd; es soll mich auch tot dahin tragen, woher es mich lebend brachte.« Er zerschnitt ihn, steckte ihn in die Säcke und legte diese auf sein Pferd. »Geh, trage ihn tot dahin, von wo du ihn lebend gebracht hast.« Das Pferd lief geradeswegs zur heiligen Luje. Luje kam heraus, sah ihn, nahm ihn hinein und rief die heilige Tetrad und Paraschtuji. Sie legten ihn in eine große Wanne, wuschen ihn sorgfältig, legten ihn auf den Tisch und setzten ihn wieder ganz zusammen, Stück für Stück. Dann nahmen sie das Wasser der Genesung, bespritzten ihn, und sein Leib wurde wieder wie zuvor; dann besprengten sie ihn mit dem Wasser des Lebens, und er wurde wieder lebendig.

»Ach, ich habe schwer geschlafen.« – »Du hättest bis zur Ewigkeit geschlafen, wenn ich nicht gewesen wäre.« – »Ich will zu meiner Mutter gehen, Schwester.« – »Dann geh mit Gott, nimm aber mein Schwert mit dir.« Als er zu seiner Mutter kam, sang sie und tanzte mit dem Drachen. Er ging hinein zu dem Drachen. »Guten Abend!« Sie erwiderten den Gruß. »Nun, was soll ich mit dir machen, Drache?« – »Schneide mich in Stücke, lege mich in Säcke und auf mein Pferd. Woher es mich lebend gebracht hat, dahin soll es mich auch tot tragen.« Er schnitt ihn in Stücke, legte ihn in Säcke und auf sein Pferd, stach aber diesem die Augen aus. »Geh, wohin du willst.« Das Pferd ging, stieß sich aber mit dem Kopfe an den Bäumen, und alsbald fielen die Fleischstücke aus den Säcken. Und Raben fraßen sein Fleisch.

Silvester erlegte nun mit seinem Gewehr einen Hasen, zog ihm das Fell ab, steckte ihn auf einen Bratspieß und briet ihn auf dem Feuer. Dann sagte er zu seiner Mutter: »Mutter, schau einmal her zu mir!« Als die Mutter auf ihn schaute, schlug er sie auf die Augen, und diese sprangen heraus. Dann nahm er sie an der Hand, führte sie zu einem Faß und sprach: »Mutter, wenn du dies Faß mit Tränen gefüllt hast, dann möge dir der liebe Gott verzeihen; wenn du dies Bündel Heu gegessen und das Faß mit Tränen gefüllt hast, dann soll dir

Gott verzeihen, auch dein Augenlicht sollst du dann wiederbekommen.«

Er band sie dort fest, ging weg und ließ sie drei Jahre dort. Nach drei Jahren erinnerte er sich wieder ihrer. »Ich will zu meiner Mutter gehen und sehen, was sie tut.« Sie hatte nun das Faß gefüllt und das Bündel Heu gegessen. »Jetzt möge dir der liebe Gott verzeihen, denn auch ich vergebe dir; und damit ›Gott befohlen!‹«

52. Der schöne Petrus

Eine Witwe hatte einen Sohn. Man nannte ihn den schönen Petrus. Eines Tages drückte dieser seinen Ring in die Wand und sprach: »Mutter, wenn aus dem Ringe Blut fließt, dann bin ich tot.« Dann machte er sich auf und verließ seine Heimat. Unterwegs traf er einen Drachen mit sechs Köpfen. Er ergriff sein Schwert, tötete ihn, machte aus ihm sechs Haufen und steckte daneben eine rote Fahne in den Boden. Als er weiterging, kam ein Drache mit zwölf Köpfen ihm entgegen. Wieder zog er sein Schwert, tötete auch ihn, machte zwölf Haufen und steckte eine schwarze Fahne auf und ging weiter. Da kam einer mit vierundzwanzig Köpfen, er tötete ihn ebenfalls, machte vierundzwanzig Haufen aus ihm und ließ eine weiße Fahne zurück. Die Drachen – es waren im ganzen zwölf – hatten die Tochter des Kaisers geraubt und in ihre Burg gesperrt und kämpften täglich von früh bis um Mittag miteinander um das Mädchen. Dem Tapfersten sollte sie zufallen.

Die Mutter des Jünglings hatte diesem beim Abschied gesagt: »Du wirst nicht von eines Helden Hand sterben, sondern ein Schwächling wird dir den Tod bringen.«

Er ging nun zu jenem Schloß und sah das Mädchen am Fenster und fragte sie: »Was tust du hier?« – »Mich haben die Drachen geraubt und hier eingeschlossen.« – »Und wohin gingen sie?« – »Draußen kämpfen sie um mich.« – »Und wann kommen sie zurück?« – »Am Mittag werden sie zum Essen kommen. Dann werfen sie eine Keule gegen die Pforte als Zeichen, daß das Essen bereit sein soll.«

Der Jüngling öffnete die Tür und ging zu dem Mädchen hinein. Als dann die Drachen die Keule gegen die Tür warfen, ergriff sie der Jüngling, schleuderte sie zurück und tötete die Drachen alle. »Nun fürchte nichts, denn sie sind tot.« Da nahm er sich die Tochter des Kaisers. Sowie der Kaiser gehört hatte, die Drachen hätten seine Tochter geraubt, sprach er: »Wer sie von den Drachen befreit, soll sie heiraten.« Er wußte aber nicht, daß sie der schöne Petrus inzwischen befreit hatte, er glaubte, die Drachen hielten sie noch gefangen. In jener Stadt aber lebte ein Mann namens Tschutilla, der keine Hände hatte. Der ging zum Kaiser und sprach: »Ich, o Kaiser, will deine Tochter von den Drachen befreien.« – »Gut, wenn du sie holst, dann ist sie dein.« Da machte sich Tschutilla auf zu dem schönen Petrus. Doch als die Nacht über ihn kam und er keine Schlafstätte hatte, kroch er in einen Hühnerstall. In der Frühe erhob sich der schöne Petrus, wusch sich und schaute durchs Fenster. Da kroch Tschutilla gerade aus dem Stall, und der schöne Petrus erblickte ihn. Und sofort kam ihm der Gedanke: »Von diesem droht mir der Tod.« Tschutilla trat hinein und sagte: »Guten Morgen, schöner Petrus!« – »Guten Morgen, Tschutilla!« – »Wohlan, schöner Petrus, gib mir die Tochter des Kaisers.« – »Ich geb sie dir nicht«, erwiderte der. Da faßte Tschutilla ihn am Hals und drückte seinen Kopf auf die Türschwelle. »Gib mir das Mädchen, schöner Petrus, sonst schneide ich dir den Hals ab.« – »Das magst du tun, ich geb es dir doch nicht.« Da schnitt ihm Tschutilla den Hals ab und führte das Mädchen mit sich weg.

Da begann Blut aus dem Ringe zu fließen. Petrus' Mutter sah es und wußte: »Jetzt ist mein Sohn tot.« Und sie machte sich auf, um ihn zu suchen. Sie kam zuerst zur roten Fahne und sagte sich: »Hier ist mein Sohn gewesen.« Dann ging sie weiter und kam zur schwarzen Fahne und sagte bei sich: »Hier ist mein Sohn gegangen.« Schließlich fand sie auch die weiße Fahne und wußte: »Auch hier war mein Sohn.« Da kam sie zu der Burg und fand ihren Sohn erschlagen, zwei Schlangen tranken gerade sein Blut. Die eine schlug sie tot, die andre Schlange aber trug im Mund ein Blatt herbei, und als sich die Frau der Schlange näherte, richtete sich diese auf. Die Frau sah es, tötete auch sie, nahm das Blatt, setzte dann den Kopf ihres Sohnes auf den Körper, bedeckte ihn mit dem Blatt, und siehe, er erhob sich. »Mutter, ich habe schwer geschlafen.« – »Du hättest bis zur Ewigkeit geschlafen, wenn ich nicht gekommen wäre.« – »Mutter, ich will nun zu meiner Geliebten gehen.« – »Geh nicht, mein Lieber!« – »Pah, ich werde doch gehen, Mutter.« – »Wenn du gehst, dann helfe dir Gott!«

Er ging nun geradeswegs zu Tschutilla, ergriff ihn, zerhieb ihn ganz und gar in kleine Stücke und warf diese den Hunden zum Fraße vor. Hierauf führte er die Tochter des Kaisers zu ihrem Vater, und das Mädchen sprach: »Vater, dieser Mann hat mich von den Drachen befreit.« Der Kaiser vermählte sie nun, machte ihn zum König, und vielleicht leben sie bis zum heutigen Tage.

53. Der dem Teufel Verschriebene

Ein reicher Mann fuhr einmal in den Wald und blieb mit seinem Wagen im Moraste stecken. Inzwischen gebar seine Frau daheim einen Sohn, und er wußte noch nichts davon. Da kam der Teufel und sprach: »Was gibst du mir, wenn ich dich herausziehe?« – »Du bekommst, was du willst.« – »Du mußt mir etwas geben, was du in deinem Hause hast.« – »Ich habe daheim Pferde und Rinder.« – »Die will ich nicht, du mußt mir etwas geben, was du noch nicht gesehen hast.« – »Das sollst du auch haben.« – »Dann mache einen Vertrag mit mir.« So schloß er einen Pakt. Der Teufel zog ihn aus dem Sumpf, und der Mann fuhr nach Hause. Als er heimkam, hatte er den Vertrag schon vergessen.

Der Knabe wuchs heran. Als er zwanzig Jahre alt war, sprach er eines Tages zu seiner Mutter: »Richte mir Brot, Mutter, denn ich muß zu dem gehen, dem mich mein Vater verschrieben hat.« Er begab sich weit über die Berge zu dem Hause des Teufels. In dem Hause fand er eine alte Frau und eine Tochter des Teufels, die fragte ihn: »Wohin gehst du, Knabe?« – »Ich bin zu dem Herrn hierher gekommen, um ihm zu dienen.« Das Mädchen betrachtete ihn, und er gefiel ihr. »Du sollst wissen, daß der Herr dieses Anwesens mein Vater ist. Mein Vater wird sich in ein Pferd verwandeln und dir sagen, du sollest es besteigen und in die Welt hinaus reiten. Fertige dir einen eisernen Prügel und einen eisernen Kamm; schlage ihn mit dem Prügel, sonst läßt er dich nicht aufsitzen, dann besteige ihn, und wenn du dann reitest, schlage ihm fortwährend auf den Kopf.« Der Jüngling ritt also über Land, kam wieder nach Hause und stellte das Pferd in den Stall. Alsdann begab er sich zu dem Mädchen. »Hat dich mein Vater nicht abgeworfen?« – »Nein, denn ich schlug ihm fortwährend auf den Kopf.«

Einmal rief ihn der Teufel und nahm ein Faß Mohn, schüttete es ins Gras und befahl ihm, den ganzen Mohn wieder zu sammeln und ins Faß zu schütten. »Wenn du es aber nicht füllst, schneide ich dir den Hals ab.« Der Jüngling ging zu dem Mädchen und weinte. »Weshalb weinst du?« fragte sie. »Dein Vater befahl mir, das Faß mit Mohn zu füllen, wenn es mir nicht gelingt, wird er mir den Kopf abschneiden.« Das Mädchen redete ihm zu, sich nicht zu ängstigen, und dann ging sie hinaus und pfiff, und da kamen die Mäuse in so großer Zahl, wie es Gräser und Blätter gibt. Die fragten sie: »Was wünschest du, Herrin?« – »Sammelt den Mohn und füllt das Faß damit.« Und die Mäuse nahmen die einzelnen Mohnkörner und füllten das Faß. Als der Teufel das volle

Faß sah, lobte er den Jüngling und sprach: »Das hast du gut gemacht; du mußt aber noch eine Probe bestehen: Trockne den Sumpf aus, beackere und besäe ihn, und morgen mußt du mir den gerösteten Spelt geben. Wenn du es nicht vermagst, schneide ich dir den Hals ab.«

Der Jüngling ging wieder zu dem Mädchen und weinte. »Dein Vater hat mir gesagt, daß ich den Sumpf trockenlegen und ihm morgen schon den darauf gepflanzten Spelt geröstet geben soll.« – »Fürchte dich nicht«, beschwichtigte sie ihn und ging hinaus, nahm eine brennende Peitsche, schlug einmal den Sumpf damit, und er wurde trocken; dann schlug sie zum zweiten Male, da war er gepflügt, sie schlug zum dritten Male, und er war gesät, und als sie zum vierten Male schlug, war der Spelt geröstet. Am andern Morgen gab der Jüngling dem Teufel gerösteten Spelt.

Das Mädchen sagte ihm nun: »Wir sind drei Töchter, er wird uns alle gleichmachen, dich dann rufen, damit du feststellst, welches die Älteste, welches die Mittlere und welches die Jüngste ist. Du wirst es aber nicht erkennen können, denn wir werden alle ganz gleich aussehen. Ich werde obenan stehen, gib auf meine Füße acht, denn ich werde fortwährend meinen Fuß etwas bewegen. Die Mittlere steht in der Mitte und die Älteste steht dir zunächst, so wirst du es erraten.« Der Teufel sprach zu ihm: »Ich gebe dir noch eine Aufgabe: Fälle den ganzen Wald und lege ihn bis morgen in Haufen.« Der Jüngling ging zu dem Mädchen, das fragte ihn: »Hast du Vater und Mutter?« – »Ja.« – »So komm, wir wollen fliehen, denn mein Vater will dich töten. Nimm den Schleifstein und den Kamm; ich habe einen Lappen bei mir.« So brachen sie auf und flohen.

Als der Teufel aufstand, sah er, daß der Wald nicht gefällt war. »Geht und ruft ihn zu mir!« – »O, der Knabe und auch das Mädchen sind beide verschwunden!« – »Geschwind, eilt hinter ihnen her!« Sie liefen, aber die beiden sahen sie schon kommen. Da sagte das Mädchen: »Ich will mich in einen

Acker Weizen verwandeln und du tust so, als wolltest du den Weizen besichtigen, und jene werden dich fragen: ›Ist nicht ein Mädchen und ein Knabe hier vorbeigekommen?‹ Du mußt dann antworten: ›Doch, sie kamen vorbei, als ich den Weizen säte.‹« Als er den Verfolgern diese Antwort gab, sprachen sie: »So wollen wir umkehren, denn wir holen sie doch nicht mehr ein.«

»Habt ihr niemanden unterwegs getroffen?« fragte der Teufel. »Wir kamen zu einem Weizenfeld und einem Landmann.« – »Geht schnell zurück, denn sie war der Acker, und er war der Bauer.« Die beiden sahen sie wieder kommen, und das Mädchen sprach zum Jüngling: »Ich überschlage mich und verwandle mich in eine alte Kapelle, und du überschlägst dich und verwandelst dich in einen alten Mönch. Sie werden dich fragen: ›Ist nicht ein Knabe und ein Mädchen vorbeigekommen?‹ – ›Doch‹, mußt du antworten, ›als ich mit dem Bau der Kirche anfing.‹« So tat er und die Verfolger riefen: »Wehe, wir wollen umkehren, denn wir treffen sie doch nicht mehr, denn wann hat er wohl mit dem Bau der Kirche angefangen! Sie ist doch schon alt!« Nach ihrer Rückkehr fragte der Teufel wieder: »Habt ihr nicht irgend etwas unterwegs gefunden?« – »Wir fanden nur eine Kirche und einen Mönch.« – »Die Kirche war ja das Mädchen, und der Mönch war der Jüngling. Ich will mich selbst auf den Weg machen.« Die beiden sahen den Teufel von weitem. »Nun kommt mein Vater, ihm werden wir nicht entrinnen, wirf den Kamm nieder.« Er ließ den Kamm fallen, und es entstand ein Wald, der von der Erde bis zum Himmel reichte. Bis der Teufel durch das Dikkicht des Waldes gedrungen war, hatten sie einen weiten Vorsprung. Aber er holte sie doch ein. Da rief das Mädchen: »Wirf den Stein hin.« Der Jüngling warf ihn nieder, und es entstand ein großer Fels von der Erde bis zum Himmel. Bis der Teufel einen Gang durch den Felsen gehauen hatte, waren sie weit weg. Doch er erreichte sie wieder. »Dein Vater ist wieder hinter uns her!« Sie warf den Lappen nieder, und es entstand ein großes Wasser und ein Mühlstein. Sie standen am andern Ufer, und der Teufel rief: »Hure, wie bist du übers Wasser gekommen?« – »Binde dir den Mühlstein an den Hals und springe ins Wasser.« Er band sich den Stein um den Hals, sprang ins Wasser und ertrank. Da sagte sie zum Jüngling: »Fürchte nichts mehr, denn mein Vater ist ertrunken.«

Er ging nun mit dem Mädchen zu seinem Vater, und der freute sich über die Maßen. Aber das Mädchen sprach zu dem Jüngling: »Ich will gehen, um für die Sünde an meinem Vater zu büßen, denn ich habe ihn ertränkt. Auf drei Jahre muß ich mich von dir trennen.« Sie nahm ihren Ring, brach ihn entzwei und gab ihm eine Hälfte mit den Worten: »Bewahre diese Ringhälfte wohl und verliere sie nicht.« Dann blieb sie drei Jahre weg.

Er hatte sie vergessen und war dabei, eine neue Gattin heimzuführen, und so machte er gerade Hochzeit. Da kam sie, und er erkannte sie nicht mehr und lud sie ein: »Trink einen Becher Branntwein.« Sie trank, legte die Ringhälfte in den Becher und gab ihn ihm zurück. Als er trank, bekam er das Ringstück in den Mund, nahm es in die Hand und besah es, nahm dann seine Ringhälfte und legte die beiden Stücke zusammen. »Ach, das ist ja meine Gattin, sie hat mich vom Tode errettet.« Er erklärte nun die begonnene Hochzeit für ungültig, nahm seine frühere Gattin und lebte nun mit ihr.

54. Tropsen

Einst lebte ein armer Mann, der hatte vier Söhne. Sie gingen fort, um Arbeit zu suchen, und kamen zu einem Herrn, bei dem sie für ein Drittel des Ertrages droschen. Sie verdienten sich so jeder zehn Scheffel Getreide und brachten es ihrem Vater. »Nimm, Vater, iß, wir wollen wieder weggehen, um noch mehr zu verdienen.« Wieder fanden sie einen

Herrn, einen Pferdebesitzer, der versprach jedem ein Pferd als Jahreslohn. Den Jüngsten, der Tropsen hieß, bestellte der Herr als Stallmeister. Da bekam eine Stute ein Junges, und dies Fohlen sagte: »Tropsen, nimm mich, denn nun ist das Jahr um.«

Als der Herr sie dann aufforderte: »Nehmt euch nun Pferde als Lohn«, da nahmen sich die drei ältesten Brüder drei gute Pferde, aber Tropsen sprach: »Gib mir dies Fohlen, Herr!« – »Was willst du damit anfangen, es ist doch noch klein«, meinte der. »Mag es auch klein sein!« Tropsen nahm es und ging weg. Doch das Füllen sprach: »Laß mich zu meiner Mutter gehen, Tropsen, daß ich ihre Milch trinken kann.« Er ließ es zu seiner Mutter laufen, und es kam als ein starkes Pferd zurück, von dessen Hufschlag die Erde dröhnte. »Sitze nun auf«, sprach es. Er bestieg es, und es galoppierte so schnell davon, daß er bald seine Brüder einholte, die ihn verwundert fragten, woher er das Pferd habe. »Ich habe einen Herrn getötet und mir sein Pferd genommen. Wir wollen eilig reiten, damit wir entkommen.«

Die Nacht überraschte sie auf einem Felde, doch sie sahen einen Feuerschein. Sie gingen dem Schein nach und kamen so zu dem Haus einer alten Frau. Die Alte war eine Zauberin und hatte vier Töchter. Sie gingen hinein und Tropsen sagte: »Guten Abend!« – »Willkommen!« – »Nehmt Ihr uns auf und können wir die Nacht über hierbleiben?« – »Ich weiß es nicht«, erwiderte ein Mädchen, »denn unsere Mutter ist nicht zu Hause. Doch wenn sie heimkommt, wird sie euch schon aufnehmen.« Als die Mutter zurückkam, fragte sie: »Was wollt ihr Jünglinge hier?« – »Wir wollen um Eure Töchter werben.« – »Schön.« Alsbald machte sie auf der Erde ein Lager zurecht mit dem Kopfende nach der Türschwelle und für die Töchter eines mit dem Kopfende nach dem Innern zu. Dann schärfte sie ein Schwert, um ihnen die Köpfe abzuschlagen. Tropsen nahm nun seinen Brüdern die Mützen ab und setzte sie den Mädchen auf. Als die Mutter aufstand, tastete sie sogleich nach den Mützen, hieb die Köpfe ab und tötete so ihre Töchter. Nun erhob sich Tropsen, führte seine Brüder hinaus und sprach: »Geht eilig weg!« Tropsen aber hatte bemerkt, daß die Alte einen goldenen Vogel im Käfig hielt, und sprach daher zu seinem Pferde: »Ich will mir eine Feder von dem Vogel nehmen.« Das Pferd erwiderte: »Tu's nicht!« – »Pah, ich nehm sie doch.« So nahm er sich eine Feder, steckte sie in einen Sack, dann bestiegen sie ihre Pferde und ritten weg.

Sie kamen nun in eine Stadt. Dort lebte ein großer Herr, ein Graf, der fragte die vier Brüder: »Wohin geht ihr?« – »Wir wollen uns verdingen.« – »Nun, so kommt zu mir.« Jener Herr war noch unvermählt. Sie gingen zu ihm, und er gab ihnen Arbeit; einen machte er zu seinem Pferdeknecht, der andere hatte die Rinder zu besorgen, der dritte wurde Schweinehirt, und Tropsen bestellte er zu seinem Wagenlenker.

Nachts steckte Tropsen seine Feder in die Wand, und sie leuchtete wie eine Kerze. Da wurden seine Brüder böse und gingen zum Herrn: »Höre nur, Herr, Tropsen hat eine goldene Feder, die leuchtet so hell, daß du keine Kerze mehr brauchst.« Da rief der Herr: »Tropsen, komm hierher und bringe mir die Feder.« Und Tropsen gab sie ihm. Als ihn jetzt der Herr bevorzugte, gingen seine Brüder zu dem Herrn und sagten: »Herr, Tropsen hat gesagt, daß er auch den Vogel lebend bringen könne.« Da rief der Herr wieder Tropsen: »Bringe mir den Vogel, Tropsen, sonst schlage ich dir den Kopf ab.« Tropsen ging zu seinem Pferd und sprach: »Was soll ich tun, Pferd, da ich meinem Herrn den Vogel holen soll?« – »Fürchte dich nicht, Tropsen, und besteige mich!« Er saß auf und sein Pferd lief zu der Alten. Da sprach das Pferd zu ihm: »Überschlage dich und werde ein Floh, springe dann in ihren Busen und beiße sie; sie wird dann ihr Gewand abwerfen, und du nimmst dann schnell den Vogel.« So bekam er den Vogel und kehrte zu seinem Herrn zurück. Dieser machte ihn nun zu seinem Lakaien.

Damals lebte in der Donau eine Jungfrau, die fuhr herrschaftlich in ihrem Nachen auf dem Wasser. Eines Tages erzählten die Brüder ihrem Herrn: »Herr, Tropsen hat sich gebrüstet, er könne jene Frau aus der Tiefe der Donau herbeiholen.« Da rief dieser: »Tropsen, komm her, was hast du geprahlt, du könntest mir jene Herrin holen?« – »Das hab ich nicht getan.« – »Du mußt sie mir bringen, sonst haue ich dir den Kopf ab.« Tropsen ging wieder zu seinem Pferd. »Was soll ich nur machen, mein Pferd, ich muß sie um jeden Preis holen.« Dieses beruhigte ihn: »Hab keine Angst, er soll dir zwölf Häute und ein Faß mit Pech geben, das lade mir auf. Und er soll dir ein kleines – kein großes – Schiff bauen und verschiedene Getränke mit in das Schiff geben. Dann verbirg dich, denn die Jungfrau wird kommen und Branntwein trinken. Wenn sie dann berauscht und eingeschlafen ist, raube sie und besteige mich mit ihr, und ich eile dann nach Hause.«

So geschah es, und das Pferd lief nach Hause zu dem Herrn und brachte ihm die Jungfrau aufs Schloß. Der Herr verriegelte die Türen und stellte eine Wache am Fenster auf, damit sie nicht entfliehen könne; denn sie war ganz wild. Als der Herr mit ihr schlafen wollte, widersetzte sie sich: »Sie sollen meine Herde Pferde holen, dann will ich mit dir schlafen. Wer mich hierhergeführt hat, soll auch meine Pferde bringen.« Der Herr befahl: »Tropsen, hole die Pferde!« Tropsen ging zu seinem Pferd: »Was soll ich tun, Pferd, ich muß unbedingt die Pferde aus der Donau holen!« – »Komm mit mir und hab keine Angst!« Als er zur Donau kam, tauchte das Pferd unter, nahm die Mutter der Herde an der Mähne und führte sie heraus. Tropsen bestieg die Stute und ritt sie, und die ganze Herde folgte ihr bis zu dem Palast des Herrn. Da rief die Jungfrau den Pferden zu: »Bleibt stehen!« Als nun der Herr mit ihr schlafen wollte, erklärte sie: »Der Jüngling soll meine Stuten melken, und wenn du dich in ihrer Milch gebadet hast, will ich mit dir schlafen.« Da rief der Herr: »Tropsen, melke die Pferde.« Dieser ging zu seinem

Pferd: »Was soll ich tun, Pferd, wie kann ich die Stuten melken?« – »Fürchte dich nicht, denn ich halte sie an der Mähne, dann kannst du sie unbesorgt melken.« So melkte er einen Kessel voll. Die Herrin sprach: »Macht Feuer, damit die Milch kochend wird.« Sie machten Feuer und die Milch wurde heiß. Da sprach die Herrin: »Wer die Stuten gemolken hat, soll sich nun auch in der Milch baden.« Und sogleich rief der Herr: »Geh, Tropsen, und bade dich in der Milch.« Er ging wieder zu seinem Pferd und sprach: »Was soll ich tun, Pferd? Wenn ich mich darin bade, muß ich sterben.« Das Pferd erwiderte: »Hab keine Angst und führe mich nur zum Kessel; ich will durch die Nüstern blasen und so Kälte ausstoßen.« Er führte das Pferd hin, es blies durch seine Nüstern, und bald war die Milch nur noch warm. Da tauchte Tropsen in den Kessel, und wenn er vorher auch schon schön gewesen war, so stieg er jetzt doch noch schöner heraus. Nun blies sein Pferd wieder durch die Nüstern und entfachte so die Glut unter dem Kessel, daß die Milch wieder siedend wurde. Da sprach die Jungfrau zu dem Herrn: »Bade jetzt auch du in der Milch, dann will ich dir gehören.« Er ging zu dem Kessel und sagte: »Tropsen, hol mein Pferd herbei.« Tropsen brachte es, doch es schnaubte nur von weitem. Und kaum war der Herr in den Kessel getaucht, da sah man nur noch seine Knochen auf dem Boden des Kessels. Da rief die Herrin: »Komm zu mir, Tropsen, sei du mein Gebieter, und ich will deine Gattin sein.«

55. Der Teufel freit ein Zigeunermädchen

Vorzeiten lebte ein Mädchen. Sie war ihrer Eltern einziges Kind. Da sie also nur zu dreien waren, konnten sie im Überfluß leben. Eines Tages ging das Mädchen fort, um Hemden zu waschen. Da sah sie stolz zu Rosse einen Zigeuner, der war schön, so schön wie sie noch niemals einen Mann gesehen hatte. Er fragte: »Heil dir, Mädchen, wo wohnst du?« Und sie antwortete: »Da drüben, nicht weit. Doch wo wohnst du?« – »Geh nur voran, ich komme gleich.« Und er kam zu ihrem Zelt, band sein Pferd fest, trat dann ins Zelt und sprach: »Heil dir, alter Mann!« Der alte Mann fragte ihn: »Was für ein Landsmann bist du?« Er sagte: »Ich bin ein Zigeuner und ziehe umher. Ich möchte gern ein Geschäft machen, weißt du keins?« Der alte Mann antwortete: »Dort drüben, nicht weit von hier, lebt ein Herr, doch liebt er keine Zigeuner. Aber der Jüngling meinte: »Ach, das schadet nichts!«

Nun gingen beide von dannen, bis sie zu dem Palast des Herrn kamen. Der alte Mann blieb in einiger Entfernung zurück, und der Bursche ging in den Palast. Der Herr fragte: »Wer ist jener Bursche, der eben hereinkam?« Und der Bediente erwiderte: »Ein Zigeuner.« – »Schicke ihn hierher zu mir!« Da trat der Zigeuner in das Zimmer, und der Herr empfing ihn und sagte: »Kamst du von selbst und allein?« Aber er antwortete dem Herrn: »Draußen auf dem Felde wartet auf mich noch ein Gefährte.« Der Herr sandte den Diener hin. »Geh und rufe ihn!« Aber der alte Mann dachte, sie wollten ihn verfolgen, und lief davon. Nur mit großer Mühe riefen sie ihn zurück. Und endlich kam er in den Palast. Der Zigeunerbursche fragte: »Habt Ihr nichts zu tauschen, Herr?« Da brachte man aus dem Stall ein besseres Pferd als sein eigenes, und sie machten einen Tausch. Der Herr gab ihm obendrein noch sehr viel Geld.

Als sie zu dem Zelt zurückkamen, fragte der Bursche: »Du, Alter, würdest du mir, einem Zigeuner, deine Tochter geben?« Der Alte antwortete: »Ja, wenn es dem Mädchen paßt.« Und das Mädchen sagte: »Ich will mit ihm gehen.« Da sprach der Bursche: »Ich will meinen Vater noch in dieser Woche zu unserer Verlobung herbeiholen.« So kam er denn mit seinem Vater und er sagte zu dem Alten: »Ich möchte, daß du mir deine Tochter ohne die Hochzeitsfeier gibst; ich habe gerade jetzt keine Zeit, die Hochzeit zu feiern. Ich halte an der

Grenze des Besitztums eines Herrn, und unsere Pferde haben sein Getreidefeld zertrampelt, daher habe ich jetzt keine Zeit; ich muß zu jenem Herrn gehen und das Getreide bezahlen. Wie ist's, bist du einverstanden? Willst du mir deine Tochter, das junge Ding, auch so geben? Sobald ich die Sache geordnet habe, wollen wir die Hochzeit feiern.« Der alte Mann antwortete: »Frage das Mädchen, ob es einwilligt. Wenn sie einwilligt, dann bin ich einverstanden.« Da wurde das Mädchen gefragt, und sie erwiderte: »Wenn ich diesem nicht folgen darf, will ich mit keinem anderen gehen, und ich werde mein ganzes Leben lang seinetwegen klagen.« Also erlaubte es der Alte. Sie sattelten die Pferde und ritten davon; sie ritten, es mögen fünfzig Werst gewesen sein, und erreichten ihre Zelte. Als sie angekommen waren, nahm das Mädchen den Eimer und ging, Wasser zu holen, und die kleinen Kinder liefen hinter ihr her. Da bemerkte sie kleine Hörner an den Köpfen dieser Kinder. Und sie fing an zu weinen, weil diese kleinen, nackten Dinger keineswegs Menschen, sondern leibhaftige Teufel waren. Und sie begann ihren Zigeuner zu bitten: »O, laß uns zu meinem Vater zu Besuch gehen!« Aber er wollte nicht. Doch sie überredete ihn, bis er endlich einwilligte, mit ihr zu gehen. Da sattelten sie ihre Pferde und ritten zu ihrem Vater.

Der Vater und die Mutter waren erfreut, daß ihre Tochter zu Besuch zu ihnen gekommen war. Der alte Mann bestieg sein Pferd und ritt fort, um Branntwein zu holen. Als er wiederkam, setzte er sich, um mit seinem Schwiegersohn zu trinken. Der Schwiegersohn betrank sich, und bald lag er unter dem Bett. Da klagte das Mädchen. »Ach«, sagte sie zu ihrem Vater und weinte, »gehe so schnell du kannst zu dem Pfarrer, laß den Pfarrer kommen.« Der Pfarrer kam, und die Leute versammelten sich im Zelte. Und als er das Zelt zu segnen begann, da merkte es jener Bursche, der unter dem Bett lag, und brach das Bett und das Zelt ab und entfloh ins Freie. Das Mädchen aber lebte nur noch eine Woche. Dann starb sie.

56. Der Drachentöter

Es war einmal ein Zigeuner, der hatte zwei Hunde, der eine hieß Tschokani und der andere Mokani[1]. Der Zigeuner ging herum auf den Dörfern und machte Bohrer und verdiente sich so viel Geld, als er zum Leben brauchte. Als er einmal durch einen Wald ging, begegnete ihm ein Drache. Der sagte zu dem Zigeuner: »Wer hat dich hierher geführt, du schmutziger Zigeuner?« Der Zigeuner sagte, der Teufel habe ihn hergeführt, und fügte hinzu: »Du bist ja noch schmutziger als ich!« Dann rief der Zigeuner seinen Hunden, nahm einen Stein, der war so scharf wie ein Messer, und warf ihn auf den Drachen, so daß dessen Kinn herunterfiel. Nun rief er seinen Hunden zu: »Faß an, Tschokani, friß ihn, Mokani!« Er selbst aber lief davon, und als der Drache hinter ihm her fliegen wollte, da blieb er im Baum hängen, und sein Rückgrat brach, und er konnte nicht mehr fliegen und starb. Da lief der Zigeuner in die Stadt und erzählte, er habe den Drachen getötet, und die Leute fuhren auf Wagen hinaus und sahen, daß der Drache tot war, und nahmen ihn und brachten ihn in die Stadt, spalteten seinen Schädel und nahmen den Diamantstein heraus. Nun fragten sie den Zigeuner, was er fordere, und er sagte: »Gebt mir, was ihr wollt!« Da gaben sie ihm drei Städte.

57. Der Teufel und die drei Töchter des Grafen

Ein Graf wohnte mit seinen drei Töchtern in einem Walde. Da kam eines Tages ein Teufel, der sich wie ein Leutnant angezogen hatte. Er ging zum Grafen und sagte, er sei Leutnant, der Graf solle ihm eine Tochter zur Frau geben, und der Graf gab ihm eine. Als er sie genommen und sich entfernt hatte, ging er mit ihr bis zur Wegebiegung, dort nahm er das

[1] Rumänisch = »Hammer« und »im Gebirge lebend«.

Mädchen unter den Arm und flog in den heiligen Himmel und brachte sie in sein Haus. Als er zu Hause war, sagte der Teufel, er ginge auf die Reise, und gab die Schlüssel seiner Frau und sagte zu ihr, 23 Türen dürfe sie öffnen, aber sie solle nicht denken, daß sie auch die vierundzwanzigste öffnen dürfe. Als er wegging, legte er ihr einen Pelz um den Hals. Sie nahm also die Schlüssel und ging im Garten spazieren und öffnete die Türen. Als sie auch die letzte Tür öffnete, schlug ihr eine Flamme entgegen, die den Pelz versengte. Am dritten Tag kam der Teufel nach Hause und sah, daß der Pelz versengt war, da nahm er sie und warf sie ins Feuer. Darauf gab sich der Teufel als Graf aus und ging zum Grafen hinunter und sagte zu ihm: »Ich bin der und der Graf.« Dann lobte er die Schönheit seiner beiden Töchter und fragte, ob er ihm nicht eine von ihnen zur Frau geben wolle. Der Graf erwiderte: »Nimm, welche du willst!« Da nahm er eine und ging auch mit ihr bis zur Wegebiegung, ergriff sie dann und flog mit ihr in den heiligen Himmel, in sein Haus, und tat auch mit ihr dasselbe wie mit der andern. Darauf zog er sich als »Obermajor« an, ging zum Grafen und sagte, er habe gehört, daß er eine gar schöne Tochter habe, und fragte, ob er sie ihm geben wolle. Darauf sagte der Graf: »Da ist sie, nimm sie.« Da nahm er sie und ging auch mit ihr wieder bis zum Kreuzweg. Dort nahm er das Mädchen unter den Arm und flog mit ihr in den heiligen Himmel in sein Haus. Mit freundlicher Stimme sagte er nun zu ihr: »Meine Frau, nimm die Schlüssel, da ich auf die Reise gehe. Drei Tage bleibe ich, 24 Türen sind es, 23 kannst du öffnen, die 24. aber sollst du nicht öffnen.« Beim Weggehen legte er auch ihr einen Pelz um den Hals und sagte zu ihr: »Liebe Frau, mach eine Kiste, daß wir deinem Vater Goldstücke bringen.« Als der Teufel weggegangen war, nahm seine Frau den Pelz von ihrem Hals und legte ihn auf den Tisch, dann ging sie in den Garten und öffnete die 23 Türen. Da dachte sie bei sich: »Ach, du heiliger Gott, was soll das bedeuten, was er gesagt hat? Warum soll ich die 24. Tür nicht auch öffnen? Mir ist es einerlei, ich öffne sie.« Als sie sie geöffnet hatte, sah sie ihre beiden Schwestern im Feuer. Da zog sie eine Schwester aus dem Feuer heraus und legte sie in die Kiste mit den Goldstücken. Am dritten Tage kam der Teufel nach Hause und sah seine Frau auf dem Sofa, und sie lag da und hatte ihren Pelz an ihrem Hals, und er war nicht versengt. Da glaubte er seiner Frau und nahm die Kiste mit den Goldstücken, brachte sie weg und flog hinunter zum Grafen. Als er an der Tür des Grafen war, klopfte er an die Tür. Der Graf fragte: »Wer ist da?« Der Teufel sagte: »Mach auf, dein Schwiegersohn, er bringt Geld.« Drinnen setzte er die Kiste ab und sagte zu seinem Schwiegervater: »Behüt dich Gott, ich habe keine Zeit«, und er ging wieder zurück. Als er nach Hause kam, legte er sich hinter den Tisch und aß mit seiner Frau. Nach dem Essen sagte er zu ihr, er müsse wieder drei Tage auf die Reise gehen, und er sagte, sie solle noch eine Kiste Goldstücke fertigstellen. Der Teufel machte sich auf und ging weg. Als er weggegangen war, nahm seine Frau den Pelz von ihrem Hals und machte die Kiste zurecht und schüttete sie halbvoll mit Goldstücken. Dann ging sie und zog ihre andere Schwester aus dem Feuer heraus, legte sie in die Kiste und ermahnte sie, sie solle sich ja nicht rühren. Am dritten Tage kam der Teufel nach Hause und sah, daß die Kiste mit den Goldstücken bereit stand, und sagte zu seiner Frau, er wolle sie ihrem Vater bringen. Er flog also mit der Kiste wieder zu dem Grafen. Als er an die Tür klopfte, fragte der Graf: »Wer ist da?« – »Öffne, ich bin dein Schwiegersohn.« Der Teufel trug die Kiste hinein und sagte, er habe keine Zeit, er müsse gleich wieder gehen. Zu Hause sagte er dann zu seiner Frau: »Ich gehe wieder auf die Reise, mach noch eine Kiste mit Goldstücken zurecht. Das ist die letzte Kiste, denn ich gehe dann nie wieder zu deinem Vater.« Als der Teufel weggegangen war, machte sich seine Frau daran und fertigte eine Kiste und schüttete die halbe Kiste mit Goldstücken voll. Darauf nahm sie einen Sack Mehl, formte daraus eine Frau wie sie selbst, ebenso groß und ebenso klein, und schnitt sich die Haare ab und legte sie auf die, die sie aus Mehl gemacht hatte. Dann legte sie sich selbst in die Kiste und schloß sie von innen. Ehe der Teufel aufgebrochen war, hatte sie ihm gesagt, wenn er von der Reise zurückkomme, schlafe sie vielleicht auf dem Sofa; das Essen stehe dann auf dem Tisch, er solle sie aber nicht berühren, wenn er zurückkomme, sonst bekomme sie Angst im Schlaf und würde sterben. Es sei besser, wenn er zuerst die Kiste zu ihrem Vater bringe, und wenn er dann zurückkomme, wäre sie aufgestanden und würde mit ihm zusammen essen. So tat der Teufel und brachte die Kiste zum Grafen, ohne zu wissen, daß dessen Tochter darin war. Als er unten angekommen war, klopfte er an die Tür. Der Graf rief: »Wer ist da?« Der Teufel sagte: »Öffne, ich bin dein Schwiegersohn.« Als er eintrat, setzte er die Kiste ab und ging weg. Darauf klopfte das Mädchen, der Vater solle die Kiste öffnen. Als er die Kiste geöffnet hatte, sagte das Mädchen zu ihrem Vater, er solle das Haus ringsum mit Weihwasser besprengen. Als der Teufel heimkam, lag das Mädchen auf dem Sofa. Wie der Teufel sah, daß sie noch schlief, da wollte er sie anfassen und überlegte sich: solle er sie anfassen oder nicht? Aber er konnte sich nicht zurückhalten und faßte sie doch an. Da drangen seine Finger in ihre Brust, und wie der Teufel merkte, daß es nicht die Grafentochter war, da meinte er, er sei zwar ein Teufel, aber das Mädchen sei ein noch größerer Teufel als er. Darauf flog er hinab und ging hin, um alle zu töten, die im Haus waren. Aber er konnte nicht in das Haus hineinkommen, da es rings mit Weihwasser besprengt war. Drei Tage und drei Nächte mühte er sich ab und sah endlich ein, daß er nichts ausrichten konnte. Da rief er, sie sollten leben, solange die Welt bestehe. Dann ging er nach Hause.

58. »Kamerad«

Es war einmal ein Mann, der hatte sieben Kinder und wohnte in einem großen Wald. Aber er und seine Kinder starben fast vor Hunger. Er sprach darum, was habe er vom Leben, er wolle ausziehen und den lieben Gott totschlagen. Er schärfte also sein Beil, hing es über den Rücken und machte sich auf den Weg.

Einen Tag und eine Nacht war er unterwegs, da konnte er vor Hunger nicht mehr weiter. Der liebe Gott aber hatte sich in einen Handwerksburschen verwandelt und begegnete unserm Zigeuner. Wie er auf ihn zukam, reichte er ihm die Hand und fragte ihn, wohin er gehe. Der Zigeuner erzählte, sein Leben sei ihm verleidet, er und seine Kinder müßten ja doch Hungers sterben, nun wolle er zuvor noch den lieben Gott totschlagen.

Als der liebe Gott ihn fragte, wo er denn den lieben Gott finden würde, da meinte der Zigeuner, er würde ihn schon finden.

Da sprach der liebe Gott zu ihm, er wolle ihn begleiten, und sie nannten einander »Kamerad«. Als sie von da zwei bis drei Stunden weitergegangen waren und der liebe Gott sah, daß der Zigeuner vor Hunger nicht mehr gehen konnte, sprach er zu ihm: »Kamerad, geh zu jenem Garten. Dort fand ich, als ich des Weges kam, eine Gans und einen Kuchen. Geh, sieh zu, vielleicht ist noch etwas davon da.« Als er nun hinging, fand er die Gans und den Kuchen. Da nahm der Zigeuner ein Bein von der Gans und aß es auf. Dann brachte er den Kuchen und die einbeinige Gans. Da fragte ihn der liebe Gott: »Wie kommt es, daß die Gans nur ein Bein hat?« Der Zigeuner beteuerte: er und seine sieben Kinder sollten sterben, wenn die Gans mehr als ein Bein gehabt hätte.

Dann gab er dem lieben Gott von der Gans und dem Kuchen. Aber der liebe Gott meinte, er wäre nicht hungrig, er solle nur allein essen.

Darauf sagte der liebe Gott: »Ich weiß an diesem Weg ein Gut. Komm, wir wollen dahin gehen; vielleicht gibt man uns Arbeit.« Als sie hinkamen, fragten sie, ob sie Arbeit bekommen könnten oder nicht, und erklärten, sie könnten sehr gut arbeiten. Da sprach der Gutsherr zu ihnen, er wolle ihnen solche Arbeit geben, die 366 Knechte an einem Tage verrichteten, die müßten sie beide auch an einem Tag beenden. Wenn sie damit nicht fertig würden, dann würde er sie aufhängen.

Sie waren damit einverstanden. Da gab er ihnen Sensen, und sie gingen hinaus auf die Felder und begannen zu mähen. Als sie bis zum Mittag gemäht hatten, konnte der Zigeuner nicht mehr, und der liebe Gott sagte zu ihm, er solle sich niederlegen und schlafen.

Der liebe Gott aber hatte bis um sechs Uhr abends das ganze Korn geschnitten. Als am Abend die Dienstmagd das Essen brachte, fiel sie vor Staunen auf den Rücken und lief zu ihrem Herrn und erzählte ihm, die beiden Armen hätten das ganze Korn abgemäht.

Da sprach der Herr zu dem Mädchen: »Du Dirne, was belügst du mich!« – »Herr, wenn es nicht die Wahrheit ist, magst du mich aufhängen.« Nun ging der Gutsherr hinaus und sah es. Vor Staunen wußte er nicht was tun. Er fragte sie also, was sie für ihre Arbeit forderten. Dann nahm er sie und warf sie in den Backofen. Andern Tages sprach der Herr zur Dienstmagd: »Geh, fege die Gebeine der beiden Armen aus dem Ofen, damit wir Brot backen können.« Als das Mädchen nun hinging und die Ofentür öffnete, sah sie die beiden auf Stühlen sitzen und ihre lange Pfeife rauchen. Da lief das Mädchen zu seinem Herrn und sprach zu ihm: »Bei Gott und der Mutter Gottes, die beiden leben und rauchen vergnügt ihre Pfeife.« Nun ging der Herr zu ihnen und fragte sie, was sie forderten. Der liebe Gott sagte: »Gib uns jenen kleinen Sack Goldstücke.« Als sie dann gingen, fragten sie den Gutsherrn, ob er keine andere Arbeit wisse. Er erwiderte, nicht weit von da liege die Frau eines Grafen im Sterben. Wenn sie diese wieder zum Leben bringen könnten, würde der Graf ihnen so viel Geld geben, als sie nur forderten. Da brachen sie auf und zogen weiter. Als sie zum Grafen kamen, sprachen sie: »Wir haben gehört, daß deine Frau im Sterben liegt, wir können ihr helfen.« Da meinte der Graf: »Ich war mit meiner Frau schon bei vielen Ärzten, aber sie konnten ihr nicht helfen.« Da erklärten Gott und der Zigeuner, wenn sie sie in einer Stunde nicht heilten, möge er sie aufhängen. Sie traten in ihre Stube, und der liebe Gott zog sein Tuch aus der Tasche, wischte ihr damit dreimal über den Mund, und alsbald genas sie. Der Graf ging nun hinein und sah, daß seine Frau aufgestanden war und am Tische nähte. Er fragte also den Zigeuner und den lieben Gott, was sie forderten. Der liebe Gott erwiderte: »Gib uns jenen kleinen Beutel mit Goldstücken.« Dann brachen sie auf und zogen weiter. Unterwegs sagte der Zigeuner zum lieben Gott: »Teile das Geld mit mir, denn ich verstehe auch zu tun, was du verstehst.« Der liebe Gott aber entgegnete: »Ich teile es nicht«, und trennte sich von dem Zigeuner. Dieser ging nun auch zu einem Herrn und fragte ihn, ob er nicht wüßte, wo es Tote und Kranke gäbe, er verstände sie wieder zum Leben zu bringen. Da sagte der Herr: »Hier in der Stadt wohnt der Kaiser.« Der Zigeuner brach auf und ging zu diesem Kaiser. Der Kaiser fragte ihn nach seinem Begehr. Der Zigeuner antwortete, er verstehe den Kranken und Verstorbenen zu helfen. Da erzählte ihm der Kaiser, er wäre mit seiner Gemahlin schon überall gewesen, und niemand hätte ihr helfen können. Nun erklärte der Zigeuner, wenn er seiner Gemahlin nicht helfen würde, möge er ihn aufhängen. Sie schlugen ein, und er fragte den Kaiser, in welchem Gemache seine Gemahlin wäre. Dann trat er hinein, nahm sein Tuch und fuhr damit über den Mund der Kaiserin. Als der Zigeuner hinausging, ergriff ihn der Kaiser, da er sah, daß es mit seiner Gemahlin nicht besser geworden war. Und man nahm den Zigeuner, schleppte ihn fort und legte ihm den Strick um den Hals. Der Zigeuner aber rief: »Kamerad, Kamerad!« Alsbald kam der liebe Gott herbei und rief, sie sollten ihn noch nicht hochziehen, denn die Kaiserin wäre aufgestanden und stricke am Tische; und er fügte hinzu, wenn es nicht so wäre, könnten sie auch ihn aufhängen. Da gingen sie nach Haus und sahen, daß die Kaiserin aufgestanden war und mit ihrer Strickarbeit am Tische saß. Als der Kaiser das sah, fragte er den Zigeuner, was er verlange. Da sprach der liebe Gott: »Gib uns jenen kleinen Beutel mit Goldstücken.« Darauf zogen sie weiter. Der liebe Gott aber meinte zum Zigeuner: »Siehst du, Kamerad, wäre ich nicht gekommen, hätten sie dich aufgehängt, weil du prahltest, du könntest auch vollbringen, was ich kann.« Dann gingen sie dorthin, wo sie die Gans und den Kuchen gefunden hatten. Als sie dort waren, nahmen sie das Geld, und der liebe Gott machte drei Haufen. Wie das der Zigeuner sah, sprach er: »Kamerad, für wen legst du das Geld auf drei Seiten?« Der liebe Gott erwiderte: »Kamerad, der eine Haufen ist für das Gansbein.« Da verschwor sich der Zigeuner, er und seine sieben Kinder sollten sterben, wenn die Gans mehr als ein Bein gehabt hätte. Der liebe Gott aber raffte das Geld zusammen, überschlug sich dreimal und flog, in eine Taube verwandelt, davon. Der Zigeuner aber schrie: »Kamerad, Kamerad, komm zurück!«

59. Der junge Graf und die Tochter der Hexe

Einst lebte ein Graf, der hatte drei Söhne und besaß einen schönen Garten, darinnen stand ein schöner Birnbaum. Aus dem Himmel aber kamen die drei Töchter der Hexe und stahlen jede Nacht eine von den Birnen. Als der Graf merkte, daß in jeder Nacht seine Birnen weniger wurden, sprach er zu seinen Söhnen, jede Nacht sollte immer einer von ihnen bis zwölf Uhr wachen, damit er sehe, wer der Dieb sei. In der ersten Nacht wachte nun einer der Söhne bis elf Uhr, dann wurde er schläfrig und legte sich hin. Als nach dieser Nacht nun wieder eine Birne fehlte, beauftragte der Graf in der nächsten Nacht den zweiten Sohn. Auch dieser wachte bis elf Uhr und legte sich dann nieder. In der dritten Nacht ließ er den jüngsten Sohn wachen. Der sah die Tochter der Hexe. Und als er sie sah, wurde er wahnsinnig ihretwegen, und er machte sich eiserne Stiefel und zog von dannen. Als er ein halbes Jahr unterwegs war, da begegnete ihm ein alter Mann. Der fragte ihn, wohin er gehe. Der Jüngling erwiderte, er folge dem und dem Mädchen. Da sprach der Greis zu ihm: »Weißt du auch, wo du die Mädchen treffen wirst?« Da antwortete der Jüngling, das sei ihm alles einerlei. Wenn er dabei zugrunde gehen sollte, möge es geschehen. Da begann der Greis also: »Höre mein Sohn, was ich dir sage. Jene drei Mädchen kommen alljährlich hierher in dieses Gebirge, um zu baden. Wenn du siehst, daß sie baden, dann gehe heimlich hin und nimm einer von ihnen das Hemd weg. Alsdann kann sie nicht mehr fliegen, die beiden anderen jedoch werden davonfliegen.« Der Jüngling tat so und brachte das Mädchen, deren Hemd er genommen hatte, nach Hause. Sieben Jahre lebte er bereits mit ihr zusammen, als ein Krieg ausbrach und auch der Jüngling in den Kampf ziehen mußte. Zuvor aber legte er des Mädchens Hemd in eine Lade und verschloß die Stube. Dann sprach er zu seiner Frau: »Nimm die Schlüssel an dich, aber öffne nie die letzte Türe«, und fuhr fort: »Liebe Frau, wenn ich nun gehe, so hänge eine schwarze Fahne heraus, wenn du mich aber wiederkommen siehst, dann hänge eine rote Fahne heraus.« Kaum war er aber fortgezogen, da machte sich seine Frau auch schon daran, die letzte Türe zu öffnen. Und sie hatte sie kaum richtig geöffnet, da flog ihr schon ihr Hemd entgegen. Sie nahm's und flog davon. Als sie weggeflogen war, kam auch ihr Gatte wieder heim und sah, daß die rote Fahne nicht heraushing. Vor seinem Hause sprang er vom Pferd und eilte zu der Stube, wo das Hemd aufbewahrt war. Als er nun sah, daß jenes Hemd nicht mehr da war, fertigte er sich wieder eiserne Schuhe und einen eisernen Stock an und wanderte ein halbes Jahr lang, bis er zum Gebirge kam. Dort traf er drei Räuber. Die verhandelten wegen eines Sattels und eines Zaumes. Der Grafensohn fragte sie: »Was tut ihr hier?« Sie antworteten, sie hätten einen Streit miteinander. Da fragte er weiter: »In welcher Sache?« und sie erzählten es ihm. Da fragte er sie: »Was ist denn das für ein Sattel und ein Zaum?« Sie erwiderten: »Er ist so beschaffen, daß, wenn du sagst ›Bring mich dahin, wohin ich will‹, er es ausführt.« Da sprach er zu ihnen, sie sollten einen Wettlauf zum Gebirge machen; wer es zuerst erreiche und zuerst wieder zurückkomme, dem sollten Sattel und Zügel gehören. Da begannen sie zu laufen. Der Jüngling aber setzte sich in den Sattel und sprach: »Bring mich dahin, wohin ich will.« Und schon stand er vor des Mädchens Fenster.

Als das Mädchen ihn erblickte, nahm sie ihn in ihre Stube und meinte: »Was nutzt es, daß du gekommen bist. Wenn du auch 100 Köpfe hättest, meine Mutter würde doch suchen, wie sie dich umbrächte.« Als der Jüngling gekommen war, roch die Hexe, daß ein Mensch da sein müsse, und durchsuchte das ganze Haus, konnte ihn aber nicht finden. Da rief die Hexe: »Junge, wo bist du? Umsonst versteckst du dich, ich mache dir doch den Garaus.« Und noch einmal schrie sie: »Junge, wo bist du?« Er antwortete: »Ich bin in deiner Stube.«

Als sie hinging und schaute, war niemand darinnen. Da rief er: »Ich bin im Speicher.« Als sie aber hinging, war niemand da. Wieder rief er: »Ich bin im Keller.« Aber auch da war er nicht, als die Hexe kam.

Da ging der Jüngling zu dem Mädchen in die Stube. Und sie erzählte ihm nun: »Morgen sollst du vor meiner Mutter eine Probe ablegen: Einen Sack Korn wird sie auf die Felder streuen. Den sollst du wieder sammeln, daß auch nicht ein Körnchen fehlt.« Die Hexe ging und streute einen

Sack aus. Aber die Geliebte des jungen Mannes sammelte wieder alle Körner ein und sagte dann zu ihrer Mutter, der Jüngling habe es wieder eingesammelt, genau wie es war, und nicht ein einziges Körnchen sei verlorengegangen. Da sprach die Hexe, morgen werde sie dem Jungen auftragen, er solle zwei Pferde vor den Wagen spannen. Wenn er dann aufsitze, würde er in Sand verwandelt. Als seine Geliebte hörte, was ihre Mutter vorhatte, sprach sie zu ihm, er solle nur einspannen, aber ja nicht aufsteigen. Als nun andern Tages die Hexe den Jüngling einspannen hieß, da spannte er auch ein. Dann befahl sie ihm dreimal, er solle aufsteigen. Aber er stieg nicht in den Wagen, sondern nahm das Mädchen und setzte sich mit ihr in den Sattel und sprach: »Bring mich dahin, wohin ich will.« Da war er auch schon auf seinem Gut.

Andern Tages wollte ihn nun die Hexe umbringen. Als sie aber in die Stube trat, sah sie, daß niemand darinnen war. Da befahl sie ihren Töchtern, ihn und ihre Schwester zu verfolgen. Und die eine der beiden machte sich auf den Weg. Aber das Mädchen des Jünglings wußte, daß ihre Schwester sie verfolge, um sie zu töten. Sie verwandelte sich deshalb in ein kleines Häuschen und den Jüngling in einen alten Mann. Als die Verfolgerin nun herankam und einen alten Mann traf, fragte sie ihn: »Alter, hast du nicht einen Jüngling und ein junges Mädchen gesehen?« Der Greis erwiderte, er habe niemanden gesehen. Die Schwester suchte nun weiter, konnte aber niemanden finden und flog nach Hause. Da fragte ihre Mutter: »Hast du sie nicht gefunden?« – »Nein.« – »Wen hast du denn getroffen?« – »Einen alten Mann, der stand bei einem kleinen Häuschen.« Da sprach die Hexe: »Das war der Jüngling, und das Häuschen war deine Schwester.« Da schickte sie ihre andere Tochter. Das Mädchen des Jünglings wußte aber wieder, daß ihre Schwester ihnen nachsetzte, und verwandelte sich selbst in ein Korn und den Jüngling in einen Baum. Als nun ihre Schwester herankam, sah sie nichts anderes als nur das Korn und den Baum und flog wieder nach Hause. Als ihre Mutter sie fragte, wen sie gefunden oder was sie gesehen habe, sagte sie: »Niemanden, nur einen Baum und ein Korn.« Da sprach ihre Mutter: »Der Baum war der Jüngling und das Korn deine Schwester. Nun, jetzt muß ich die beiden verfolgen. Wenn sie auch 100 Köpfe hätten, ich würde sie doch umbringen.« Die Geliebte des Jünglings meinte zu diesem: »Jetzt sind wir sowieso verloren, denn meine Mutter kommt. Hör nun, was wir machen werden: Ich verwandle mich in einen großen Teich und dich in ein Wasserhuhn.« Als nun die Hexe kam, da schwamm der Junge auf dem Wasser hin und her. Die Hexe rief vergeblich, er solle herauskommen, denn sie wußte ja, daß der Jüngling das Wasserhuhn und ihre Tochter der Teich war. Da legte sie sich hin, um den ganzen Teich auszutrinken. Und sie hatte ihn schon beinahe leergetrunken, da konnte sie nicht mehr und zerplatzte, und der Junge und das Mädchen fielen aus ihr heraus. Die Hexe aber starb.

60. Der schlaue Alte

Es war einmal ein alter Mann und seine Frau. Die wohnten zwei Stunden von der Stadt entfernt, und eines Tages fuhren sie in die Stadt auf den Wochenmarkt. Auf dem Wege zur Stadt kamen sie an drei Gasthäusern vorbei. Als sie beim ersten anlangten, stiegen sie ab, traten ein und bestellten zu trinken und zu essen und bezahlten im voraus. Bei ihrer Rückkehr solle dann alles bereitstehen. Sie fuhren von da bis zum zweiten Wirtshaus und bestellten auch hier zu essen und zu trinken und bezahlten. Bei ihrer Rückkehr solle das Mahl bereit sein. Von da ging es zum dritten Gasthaus, und sie taten auch hier so. Dann fuhren sie in die Stadt auf den Markt und kauften sich Essen und Fleisch und fuhren nach Hause. Als sie beim ersten Gasthaus ankamen, fuhren sie zur

Seite und kehrten ein, aßen und tranken; und es waren noch drei Metzger drinnen. Als der Alte dann hätte bezahlen sollen, nahm er seinen Hut vom Kopfe und fragte den Kellner, was er zu bezahlen habe. Der Kellner erwiderte: »Nichts. Es ist bezahlt.« Dann ging der Alte hinaus, setzte sich auf den Wagen und fuhr weg.

Als er weggefahren war, sprachen die drei Metzger zusammen, jener Hut, den der Alte habe, würde für sie gut sein, da sie noch jung wären. Sie folgten also dem Alten und holten ihn in der zweiten Wirtschaft ein. Auch hier aß und trank er, nahm seinen Hut vom Kopfe und drehte ihn dreimal und fragte dann den Kellner, was er zu zahlen habe. Der Kellner antwortete: »Nichts, es ist bezahlt.« Die drei Metzger lasen einander vom Gesichte ab, daß jener Hut ihnen gefallen würde. Von da fuhr der Alte zum dritten Gasthause, und die drei Metzger gingen ihm nach und trafen ihn in der Wirtschaft. Auch hier aß er mit seiner Frau, nahm seinen Hut vom Kopfe, drehte ihn dreimal und fragte, was er zu zahlen habe. Er bekam zur Antwort: »Nichts, es ist ja bezahlt.« Dann fuhr der Alte weg. Die drei Metzger aber hielten sich hinter ihm und liefen und holten ihn auch ein. Als sie ihn eingeholt hatten, fragten sie ihn, was er für den Hut verlange. Er entgegnete, er verkaufe ihn nicht, er brauche ihn selbst. Aber sie redeten so lange auf ihn ein, bis er mit ihnen den Handel abschloß. Sie gaben ihm 300 Gulden dafür und einen Hut, der besser war als seiner. Die Metzger brachen auf und gingen zum größten Kaffeehaus und bestellten sich zu essen und zu trinken. Dann nahm der eine den Hut vom Kopfe, drehte ihn dreimal und fragte den Kellner, was er zu bezahlen habe. Der Kellner erwiderte: »100 Gulden.« Da meinte sein Gefährte: »Gib mir den Hut, du verstehst es nicht«, und drehte den Hut dreimal und fragte, was sie zu zahlen hätten. Aber wieder antwortete der Kellner: »100 Gulden.« Darauf sprach der dritte: »Gib ihn mir, du verstehst es nicht«, und auch dieser drehte den Hut dreimal und fragte, was sie bezahlen sollten. Der Kellner blieb aber dabei: »100 Gulden.« Und ob sie wollten oder nicht, sie mußten bezahlen. Dann aber folgten sie dem Alten, um ihn in den Sack zu stecken und in den Brunnen zu werfen. Da der Alte aber wußte, daß jene ihn verfolgten, um ihn zu töten, machte er sich daran, sich einen Sarg zu zimmern, und legte sich mit dem Gesicht nach unten hinein. Seine Frau aber nahm eine Rute und wehrte die Fliegen von ihm ab. Nun kamen die drei Metzger herbei und sahen, daß der Alte im Sarge lag, und sie sprachen zu seiner Frau: »Es ist gut, daß er tot ist, wir hätten ihn sowieso totgeschlagen.« Sobald sie sich dann entfernten, nahm die Frau die Rute und schlug damit auf den Alten, der im Sarg lag. Da richtete er sich auf. Als die drei Metzger das sahen, sprachen sie: »Ach, jene Rute würde uns nützen, um die Toten ins Leben zurückzurufen.« Sie fragten also den Alten und seine Frau, was er für die Rute verlange. Der Alte jedoch erwiderte, er verkaufe sie nicht. Aber sie setzten ihm so lange zu, bis er sie ihnen verkaufte. Sie gaben ihm 300 Gulden und einen neuen Stock. Dann nahmen sie die Rute und legten sie sich über die Schulter. So zogen die drei Gesellen miteinander durch die Städte und Dörfer und riefen, wer einen Toten habe, dem gäben sie das Leben wieder, wer einen Kranken habe, den machten sie wieder gesund. Die Leute in den Dörfern und Städten aber schauten ihnen nach. Als sie am Palast des Königs vorüberkamen, hörte der König sie rufen, daß sie Verstorbene und Kranke ins Leben rufen würden, und er schickte seinen Diener zu ihnen und ließ ihnen sagen, sie sollten zurückkommen. Als sie zurückkamen, fragte der König, was sie verständen. Sie antworteten, sowohl Verstorbene wie Kranke könnten sie wieder zum Leben erwecken. Hierauf sprach der König: »Wenn ihr aber meine Gattin nicht genesen lasset!« – »Wenn wir sie nicht gesund machen, magst du uns erschießen.« Dann fragten sie, wo seine Gemahlin sei, und traten in ihr Gemach und schlossen die Tür hinter sich zu. Nun nahm der erste die

Rute und schlug sie dreimal auf sie. Da meinte der zweite: »Gib sie mir, du verstehst es nicht.« Als auch er auf die Königin einschlug, starb sie. Dann gingen sie hinaus zum König und sprachen, seine Gemahlin wäre genesen. Da sie aber schlafe, solle er noch nicht zu ihr hineingehen. In einer Stunde würde sie aufgestanden sein. Und sie setzten hinzu, in einer Stunde würden sie wiederkommen, damit er ihnen bezahle. Alsdann gingen sie hinter dem Alten her, ergriffen ihn und steckten ihn in den Sack, nahmen ihn auf die Schulter und trugen ihn zu einem Brunnen, um ihn hineinzuwerfen. Unterwegs aber begann er zu rufen, er wäre der Thronfolger. Als sie nun beim Brunnen anlangten, meinte der eine: »Wie wäre es, wenn wir zuerst seinen Leichentrunk veranstalteten, alsdann wollen wir ihn hineinwerfen.« Sie gingen also ins Wirtshaus und legten den Alten im Sack draußen hin. Der aber schrie, er wäre des Königs Nachfolger. Als nun die Schafe, Rinder und Pferde des Pastors vorbeikamen, da hörte der Mann, der die Pferde und Rinder trieb, jemanden rufen, er sei der Thronfolger, und er merkte auf, konnte aber nichts sehen. »Wo bist du?« fragte er dann den Alten. »Ich bin im Sack«, kam die Antwort. Da ging er zu ihm und fragte ihn: »Wer bist du?« – »Ich bin der Kronprinz.« Und er setzte noch hinzu: »Hättest du keine Lust, Kronprinz zu werden, denn ich bin zu alt dazu?« Da befreite jener den Alten aus dem Sack. Der Alte aber steckte nun ihn hinein und meinte: »Solange sollst du nun rufen, du seiest der Thronfolger, bis du es werden wirst.« Alsdann kamen die Metzger aus dem Wirtshaus und warfen ihn in den Brunnen. Der Alte aber nahm die Schafe, Rinder und Pferde und trieb sie vor sich her nach Hause. Da kam gerade dort der Pastor vorbei und sah die Pferde, Rinder und Schafe. Der Pastor erkannte sie als die seinigen und redete den Alten an: »Du Räuber, wo hast du diese Pferde, Schafe und Rinder aufgegriffen?« Da erzählte der Alte, man hätte ihn in einen Brunnen geworfen, und er wäre dann in eine andere Welt gefallen. Dort gäbe es umsonst, was man nur begehrte. Von dort unten führe der Weg in diese Welt. Darauf erwiderte der Pastor, es wäre nicht wahr, denn die Tiere gehörten ihm. Da meinte der Alte: »Wir wollen wetten!« Der Pastor fragte: »Wie denn?« Da sprach der Alte: »Wer morgen früh zuerst aufgestanden sein wird, dem sollen die Pferde, Rinder und Schafe gehören.« Der Pastor sagte: »Gut!« Als der Alte nach Hause ging, fragten ihn die Leute: »Alter, woher hast du das Vieh?« Der Alte erwiderte: »Da und da ist ein Brunnen, wer hineinspringt, gelangt in eine Welt, wo man alles umsonst bekommt.« Da brachen die Leute aus zwei Dörfern auf und sprangen in den Brunnen. Als der Alte sah, daß der Brunnen voll war, nahm er einen großen Steinblock und warf ihn darauf. – Der Pastor nun legte sich, um früh wach zu sein, zeitig zum Schlafe nieder. Der Alte aber nahm seinen Mantel und stieg in des Pastors Garten auf den Birnbaum gerade vor des Pastors Fenster und rauchte seine lange Pfeife. Um sechs Uhr aber stand die Dienstmagd des Pastors auf und weckte ihren Herrn. Dann machte sie Feuer im Ofen. Als ein Scheit Holz herunterfiel, bückte sich das Mädchen, und der Pastor erblickte ihre ... Da fragte der Pastor das Mädchen: »Was ist das?« Das Mädchen antwortete: »Der Meßjunge!« Als der Alte das hörte, ging er nach Hause und legte sich nieder. Da kam auch schon der Pastor zu dem Alten und erklärte ihm, er habe gewonnen. Darauf sagte der Alte: »Gut, du hast gewonnen, doch wo ist der Meßjunge und der Schiebkarren?« Als der Pastor das hörte, sprach er zum Alten: »Damit du das nie und nimmer sagst, gebe ich dir zwei Wagen voll Gold.« Da gab er dem Alten zwei Wagen voll Gold, und dieser behielt auch die Pferde, die Rinder und die Schafe. Die Leute wunderten sich aber über ihn, daß er so reich geworden war. Er hatte auch zwei Brüder, der eine von ihnen fragte ihn: »Bruder, woher hast du das viele Geld?« Er antwortete ihm: »Nun, woher hat der König seinen Hof? Frag mich nicht. Gott hat es mir gegeben.« Dann sprach er zu seinem

Bruder weiter: »Du fährst mit zwei Pferden, aber ich fahre vierspännig.« Darüber erzürnte sein Bruder und drohte: »Heute nacht um zwölf schneide ich dir den Hals ab.« Da brach der Alte auf und ging nach Hause. Als er heimkam, sprach er zu seiner Frau, er habe Kopfschmerzen, er könne in seinem Bett nicht schlafen, sie solle doch in seinem Bette schlafen. Da legte sich seine Frau in sein Bett und er in das ihrige. Um zwölf Uhr kam sein Bruder mit der Axt, ging hinein und schlug mit der Axt der Frau den Kopf ab. Dann ging er nach Haus in der Meinung, seinem Bruder den Hals abgeschnitten zu haben. Als am Morgen der Alte aufgestanden war, sah ihn sein Bruder und verwunderte sich: »Wie geht das zu, ich habe ihm gestern den Hals abgeschnitten, und jetzt ist er wieder aufgestanden. Das ist ein Teufel.« Der Alte aber nähte nun den Kopf seiner toten Frau fest, spannte ein und fuhr in die Stadt. Die Leiche aber setzte er zu sich vorn auf den Bock. Ihr Gesicht aber hatte er so zurechtgezogen, als ob sie lache. Dann fuhr er weg, vor dem Wirtshaus aber hielt er an, kehrte ein und trank zwei Flaschen Wein. Der Wirt jedoch sagte zu ihm: »Alter, warum kommt deine Frau nicht herein, sie ist doch bisher immer gekommen?« Der Alte entgegnete: »Sie will nicht herein, sie geniert sich.« Dann sprach er zum Kellner: »Geh, bring ihr zwei Flaschen Wein hinaus!« Der Kellner brachte sie hinaus mit den Worten: »Nimm, Alte, trink.« Als er es bereits zum drittenmal gesagt hatte, dachte der Kellner, die Alte lache ihn aus, und er nahm eine Flasche und schlug sie ihr gegen den Kopf, so daß ihr Kopf herabfiel. Nun wußte der Kellner vor Furcht nicht, was er anfangen sollte, und bat den Mann flehentlich, er solle ihn nicht anzeigen, er bezahle ihm, soviel er fordere, und sprach: »Vergrabt sie hier in der Wirtschaft, daß niemand davon erfährt!« Dann gab er dem Alten zwei Wagen voll Gold. Der Alte fuhr nach Hause und war der Reichste im ganzen Lande.

61. Der Zigeuner als König

Es war ein König, der hatte eine Tochter, die keinen Mann nehmen wollte. Ihr Vater sprach zu ihr, sie solle doch einen Mann nehmen, der würde dann sein Nachfolger werden, er selbst sei zu alt zum Regieren. Da meinte seine Tochter: »Setze in die Zeitungen: ›Wer die Birne von unserem Baum herabwirft, der soll Thronfolger werden und ich würde seine Frau.‹« Er gab also in den Zeitungen bekannt, daß alle Männer herbeikommen sollten. Da kamen Grafen und Prinzen. Sie konnten jedoch die Birne nicht herabwerfen.

In der Nähe aber wohnte ein armer Zigeuner mit seiner Frau. Die kochte ihm immer Grießbrei zum Essen. Auch er ging hin und sah, wie die Freier nach der Birne warfen, sie aber nicht herunterholen konnten. Er ging nun wieder nach Hause und sagte zu seiner Frau: »Gib mir doch ein wenig Grießbrei zu essen.« Die Frau aber antwortete: »Es ist nichts mehr da; die Kinder haben ihn aufgegessen.« Da erklärte er: »Nun verlasse ich dich und nehme mir eine Deutsche«, und ergriff den Hammer, eilte weg und warf ihn nach der Birne. Da fiel die Birne herab. Und sie nahmen ihn, kleideten ihn an, und er ward nun Thronfolger. Dann brachte man ihm zu essen und zu trinken. Er aber schämte sich und aß nicht, sondern er lief am Tage in den Garten und füllte sich die Taschen mit Stachelbeeren. Des Nachts aber, als er sich schlafen legte, aß er dann die Stachelbeeren. Seine Frau jedoch fragte ihn: »Was ißt du?« – »Ich esse Zucker.« – »Gib mir auch davon!« – »Ich gebe dir nichts.« Am andern Tage ging er auf einer Straße spazieren und traf einen Handwerksburschen und sprach zu ihm: »Wir wollen unsere Kleider tauschen!« Der Handwerksbursche erklärte: »Ich kann mit dir nicht tauschen, denn du bist doch der König.« – »Wenn du nicht tauschest, schneide ich dir den Hals ab.« Da begann der Handwerksbursche seine Kleider auszuziehen, und der König nahm seine Kleider, während jener die des Königs anzog. Dann ging der Handwerksbursche in die Stadt und ward König. Der Zigeuner aber ging zu seiner Frau und gab ihr die Hand. Sie sprach zu ihm: »Bist du gekommen, Mann?« – »Ich bin gekommen, was soll ich mit der Deutschen? Bring mir doch, Frau, ein wenig Grießbrei, daß ich esse.« Sie gab ihm. Als er aber wieder einmal nach Hause kam und zu essen verlangte, erklärte seine Frau: »Ich habe nichts, die Kinder haben alles aufgegessen.« Da sagte er: »Nun gehe ich wieder und nehme eine Deutsche.« Also ging er. Da wollte man ihn totschlagen. Drum ging er doch wieder heim und schlug seine Frau.

Wenn sie nicht gestorben sind, leben sie noch heute.

62. Der Dumme, der König wird

Es war einmal ein Bürgermeister, der neun Söhne hatte. Einer aber von ihnen war dumm. Er aß zusammen mit den Schweinen. Als die neun Brüder sich zum Militärdienst stellten, nahm man acht, den Beschränkten nahm man nicht. Da ging er auf Wanderschaft. Bald ging es ihm aber so schlecht, daß er fast vor Hunger starb. In seiner Not wandte er sich an seinen Vater, er sei Unteroffizier, sein Vater solle ihm 100 Mark schicken. Der schickte sie ihm. Darauf schrieb er wieder an seinen Vater, er solle ihm 200 Mark schicken, er sei Leutnant. Wieder schickte der Vater ihm das Geld. Alsdann sandte er ihm noch einen Brief, er solle ihm 300 Mark schicken, denn er sei Major. Da überlegte sein Vater: ›Wenn er Major ist, warum bittet er mich um Geld? Der hat in seiner Dummheit den Brief gesandt.‹ Darum schickte ihm sein Vater nun kein Geld mehr. Aber der Sohn starb beinahe vor Hunger und wandte sich an den König. Der König warf ihn jedoch dreimal hinaus. Trotzdem ging er immer wieder hinein, bis der König ihn fragte: »Was willst du?« Jener törichte Jüngling antwortete: »Ich möchte Arbeit, nur soviel sollst du mir geben, daß ich davon leben kann.« Der König fragte ihn: »Welche Arbeit verstehst du?« Der Jüngling erwiderte: »Es ist einerlei, welche.« Da meinte der König, ob er wohl den kleinsten Ring von der Hand seiner jüngsten Tochter bringen könne. Der Dumme antwortete, er könne ihn bringen. Der König aber sprach zu ihm, wenn er ihn innerhalb zweier Jahre nicht bringen würde, dann wäre es um sein Leben geschehen. Der törichte Jüngling brach also auf und zog immer geradeaus durch Flüsse, Wälder und Felder. Wenn der Weg sich krümmte, folgte er ihm nicht, sondern wanderte immer geradeaus weiter. Als er schon einundeinhalb Jahre unterwegs war, legte er sich auf den Wegrain und begann zu weinen. Da trat eine Greisin zu ihm und fragte ihn: »Warum weinst du?« Er erwiderte ihr: »Ich bin eine Wette eingegangen mit dem König. Wenn ich nicht den Ring von der Hand seiner jüngsten Tochter bringe, tötet er mich.« Da sprach die Alte zu ihm: »Mein Sohn, weine nicht, du mußt von hier aus einen Weg von drei Monaten unter der Erde wandern. Wenn du ihn zurückgelegt hast, gewahrst du an einer Tür zwei Männer. Sobald sie dich erblicken, öffnen sie ihren Mund, um dich zu verschlingen. Du brauchst aber keine Furcht zu haben, du mußt nur zwischen ihnen hindurchspringen und dich auf das Bett des Mädchens legen. Wenn dann nachts um zwölf Uhr das Mädchen kommt, öffnet es seinen Mund, um dich zu verschlingen. Aber du brauchst dich nicht zu fürchten; und wenn sie zu dir sagt, du sollest von ihrem Bette aufstehen, mußt du sagen, du stündest nicht auf, ehe sie dir nicht den kleinsten Ring von ihrem kleinen Finger gäbe.« So geschah's, und sie gab ihm den Ring. Als sie den einen gegeben hatte, sprach er: »Mädchen, gib mir auch den zweiten Ring.« Sobald sie den zweiten gegeben hatte, sagte er zu ihr: »Gib mir auch den dritten!« Da gab sie ihm auch den dritten. Nachdem er neun Ringe von ihr bekommen hatte, sagte sie zu ihm: »Da du also meine Ringe von mir bekommen hast, magst du mich selbst nehmen. Denn so habe ich nun auch keinen Mut mehr.«

Der Jüngling nahm sie nun und ging mit ihr zusammen. Sie hätten zwei Jahre gehen sollen, vollendeten aber ihren Weg in drei Monaten. Als sie zur Stadt kamen, wo der König wohnte, sprach der Jüngling zum Mädchen: »Bleibe du hier, während ich zu deinem Vater gehe.« Als er vor ihren Vater trat, sagte er zu ihm: »Guten Tag!« Und der König fragte den Jüngling: »Hast du den Ring gebracht?« — »Ich habe ihn gebracht. Was sagst du dazu, wenn ich auch den zweiten und dritten Ring herbeigebracht habe?« Und der Jüngling fügte hinzu: »Was wirst du sagen, wenn ich auch deine Tochter gebracht habe?« Da antwortete der König: »Wenn du auch meine Tochter herbeigebracht hast, dann sollst du König und das Mädchen Königin werden.« Da machte sich der Jüngling auf und ging zu dem Mädchen und führte sie nach Hause. Als ihr Vater und ihre Mutter sie erblickten, begannen sie zu weinen. Der Jüngling wurde nun Mitregent. Sechs Wochen hatte er mit seiner Gemahlin zusammengelebt, da sandte er einen Brief an seinen Vater und teilte ihm mit, daß er König geworden sei. Als sein Vater den Brief las, lachte er ihn aus und schickte ihm keine Antwort. Der Jüngling sandte darauf noch vier Briefe, aber nie bekam er eine Antwort. Da sprach er zu seiner Gattin, er müsse zu seinem Vater reisen, und befahl seinen Kutschern, sie sollten vier Pferde anspannen. Dann setzte er sich in den Wagen. Vier Diener und zwei Kutscher begleiteten ihn. Er fuhr bis zwölf Uhr nachts und gelangte zu einem Gasthaus. Als sie angehalten hatten, trat er hinein und fragte, ob sie hier übernachten könnten oder nicht. Der Wirt antwortete ihm, sie könnten übernachten. Aber sie fuhren den Wagen nicht gut und fuhren ihn in den Garten. Dann legte sich der König nieder und schlief. Es befanden sich aber dort 48 Räuber, die töteten die Bedienten, Kutscher und Pferde und zerstörten die Kutsche. Und es war da ein kleines Mädchen, die lief zum König, weckte ihn und sprach zu ihm, wenn er ihr den kleinen Ring von seinem Finger gäbe, dann würde sie ihm etwas sagen. Da gab er ihr den Ring, und sie sprach: »Stehe schnell auf und eile hinweg! Denn hier sind 48 Räuber, sie haben alle deine Pferde, Kutscher und Diener umgebracht und sie kommen, um auch dich zu töten.« Als er das hörte, sprang er im Hemd zwei Treppen hoch aus dem Fenster hinab und lief weg. Die Räuber holten ihn nicht ein, und er eilte, bis er zu seinem Vater kam, und erzählte ihm, er sei nun König. Als sein Vater das hörte, sprach er zu ihm: »Du Tor, geh hinaus und weide die Schweine und iß mit ihnen; was sie fressen, iß auch du.« Seine Gemahlin aber sandte Briefe an den Vater des Jünglings: »Ist der Jüngling dort oder nicht?« Er gab ihr aber keine Antwort, und sie wartete sechs Wochen lang. Dann befahl sie ihren Kutschern, sechs Pferde anzuspannen, und ließ ein Regiment Soldaten kommen. Hierauf stieg sie in ihre Kutsche und fuhr weg, von den Soldaten begleitet. Auch sie fuhr jenen gleichen Weg, und auch sie langte um zwölf Uhr nachts bei jenem Gasthaus an, wo ihr Gemahl eingekehrt war. Auf ihre Frage, ob sie übernachten könne oder nicht, antwortete ihr der Wirt, sie könne Unterkunft haben. Hierauf rief sie ihren Soldaten zu, sie sollten ihre Zelte aufschlagen. Dann ging sie hinein und bestellte sich Essen. Nun brachte ihr gerade jenes Mädchen das Essen, dem ihr Gemahl den Ring geschenkt hatte. Aber die Königin erblickte den Ring an der Hand des Mädchens und erkannte ihn. Sogleich fragte sie das Mädchen, woher sie den Ring habe, und sprach: »Du schlechte Dirne, gibst du mir diesen Ring oder nicht?« Da nahm das Mädchen den Ring und gab ihn ihr. Als die Königin nun fragte, wie sie zu diesem Ringe gekommen sei, und hinzufügte: »Wenn du nicht die Wahrheit sagst, werde ich dieses Wirtshaus sofort in Brand stecken«, da erzählte ihr das Mädchen die Wahrheit. Nachdem sie ihr alles berichtet hatte, nahm die Königin das Mädchen mit sich hinaus und befahl ihren Soldaten, sie sollten das Gasthaus zusammenschießen, denn es seien 48 Räuber darinnen. Da begannen die Soldaten auf das Haus zu schießen und töteten alle, die darinnen waren. Am Morgen schirrten sie an und fuhren weiter. Als sie abgefahren waren, kleidete sich die Königin in die Gewänder ihres Gemahls und erschien als der König. Als sie in dem Dorfe eintrafen, wo der Vater des Jünglings wohnte, fragte sie, wo der und der Bürgermeister wohne, der neun Söhne habe. Nachdem sie zu dem Bürgermeister gekommen war, fragte sie ihn: »Bürgermeister, du hast neun Söhne? Kannst du mir deine Söhne zeigen?« Da erzählte der Bürgermeister: »Acht Söhne sind beim Militär, und einer ist verrückt und fristet sein Leben bei den Schweinen.« Darauf antwortete die Königin: »Er sei, wie er sei; bringt ihn hierher.« Der Bürgermeister aber widersprach: »O König, ich hole ihn nicht herbei, da er sehr beschränkt ist und ich mich seinetwegen schämen muß.« Die Königin jedoch gebot ihren Soldaten, sie sollten gehen und ihn herbeibringen, selbst wenn er so wäre, daß nicht einmal eine Fliege ihn berührte. Als sie ihn brachten, nahm ihn die Königin, küßte ihn und weinte über ihn. Dann legte sie die Gewänder ab und gab sie ihm. Hierauf sprach die Königin zu ihrem Gemahl: »Lieber Mann, dafür, daß dein Vater dich bei den Schweinen hat essen lassen, verbrenne ihn bei lebendigem Leib.« Der König aber entgegnete ihr: »Liebe Frau, da er so an mir gehandelt hat, mag er zu den Teufeln gehen.« Alsdann rief die Königin ihre Soldaten, und sie spannten an und fuhren nach Hause.

Wenn sie nicht gestorben sind, leben sie noch heute.

63. Der Bescheidene

Es war einmal ein Zigeuner und seine Frau. Als der Mann sich einmal vergangen hatte, verhafteten ihn die Gendarmen und sperrten ihn auf ein Jahr ins Gefängnis.

Seine Frau aber ging auf die Reise. Ihr Mann war vier Wochen bereits eingesperrt. In der vierten Woche ging die Frau nun hin, um ihrem Mann Essen zu bringen. Sie ging auf einem Weg, auf dem sonst niemand ging, denn dieser Weg war verrufen. Die Zigeunerin aber wußte es nicht. Am Wege war ein Brunnen, und im Brunnen hauste eine Schlange. Die Zigeunerin ging zum Brunnen, um Wasser zu trinken. Aber als sie sich über den Brunnen beugte, wurde sie von der Schlange erblickt. Die Schlange kam heraus, erfaßte die Frau und warf sie in den Straßengraben. Dann fraß sie das Essen alles auf, das die Frau mitgebracht hatte. Als sie damit fertig war, legte sie sich an die Brust der Frau und trank. Schließlich überkam sie der Schlaf. Die Zigeunerin aber, die sehr langes Haar hatte, begann ihre Haare abzuschneiden. Und das abgeschnittene Haar flocht sie und machte eine Schlinge. Die Schlange aber schlief. Sowie die Zigeunerin sah, daß sie ganz fest schlief, legte sie ihr die Schlinge an, zog sie fest und band sie an einen Baum. Als sie sie festgebunden hatte, schlug die Schlange so lange um sich, bis sie tot war. Dann lief die Frau nach der Stadt. Die Leute aber sahen, daß sie geradeswegs daher gelaufen kam, wo die Schlange ihren Wohnsitz hatte. Nachdem sie die Stadt erreicht hatte, erzählte sie den Leuten, sie habe eine Schlange getötet, und zwar auf jener Straße. Als die Leute das hörten, glaubten sie ihr nicht. Aber sie erklärte, wenn es nicht die Wahrheit wäre, könnten sie mit ihr tun, was sie wollten. Da ließ der Bürgermeister in der Stadt ausrufen, man solle Wagen anspannen und Flinten und Säbel mitnehmen. Dann fuhren die Leute hinaus und sahen, daß die Schlange gebunden und tot war. Sie nahmen sie nun und legten sie auf zwei Heuwagen, und doch schleppten noch ihr Leib und ihr Schwanz auf der Straße. So brachte man sie in die Stadt. Den Gatten der Zigeunerin aber ließen sie frei und fragten ihn, was er haben wolle. Da wünschte er sich eine Pfeife und ein Paket Tabak. Dreimal fragten sie ihn und dreimal wünschte er sich die Pfeife und den Tabak. Nun sprachen sie zu ihm: »Nimm die zwei Kreuzer, kaufe einen Strick und hänge dich auf, da du nicht mehr gefordert hast!« Dann brachen der Zigeuner und seine Frau auf, und sie zogen weiter.

64. Der arme Maler

Es war einmal ein Graf, der hatte eine Tochter im Alter von siebzehn Jahren. Und er erlaubte ihr nicht, ins Freie zu gehen. Aber eines Tages ging sie doch einmal hinaus ins Freie und stieg zum Flusse hinunter. Da kam das Fährboot über das Wasser gefahren, und darin befanden sich zwei Räuber, die entführten des Grafen Tochter.

Man suchte das Mädchen ein Jahr lag, aber man fand es nicht. In der Nähe des Grafen wohnte ein armer Maler. Eines Tages sagte der Maler zu dem Grafen: »Ich will durch das ganze Land ziehen und das Mädchen suchen. Welchen Weg schlug das Mädchen ein, als sie das Haus verließ?« Und der Graf zeigte ihm, in welcher Richtung das Mädchen zum Wasser gegangen war. Da machte sich der Maler auf den Weg.

Er rastete dicht an dem Platz, zu dem die Räuber das Mädchen getragen hatten. Diese schlugen und beraubten auch ihn; es waren dieselben Räuber, die das Mädchen entführt hatten. Dann schleppten sie den Jüngling tief in den Wald hinein.

Der Jüngling war ein sehr geschickter Maler. Der Anführer der Räuber sprach zu ihm: »Wenn du uns gehorchst, werden wir dich nicht schlagen. Ich habe diese einzige Tochter. Du mußt schwören, daß du sie nie liebkosen wirst. Wenn das Mädchen zu dir sagt: ›Willst du mich nicht liebkosen?‹, mußt du es uns augenblicklich berichten.« Und der Räuber ging fort, um zu stehlen.

Als der Räuber fort war, nahm das Mädchen den Jüngling bei der Hand und führte ihn ins Haus durch 24 Türen. Hinter der letzten Tür schloß sie den Jüngling ein und zog ihre Pistole heraus. Da ergriff der Jüngling die Pistole und schoß sie in den Kopf. Als ihre Mutter kam, erschoß er auch sie. Dann ging der Jüngling durch die Zimmer; aber er fand sie nicht, die er suchte. In dem letzten endlich fand er sie, fand er das Mädchen, des Grafen Tochter, die mit 17 Jahren gestohlen war. Sie war völlig unbekleidet. Als sie den Jüngling vor sich sah, fühlte sie ihr Herz schlagen. Da merkte er, daß das Mädchen des Grafen Tochter war, nach der er das ganze Land durchsucht hatte.

Und der Jüngling sagte zu ihr: »Ich bin dir durch das ganze Land, ja durch die ganze Welt gefolgt, um dich zu finden. Was sollen wir tun? Wohin sollen wir gehen?«

Und er nahm sie auf seinen Rücken und nahm Fleisch, Brot, Wein und viel Geld mit sich und ging mit ihr in den Wald.

Aber er wußte nicht, welchen Weg er gehen solle. Da kamen sie an das große Wasser. Hier konnten sie nicht weitergehen, das große Wasser lag vor ihnen. Da sagte er zu dem Mädchen: »Wir können nicht hinüber. Laß uns hier anhalten. Wir wollen auf den großen Baum klettern und uns schlafen legen, denn die Räuber werden hinter uns herkommen und würden uns finden, wenn wir unten blieben.«

Als die Räuber von ihrem Raubzug zurückkehrten, sahen sie, daß des Häuptlings Tochter und sein Weib erschlagen waren und daß des Grafen Tochter gestohlen war. Da gingen sie sofort in vielen Richtungen auseinander, um den Jüngling zu suchen, denn sie wußten, daß er es gewesen war, der des Räubers Weib und seine Tochter getötet hatte und mit des Grafen Tochter entflohen war. Die Räuber fuhren im Fährboot auf dem Wasser. Sie kamen auch an den Baum, auf dem der Jüngling und das Mädchen schliefen, und sie banden das Boot daran an. Einer der Räuber sagte: »Kamerad, sicher wird der Junge kommen und das Mädchen mit ihm. Er muß hierher kommen. Wohin sollte er sonst entfliehen? Von hier kann er nicht weiter gehen.« Der andere antwortete: »Ich will mich niederlegen und du, Kamerad, mußt wachen, und wenn ich aufstehe, kannst du schlafen.«

Der Knabe und das Mädchen beobachteten die Räuber. Und der Knabe nahm die Weinflasche und goß sie dem Räuber in den Mund, als er schlief. Sagte der Räuber zu dem anderen: »Gieße nicht Wasser in meinen Mund, laß mich schlafen, denn ich bin müde.«

Sagte der andere Räuber: »Ich habe kein Wasser in deinen Mund gegossen.« – »Du hast doch Wasser in meinen Mund gegossen!« Und die Räuber schlugen einander. Der eine wurde von seinem Gefährten erschlagen, und den andern erschoß alsdann der Knabe vom Baum aus.

Nun stiegen der Knabe und das Mädchen von dem Baum herunter und setzten sich in dasselbe Boot, in dem die Räuber das Mädchen damals entführt hatten. Und sie gingen heim zu dem Grafen, dem Vater des Mädchens. Er gab das Mädchen dem jungen Maler, und sie hielten Hochzeit. Und wenn er nicht gestorben ist, so lebt er heute noch.

65. Der schöne Hügel

Irgendwo, sehr weit weg, lebte einmal ein Steinhauer. Er war alt, und seine Frau hatte ihm keine Kinder geboren. Da bekam sie einen Sohn, und alle Welt war erstaunt, denn der Mann und die Frau waren schon zu alt, um noch ein Kind zu bekommen.

Als der Vater starb, trat sein Sohn an seine Stelle. Eines Tages kam ein alter Mann. Als der Jüngling ihn erblickte, fragte ihn der Alte: »Willst du mit mir kommen, damit wir uns einen Lebensunterhalt suchen?« – »Ja«, sagte Hans. »Befiehl mir, mich in ein altes Pferd zu verwandeln«, sprach der Alte. Das tat Hans, und das Pferd sagte: »Steig nun auf meinen Rücken, wir wollen fort.«

Sie brachen auf; und das alte Pferd und Hans zogen auf der Landstraße dahin. Das alte Pferd sagte zu Hans: »Wenn du auf der Landstraße etwas sehen oder hören solltest, so sieh nach, was es ist; und wenn es etwas zu tun gibt, so tue es.«

Schau, nun sind wir mit den beiden auf der Landstraße

und gelangen an den Hügel. Da sagt Hans: »Ich höre etwas.« — »Geh und sieh, was es ist!« Hans stieg vom Pferde herunter, um zu sehen, was es war. Da sah er einen kleinen Fisch, der lag auf dem Trocknen. Hans hob ihn auf und setzte ihn ins Wasser. Und siehe da! Der Fisch kam an die Oberfläche und sprach zu ihm: »Wenn ich etwas für dich tun kann, so rufe nach mir, dem König der Fische, und ich will es tun.«

Sie gingen weiter über den Hügel. »Berühre nichts, was du siehst«, sagte das Pferd, und da waren gerade die besten Dinge, auf die ihr Auge fiel. Doch siehe! Der Wind blies eine Feder in des Jünglings Mund. Zwei- oder dreimal spie er sie aus. Aber die Feder kam immer wieder zurück. Da fing er sie mit der Hand; und da es eine hübsche Feder war, steckte er sie in die Tasche.

Nun gelangten sie zu einem alten Schloß, aus dem kam lautes Rufen. »Geh hinauf und sieh, was da los ist«, sagte das alte Pferd, und der Jüngling ging zu dem Schloß und klopfte an das Tor. Aber niemand kam. Da öffnete er selbst das Tor und trat ein, um zu sehen, was da vor sich gehe. Auf einem Bett sah er einen Riesen liegen, der konnte sich nicht helfen, denn er war krank. Da war keine Magd, die ihm etwas zu essen gebracht hätte. »Was ist mit dir, du Alter?« fragte der Knabe. »Ich habe keinen Diener. Geh, hole du mir ein wenig Essen, und bringe mir einen Becher Bier.« Der Riese aß sich nun satt und sagte dem Knaben, er solle ihn rufen, wenn er etwas für ihn tun könne.

Nun reisten die beiden weiter. Unterwegs fragte das alte Pferd: »Was hast du auf dem Hügel gesehen?« — »Ich sah nur eine kleine Feder, die der Wind mir in den Mund blies.« — »Hast du die Feder genommen?« — »Ja, sie ist in meiner Tasche.« — »Diese Feder wird uns Ungemach bringen; doch behalte sie, laß sie nicht fortfliegen«, sagte das Pferd.

Und siehe da! Der Jüngling ging nun zu einem großen Schlosse, um Arbeit zu suchen. Der Herr kam heraus, um zu sehen, ob er auch tüchtig sei. Und er war mit ihm zufrieden.

Dann suchte Hans eine Schlafstätte. Der Herr schlug ihm vor, im Hause zu schlafen. »Nein«, meinte aber Hans, »ich will lieber zu meinem alten Rößlein in den Stall gehen.«

Alle verwunderten sich über seine Tüchtigkeit, die von jener Feder verursacht wurde. Eines Tages sagte ein Diener zu dem Herrn: »Rufe ihn hierher, Herr, damit ich ihm seine Feder fortnehmen kann.« Das tat der Herr, und als Hans kam, nahm ihm der Diener die Feder weg und legte eine andere auf den Tisch.

»Herr, ich habe sie«, sagte der Diener, »aber der Mann, der die Feder brachte, kann auch den Vogel bringen.« Hans sagte zu dem alten Pferde: »Der Herr braucht den Vogel.« – »Geh, Hans, und bitte ihn, dir drei Tage Zeit und drei Börsen voll Gold zu geben«, sprach das Pferd. Alsdann gingen sie, den Vogel zu holen. »Hans, gehe zu dem Schloß«, sagte das Pferd, »und tritt ein. Du wirst die Leute beim Essen am Tisch sitzen sehen, berühre nichts. In einem Käfig in der Ecke wirst du einen jämmerlich aussehenden Vogel erblicken. Geh und nimm ihn, ohne zu zögern!«

Und siehe! Hans kam mit dem Vogel zu dem alten Pferd heraus, und die beiden gingen zurück und brachten dem Herrn den Vogel. Als der Herr und der Diener den Vogel erblickten, sagte der Diener zu dem Herrn: »Der Vogel ist hübsch; die Dame ist aber noch hübscher. Der Mann, der den Vogel brachte, kann auch die Dame bringen.« Und sieh! Hans ging zu dem alten Pferd hinaus. Er erzählte dem Pferde, daß der Herr die Dame wünsche. »Ich warnte dich wegen der Feder, Hans. Geh und erbitte von ihm drei Tage Zeit und drei Börsen voll Gold.« Nun ging Hans zurück, um den Herrn darum zu bitten, und erhielt das Geld und die drei Tage Zeit.

Nun brachen sie auf. Auf der Landstraße sprachen sie miteinander. Das Pferd sagte zu Hans: »Hans, wünsche, daß ich mich in ein Schiff auf hoher See verwandle!« Sobald das Wort gesprochen war, war das Schiff auf der See. Und siehe, er ging an Bord. In dem Schiffe war schöne Seide. Nun segelten sie nach dem Schloß. »Hans, gehe hinauf zu dem Schloß und verlange die Dame zu sprechen. Du wirst jemand zu dir herauskommen sehen, aber das ist nicht die Dame. Verlange die Dame selbst zu sehen.« Und Hans ging zu dem Schlosse. Er klopfte an die Tür. Und siehe, eine Dame kam heraus. Aber sie war nicht die richtige Dame, sie war nur die Dienerin. Da sagte er zu ihr: »Ich wünsche die Dame selbst zu sprechen«, und die Dienerin ging hinein, um nach der Dame zu fragen. Und wirklich! Die Dame kam heraus. Hans erzählte ihr, daß ein Schiff auf der See unterhalb des Schlosses angelegt habe; und nun kam sie herunter, um sich die Seide anzusehen. Als sie in dem Schiff war, ließ Hans sie unten bei der Seide allein und ging an Deck. Er lichtete den Anker, und das Schiff fuhr auf und davon.

Bald waren sie weit fort auf hoher See, und die Dame war glücklich gefangen. Als sie an Deck kam und sah, was geschehen war, fühlte sie in ihrer Tasche nach, zog ihre Schlüssel heraus und warf sie ins Meer. Das Wasser ging in hohen Wellen, und es kam ein starker Wind. Und schau, sie gelangten zum Schlosse seines Dienstherrn zurück.

Hans brachte die Dame dem Herrn, und sie gingen hinein. Der Herr und der Diener wechselten ein paar Worte. Der Diener sagte schließlich: »Der Mann, der die Dame bringen kann, kann auch das Schloß bringen.« Da ging Hans hinaus zu dem alten Pferde und erzählte es ihm. »Ja, Hans, ich warnte dich vor der Feder; sie würde uns Kummer bereiten. Geh hinein, Hans, und erbitte von dem Herrn drei Tage Frist und drei Säcke voll Gold.« Und Hans ging zurück und erhielt, um was er bat.

Die beiden zogen wieder von dannen. Das alte Pferd fragte Hans: »Was sagte denn damals der Riese zu dir?« – »Er sagte, er würde etwas für mich tun.« – »Geh hinauf und trage ihm deinen Wunsch vor«, sprach das Pferd.

Nun ging Hans zu dem Schlosse des Riesen und erzählte

dort sein Anliegen. Der Riese lachte ihn aus und sandte ihn fort, die Kette zu holen; aber Hans konnte nicht ein Kettenglied heben. Der Riese lachte wieder über ihn und kam selbst heraus, nahm die Kette und warf sie über seine Schulter. Nun gingen die beiden zu dem Schlosse der Dame hinunter. Da legte der Riese die Kette um das Schloß, nahm es auf seinen Rücken und trug es zur Dame hinunter.

Rund um das Schloß der Dame aber war eine große Mauer, deren Tür verschlossen war. Darum sagte die Dame zu Hans: »Ich brauche meine Schlüssel. Ich kann die Tür sonst nicht öffnen.« Da ging Hans hinaus und erzählte es dem alten Pferd. »Hans, ich warnte dich vor der Feder«, sprach es, »doch gehe hin und bitte um dieses und jenes.« Da ging er zurück und erhielt, was er für die Reise erbat.

Die beiden reisten wieder auf der Landstraße. »Hans, was sagte denn der kleine Fisch zu dir?« – »Er sagte: ›Ich kann alles tun, wenn es für dich geschieht; solltest du meiner bedürfen, so mußt du nach dem Herrn der Fische fragen.‹« Da wanderten Hans und das alte Pferd zu dem Platz, wo er den Fisch gefunden hatte; und er rief nach ihm. Und siehe da! Der Fisch kam zu ihm. Und Hans fragte ihn wegen der Schlüssel. »Ich will nachsehen, Hans.« Damit verschwand er und blieb lange Zeit fort. Doch als er zurückkam, hatte er die Schlüssel und gab sie Hans. Dann schwamm der Fisch wieder fort, und das alte Pferd und Hans gingen nach Hause.

Als Hans der Dame die Schlüssel gab, sagte sie zu ihm: »Was willst du, Hans, daß dein Kopf oder deines Herrn Kopf abgeschlagen wird?« Hans überlegte, was er sagen solle. Dann sprach er: »Töte nicht ihn, töte lieber mich!« Da antwortete die Dame: »Du hast wohl gesprochen, Hans, du hast wohl gesprochen. Hättest du nicht so gesprochen, so würdest du erschlagen worden sein, nun aber wird der Herr erschlagen.«

So geschah es. Und Hans und die Dame heirateten sich und leben noch heute.

66. Der grüne Mann

In einer Mühle hauste ein junger Mann mit seiner Magd. Dieser Mann war ein großer Kartenspieler. Niemand konnte ihn besiegen, er war allen überlegen.

Da kam ein Herr und trat zu ihm ins Zimmer. Die beiden hatten ein Wort zusammen zu reden. »Willst du spielen?« fragte der Herr den jungen Mann, denn die Karten lagen auf dem Tisch. »Ja«, antwortete der junge Mann.

Und die beiden spielten. Als der Müller den Herrn besiegt hatte, fragte ihn dieser: »Was willst du haben?« – »Ich möchte gerne ein Schloß haben«, antwortete Hans. Kaum hatte er das Wort gesprochen, so hatte er das Schloß.

Der Herr sagte nun zu Hans: »Willst du noch einmal spielen?« – »Ja«, antwortete Hans. Und die beiden spielten, und diesmal gewann der Herr, und er sagte zu Hans: »Du mußt jetzt mein Schloß suchen. Mein Name ist der grüne Mann, der in Niemandsland wohnt. Und wenn du mein Schloß nicht in einem Jahr und einem Tag findest, werde ich dir den Kopf abschlagen.«

Die Zeit verging. Man sah Hans zu Pferde auf der Suche nach diesem Mann. Er ritt sehr weit; es war kalt, und es lag tiefer Schnee. Die Nacht brach über ihn herein, und er ward hungrig. Da sah er ein kleines Haus neben der Landstraße; er sprang vom Pferde, ging an die Tür und klopfte an.

Schau, eine kleine, alte Frau kam zu ihm heraus. Hans bat sie um ein Nachtlager. »Ja«, sagte die alte Frau, »komm nur herein!« Er setzte sich ans Feuer und plauderte mit der Alten, während sie das Abendbrot für ihn zubereitete. Hans fragte die alte Frau, ob sie etwas von einem Manne wüßte, dessen Name der grüne Mann sei, der in Niemandsland wohne. »Nein«, erwiderte die alte Frau, »ich habe niemals seinen Namen gehört. Aber ich werde dich morgen wissen lassen, ob ein Viertel der ganzen Welt ihn wohl kennt.«

Am Morgen frühstückten sie. Dann ging die alte Frau hinaus und rief den Jüngling. Draußen an der Tür stand eine Leiter. Die alte Frau stieg hinauf, kletterte auf das Haus und blies das Horn. Siehe, da kamen viele Leute. Da fragte die Alte sie, ob sie etwas über jenen Mann wüßten oder gehört hätten, und nannte ihnen den Namen. »Sein Name ist ›der grüne Mann‹ usw.« – Nein, sagten sie, sie hätten diesen Namen noch nie gehört, und gingen wieder fort.

Die alte Frau blies wieder ins Horn. Da kamen die Vögel zu ihr. Sie fragte die Vögel, ob sie etwas von einem Manne wüßten oder gehört hätten, der den Namen ›der grüne Mann‹ usw. trage. Als sie ihre Köpfe schüttelten, rief sie: »Packt euch!« Da flogen die Vögel wieder davon.

Die alte Frau sprach nun zu Hans: »Ich habe noch eine Schwester. Gehe zu ihr; sie wird das Weitere mit dir besprechen, denn sie weiß mehr, als ich weiß. Nimm mein Pferd und lasse dein Pferd hier.« Sie gab ihm ein Knäuel Garn und befahl ihm, das Knäuel über die Ohren des Pferdes zu werfen. Hans tat es und saß auf.

Er kam zu ihrem Hause, das genau so aussah, wie die alte Frau es ihm beschrieben hatte. Die Alte rief Hans ins Haus hinein und sagte: »Ich habe das Haus meiner Schwester lange Zeit nicht gesehen.«

Nachdem dann Hans das Pferd in den Stall gebracht hatte, rief die Alte ihn ins Haus zum Abendessen. Die beiden setzten sich an den Tisch und aßen. Als sie fertig waren, plauderten sie, und Hans nannte der alten Frau den Namen des grünen Mannes und fragte sie, ob sie schon von dem Manne gehört hätte. »Nein«, antwortete sie, »solch einen Namen habe ich noch nie gehört. Du sollst aber morgen früh etwas über ihn erfahren.« Dann gingen sie schlafen. Am andern Morgen zogen sie sich an, kamen herunter und aßen ihr Frühstück. Als sie damit fertig waren, ging die Alte hinaus, rief Hans, stieg auf die Leiter und blies das Horn.

Siehe da! Die halbe Welt kam angelaufen. Alle kamen zu ihr, und die Frau fragte sie, ob sie etwas über den Mann wüßten, und sie nannte seinen Namen – der grüne Mann usw. – Aber nein, sie hatten den Namen noch nie gehört. »Dann packt euch!« rief die Alte.

Die alte Frau blies wieder ins Horn. Siehe da! Die Hälfte aller Vögel der Welt kamen zu der alten Frau, und sie fragte sie, ob sie von solch einem Manne wüßten oder gehört hätten. »Sein Name ist ›der grüne Mann‹ usw.« Nein, sie hatten den Namen noch nie gehört. »Dann packt euch«, rief sie den Vögeln zu.

»Komme herein, Hans, ich habe noch eine Schwester, wenn sie es nicht weiß, gibt es niemanden, der es weiß. Besteige mein Pferd, Hans, und laß das Pferd meiner Schwester hier. Nimm ein Knäuel Garn und wirf es dem Pferde über die Ohren.«

Das tat er. Nun kam er zu dem Hause der ältesten Schwester. Sie stand vor der Türe, als Hans kam, und blickte ihn an. »Das ist das Pferd meiner Schwester«, sagte sie, »ich habe es lange Zeit nicht gesehen. Bringe das Pferd in den Stall und gib ihm Futter!« Und Hans tat es.

Die alte Frau rief ihn darauf in das Haus zum Abendessen. Die beiden setzten sich an den Tisch und aßen sich satt, und Hans sprach mit der alten Frau und fragte sie, ob sie den Namen von dem Manne wisse. »Nein«, sagte die alte Frau, »ich habe ihn noch nie gehört. Aber du sollst morgen von ihm erfahren.« Dann gingen sie zu Bett.

Am andern Morgen stand die alte Frau auf, machte Feuer an, stellte den Kessel auf und rief Hans herunter. Er kam, setzte sich an den Tisch, und sie frühstückten. Als sie fertig waren, setzten sie sich ans Feuer; Hans rauchte seine Pfeife und unterhielt sich mit der alten Frau. Dann stand diese auf und ging hinaus, rief Hans und stieg die Leiter hinauf und blies in das Horn.

Und siehe da! Alle Bewohner der Welt kamen zu ihr. Die alte Frau fragte sie, ob sie etwas über den Mann wüßten, und nannte seinen Namen – der grüne Mann usw. – Nein, sie hatten den Namen niemals gehört. »Packt euch!« rief die alte Frau. Da gingen sie fort.

»Warte ein Weilchen, Hans, ich werde alle Vögel auf der ganzen Welt zusammenrufen«, sagte die Alte und blies wieder in das Horn.

Siehe da! Alle Vögel kamen zu ihr. Sie fragte sie, ob sie von dem Manne wüßten.

»Ich werde euch seinen Namen nennen, er heißt der grüne Mann.« Doch alle Vögel sagten: »Nein!« Sie hatten seinen Namen noch nie gehört.

Die alte Frau kam nun herunter und öffnete ihr Buch, um nachzusehen, ob alle Vögel dagewesen wären. Da fand sie, daß ein Vogel gefehlt hatte. Nun stieg die Alte wieder auf das Haus und blies wieder das Horn. Und siehe! Jetzt kam auch der ausgebliebene Vogel. Es war der Adler. Da sagte sie zu ihm: »Hund, wo warst du so lange?« – »Ich war bei einem Manne, ich komme gerade von dem Lande des grünen Mannes.« Und der Adler erzählte, wo es war. »Pack dich!« rief die Alte. »Mehr wollte ich nicht wissen.«

»Komm herein, Hans, ich will dir etwas sagen. Laß das Pferd meiner Schwester hier und reite mein Pferd, und nimm ein Knäuel Garn und wirf es dem Pferde über die Ohren!«

Hans bestieg das Pferd. Und die alte Frau sprach zu Hans: »Berühre nichts auf dem Wege! Laß das Pferd ruhig gehen. Du wirst an einen großen See kommen und auf dem See drei weiße Vögel sehen; steige dann ab und verbirg dich am Ufer. Du wirst sehen, wie diese drei weißen Vögel sich dir nähern, ihr Federkleid abschütteln und ein Bad nehmen. Zwei werden zusammen in den See steigen und baden; der letzte wird etwas verweilen, aber dann ebenfalls seine Federn abschütteln. Dann werden alle drei miteinander baden. Paß nun auf, Hans, geh hin, nimm die Federn des dritten und behalte sie. Er wird zu dir kommen und seine Federn zurückverlangen. Gib sie ihm aber nicht, sondern befiehl ihm, dich über den See nach seines Vaters Schloß zu tragen.«

Hans tat, wie ihm geheißen war. Er ritt fort und fand den See, von dem die alte Frau gesprochen hatte; und als der letzte Vogel ins Wasser gegangen war, nahm ihm Hans die Federn weg.

»Trage mich über den See zu deines Vaters Schloß!« befahl er ihm dann. Der Vogel erwiderte: »Ich habe keinen Vater.« – »Doch«, sagte Hans. »Nein«, versetzte er wieder.

Und der Vogel weinte und verlangte seine Federn von ihm zurück.

»Trage mich über den See, dann sollst du deine Federn haben«, sagte Hans. »Klettere auf meinen Rücken, aber erzähle meinem Vater nicht, daß ich dich über den See getragen habe, wenn du zum Schlosse hinaufsteigst.«

Und der Vogel trug ihn hinüber, und als er drüben war, verwandelte er sich in eine Jungfrau.

Hans stieg nun zum Schloß hinauf. Er kam an ein Tor und klopfte an. Schau! Da kam der Herr heraus und fragte: »Hast du das Haus gefunden, Hans? Es ist wohl eine meiner Töchter bei dir gewesen?« – »Kein Gedanke«, sagte Hans, »ich habe keine von ihnen gesehen!« – »So komm herein«, sprach der Herr und gab ihm zu essen. Dann befahl er ihm, den Stall reinzumachen, und sagte: »Wenn du es nicht tust, soll dir der Kopf abgeschlagen werden.« Hans zog seinen Rock aus, um ans Werk zu gehen. Aber statt eines Spatens voll Unrat, den er hinauswarf, kamen drei neue wieder herein. Er ermüdete endlich und legte die Arbeit nieder und setzte sich.

Plötzlich kam die jüngste Tochter und brachte ihm zu essen. »Komm, Hans, und iß!« sagte sie. Hans stand auf und aß, und als er gegessen hatte, war der Stall gereinigt, und aller Unrat war hinausgeworfen. Die Jungfrau aber sagte: »Hans, erzähle meinem Vater nicht, daß ich bei dir gewesen bin.«

Als der alte Herr herauskam und in den Stall sah, sagte er: »Ich weiß, Hans, daß meine Tochter bei dir war.« – »Ich habe deine Tochter nicht gesehen. Ich weiß von nichts. Ich kenne ja deine Tochter gar nicht«, beteuerte Hans. Da ging der Herr fort.

Doch als Hans aus dem Stall kam, stand plötzlich auch der Herr draußen und rief ihm zu: »Ich habe Bäume, die du bis mittag gefällt haben mußt.« Und er ging mit ihm, um ihm die Bäume zu bezeichnen, und es waren recht große Bäume. »Da sind sie, Hans, siehst du sie?« – »Ja«, antwortete Hans.

Hans zog seinen Rock aus, fällte aber nur drei Bäume. »Wenn ich zu Hause wäre, würde ich dort sterben, nun muß ich hier sterben«, klagte er dann und setzte sich nieder und weinte. Da kam die Jungfrau mit dem Mittagessen zu ihm und sagte: »Komm, Hans, und iß dein Mittagbrot.« Und Hans aß.

»Schau her!« sagte sie nun. Da sah er, daß alle Bäume gefällt waren. »Hans, erzähle meinem Vater nicht, daß ich bei dir war. Mein Vater wird dich danach fragen, du aber sage ›nein‹.« Und damit verließ ihn die Jungfrau.

Nun kam der alte Herr und sagte: »Hans, ich weiß, daß eine meiner Töchter bei dir war.« – »Du lügst! Ich weiß nichts von deinen Töchtern, nichts!« sagte Hans, und die beiden kehrten zum Schlosse zurück. »Ich brauche eine Scheune, die dort gebaut werden soll«, sprach der Herr. »Und Hans soll diese Scheune bauen, und er soll von jedem Vogel eine Feder nehmen, um das Dach herzustellen.« Hans baute also die Scheune auf, aber das ganze Dach fehlte noch. Er fing einen kleinen roten Vogel und nahm eine seiner Federn und ließ den kleinen roten Vogel wieder fliegen. Doch dann setzte er sich nieder und wußte nicht, was er weiter tun sollte.

Da saß er nun, als die Jungfrau mit dem Tee kam. »Steh auf, Hans, und trinke Tee«, sagte sie, und Hans sprang auf und trank und verzehrte alles. »Deine Aufgabe ist nun gelöst. Doch sage meinem Vater, Hans, daß du dich weder um ihn, ncch um seine Töchter kümmerst.«

Und weiter sprach die Jungfrau zu Hans: »In dem See ist ein Berg, er ist eine Meile vom Ufer entfernt. Ein Vogel wird dorthin kommen und ein Ei legen. Morgen wird mein Vater dir das sagen, Hans. Und du sage, daß du es holen willst. Gehe mutig zum Wasser. Ich werde dort sein.«

Der Morgen kam. Der alte Herr trug Hans auf, was er zu tun habe. »Puh!« sagte Hans, »das ist unangenehm!« Er ging aber dennoch an das Wasser und setzte sich nieder. Plötzlich kam die Jungfrau mit dem Frühstück. »Hier hast du dein Frühstück, Hans.« Als er alles aufgegessen hatte, sprach sie: »Ziehe deinen Stiefel aus, Hans, und wünsche, daß der Stiefel in ein Schiff verwandelt werde.« So geschah es.

Und die beiden schifften sich ein und kamen zu dem Berge. Aber Hans konnte nicht hinaufklettern. »Wünsche, daß meine Finger sich in eine Leiter verwandeln, damit du hinaufklettern kannst!« Kaum sprach Hans diesen Wunsch aus, da war die Leiter zum Hinaufsteigen da. Und die Jungfrau sagte zu ihm: »Wenn du die Sprossen hinaufsteigst, nimm eine nach der andern, laß ja keine aus!« Doch er übersah eine, da brach ein Finger der Jungfrau. Nun nahmen sie das Ei. Und die beiden kehrten zurück. »Sage meinem Vater, Hans, wenn du zu dem Schlosse zurückkommst, und er dich fragt, ob ich bei dir war, ›nein, ich weiß nichts von dir noch von deinen Töchtern‹.«

Der alte Herr sagte: »Eine von meinen Töchtern war mit dir.« – »Nein«, antwortete Hans, »ich habe sie nicht gesehen.« – »Ich habe für dich noch eine kleine Morgenarbeit«, meinte nun der Herr. »Mir ist es recht; was ist es?« fragte Hans.

Als Hans draußen war, sah ihn die Jungfrau und sprach zu ihm: »Hans, ich habe zwei Schwestern. Morgen will mein Vater uns in drei weiße Vögel verwandeln. Wir drei Schwestern werden dreimal über das Haus fliegen. Und mein Vater wird bei dir sein und wird dir befehlen, dreimal dieselbe zu wählen. Wenn wir das Haus überfliegen, Hans, so wähle die erste und wenn wir zurückfliegen, wähle die mittlere, und wenn wir wieder zurückkehren, so wähle die dritte.«

Der Morgen brach an. Der alte Herr und seine Frau standen mit Hans zusammen vor der Tür. Siehe! Da flogen drei Vögel über das Haus. »Ich will den ersten haben«, rief Hans. Halloh! sie kamen zurück. »Ich will den mittelsten haben!« Halloh! sie kamen wieder zurück. »Welcher soll es jetzt sein?« Hans sagte zu dem Herrn: »Ich will den letzten haben.« – »Ja, Hans, du sollst sie erhalten, sie soll dein Weib sein.«

Da heirateten sie sich. Und nachdem der alte Herr und seine Frau gestorben waren, lebte Hans mit seinem Weibe in dem Schlosse. Nun ist die Geschichte aus.

67. Der alte Schmied

Ein alter Schmied, der nichts weiter verstand als Pflugscharen zu machen, lebte mit seinem Weibe und seiner Schwiegermutter auf dem Hügel. Seine Schwiegermutter nun besaß eine alte Stute.

Eines Tages kam ein junger Bursche dahergeritten und sagte: »Ich bitte dich, mein Pferd zu beschlagen.« – »Das kann ich nicht«, erwiderte der alte Schmied. »So gib mir das Werkzeug, ich werde es tun«, sagte der Reiter.

Der Bursche ging an die Arbeit und machte ein großes Feuer. Dann kam er heraus und schlug dem Pferde die vier Beine ab, wischte das Blut ab und legte die vier Beine auf das Feuer. Nachdem er lange Zeit in das Feuer geblasen hatte, nahm er die vier Beine wieder heraus, legte sie auf den Amboß und schlug sie eine geraume Weile mit dem Hammer. Dann warf er sie nieder, hob sie wieder auf und ging hinaus und stellte sie nunmehr unter den Pferderumpf.

Der alte Schmied beobachtete ihn dabei. Der Bursche fragte, was er zu zahlen habe, und gab ihm ein Goldstück.

Einige Tage später erinnerte sich der Schmied der alten Stute seiner Schwiegermutter. Er wollte sie beschlagen. Er ging also in den Stall, um sie zu holen, und zog sie durch die Tür. Dann schlug er ihr die vier Beine ab und ließ sie verbluten, denn er wußte nicht, wie er das Blut stillen sollte. Darauf ging er in die Schmiede, machte ein großes Feuer an, legte die vier Beine hinein und blies und blies. Als er aber nach einer Weile nach ihnen sah, war nichts mehr da. Er hatte sie ganz und gar zu Asche verbrennen lassen. Da ging er hinaus, nahm die tote Mähre und warf sie über die Hecke.

Die Schwiegermutter und ihre Tochter lagen in ewigem Streit miteinander. Der alte Schmied wußte nicht, was er mit ihnen noch anfangen sollte. Da kam nach einigen Tagen der Bursche mit zwei alten Frauen angeritten. »Willst du diese beiden Frauen jung machen?« fragte er, und der Schmied antwortete: »Nein, das kann ich nicht.« – »Willst du mir das Werkzeug geben? Ich werde es selbst tun.« – »Ja, nimm es.«

Der Bursche stieg vom Pferde; er warf die beiden alten Frauen nieder und band sie. Dann machte er ein großes Feuer an, legte die Beiden hinein und blies tüchtig ins Feuer. Darauf nahm er sie wieder heraus, legte sie auf den Amboß, hämmerte sie tüchtig und legte sie zur Erde. Da wurden sie zu zwei jungen, schönen Damen. Der alte Schmied hatte den jungen Burschen wieder bei seiner Arbeit beobachtet. Als dieser fertig war, gab er dem Alten ein Goldstück.

Einige Tage danach kam dem Schmied sein Weib und seine Schwiegermutter in den Sinn. Er nahm also die Beiden, band sie und legte sie auf das Feuer und blies immerzu hinein. Dann sah er nach ihnen, aber nichts war mehr da. Sie waren ganz und gar verbrannt. Da warf er den Hammer hin und ging hinaus. »Was habe ich getan! Ich habe meine alte Mähre und mein Weib und meine Schwiegermutter getötet.« Er kratzte sich den Kopf und wußte nicht, was er tun sollte. Schließlich machte er sich auf und verließ seine Heimstätte. Es lag tiefer Schnee und es war kalt, und er hatte nicht einmal einen Hut auf dem Kopfe.

Der junge Bursche aber folgte ihm und fragte ihn: »Soll

ich mit dir kommen?« – »Nein«, antwortete der Schmied, du kannst mir auch nichts nützen.« – »Laß mich doch bei dir bleiben«, bat der Junge. Da behielt ihn der Schmied. Der Bursche aber war barfuß. Auf dem Wege kam er ins Gespräch mit dem Schmied. »Hier ist ein großes Schloß. Darin wohnt ein mächtiger Herr. Er liegt krank zu Bett. Laß uns zu ihm gehen«, sagte er. »Ich kann nichts für ihn tun«, erwiderte der Schmied. »Rede nicht. Mache keine Einwände und laß uns nur hingehen. Ich werde alles tun; sage den Leuten dort nur, daß ich dein Diener sei.«

Sie gingen also hin zu dem Schlosse und klopften an das Tor. Der Hausmeister kam heraus. »Wir kommen hierher, um den Herrn zu heilen.« – »Kommt herein«, sprach der Hausmeister und führte sie hinein und ließ sie bei dem Feuer niedersitzen. Er fragte sie, was sie zu essen und zu trinken wünschten, und sie bekamen vollauf zu essen und zu trinken. Der alte Schmied vergaß darüber ganz ihr Vorhaben, doch der kleine Bursche sagte zu ihm: »Wenn nun der Hausmeister wieder hereinkommt, sage ihm, du wünschest zu dem Herrn zu gehen.«

Da gingen sie zu dem Herrn hinauf. Der kleine Bursche bat um ein Messer, einen Kessel mit Wasser und einen Löffel. Dann schnitt er dem Herrn den Kopf ab und spie auf seine Hand, um das Blut zu stillen. Hierauf legte er den Kopf in den Kessel und stellte ihn zum Kochen aufs Feuer. Er kochte eine lange Zeit. Dann rührte er mit dem goldenen Löffel darin herum. Hierauf nahm er den Kopf aus dem Kessel heraus und setzte ihn wieder auf den Hals des Herrn. Und wirklich, der Herr wurde gesund und stand auf.

Der Herr gab ihnen dafür einen Sack voll Gold, und sie zogen auf der Landstraße weiter. »Ich möchte nur neue Schuhe«, bat der kleine Bursche. »Nein, ich habe selbst keine. Es ist wenig genug für mich«, wies der Schmied ihn ab. Da ging der Bursche davon und verließ den Alten.

Der alte Schmied ging allein weiter. Ihm begegneten zwei

Männer zu Pferde, die nahmen ihm das ganze Geld fort. Der Schmied ging nun immer weiter die Landstraße entlang. Unterwegs hörte er von einem großen Schloß, dessen Besitzer krank wäre, und dahin begab er sich.

Er klopft an das Tor. Der Hausmeister rief ihn herein und gab ihm reichlich zu essen. Nachdem der alte Schmied mit Essen fertig war, ging er zum Herrn hinauf.

Er verlangte einen Topf und Wasser und einen Löffel, schnitt dann dem Kranken den Kopf ab und ließ ihn verbluten, denn er verstand es nicht, das Blut zu stillen. Dann stellte er den Kopf in dem Topf aufs Feuer, um ihn kochen zu lassen. Er kochte lange Zeit. Schließlich nahm er den Löffel und rührte um. Aber er konnte nichts daran ändern, daß der Kopf in Stücke fiel; und auch der Körper des Schloßherrn war unterdessen völlig verblutet.

Jemand kam und klopfte an die Tür. Der Schmied erschrak. »Niemand darf hereinkommen«, sagte er. »Willst du den kleinen barfüßigen Burschen hereinlassen?« Da horchte der alte Schmied auf, öffnete die Tür, und der kleine Bursche trat ein. Als er drinnen war, ging er zuerst zu dem Herrn und stillte das Blut. Dann ging er zu dem Topf, nahm den goldenen Löffel und rührte den Kopf um. Es dauerte lange Zeit, ehe er den Kopf wieder zusammengefügt hatte, denn er war ganz in Stücke zerkocht.

Als er endlich heil war, nahm er ihn heraus und setzte ihn auf den Hals des Herrn, und der Herr stand auf und war gesund. Der Schmied und der kleine Bursche erhielten zwei Säcke voll Gold und machten sich wieder auf den Weg.

Unterwegs bat der Knabe: »Ich brauche Schuhe.« – »Ja«, antwortete der Schmied, »alles gehört dir.« Der Bursche sagte: »Ich brauche das Geld nicht, ich brauche nur Schuhe.« Da erhielt der Bursche die Schuhe.

Die beiden gingen weiter die Landstraße entlang. Der kleine Bursche sagte: »In der Nähe lebt ein anderer großer Herr. Bei diesem Herrn haust ein Zauberer, den niemand erschlagen kann. Laß uns dorthin gehen. Wir können drei Säcke voll Gold bekommen, wenn wir ihn umbringen.«

Da gingen sie zu jenem Hause, um mit dem Herrn zu sprechen. Nachdem sie gegessen hatten, gingen sie in das alte Haus des Zauberers. Darin standen zwei mächtige Blasebälge. Der Zauberer des Herrn blies die halbe See in Aufruhr. »Nun bist du an der Reihe, kleiner Bursche«, sagte der Schmied. Der Bursche fing an zu blasen und blies einen großen Fisch herauf, der trank das ganze Wasser.

Der andere fing wieder an zu blasen. Er blies Korn herbei, als ob es regnete. Der kleine Bursche aber blies Vögel heran, die fraßen das ganze Korn auf. Nun blies der Zauberer des Herrn viele Hasen herbei. Aber der kleine Bursche blies drei Windhunde herbei, die die Hasen erwürgten. Dann erschlug er den Zauberer, und sie erhielten dafür drei Säcke voll Gold.

Der alte Schmied wußte nicht, was er mit dem Geld anfangen sollte. Da kam ihm der Gedanke, eine neue Schmiede zu bauen. Er baute also mehrere neue Häuser, eine Werkstatt und drei Gasthäuser.

Einmal, als er ein wenig arbeitete, kam eine alte Frau nachts an die Türe und bat um Unterkunft. »Ja«, antwortete der alte Schmied, »ich habe für eine Nacht ein Bett für dich. Ich habe aber keine Dienerin. Gehe in das Haus, setze den Kessel aufs Feuer, und mache dir selbst Tee.« Die alte Frau aß und ging zu Bett. Am Morgen stand sie auf und frühstückte mit dem Schmied zusammen. »Ich will dir drei Dinge geben. Was wünschest du dir?« fragte die alte Frau. Der Schmied sagte: »Ich wünsche, daß der Mann, der meinen Hammer in die Hand nimmt, ihn nicht loslassen kann, bis ich es sage.« Der Wunsch wurde ihm erfüllt. »Was wünschest du dir sonst noch?« fragte die alte Frau. »Siehst du jenen alten Stuhl in der Ecke?« – »Ja«, sagte die alte Frau. »Ich wünsche, daß derjenige, der darauf sitzt, nicht eher aufstehen kann, als bis ich zu ihm komme.« – »Ja, dir soll der Wunsch erfüllt werden.« – »Drittens wünsche ich, daß das, was in meiner Tasche steckt, nicht eher herauskommen kann, als bis ich es zulasse.« – »Ja«, antwortete die alte Frau, dann dankte sie ihm und ging fort.

Ein paar Tage danach kam ein Mann in die Schmiede. Er fragte, wie es dem Meister ginge. »Sehr gut«, antwortete der Schmied, »wie geht es dir?« Sie unterhielten sich eine lange Weile, bis endlich der Mann den Schmied fragte, ob er sich ihm verkaufen wolle. Der Schmied überlegte ein wenig. »Ja«, erwiderte er, »wieviel Geld willst du mir geben?« – »Ich werde dir einen Sack voll Gold geben.« – »Gib es mir«, antwortete der Schmied, »nach fünf Jahren magst du dann zu mir kommen.« – »Ja, ich werde dann herkommen, um dich zu holen«, sprach der Teufel – denn er war es –, und ging wieder fort, der Schmied aber ging ins Wirtshaus, um zu trinken.

Eines Tages war er in der Schmiede mit einer kleinen Arbeit beschäftigt, als der Böse eintrat und sagte: »Nun mußt du mitkommen.« – »Ja, ich werde mitkommen, warte nur einen Augenblick, nimm meinen Hammer und schlage ein wenig auf den Amboß da. Ich komme gleich zurück, wenn ich dies kleine Geschäft beendet habe.« Der Schmied ging mit seiner Arbeit nach Hause, und nachher ging er ins Wirtshaus. Er trank dort tüchtig. Dann ging er weiter zum nächsten Wirtshaus. Er hatte schon einen Tropfen zuviel getrunken und strebte nach einer Weile wieder einer andern Schenke zu.

Sieh, da kam der Böse aus der Schmiede heraus, den Hammer in der Hand, und suchte den Schmied. Er fand ihn in dem am weitesten entfernten Wirtshaus mitten in fröhlicher Gesellschaft. Sowie der alte Teufel eintrat, sprang der Schmied auf und fragte: »Was hast du denn mit meinem Hammer vor?« – »Komm her«, antwortete der Teufel, »nimm dieses Ding weg, ich will dir fünf weitere Jahre gewähren.« Da nahm der alte Schmied den Hammer und ging zufrieden nach Hause.

Die fünf Jahre gingen Tag für Tag dahin. Einige Tage, nachdem sie um waren, kam der Teufel zum Schmiede. »Wie geht es dir?« fragte er ihn. »Sehr gut, und wie geht es dir?« – »Aber jetzt mußt du mitkommen.« – »Ja, setze dich auf den alten Stuhl dort.« Der Teufel ging hin und setzte sich darauf. »Nun warte ein Weilchen«, sagte der Schmied, »ich muß noch etwas nach Hause bringen.«

Das tat er aber nicht, sondern ging zum Wirtshaus und trank tüchtig. Dem alten Teufel wurde das Sitzen langweilig. Er wollte aufstehen. Aber er konnte nicht. Schließlich nahm er den Stuhl hinter sich mit und ging so zum Wirtshaus. Er fragte, ob der Meister drinnen wäre. »Nein«, sagte die Frau, »er ist nicht hier.« Da ging er weiter zum nächsten Wirtshaus.

Dort fand er ihn in der Gaststube. Der Schmied erblickte ihn. »Was will jener Mann mit meinem Stuhl?« – »Komm her«, sagte der Teufel, »ich habe mit dir zu sprechen. Nimm den Stuhl fort. Ich will dir weitere fünf Jahre Frist geben.« Da befreite ihn der Schmied, und der Teufel ging hinaus. Und auch der Schmied ging dann wieder nach Hause.

Die fünf Jahre flossen wieder Tag für Tag dahin. – Sieh da! Der alte Teufel kam wieder. Es war niemand in der Schmiede, der Meister war zum Trinken ausgegangen. Der Teufel ging also auf die Suche nach ihm und fand ihn in der Wohnstube des Wirtshauses. Da setzte sich der alte Teufel zu ihm und unterhielt sich ruhig mit ihm. »Ich habe Bier bestellt, verwandle dich in meiner Tasche in ein Goldstück, damit ich es bezahlen kann.« Das tat der Teufel. Der alte Schmied aber trank, bis er genug hatte, ging dann nach Hause und legte sich ins Bett. Er wollte eben einschlafen, da lärmte etwas unter seinem Kopfe. Er stand wieder auf und ging in die Schmiede hinunter. Dann nahm er die Tasche, hielt sie auf den Amboß und schlug mit dem Hammer darauf, daß es laut dröhnte. »Laß mich gehen«, bat der alte Teufel, »ich will dich allein lassen. Ich werde dich nie wieder aufsuchen, wenn du mich jetzt losläßt.« Da ließ der alte Schmied ihn laufen.

Nun starb der Schmied, und er klopfte an des Teufels Tür. Einer der bösen Geister kam heraus. »Melde deinem Vater, daß der Schmied da ist.« Der kleine Teufel ging fort und bestellte es seinem Vater. »Laß ihn nur nicht herein«, sagte der alte Teufel, »er würde uns alle töten.« Und zu seinem Diener sagte er: »Da, nimm diesen Strohwisch, zünde ihn an und leuchte ihm zum lieben Gott!« Das tat des Teufels Diener, und der alte Schmied ging hinauf zum lieben Gott. Da war er nun, und er spielte die Harfe, und wir alle werden ihn sehen, falls wir nicht zum Teufel kommen.

Das ist nun alles, was ich zu erzählen habe.

68. Die drei Brüder und der Zwerg

Es waren einmal drei Brüder, die waren auf der Wanderschaft, um sich nach Arbeit umzusehen. Die Nacht überraschte sie, und sie wußten nicht, wohin sie gehen sollten, um ein Unterkommen zu finden. Es war dunkel, und sie wanderten auf einer alten Landstraße durch den Wald.

Da sahen sie einen Lichtschimmer und kamen müde und hungrig zu einer Hütte. Durch den Türspalt gewahrten sie einen Tisch und darauf das fertige Abendbrot. »Geh hinein«, sprach der älteste Bruder. »Nein, ich mag nicht hineingehen, gehe du doch hinein!« – »Nein, ich wage es auch nicht!« – »Was seid ihr für Narren, ihr beide«, sagte Hans, der dritte. Und Hans ging hinein, setzte sich an den Tisch und aß sich satt. Die beiden anderen sahen ihm zu, aber sie fürchteten sich, in das Haus einzutreten. Schließlich gingen sie aber doch hinein, setzten sich nieder und aßen ebenfalls.

Auf einmal kam eine kleine Frau. »Es ist manches Jahr her, daß ich hier einen Menschen gesehen habe«, sagte sie. »Wie seid ihr denn hergekommen?« – »Wir suchen Arbeit.« – »Morgen werde ich Arbeit für euch finden«, sprach sie. Darauf gingen sie alle zu Bett.

Als sie morgens aufstanden, fanden sie auf dem Feuer einen großen Topf Haferbrei und Milch. Das aßen sie.

Nun befahl die Frau dem ältesten Bruder, die Axt aus der Scheune zu holen und in den Wald zu gehen und Bäume zu fällen. Er ging, zog seinen Rock aus und machte sich an die Arbeit. Da kam ein kleines, altes Männlein und fragte ihn, wer ihm befohlen habe, den Wald abzuholzen. Doch er konnte dieses kleine, alte Männchen nicht sehen – so klein war es. Er sah zu Boden. Da entdeckte er es endlich im Grase. Das alte Männchen schlug und prügelte ihn, bis er blutete, und ließ ihn dann liegen. Nun kam die Magd mit dem Mittagessen. Sie eilte zurück und sagte den beiden anderen Brüdern, sie möchten kommen und ihn nach Hause holen. Da brachten sie ihn nach Hause und legten ihn zu Bett.

Am anderen Morgen ging der zweite Bruder in den Wald. Der älteste erzählte ihm, daß da ein kleiner Mann wäre, der ihn geschlagen habe. Doch der zweite Bruder lachte ihn spöttisch aus. Frohen Mutes ging er in den Wald und zog seinen Rock aus, um die Bäume zu fällen. Aber sieh! Jemand fragte ihn, wer ihm erlaubt habe, die Bäume zu fällen. Da sah er sich um, aber auch er konnte nichts sehen. Erst nach langer Zeit erspähte er das Männchen im Grase. »Pack dich«, sagte er. Aber der kleine Mann prügelte auch ihn windelweich.

Das kleine Mädchen kam wieder mit dem Mittagessen. Nachdem er gegessen hatte, kehrte das kleine Mädchen zurück und sagte den beiden anderen Brüdern, sie möchten herunterkommen und ihn nach Hause tragen. Sie gingen also hinunter und brachten ihn nach Hause. Hans lachte sie nun beide aus und meinte: »Nun, morgen werde ich selbst gehen!«

Am nächsten Morgen ging Hans zum Walde hinab und fällte Bäume. Plötzlich hörte er etwas und sah zur Erde nieder. Als er den kleinen Mann im Grase erblickte, gab er ihm einen Fußtritt. »Du hättest besser daran getan, ruhig zu sein«, sagte der kleine Mann und schlug ihn. Hans fiel zu Boden, und der kleine Mann schlug auch ihn halbtot.

So lag Hans da, als das kleine Mädchen mit seinem Mittagessen kam. Sie kehrte wieder zurück und sagte zu den beiden Brüdern, sie sollten gehen und auch ihn nach Hause bringen. Die beiden gingen zu ihm hinunter. »Nein«, sagte Hans, »laßt mich hier und geht eurer Wege.« Da gingen sie nach Hause. Hans aber beobachtete den kleinen, alten Mann und sah, daß er unter einen Stein kroch. Dann stand er auf, ging nach Hause und trug seinen beiden Brüdern auf, in den Stall zu gehen und die Pferde herauszuführen – vier an der Zahl. Sie nahmen einen starken Strick mit sich, und alle drei gingen mit den Pferden zum Walde hinunter und legten den Strick um den Stein. Dann bestiegen sie die Pferde und rissen mit ihrer Hilfe den Stein aus dem Loch und fanden darunter eine Quelle.

»Steige hinunter«, sagte einer. »Ich nicht«, entgegnete der andere, »ich will nicht hinuntergehen.« – »So will ich hinuntergehen«, sagte Hans. »Macht den Strick fest und laßt mich hinunter, und wenn ihr mich rufen hört ›Zieht mich hinauf!‹, dann zieht mich hinauf; und wenn ich euch sage: ›Laßt mich hinunter!‹, so laßt mich hinunter.«

Die beiden Brüder banden ihn fest und ließen ihn hinab. Er ließ sich ein ganz kleines Stück hinunter, doch da schlug ihn schon der kleine, alte Mann. »Zieht mich hoch!« rief er.

Nach einer Weile ließ er sich wieder hinunter. Da er aber nun vergaß, ›Zieht mich hoch!‹ zu rufen, so gelangte er in ein wunderbares Land und sah dort den kleinen Alten wieder. Der sprach zu ihm: »Weil du in dieses Land gekommen bist, will ich dir etwas sagen. Du wirst drei Schlösser finden. In dem ersten lebt der Riese mit zwei Köpfen.« Und der kleine, alte Mann fügte hinzu: »Du mußt mit ihm kämpfen, aber« – so riet er ihm – »wähle nur das alte Schwert. Ich werde dort dir zur Seite sein.« – »Ich werde mich vor ihm fürchten«, meinte Hans, doch der Alte antwortete: »Gehe ruhig hin und fürchte nichts. Ich werde dir beistehen.«

Nun kam Hans zu dem Schlosse. Als er an das Tor klopfte,

kam eine Dienerin heraus, und er fragte sie, wo der Herr wäre. Sie sagte: »Er ist drinnen im Hause. Wünschest du ihn zu besuchen?« – »Ja«, antwortete Hans, »ich möchte mit ihm kämpfen.« – »Er wird dich töten«, sprach sie. Aber Hans erwiderte: »Geh, bitte ihn herauszukommen.« Da ging das Mädchen und bat den Herrn herauszukommen.

»Willst du etwas essen?« fragte der Riese. »Nein«, erwiderte Hans, » komm heraus. Ich will mit dir kämpfen.« – »Komm her und wähle dir ein Schwert«, sprach der Herr. Hans wählte das rostige, alte Schwert. »Warum wählst du das rostige, alte Schwert? Nimm ein blankes!« – »Nein! Dieses ist gut genug für mich«, meinte Hans.

Die beiden gingen hinaus vor das Tor und kämpften. Schon fiel ein Kopf des Riesen zu Boden. »Laß mich leben, Hans, ich will dir mein ganzes Geld geben«, rief er. »Nein«, sagte Hans und hieb nach dem anderen Kopf und schlug auch ihn ab. Und dieses geschah bei dem Kupfer-Schloß – so nannten es die Leute.

Nun ging Hans zu dem nächsten Schlosse, dem silbernen. Dort war ein Riese mit drei Köpfen .Hans nahm wieder das rostige Schwert und schlug zwei Köpfe ab. »Töte mich nicht, Hans, schone mein Leben. Ich will dir die Schlüssel des Schlosses geben.« – »Nein, das will ich nicht«, sagte Hans, und der dritte Kopf flog ab.

Dann ging Hans zum nächsten Schlosse, dem goldenen. Dort war ein Riese, der hatte vier Köpfe. »Kommst du her, um mit mir zu kämpfen?« fragte er. »Ja«, erwiderte Hans. Der Riese befahl ihm, sich ein Schwert zu nehmen, und Hans wählte das alte, rostige Schwert. Dann gingen sie hinaus. Schon hatte er dem Riesen drei Köpfe abgeschlagen, da flehte dieser: »Töte mich nicht, Hans, ich will dir meine Schlüssel geben.« – »Nein«, sagte Hans, und ab war der vierte Kopf. Nun gehörten ihm alle drei Schlösser und das ganze Geld. Und in jedem Schlosse lebte eine schöne Dame. Hans machte sich nun auf den Rückweg, und die Dame aus dem goldenen

Schlosse ging mit ihm. Er kam zu dem silbernen Schlosse und holte auch jene Dame. Dann ging er zu dem kupfernen Schlosse und nahm die Dame, die darin wohnte, auch mit. Und die vier begaben sich an die Stelle, wo Hans heruntergekommen war.

Dort saß der kleine, alte Mann und wartete auf ihn. Hans sandte die drei Damen dort hinauf, wo seine beiden Brüder noch warteten. Nun bat der alte Mann um Fleisch, und Hans kehrte nach dem Schlosse zurück und kochte Fleisch für ihn. Darauf stieg der alte Mann ein ganz kleines Stück Weges mit Hans hinauf. Dann hielt er an und verlangte wieder Fleisch. Hans gab ihm etwas Fleisch, und er stieg wieder ein kleines Stück mit ihm hinauf. Wieder hielt er an und verlangte Fleisch. Nachdem Hans ihm etwas gegeben hatte, gingen sie ein kleines Stück weiter hinauf. »Gib mir ein wenig Fleisch«, sprach das Männchen wieder. Aber Hans hatte keines mehr. Er hatte nur ein kleines Stück mitgenommen und wußte nun nicht, wie er sich helfen sollte. Da griff er in seine Tasche, zog sein Messer heraus und schnitt ein wenig Fleisch von seinem Bein ab und gab es dem alten Mann. So gelangte Hans endlich zur Oberwelt.

Die beiden Brüder waren mit zwei von den Damen fortgegangen und hatten Hans die häßlichste zurückgelassen. Der älteste Bruder hatte die schönste Dame genommen, und der zweite Bruder die andere, die häßlichste aber war für Hans geblieben.

Hans fragte, wohin sie gegangen seien. Die Dame gab ihm Auskunft, und er eilte hinter ihnen her. Bei der Kirche holte er sie ein. Gerade wollten sie sich trauen lassen. Die schönste Dame aber schaute sich nach Hans um. Da sprach er zu sich: »Diese wird mein!« Hans nahm also die schönste für sich und heiratete sie. Die andere Dame ließ er seinem ältesten Bruder. So blieb denn für den zweiten Bruder die häßliche Dame übrig. Das sind also die drei Brüder und die drei Damen.

Nun wollten sie hinunter zu den Schlössern gehen. Hans

bat also das alte Männlein, sie doch alle wieder hinunterzubringen. »Ich will euch hinuntertragen«, sprach es, »aber du mußt mir auch zu essen geben, wenn ich hinunterkomme.« – »Ja«, antwortete Hans, »ich will dir mehr als genug geben.« Da trug der Alte sie alle hinunter.

Der alte Mann wich nun Hans nicht mehr von der Seite. Dieser setzte den einen Bruder mit seiner Frau in das kupferne Schloß und den andern Bruder in das silberne. Hans selbst aber zog in das goldene Schloß. Und er behielt den kleinen, alten Mann bei sich, solange er lebte.

Nun bin ich fertig.

69. Die achtzehn Hasen

Auf einem Hügel stand ein kleines Haus. Darin wohnte eine kleine, alte Frau mit ihren drei Söhnen. Der eine Sohn, der jüngste der drei, aber war ein Narr.

Eines Tages sprach der älteste Bruder zu seiner Mutter: »Ich will gehen und mein Glück versuchen. Ich tue hier doch nichts. Backe mir einen Kuchen.« – »Was willst du haben«, erwiderte die alte Frau, »einen großen Kuchen und darin die Verdammnis oder einen kleinen Kuchen und darin einen Segen?« – »Bereite mir einen großen Kuchen, in dem die Verdammnis ist.« Die alte Frau backte den Kuchen, und der Sohn nahm ihn und ging fort und wanderte eine lange Zeit. Zuletzt kam er an ein großes Tor und an eine schöne Fahrstraße, die zu einem großen Schlosse führte. Er öffnete das Tor und ging den Weg hinauf.

Er kam zu dem Schlosse und klopfte an die Tür. Da trat ein alter Herr heraus. »Was wünschest du?« fragte er. »Ich möchte arbeiten.« – »Was kannst du arbeiten?« fragte der Herr. »Was du verlangst.« – »So gehe zu jener Tür. Öffne sie, geh hinein und laß dir etwas zu essen geben!« Da ging der Jüngling hinein und setzte sich nieder.

Nun kam die Köchin und fragte ihn: »Möchtest du gern Bier haben?« – »Ja«, sagte er. Die Köchin kam mit einer großen Kanne Bier und viel Fleisch und Brot und Senf zurück. Da er hungrig war, aß er wie ein Schwein.

Der alte Herr trat zu ihm und sprach: »Ich habe achtzehn Hasen. Die sollst du hüten, du darfst aber keinen verlieren. Morgen mußt du mit ihnen hinunter auf die Felder gehen.«

Am Morgen bekam der Bursche sein Frühstück und ging hinaus. Da kam der alte Herr herbei und sagte: »Ich habe noch mit dir zu sprechen.« Und er flötete auf einer silbernen Pfeife. Siehe da, die Hasen kamen herbeigelaufen. »Da sind sie, und siehst du da unten die Felder? Bleibe dort bis nach dem Mittagessen und komme zu der und der Zeit nach Hause. Es sind achtzehn Hasen. Wenn du sie nicht vollzählig zurückbringst, so soll dir der Kopf abgeschlagen werden.«

Darauf zog der Bursche mit den Hasen ab. Er kam zu den Feldern, fand eine Quelle und setzte sich bei ihr nieder. Er stellte den Korb neben sich, und die Hasen zerstreuten sich – der ein hierhin, der andere dorthin. Er setzte sich hin und rauchte seine Pfeife, und als er damit fertig war, dachte er ans Essen und öffnete den Korb. Während er aß, kam eine kleine, alte Frau zu ihm. »Gib mir einen Bissen«, bat sie. »O nein, da würde nichts für mich bleiben, es ist wenig genug für mich.« Da ging die Frau wieder fort.

Nun brach die Nacht an, und er mußte die Hasen nach dem Schlosse bringen. Als er aufstand und nach ihnen suchte, fand er jedoch nur zwei oder drei. Er kratzte sich am Kopf, denn wie er die Felder hinaufstieg und nach dem Schloß kam, hatte er nur zwei oder drei Hasen bei sich.

Der alte Herr kam heraus und zählte selbst die Hasen. Als er sah, daß nicht einmal die Hälfte von ihnen da war, ging er wieder ins Schloß hinein und ließ den Burschen draußen warten. Bald aber kam er mit einem großen Messer heraus, schnitt ihm den Kopf ab und steckte ihn auf das Gittertor.

Nun wollen wir hören, wie es den beiden anderen Brüdern erging. Der zweite Sohn sagte zu seiner Mutter: »Ich will auch fortgehen, um mein Glück zu suchen. Ich weiß, daß es meinem Bruder irgendwo gut ergeht. Backe mir einen Kuchen, Mutter.« – »Was für einen willst du haben? Willst du einen großen Kuchen mit der Verdammnis darin haben, oder willst du einen kleinen Kuchen, in dem ein Segen ist?« – »Ich will den großen haben, Mutter.« Nun ging er fort auf die Landstraße und kam zu demselben großen Gittertor. Als er daran emporblickte, sah er seines Bruders Kopf. Er öffnete das Tor, ging hindurch und kam zu dem Schloß. Wie es seinem ältesten Bruder ergangen war, so erging es auch ihm. Der alte Herr nahm zum Schluß ein großes Messer und schnitt ihm den Kopf ab, trug ihn zum Tore hinunter und setzte ihn auf die andere Seite des Gitters.

So waren also zwei Köpfe da! Einer auf dieser und einer auf jener Seite.

Nun will ich wieder zu dem kleinen Haus auf dem Hügel hinaufsteigen! Dort saß also unsere Mutter. Ihr jüngster Sohn war ausgegangen, um ein wenig Holz für seine Mutter zu sammeln. Als er nun heimkam, sagte er zu ihr, daß auch er gern fort möchte, um sein Glück zu suchen. »Ich weiß, daß meine beiden Brüder irgendwo ein gutes Leben führen. Backe mir also einen Kuchen, Mutter.« – »Wohin willst du gehen? Bleibe doch zu Hause! Wenn du auch in die Fremde gehst, werde ich niemanden haben, der mir ein wenig Holz oder sonst etwas besorgt.« Doch er blieb dabei: »Backe mir einen Kuchen!« – »Welchen willst du haben, den großen Kuchen und die Verdammnis drinnen oder den kleinen Kuchen mit dem Segen?« – »Ich möchte den kleinen mit dem Segen, Mutter.« – »So gehe und hole mir in diesem Siebe Wasser.« Hans nahm das Sieb und ging zum Wasser. Da kam ein kleiner roter Vogel herbeigeflogen und riet ihm, Blätter und Lehm in das Sieb zu legen. Das tat Hans und füllte das Sieb voll Wasser und ging damit in das Haus seiner Mutter.

Die Mutter bereitete gerade den kleinen Kuchen. Als sie damit fertig war, sagte sie: »Ich weiß nicht, warum du fortgehen willst und mich hier allein läßt!« – »Ich will gehen, Mutter. Was soll ich hier? Meine beiden Brüder sind gegangen, da will ich auch gehen.« Er wanderte die Landstraße entlang, bis er müde wurde, und fand dasselbe Gitter. Als er daran emporblickte und die Köpfe seiner beiden Brüder sah, lachte er über sie, verspottete sie eine Weile und warf Steine nach ihnen, bis er genug davon hatte. »Was tut ihr da, ihr beiden Narren?« rief er. Dann öffnete er das Gitter und ging den Weg hinauf, barhäuptig und barfuß wie er war. So kam er zu dem Schlosse, und der alte Herr und die alte und die junge Herrin saßen alle drei am Fenster. Und sobald das junge Fräulein den Jüngling erblickte, wie er zum Schlosse heraufkam, lächelte sie ihm freundlich zu.

Als er an die Türe kam, ging der alte Herr zu ihm hinaus. »Was begehrst du?« – »Was soll ich sagen? Alles, was du mir geben willst.« – »Welche Arbeit verstehst du?« – »Ich kann jede verrichten.« Da sandte der Herr ihn zu der anderen Tür, ließ ihn eintreten und Platz nehmen. Er fragte, ob er Abendbrot wünsche. »Ja«, erwiderte Hans. Da brachten sie ihm reichlich zu essen und reichlich zu trinken. Der alte Herr unterhielt sich mit ihm, während Hans aß. Dann ging der Herr hinaus und brachte ihm einige alte Kleider und trug ihm auf, sich zu waschen und zu rasieren, und sagte: »Ziehe diese Kleider an, wenn du fertig bist.« Der Bursche wusch sich also und rasierte sich, kleidete sich aus und zog die Kleider an, die ihm der Herr gebracht hatte.

Dann ging er hinaus, um auf dem Platz vor dem Schloß ein wenig spazierenzugehen. Der alte Herr kam auch heraus, und unterhielt sich mit ihm. Darauf ließ er die Hasen heraus, um sie Hans zu zeigen, und zählte sie, um zu wissen, wieviele es wären. Dann sprach er: »Gehe morgen mit ihnen in jene Felder hinunter. Du darfst keinen verlieren. Ich habe ihre Zahl in meinem Buche aufgeschrieben.«

Als der Morgen kam, war der alte Herr schon draußen, um die Hasen zu rufen. Er blies auf der silbernen Pfeife, und alle Hasen legten sich ihm zu Füßen. »Hier sind sie, Hans! Drüben steht dein Mittagessen. Gehe nun hinunter und komme zur festgesetzten Zeit wieder herauf.«

Hans ging und kam zu jener kleinen Quelle und setzte sich dort nieder. Die Hasen zerstreuten sich bald hierhin und dorthin. Es war ein heißer Sommertag, und Hans schlief ein. Nach einiger Zeit erwachte er, denn er hatte Hunger. Er öffnete den Korb und begann zu essen. Siehe da! Die kleine, alte Frau kam zu ihm und bat: »Gib mir ein Stückchen ab, Hans. Ich bin hungrig.« – »Ja, setze dich hin und iß, da ist noch genug für dich«, antwortete er. Als die alte Frau sich satt gegessen hatte, sagte sie: »Nun, Hans, gehe wohin du willst, ich werde die Hasen hüten. Komme kurz vor Dunkelwerden wieder zurück.«

Da begann Hans auf Igel Jagd zu machen. Er fand einen großen, tötete ihn und zog ihm das Fell ab. Dann machte er ein Feuer an, kochte ihn und aß ihn auf.

Als es Abend wurde, kam er zu der alten Frau zurück, denn es war nun Zeit, wieder nach dem Schlosse zurückzukehren. Die alte Frau gab Hans eine silberne Flöte und befahl: »Blase darauf, Hans.« Hans nahm sie und blies. Kaum hatte er angefangen zu blasen, schau, da kamen alle Hasen zu ihm heran. Er zählte sie, und sie waren alle da. »Hans, bringe mir morgen ein bißchen Essen mit«, bat die Frau. »Ja«, sagte Hans und ging mit den Hasen heim.

Nun kamen die drei, der Herr und die beiden Damen, aus dem Schlosse heraus, und der alte Herr zählte die Hasen, um zu sehen, ob sie alle da wären. »Ja«, sagte er schließlich, »sie sind alle da. Gehe nun ins Haus, Hans, und lasse dir dein Abendbrot geben.« Währenddessen sprach der Herr zu seiner Frau: »Diesen Jungen können wir gebrauchen«, und sie stimmte ihm zu. Als nun Hans hineingegangen war, um sein Abendbrot zu holen, sprachen die drei noch weiter über ihn, und als er wieder herauskam, fragten sie ihn: »Willst du morgen früh wieder hinausgehen, Hans?« – »Ja«, sagte Hans, »ich will.«

Am andern Morgen stand Hans auf, um alle Stiefel zu putzen, und der alte Herr stand auch auf und ging hinaus. »Hast du gefrühstückt, Hans?« fragte er. »Nein, noch nicht«, antwortete Hans. »So geh und frühstücke erst. Ich möchte, daß du wieder mit den Hasen hinuntergehst.« – »Ja, ich will jetzt gehen.« – »Dein Mittagessen ist in dem Korbe, Hans.«

Der Herr blies auf der silbernen Pfeife, und da liefen die Hasen herbei. »Sind alle da?« fragte Hans. »Zähle sie«, sagte der Herr zu Hans, und Hans zählte sie und sprach: »Ja, Herr, sie sind alle da.«

Er ging mit den Hasen in die Felder hinab. Da saß wieder die kleine, alte Frau. Hans gab ihr den Korb und sagte: »Es ist Essen im Überfluß darin. Ich brauche nur wenig.« Sie sprach: »Nun, Hans, geh, wohin du Lust hast, komme aber ein wenig vor Anbruch der Nacht wieder hierher.«

Hans ging weit über die Felder, bis er müde wurde. Dann kam er zu der alten Frau zurück. »Bist du hungrig, Hans?« fragte sie. »In dem Korbe ist Speise, wenn du ein wenig haben möchtest.« Dann sagte die alte Frau zu Hans: »Du wirst die junge Dame auf der Landstraße treffen, sie wird mit dir sprechen wollen, und sie wird dein Weib werden, Hans. Bringe mir auch wieder ein wenig zu essen. Vergiß mich nicht.« Hans blies die silberne Pfeife, und alle Hasen kamen gesprungen. Es fehlte nicht ein einziger.

Nun kehrte Hans nach Hause zurück, und als er eine ganz kleine Strecke auf der Landstraße gegangen war, sah er die junge Dame bei den Kühen. Und Hans machte eine Verbeugung vor ihr. Die junge Dame lächelte ihm zu, und die beiden plauderten zusammen. Schließlich versprachen sie sich, einander zu heiraten.

»Hans, sage es nicht meinem Vater«, bat sie, »ich wünsche nicht, daß er es weiß. Wir wollen in die Stadt gehen und uns dort heiraten. In einigen Tagen wollen wir gehen. Ich werde zuerst gehen, und du sollst mir folgen.«

Dann gab sie dem Jüngling an, wo sie sich in der Stadt treffen wollten, und machte sich auf den Weg. Hans folgte ihr und traf sie in der Stadt an dem verabredeten Orte. Am nächsten Tage wurden sie in einer schönen Kirche getraut, und dann gingen sie in ein großes Gasthaus.

Endlich gingen sie nach Hause, und als sie heimgekommen waren, legte Hans seine besten Kleider ab und ging in den Stall, und sie ging in das Schloß, während er die Pferde besorgte. Und der alte Herr fragte die junge Dame: »Wo warst du?« – »Ich war nicht weit«, antwortete sie ihm.

Hans gedachte der kleinen, alten Frau, und er ging ins Haus, um für sie Essen zu holen, und trug es zu ihr hinaus. »Ich werde dich nie vergessen«, versprach er ihr und gab ihr die Speisen. Da weissagte die alte Frau ihm Glück: »Schließlich werden die alten Herrschaften sterben, dann wirst du an ihre Stelle treten. Aber ich muß ein Häppchen haben, wenn ich nach dem Schlosse komme.« – »Ja«, sagte Hans, »du sollst es haben, solange du lebst.«

Nach Hansens Heirat lebten der Schloßherr und seine Frau noch ein Jahr. Und Hans war noch immer als Diener da und schlief im Stalle. Doch nun starben der Herr und die alte Herrin, und Hans trat an ihre Stelle. Alsbald holte er seine alte Mutter, denn sie war zu alt, um länger allein sein zu können. Er führte sie ins Schloß und brachte sie zu den Kammerfrauen, die sie bedienen sollten. Und seine Frau gab ihr Kleider. Dann führten sie sie in das Wohnzimmer, und ihre Schwiegertochter plauderte mit der alten Frau und freute sich, sie bei sich zu haben. Sie lebte nun im Schlosse bis an ihr Lebensende.

Hans und sein Weib lebten noch viele Jahre, bis sie alt wurden und starben, und ihr Sohn ist nun Herr in dem Schloß.

Das ist alles, was ich dir erzählen kann.

70. Der Narr und die Schafe

In einem kleinen Landhaus wohnten einmal drei Brüder. Ein paar Kühe waren ihr ganzer Besitz. Der eine der Brüder war ein Narr, und die beiden anderen wollten ihn gern loswerden. Aber sie wußten nicht, wie sie es anfangen sollten. Da sagte der älteste Bruder: »Hans, komm her, sieh, wir gehen in den Himmel.« – »Kann ich auch dorthin gehen?« fragte Hans, und sie sagten: »Komme nur mit uns!« – »Ja, das will ich tun«, antwortete er.

Sie holten einen Sack und befahlen ihm: »Krieche hinein!« Da kroch er hinein. Die beiden Brüder banden dann den Sack zu und machten sich damit auf den Weg. Als sie an ein Wirtshaus kamen, setzten sie ihn draußen nieder und gingen hinein, um einen Schluck Bier zu trinken.

Da zog ein Fremder mit Schafen vorüber. Unser Bursche in dem Sack rief ihm laut zu. »Was ist los?« fragte der Fremde. »Hier ist jemand, der sich auf dem Weg zum Himmel befindet«, rief Hans. »Kann ich nicht auch dorthin kommen?« – »Gewiß, öffne nur den Sack!« Der Mann öffnete den Sack, und Hans kam heraus. Nun steckte er den anderen Mann hinein und band den Sack wieder zu. Als er damit fertig war, ging er mit den Schafen nach Hause.

Die beiden Brüder kamen aus dem Wirtshaus, nahmen den Sack und trugen ihn zu dem See. Dort warfen sie ihn ins Wasser und kehrten wieder um. Als sie sich dem Hause, in dem sie wohnten, näherten, meinte der älteste Bruder zu dem anderen: »Gottlob, jetzt können wir allein wirtschaften.«

Da gewahrten sie mit Staunen ihren jüngsten Bruder und die Schafe. »Wo hast du die Schafe her, Hans?« fragten sie. »Aus dem See, ihr Narren!« Da baten sie: »Komm mit uns, Hans, und zeige uns die Stelle, wo du sie gefunden hast.«

Hans brachte zuerst die Schafe auf das Feld, dann machten sich die drei auf den Weg. »Wo ist die Stelle, Hans?« fragten ihn die Brüder, als sie an den See kamen. Da sagte Hans zu dem ältesten Bruder: »Bleibe hier stehen.« Der tat, wie ihm gesagt war, und Hans warf ihn in den See. Er tauchte unter, und das Wasser schäumte um ihn herum. »Was tut er jetzt?« fragte der jüngere Bruder. »Er sucht sich die dicksten Schafe heraus.« Da bat ihn dieser: »Wirf mich hinein, bevor er die dicksten Schafe herausgefischt hat.« Nachdem Hans so seine beiden Brüder in das Wasser geworfen hatte, ging er nach Hause. – Das ist alles.

71. Die kleine Henne

Vor langer Zeit standen irgendwo zwei große Häuser. In dem einen wohnte eine Witwe und in dem anderen ein Witwer. Die alte Frau hatte eine Tochter und der alte Herr ebenfalls. Die Tochter der alten Dame war ein mißgestaltetes kleines Geschöpf mit einem Buckel. Die Tochter des Herrn jedoch war ein schönes junges Fräulein. Der Witwer und die Witwe heirateten sich, und nun wohnten sie alle zusammen in dem Hause des alten Herrn.

Die kleine Bucklige mußte nun mit einem Eimer hinunter an den Springbrunnen gehen, um Wasser zu holen.

Dicht neben dem Gittertor stand ein kleines Häuschen, und darin wohnte eine kleine alte Frau. Als die Bucklige vorbeikam, stand die alte Frau gerade an der Türe und fragte das Mädchen: »Willst du hereinkommen, um etwas zu essen?« Aber die Bucklige wurde ärgerlich und rief: »Schämst du dich nicht, mich zum Eintreten aufzufordern, du jämmerliches kleines Geschöpf?« Und sie ging an ihr vorbei zum Springbrunnen hinab.

Als sie den Eimer in den Brunnen tauchte, stiegen drei Eberköpfe herauf. Der eine sagte: »Hebe mich heraus und trockne und kämme mich und setze mich sanft nieder.« Sie aber stieß sie mit dem Eimer hinunter. Dann tauchte sie den Eimer in den Brunnen und zog ihn mit schlammigem Wasser gefüllt wieder empor und ging nach Hause. »Warum hast du schlammiges Wasser gebracht?« fragte man sie. Und sie antwortete: »Es war nur schlammiges Wasser in dem Brunnen.«

Das nächste Mal ging das andere Mädchen mit dem Eimer zum Brunnen. Sie ging die Landstraße hinunter und kam zu dem Häuschen der Alten. Diese stand wieder vor der Tür. »Willst du hereinkommen, mein schönes Fräulein«, fragte sie, »und ein wenig essen?« – »Ja, gerne«, antwortete das Mädchen und ging hinein. Die alte Frau gab ihr ein wenig süße Milch und etwas Brot und Butter. Diese Alte aber war eine Hexe.

Das Mädchen verließ die alte Frau wieder und stieg zum Brunnen hinab. Sie tauchte ihren Eimer ins Wasser, und sofort stiegen die drei Eberköpfe herauf. Wieder sagte der eine zu dem schönen Fräulein: »Hebe mich heraus und trockne und kämme mich und setze mich sanft nieder.« Da hob sie ihn heraus, trocknete ihn, kämmte ihn und setzte ihn sanft nieder. Dann füllte sie ihren Eimer mit Wasser. Das war ganz klar. Und sie ging damit nach Hause.

Ihre Stiefmutter war erstaunt und wußte nicht, was sie davon halten sollte. Sie fragte: »Wie kommt es, daß du klares Wasser bringst, während du, Tochter, schlammiges Wasser brachtest?«

Am nächsten Morgen war die Bucklige wieder an der Reihe, Wasser zu holen. Sie ging also fort und sah die alte Frau an der Tür. »Willst du hereinkommen, mein Fräulein, und ein wenig essen?« – »Nein, schämst du dich nicht, mich zu fragen?« Dann ging das Mädchen zum Brunnen und ließ den Eimer hinab. Sofort sprangen die drei Eberköpfe empor. Da bat der zweite:

»Hebe mich empor, trockne mich ab, kämme mich und setze mich sanft nieder.« Sie aber schlug sie alle mit dem Eimer. Dann zog sie einen Eimer voll schlammigen Wassers empor und ging damit nach Hause. Ihre Mutter wurde ärgerlich, als sie wieder das schlammige Wasser sah.

Nun ging wieder das andere Fräulein zum Wasserholen. Sie ging hinunter und kam zu dem Häuschen der kleinen alten Frau. »Willst du hereinkommen, mein Fräulein, und etwas genießen?« – »Ja, das will ich«, und sie ging hinein und bekam etwas zu essen. Dann bot sie der alten Frau »Guten Tag« und stieg zu dem Brunnen hinab. Sie tauchte den Eimer ins Wasser, und sofort sprangen wieder die drei Eberköpfe in die Höhe. Und einer sagte: »Hebe mich heraus und trockne und kämme mich und setze mich dann sanft nieder.« Das schöne Mädchen tat es, füllte ihren Eimer mit klarem Wasser und ging nach Hause.

Die alte Dame wurde wütend, als sie sah, daß die Schöne klares Wasser brachte. »Wie geht es zu, daß dieses Mädchen klares Wasser holt, während mein Kind schlammiges Wasser bringt? Ich will sie doch morgen beide zusammen hinschicken, eine nach der anderen.«

Der folgende Morgen kam. Die kleine Bucklige ging hinunter. Sie sah wieder die alte Hexe. »Willst du hereinkommen, mein Fräulein, und etwas essen?« – »Schämst du dich nicht, du altes Biest, mich zu fragen, ob ich hineinkommen will?« Und sie ging zu dem Brunnen und tauchte den Eimer ein. Die drei Eberköpfe schnellten empor. »Hebe mich heraus«, bat der eine, »trockne mich und kämme mich und setze mich sanft nieder.« Sie aber schlug die Köpfe mit ihrem Eimer hinunter.

Als sie sich wandte, um nach Hause zu gehen, sah sie drei lustige Jünglinge vor sich stehen. Der älteste Bruder spottete: »Hier kommt mal eine schöne Dame!« – »Ja, Bruder«, sprach der andere, »was wünschest du dieser Dame?« – »Ich wünsche, daß eine Seite ihres Haares voller Läuse sein soll.« Dann fragte er den jüngsten Bruder: »Und was wünschest du dieser Dame?« – »Ich wünsche, daß die andere Seite voller Läusenisse sei.« Nun sprach der älteste Bruder: »Häßlich ist sie jetzt schon, ich wünsche aber, daß sie noch weit häßlicher wird, wenn sie nach Hause kommt.«

Und nun ging wieder das schöne Fräulein zum Wasserholen. Als sie wieder zu dem Hause der kleinen alten Frau kam, fragte diese wie die vorigen Male: »Willst du hereinkommen, mein Fräulein, um ein wenig zu essen?« – »Ja, das will ich!« Und sie trat ein und aß und kam wieder heraus. Dann ging sie zum Brunnen und tauchte den Eimer hinein. Sofort sprangen die drei Eberköpfe empor, und einer von ihnen bat: »Hebe mich heraus, trockne mich und kämme mich und setze mich sanft nieder.« Sie tat es, und die Köpfe tauchten wieder unter. Nun zog sie einen Eimer voll klaren Wassers in die Höhe. Als sie sich umwandte, sah sie die drei übermütigen Jünglinge stehen. Der älteste Bruder sagte zu den andern: »Hier ist ein schönes Fräulein.« – »Ja, sie ist wirklich ein schönes Fräulein.« – »Was wünschest du dieser jungen Dame?« fragte er. »Ich wünsche, daß eine Seite ihres Haares ganz von Gold sei.« – »Was wünschest du, Bruder?« – »Ich wünsche, daß die andere Seite ganz aus Silber bestehe.« – »Was wünschest du ihr, Bruder?« fragten darauf die beiden anderen den ältesten Bruder. »Lieblich ist sie jetzt schon, ich wünsche, daß sie noch weit lieblicher sei, wenn sie ihr Haus betritt.«

Die beiden Stiefschwestern kamen nun nach Hause. Die alte Dame war bestürzt, als sie die beiden wiedersah – die eine so überaus häßlich von Gestalt und die andere so wunderbar schön. Ihr wurde ganz elend beim Anblick der beiden Mädchen, und sie legte sich zu Bett und fragte ihren Ehemann: »Was sollen wir mit diesen beiden machen?« Der alte Mann überlegte und horchte auf sein Weib, bevor er etwas sagte. »Ich weiß nicht, was zu tun ist«, meinte er, doch die alte Dame erwiderte: »Mache eine große Kiste und lege die beiden hinein und wirf sie in den See. Sie mögen da landen, wo der Wind sie hintreibt.« Und es geschah genau so, wie die alte Dame es wünschte.

Die beiden Stiefschwestern trieben nun also auf dem See. Vier Wochen lang blieben sie auf dem Wasser. Da bemerkte das schöne Fräulein, daß es schwanger war. Als ihre Zeit kam, gebar sie eine kleine, stummelschwänzige Henne. Kaum war die kleine Henne geboren, da blickte sie auf ihre Mutter und dann auf ihre weniger begünstigte Tante und fragte: »Mütterchen, warum ist dieses häßliche Geschöpf bei dir?«

So verging eine Woche. Da fand das hübsche Fräulein in seiner Tasche ein kleines Federmesser, sie öffnete es und bohrte damit ein kleines Loch in die Kiste, durch das sie ihren Finger stecken konnte. Dann schnitt sie weiter und machte die Öffnung immer größer, bis sie ihren Kopf hindurchstecken und Umschau halten konnte. Sie sah Land und tat freudig ihrer Stiefschwester kund: »Ich habe Land gesehen.« Das Wasser wurde flacher und flacher, und der Wind blies sie dicht an das Land heran. Da blieben sie mehrere Tage und machten die Öffnung immer weiter, um sich aus ihrem Gefängnis befreien zu können.

Endlich war sie weit genug, und sie verließen die Kiste und wanderten einen Seitenweg entlang. Da kamen sie an eine leere Scheune. Die kleine Henne ging hinein, um zu sehen, wie es darinnen wäre. Als sie herauskam, sagte sie zu ihrer Mutter: »Drinnen ist viel Stroh, und der Platz ist trokken, komme nur herein.«

Die drei traten ein, und die kleine Henne sagte zu ihrer Tante: »Verbirg dich in dem Stroh.« Die tat es, die kleine Henne aber häufte noch mehr Stroh über sie und sprach: »Mein Mütterchen, setze dich hin, ich gehe, um Nahrung für dich zu betteln.«

Die kleine Henne ging die Landstraße hinab und kam an ein großes Haus. Sie klopfte an die Tür, und der Hausmeister kam heraus, um zu sehen, wer da wäre. Aber er sah nur die kleine Henne, und da er niemanden sonst bemerkte, ging er wieder hinein und schloß die Tür.

Doch die kleine Henne klopfte wieder an die Tür, und der Hausmeister kam wieder heraus. Nun bat die kleine Henne: »Ich bitte um Essen für mein Mütterchen.« Da ging der Hausmeister hinein zu seinem Herrn und seiner Herrin und sagte: »Draußen steht eine kleine stummelschwänzige Henne und bettelt für ihre Mutter.« Der Herr und die Herrin standen auf und gingen hinaus. Da stand die kleine Henne immer noch und sagte wieder: »Ich bitte um Essen für mein Mütterchen.« Nun gingen sie hinein und suchten Lebensmittel zusammen. Diese brachten sie der kleinen Henne und befestigten sie auf ihrem Rücken.

Damit wanderte die kleine Henne wieder zur Scheune zurück. »Ich habe für dich Nahrung gebracht, Mütterchen, gib meiner häßlichen Tante auch ein wenig zu essen, aber dann soll sie sich wieder verbergen.«

Die Speisen reichten drei Tage für sie aus. Als sie dann aufgezehrt waren, ging die kleine Henne wieder zu dem großen Hause und erhielt wie das erste Mal Lebensmittel und brachte sie ihrer Mutter in die Scheune.

Wieder ging die Nahrung zu Ende. Die Mutter rief die kleine Henne. »Sei unbesorgt, Mütterchen, ich werde schon Nahrung finden«, sagte sie und ging wieder zu dem großen Hause. Dieses Mal wußte der Hausmeister nun schon, was sie haben wollte.

Der alte Herr und die alte Herrin aber nahmen sich vor, aufzupassen, wohin das Tierchen seinen Weg nehme.

Die kleine Henne trug die Lebensmittel zu ihrer Mutter und sagte: »Ich habe dir Essen gebracht, Mütterchen, gib meiner häßlichen Tante auch ein wenig davon, und dann mag sie sich wieder verbergen.«

Der alte Herr und die alte Herrin aber waren der kleinen Henne gefolgt, um zu sehen, wohin sie gehe. Als sie sie in die leere Scheune treten sahen, hielten sie ihren Wagen an und befahlen dem Hausmeister, durch das Fenster zu sehen. Da erblickte dieser eine hübsche Dame neben der kleinen Henne und sah, wie sie aßen. Nun rief er seinen Herrn. Der stieg aus und ging in die Scheune und sprach mit dem Mädchen. Aber von der Buckligen sah er nichts, denn sie war im Stroh versteckt. Der Herr und seine Frau nahmen nun das Mädchen und die kleine Henne in ihren Wagen und fuhren mit ihnen zu dem großen Hause.

Der junge Herr war gerade da. Als er das Mädchen in das Haus seiner Eltern kommen sah, verliebte er sich in sie und heiratete sie. Das häßliche Mädchen aber wurde aus der Scheune geholt und nach Hause geschickt. Die kleine Henne jedoch blieb bei ihrer Mutter und war für kein Geld zu haben.

Ich war selbst dort und habe sie gesehen und habe vor ihnen die Fiedel gespielt, und sie bezahlten mich freigebig.

Das ist alles, was ich zu erzählen habe.

72. Der Frostbringer

Ein alter Mann ging spazieren, die Mütze saß ihm schief auf dem Kopf. Er hieß der Frostbringer. Als er eine halbe Meile gegangen war, begegnete er einem anderen Mann, der lag auf dem Bauch und hielt sein Ohr an die Erde.

»Was machst du, Narr?« – »Ich bin kein Narr, ich höre zu, wie die Staatsmänner in London reden.« – »Dich kann ich brauchen, komm mit mir, denn du mußt ja gar feine Ohren haben.«

Die beiden gingen den Weg hinab und sahen einen anderen, der eine Flinte auf seiner Schulter trug. »Was machst du hier?« – »Siehst du denn nicht, was ich tue? Eine Fliege drüben in Amerika hat sich auf einen Felsen gesetzt, und die will ich herunterschießen.« – »Für dich habe ich Verwendung, komme mit uns.«

Da gingen die drei miteinander, bis sie einen anderen Mann trafen. »Was treibst du hier?« fragte der Frostbringer. »Weit dort drüben steht eine Mühle, die keinen Wind hat; ich will ihr Wind in die Flügel blasen.« – »Du kannst uns nützen, komm mit uns.« Da ging der Mann mit ihnen.

Sie setzten ihren Weg fort und sahen einen anderen, der trug eins seiner Beine unterm Arm. »Was soll denn das bedeuten?« – »Ich habe eins meiner Beine abgenommen, damit ich nicht zu schnell laufe.« – »Komm doch mit uns!« sagten die andern.

Sie gingen zusammen und trafen wieder einen Mann. Der trug einen mächtigen Baumstamm auf seiner Schulter, denn es war ein gar gewaltiger Mann. Auch der ging mit ihnen.

So kamen sie miteinander zur Stadt. Da hörten sie erzählen, am königlichen Hofe lebe eine alte Hexe, der niemand an Schnelligkeit zuvorkomme. Eine große Summe sei für den ausgesetzt, der die alte Hexe besiege. »Da wollen wir doch zum Hofe des Königs gehen«, meinte Frostbringer. Und sie gingen zum Schloß.

Frostbringer unterhielt sich mit dem König über den Wettlauf und erzählte, er habe einen Mann, der den Wettkampf aufnehmen wolle.

In jener Nacht schlief die ganze Gesellschaft im königlichen Palast. Am Morgen erhoben sie sich, es war der Morgen, an dem Laufeschnell und die Hexe um die Wette laufen wollten. Als sie hintereinander liefen, rief Schießeweit dem Frostbringer zu: »Schau nur, die alte Hexe kommt ihm zuvor.« Und Schießeweit schoß ihr einen Pfeil ins Knie, so daß Laufeschnell sie besiegen konnte. Der König war über die Maßen entrüstet. »Was sind denn das für Leute!« sprach er zu sich. In der nächsten Nacht schliefen sie wieder in dem Schloß.

Die alte Hexe riet nun dem König, am andern Morgen solle er von ihnen verlangen, daß sie den See vor dem Palast trockenlegen sollten. Hörewohl, der das Gespräch belauscht hatte, erzählte Frostbringer, was geplant war. Als sie am Morgen aufgestanden waren, kam der König und sagte ihnen, er wünsche, daß in der Frühe des nächsten Tages der See ausgetrocknet sei. Am Abend ging Frostbringer mit seinen Gesellen hinaus, und er forderte Blasewohl auf, den See trockenzublasen. Der blies nun all den Schlamm und all die Steine heraus, bis der Grund des Sees rein und trocken dalag.

Der alte König wußte nun nicht mehr, was er mit den Leuten anfangen sollte. Nun hatten sie die alte Hexe ganz und gar besiegt. »Ich werde sie in meiner alten Eisenkammer beherbergen und ein großes Feuer darunter anzünden, bis es darin so heiß ist wie im Backofen, dann werden sie sicher umkommen«, sprach er zu sich. Es wurde Nacht. Der König rief die Leute herbei und öffnete die Tür zur Eisenkammer. »Möchtest du heute nacht nicht hier schlafen, lieber Frostbringer?« Da ging Frostbringer hinein. »Ja, wir wollen schon hier schlafen, das ist ja ein warmes Plätzchen.« Da lachte der alte König, »ja, es ist ein warmes Plätzchen, und es wird gleich noch ein wenig wärmer werden.«

Frostbringer und seine Gefährten gingen also hinein. »Hier können wir schön warm schlafen«, meinten sie. Als sie eingetreten waren, legten sie sich gleich nieder. Bevor sie einschliefen, unterhielten sie sich noch ein Weilchen. Aber es wurde wärmer und wärmer in dem Raum. Allmählich wurde es so heiß, daß sie es nicht mehr aushalten konnten. Da schob Frostbringer seinen Hut auf die andere Seite. Und sofort kühlten sie sich ab, so daß sie zu frösteln begannen. Schon waren sie halbtot vor Kälte, da schob Frostbringer den Hut ein wenig hoch, und nun wurde die Kälte erträglich. Jetzt konnten sie sich niederlegen und schlafen. Am andern Morgen kam der König, um nach ihnen zu sehen, und war bestürzt, sie noch am Leben zu finden. Da rief er sie heraus: »Kommt her, um zu frühstücken.« Als sie mit Essen fertig waren, gab ihnen der König den Auftrag, »ich wünsche, daß ihr mir hier auf dem See ein Schiff baut, ich will es morgen früh vor meinem Palast sehen.«

Als der Morgen graute, war das Schiff fertig. »Ich möchte, daß das Schiff fährt, ohne daß es Wasser unter sich hat.« Da rief Frostbringer den Blasewohl, und dieser blies das Schiff so weit, bis es außer Sicht war. Der König fragte nun den

Frostbringer: »Wieviel Geld möchtest du, um dann deines Weges zu ziehen?« – »Soviel als einer meiner Diener tragen kann.« – »Du sollst es haben«, meinte der König. Da kam der Starke mit einem gewaltigen Sack und öffnete ihn. Der König füllte ihn halb voll und sprach: »Das ist soviel, als du tragen kannst.« Da hob der Starke den Sack mit seiner Hand. »Nennst du dieses bißchen schwer? Fülle ihn doch!« Da schaute ihn der alte König voll Ärger an, und er füllte den Sack. »Nun hab ich ihn gefüllt, nehmt ihn und geht eures Weges und kommt ja nicht wieder hierher.« Da nahmen sie das Gold und zogen ab. Als sie gegangen waren, ärgerte sich der alte König, daß er so viel Gold hatte weggeben müssen. Und er sandte seine Soldaten hinter ihnen her. Der Höregut aber hörte sie kommen. »Haltet ein wenig, ich höre, daß die Soldaten hinter uns herkommen.« Da blieben sie stehen und schauten sich um. »Habt keine Angst«, mahnte Frostbringer. Und da die Soldaten näherkamen, schob Frostbringer seine Mütze auf die Seite, und die Soldaten mußten halten, denn sie konnten vor Frost zitternd keinen Schritt weitergehen.

Nun lohnte der alte Frostbringer alle seine Leute aus und zog allein in sein Heimatdorf. Dort kaufte er sich ein kleines Landhaus. Er lebt noch dort und es geht ihm gut. Unsere Waldleute waren auch schon dort und fiedelten vor ihm.

73. Das Märchen vom Teufel

In einer kleinen Hütte wohnte eine alte Frau mit ihrem Sohn. Der Sohn war ein großer, starker Mensch. In der Nachbarschaft stand ein Herrenhaus, dahin ging die alte Frau alle Augenblicke und bettelte um einen Laib Gerstenbrot und einen großen Topf voll Buttermilch. So trieben sie es schon drei Jahre. Eines Morgens aber sprach der Gutsherr zu der Alten: »Für wen hast du denn zu sorgen, daß du immer um so viel Essen bettelst?« – »Ich habe für niemanden weiter zu sorgen, nur für mich und meinen Sohn.« – »Ich werde dir nichts mehr geben, schicke mir deinen Sohn her, ich will ihn doch einmal sehen.«

Da ging die Alte zu ihrer Hütte und sprach zu ihrem Sohn: »Er will mir nichts mehr geben, geh du mal hin, er wünscht dich zu sehen.« – »Was mag er nur von mir wollen?« sprach der Sohn, und er ging zum Herrenhaus.

Der Gutsherr stand gerade draußen vor der Tür und erblickte ihn. »Kannst du arbeiten?« fragte der Gutsherr. »Was heißt das: arbeiten?« fragte da der große Mann. »Komm her, ich will es dir zeigen«, und er führte ihn in den Stall. Dort nahm der Gutsherr eine Mistgabel in die Hand und sprach: »So mußt du es machen«, und warf ein wenig Kuhmist zur Tür hinaus. »Das ist deine Arbeit.«

»Das ist gar nichts«, meinte der große Mann und ergriff die Gabel und warf den ganzen Dung mit einem einzigen Wurf hinaus. Bestürzt schaute ihm der Edelmann zu.

»Jenseits des Flusses weiden meine Kühe, gehe hin und treibe sie alle zum Hause her. Jedoch mußt du sie so durch das Wasser führen, daß keine ihre Hufe benetzt.«

Da nahm der große Mann einen Sack und ein großes Messer, schritt durch das Wasser, lief hinter den Kühen her und fing eine. Dann schnitt er ihr die vier Hufe ab und warf sie in den Sack. Und so tat er mit den sämtlichen Kühen. Alle wurden huflos.

Dann trieb er sie durch das Wasser zum Hause hin. Der Gutsherr stand gerade vor der Tür. Der große Mann schüttete nun den Sack aus, ihm unmittelbar vor die Füße. Alle die Hufe rollten heraus. »Schau«, sagte er, »sind sie etwa naß geworden?«

Als das der Edelmann sah, gab es einen großen Streit. Aber schließlich beruhigten sich die beiden wieder.

»Nun«, sprach der Gutsherr, »wünsche ich, daß du eine kleine Arbeit für mich verrichtest. Dort im Wald habe ich einen Wagen und drei Pferde. Die Leute sind gerade dabei, den Wagen mit Baumstämmen zu beladen, du hast weiter nichts zu tun, als nur zu den Pferden zu sagen: ›Nun, vorwärts!‹« Der Mann ging hin und sprach zu den Pferden: »Vorwärts!« Aber keines von ihnen wollte sich rühren. Da spannte er das Leitpferd aus, band ihm die vier Füße zusammen und warf es in den Wagen. »Nun vorwärts, ihr«, sprach er zu den beiden anderen. Aber keines von ihnen tat auch nur einen Schritt. Da spannte er auch diese beiden aus, band ihnen die vier Beine zusammen und warf sie in den Wagen hinein. Dann spannte er sich selber vor den Wagen und zog alles – den Wagen und die Baumstämme und die drei Pferde – hinauf zum Gutshof.

Der Edelmann kam heraus und erstaunte nicht wenig beim Anblick dieses Aufzuges. Der starke Mann ließ nun den Wagen vor der Tür stehen und holte sich sein Essen, die Buttermilch und das Gerstenbrot. Der alte Gutsherr fragte ihn: »Woher hast du nur deine Kraft?« Er aber verriet nichts.

Nun sprach der Edelmann zu ihm: »In den Feldern da drüben liegt ein großer See. Ich wünsche, daß du mir den trockenlegst.«

Der große Mann ging hin und fällte einen großen Baumstamm. Dann ging er zum See und durchstieß mit dem Baumstamm den Grund des Sees, so daß alles Wasser ablief.

Am Morgen ging der Herr hin, um sich den See anzuschauen. Und siehe da, das Wasser war verschwunden. Wieder fragte er ihn: »Wo hast du nur deine Kraft her?« Aber er sagte es nicht, sondern sprach:

»Ich werde dir zeigen, was wirklich Kraft ist.« Und er nahm eine große Eisenkette. Diese legte er rings um das Gutshaus und hob es mitsamt seinen Bewohnern auf und setzte es neben seine eigene elende Hütte.

Am Morgen sprach der Schloßherr zu ihm: »Wenn du mir sagst, woher du deine Kraft hast, dann werde ich dir alle meine Schafe und alle meine Kühe und alle meine Pferde schenken.«

Aber der große Mann verriet nichts, er griff nur mit der Hand in seine Tasche, brachte einen kleinen weißen Knopf zum Vorschein und sagte: »Da nimm!«

Der Schloßherr glaubte wirklich, daß darinnen die Kraft säße, und steckte den Knopf in seine Tasche. Er gab seine ganze Habe dem starken Mann und zog weit weg.

Als aber nach drei Tagen von der Kraft noch nichts zu spüren war, sprach er zu sich selbst: ›Der Kerl hat mich betrogen, der hält es mit dem Teufel. Ich will gleich wieder zu ihm gehen!‹ Er ging also wieder zurück und klopfte leise an die Tür. Der starke Mann kam heraus, und der Edelmann rief ihm zu: »Du bist der Teufel!« – »Ja«, sprach der starke Mann, »der Teufel in eigener Person«, und damit stieß er ihn die Treppe hinunter.

Und der Teufel lebt jetzt noch dort.

Doch nun muß ich eine große Wurst dafür bekommen, daß ich dir diese Lüge erzählt habe.

NACHWORT

Seit mehr als einem halben Jahrtausend zieht rastlos durch die Länder Europas der braune Sohn Indiens, von dem guten Bürger verabscheut und gemieden. Nur durch äußere Verhältnisse gezwungen, geht er allmählich zur Seßhaftigkeit über. Aber auch dann noch lebt er, mißtrauisch gegen seine Umgebung, als Fremder unter dem jeweiligen Wirtsvolk; es fehlt ihm das Verständnis für die ihm wesensfremde Kultur, für deren rechtliche, gesellschaftliche und wirtschaftliche Grundlagen, und mit naivem Staunen bewundert er die Fortschritte der Technik.

Und auch soweit wir zurückschauend aus den spärlichen Nachrichten orientalischer Schriftsteller ein Bild seiner Erscheinung in der Vergangenheit zu gewinnen suchen: immer, auch schon im alten Indien, war der Zigeuner der verachtete, heimat- und kastenlose Paria, der seinen Lebensunterhalt mit Gesang, Tanz und Gaukelkunststücken oder durch Kesselflicken und Lederarbeiten erwarb, Künsten und Fertigkeiten, die ein geachteter Bürger berufsmäßig nicht ausüben durfte. Gewiß gehörten auch schon seine Vorfahren zu der Schicht der Kastenlosen, der Tschandalas und Schwapatschas, für die das indische Gesetzbuch des Manu, das etwa zwischen dem zweiten vor- und dem zweiten nachchristlichen Jahrhundert entstanden ist, besondere Verordnungen enthält: Sie sollen außerhalb des Dorfes wohnen – heißt es darin –, von Ort zu Ort sollen sie wandern; auf des Königs Befehl müssen sie es übernehmen, verurteilte Verbrecher hinzurichten, deren Gewänder dann ihnen gehören sollen. Bis auf die heutige Zeit hat sich dieses Verhältnis der Zigeuner zu ihrem Wirtsvolk kaum verändert, selbst in bezug auf die letztgenannte Bestimmung des Gesetzes; wurden doch neulich noch nach den

Kommunistenunruhen in Bulgarien von der Regierung zwei Zigeuner gedungen, die an den Aufständischen Henkersdienste zu verrichten hatten.

Die Heimatlosigkeit der Zigeuner schon im indischen Mutterland hinterließ ihre Spur vor allem in der Sprache, deren indischer Bestandteil ausgesprochenen Mischcharakter trägt, so daß m. E. schon die Fragestellung unmöglich ist, in welcher Landschaft Indiens der ursprüngliche Wohnsitz der Zigeuner denn zu suchen sei. Noch heute leben in Indien unter verschiedenen Namen Zigeunerstämme. Eine genauere Kenntnis ihrer Dialekte verdanken wir neuerdings dem schönen Buche Sten Konows: »Gipsy Languages« in der Sammlung »Linguistic Survey of India«. Manche dieser Stämme haben neben ihrer eigentlichen Sprache eine besondere Geheimsprache entwickelt, indem sie den Wortanlaut nach bestimmten Regeln änderten oder den Worten gewisse Silben anfügten. Derartige Mittel zur Bildung von Geheimsprachen wurden – wie die Betrachtung des altindischen Wortschatzes lehrt – schon in uralter Zeit in Indien, also nicht erst von Zigeunern, verwandt und mögen auch diesen als Vorbild gedient haben. Die Kenntnis der Bildungsweise solcher Geheimwörter in den indischen Zigeunersprachen wird nun auch auf die europäischen Zigeunermundarten insofern ein Licht werfen, als dadurch die Ableitung einer Anzahl ihrer indischen Wörter, deren Herkunft bisher gar nicht oder unrichtig gedeutet war, sichergestellt wird. Auf einige Beispiele hat bereits Konow hingewiesen.

Der Name, mit dem sich die europäischen Zigeuner selbst bezeichnen, Rom, der identisch ist mit dem der syrischen Zigeuner, Dom, und der gewöhnlich mit »Mensch« übersetzt wird, begegnet uns auch als Name eines indischen Zigeunerstammes. Dieses Wort ist außerdem verwandt mit Sanskrit »Dama«, der Bezeichnung für gewisse kastenlose Leute, und ferner mit Sanskrit »Doma«, womit im alten Indien Leute bezeichnet wurden, die von Gesang und Musik lebten. Abzuleiten sind alle diese Bezeichnungen von Sanskrit »dam«, das »tönen« bedeutet. »Dama« heißt also ursprünglich offenbar »Musikant« und ist zunächst nur eine Berufsbezeichnung. Der

Name »Zigeuner«, unter dem das fahrende indische Volk in Europa am besten bekannt ist, mit dem es sich aber nicht selbst benennt, war, wie Miklosich[1] gezeigt hat, ursprünglich der Name einer Sekte, der »'Αϑιγγανοι«, die zu Beginn des neunten Jahrhunderts vor allem in Phrygien viele Anhänger besaß und die sich deshalb »die nicht zu Berührenden« nannte, weil ihre Mitglieder alle anderen Menschen als unrein betrachteten und daher eine Berührung mit ihnen vermieden. Miklosich nimmt an, daß dieser Name deshalb auf die fremden Ankömmlinge übertragen wurde, weil diese durch die phrygische Provinz nach Byzanz einwanderten, wie sie z. B. in Frankreich Bohémiens genannt wurden, weil sie aus Böhmen kamen. De Goeje[2] ist dagegen der Ansicht, daß die Fremdlinge, bald nachdem die Sektierer (gegen die Mitte des neunten Jahrhunderts) in den Kirchenbann gekommen und damit dem öffentlichen Spotte preisgegeben waren, auf byzantinischem Boden erschienen sein müssen, und daß sie dann verächtlicherweise wegen ihres ungewöhnlichen Gebarens, das eine nähere Berührung mit ihnen ausschloß, mit dem Namen der geächteten Sektierer, der Atsincan, bezeichnet wurden. Jedenfalls ist die Bezeichnung geblieben und mit den Trägern mitgewandert, türkisch zu »Tschinghiane« geworden, italienisch »Zingari«, spanisch »Zincali«, deutsch »Zigeuner«.

Pott hat in seinem grundlegenden Werk »Die Zigeuner in Europa und Asien« (1844/45) zum ersten Male den wissenschaftlichen Nachweis erbracht, daß Indien als das Mutterland der Zigeuner anzusehen ist. Da andere Dokumente, die uns über den Wanderweg der Zigeuner Aufschluß geben könnten, nahezu fehlen, so bleibt nur die Möglichkeit, ihn auf Grund sprachlicher Untersuchungen aufzuhellen. Eine Reihe persischer, armenischer, türkischer und griechischer Lehnworte in der Zigeunersprache zeigen denn auch die Richtung, in der die Wanderung verlaufen ist; wo immer wir in den nordischen Ländern Zigeunern begegnen, enthält ihre Sprache stets die Spuren der Beeinflussung durch die Sprachge-

[1] Über die Mundarten und Wanderungen der Zigeuner Europas VI, S. 55 ff.

[2] Mémoire sur les migrations des Tsiganes à travers l'Asie, p. 75.

biete, die sie durchzogen haben. Wie alle europäischen Zigeunermundarten zeigen, haben ihre Träger sich alle einmal kürzere oder längere Zeit in Griechenland aufgehalten.

Jedenfalls stammen auch die ersten geschichtlichen Anhaltspunkte über die Wanderung der Zigeuner aus Griechenland. In den Aufzeichnungen eines georgischen Mönches vom Athosberge (um 1100)[1] werden die Atsincan als Zauberer und Spitzbuben erwähnt, aus späteren Schriften hören wir von ihnen als von Schlangenzähmern, Wahrsagern und Bauchrednern. Auch damals werden sie beschrieben als Leute, die außerhalb der Städte in Zelten wohnen und unstet, wie von einem Fluch verfolgt, von Ort zu Ort wandern müssen. Ende des vierzehnten Jahrhunderts scheinen sie bereits über den ganzen Balkan verbreitet zu sein. Von den Türken bedroht, sehen sie sich schließlich gezwungen, ihre Wanderung nach Norden fortzusetzen. Zuerst machte sich im Jahre 1417 eine Schar von etwa 300 Zigeunern auf, um das nordwärts gelegene Gebiet auszukundschaften. Noch in demselben Jahr erreichten sie Hamburg und andere Hansestädte; ein Jahr später erschienen sie in der Schweiz und in Bayern, in den drei nächsten Jahren in Frankreich, Flandern, Italien. Diesen Kundschaftern folgten bald die übrigen Stammesgenossen, und schon 1438 waren die Zigeuner über ganz Europa verbreitet; überall begegnete man ihnen mit Mißtrauen und beeilte sich, sie durch gesetzliche Gegenmaßnahmen zu vertreiben und zu unterdrücken[2].

Die syrischen Zigeuner, aus deren Märchengut die Sammlung vier Märchen bringt, können, wie ebenfalls die sprachwissenschaftliche Untersuchung zeigt, unmöglich mit den Vorfahren der europäischen, zu einem Stamme vereint, zu gleicher Zeit das indische Mutterland verlassen haben. In der Zeitschrift »Der Islam«, 1923, habe ich auf einige zwingende Kriterien hingewiesen, die die beiden sich allerdings nahestehenden Stämme unterscheiden, und seitdem hat eine genauere Durchsicht des indischen Sprachgutes im Dialekt der

[1] vgl. Miklosich, a. a. O. S. 60. [2] vgl. J. Sampson, On the Origin and early migrations of the Gypsies. J. G. L. S. III. Series, 1923, S. 168.

syrischen Zigeuner mir noch weitere Beweismomente für meine Anschauung erbracht.

Von dem vergeblichen Versuch des Perserkönigs Bahram (430—443), eine große Zahl indischer Zigeuner mit dem Stammesnamen Luri[1] in seinem Lande anzusiedeln, berichtet der große persische Epiker Firdusi, der um 1000 n. Chr. lebte, in seinem Schah-name: »Der König schrieb an jeden Mobed einen Brief und fragte darin, da er die Lage der Armen zu bessern wünschte: ›Sagt mir, wer, wo er auch sei, ohne Beschwerden leben kann und dabei arm und ohne jeden Reichtum ist. Beobachtet den Zustand, in dem die Welt sich befindet, und öffnet mein Herz dem Licht.‹ Von jedem Mobed, jedem berühmten, jedem einsichtigen Manne erhielt er folgende Antwort: ›Uns erscheint die ganze Welt glücklich; überall werden Segensworte laut, nur mit der einen Ausnahme, daß die Armen sich über den König beklagen und über ihr unglückliches Los, weil, wie sie sagen, die Reichen bei den Klängen der Musik, mit blumenbekränztem Haupt, Wein trinken, und weil Leute wie sie, die Armen, die ohne Musik und ohne Blumen trinken, für nichts erachtet werden, während die Reichen mit Leib und Seele genießen.‹ Der König lächelte über diese Briefe und schickte eilends ein schnelles Dromedar mit einem Boten auf den Weg zu Schankul, einem indischen König, und ließ ihm sagen: ›O hilfreicher König, wähle zehntausend Luris aus, Männer und Frauen, die des Lautenspiels kundig sind.‹ Als die Luris eintrafen, befahl der König, sie vorzulassen; er gab jedem einen Ochsen und einen Esel, denn er wollte sie zu Bauern machen. Auch ließ er ihnen von seinen Steuereinnehmern tausend Eselslasten Getreide geben, denn sie sollten den Boden mit ihren Ochsen und Eseln be-

[1] Von den Persern so benannt, weil sie über die Provinz Luristan gekommen waren. Nuri, Mehrzahl Nawar, ist die arabische Form dieses Namens. Der Name Zutt, unter dem die Zigeuner bei den Arabern gleichfalls bekannt sind, ist eine Arabisierung des indischen Volksnamens der Dschat, der wohl auf die Zigeuner übertragen wurde, weil sie deren Gebiet durchzogen hatten oder sonstwie an diesen kriegerischen indischen Volksstamm erinnerten. Eine Parallele zu dieser falschen Namensübertragung bietet die Bezeichnung der Zigeuner als »Tatern« in Norddeutschland und Skandinavien.

arbeiten, das Getreide als Saat verwenden und Ernten einbringen, und gleichzeitig sollten sie unentgeltlich für die Armen musizieren. Die Luris zogen von dannen, verzehrten die Ochsen und das Getreide, und nach Ablauf eines Jahres fanden sie sich wieder mit gebräunten Wangen ein. Da sagte der König zu ihnen: ›Ihr hättet die Saat, das junge Getreide und die Ernte nicht vergeuden sollen! Jetzt bleibt euch nichts als eure Esel, beladet sie mit euren Habseligkeiten, bringt eure Musikinstrumente in Ordnung und hängt sie euch an seidenen Schnüren um.‹ So kommt es, daß die Luris noch heute, den gerechten Worten des Königs zufolge, durch die Welt irren, auf der Suche nach ihrem Lebensunterhalt, als Schlaf- und Weggesellen der Wölfe und Hunde, immer auf den Landstraßen, um Tag und Nacht zu stehlen.«[1]

Da auch der arabische Historiker Hamza Isfahani, der ein halbes Jahrhundert vor Firdusi lebte, im wesentlichen dieselbe Geschichte berichtet, so ist kaum zu zweifeln, daß ihr eine historische Begebenheit zugrunde liegt.

Für die Durchforschung ihrer Märchenliteratur ist es unbedingt erforderlich, sich über Heimat und Wanderweg der Zigeuner klarzuwerden, handelt es sich doch darum, festzustellen, inwieweit das Märchengut der einzelnen Zigeunerstämme mit dem des Wirtsvolks in Zusammenhang steht und, wenn es sich unabhängig davon erweist, zu prüfen, von welchem anderen Volk, unter dem der Zigeunerstamm ehemals kürzere oder längere Zeit gelebt haben mag, es übernommen sein könnte. Vielleicht bleibt auch dann noch ein kleiner Rest von Motiven und Zügen, die sich nur in dem reichen Märchenschatz der indischen Heimat der Zigeuner wiederfinden und in später erst entlehnte Märchen verwoben worden sind. Ein eigentümlich indischer Zug z. B. findet sich noch in dem von deutschen Zigeunern erzählten Märchen vom »Drachentöter«, worin berichtet wird, daß man im Kopfe des Drachen einen Diamanten fand (vgl. die Anm.). Wie jedoch die Anmerkungen zeigen, handelt es sich bei den meisten dieser Zigeunermärchen um Entlehnungen aus dem Märchengut des jetzigen oder eines früheren Wirtsvolkes.

[1] vgl. J. Mohl, Livre des rois par Abou' l-Kasim Firdousi, VI, S. 60 f.

Immerhin müssen einige wenige Märchen als vollständig eigene Erfindungen der Zigeuner angesehen werden, und zwar die sogenannten »Kulturmärchen«, die erzählt werden, um besondere, den Zigeuner interessierende Dinge zu erklären, z. B. das Märchen von der Erschaffung der Geige; oder solche, die charakteristische Eigenschaften der Zigeuner, ihre Bescheidenheit und Bedürfnislosigkeit, betonen wollen; ferner auch Märchen, die die religiösen Anschauungen der Zigeuner behandeln, wie z. B. »Die Reise ins Totenreich«.

Interessant ist es, zu beobachten, wie selbst die entlehnten Märchen der Denk- und Anschauungsweise der Zigeuner angepaßt, wie sie romisiert worden sind. Merkwürdig mutet es uns z. B. an, wenn in dem Märchen »Der Apfel, der guter Hoffnung macht« der Kaiser vor Freude über die gewonnene Schlacht und die Geburt seines Sohnes wie ein Zigeunerhauptmann in die Schenke geht und sich derartig betrinkt, daß er schließlich tot niederfällt; ebenso bezeichnend für den Zigeuner ist es, daß in dem Märchen von den achtzehn Hasen der Held, nachdem er sich an den leckeren Speisen aus der herrschaftlichen Küche gesättigt hat, während des Hütens auf Igeljagd geht, wobei mit sichtlichem Behagen erzählt wird, wie er einen großen Igel fängt, ihn zubereitet und verspeist.

Das Wunderbare, das uns in den Märchen begegnet, steht für den Zigeuner wie für den Inder überhaupt (vgl. Hertel, Indische Märchen. Nachwort, Seite 391) immer noch im Bereich des Möglichen, denn er selbst lebt noch heute in dem alten Zauberglauben, auf dem das Märchen erwachsen ist, mag er sich auch äußerlich zum Islam oder Christentum bekennen.

In der vorliegenden Sammlung haben nur solche Märchen der verschiedenen Zigeunerstämme Aufnahme gefunden, deren zigeunerische Originaltexte uns vorlagen, so daß diese immer mit den bereits gegebenen französischen, englischen, rumänischen oder lateinischen Übersetzungen verglichen werden konnten. Nur einige Märchen, die aus den Sammlungen Wlislockis übernommen wurden, für die aber der Name dieses um die Zigeunerforschung hochverdienten Mannes die Gewähr der Zuverlässigkeit bot, waren uns im Originaltexte nicht zugänglich.

Wie aus dem Inhaltsverzeichnis hervorgeht, sind in dem Bande Erzählungen der in Palästina, in der Türkei und Bulgarien, in Alt- und Neurumänien, in Rußland, Deutschland und England lebenden Zigeuner enthalten. Zu den von mir gesammelten deutschen Zigeunermärchen sei bemerkt, daß ihre Erzähler Wanderzigeuner sind, die vor nicht allzu langer Zeit, vielleicht vor fünfzig Jahren – wie ihre sprachlichen Eigentümlichkeiten zeigen –, aus Rumänien zugewandert sind.[1] Die alteingesessenen Zigeuner, deren Sprache zuletzt von F. N. Finck beschrieben wurde, sind in diesem Buche nicht vertreten. Es ist mir nicht gelungen, auch nur ein einziges Märchen von ihnen zu erhalten. Wo die Zigeuner nicht mehr im Sippenverband zusammenleben, sondern in einzelne Familien zerstreut sind, da versiegt eben allmählich ihr Märchenquell.

Bei der Übertragung der Märchen kam es uns darauf an, den Text nicht sklavisch zu übersetzen, sondern vor allem dem Sinne Rechnung zu tragen. Die Neigung der Zigeuner, Redensarten ihrer Wirtsvölker auch in ihrer eigenen Sprache nachzuahmen, bereitet dem Übersetzer mancherlei Schwierigkeiten. Um nur ein Beispiel zu erwähnen: In dem Märchen Nr. 6, »Der getreue Kahlkopf«, lautet auf S. 25 die Antwort des Helden auf die Erklärung des Königs, er werde ihn töten lassen, im Original »tu djanesa«, wörtlich »du weißt es«, was denn auch von Paspati mit »tu sais« übersetzt wurde. Es ist aber offenkundig dem türkischen »sen bilirsin« (wörtlich ebenfalls »du weißt es«) in der Bedeutung von »das ist deine Sache, das steht bei dir« nachgebildet worden. Ich hoffe, daß auch andere Abweichungen von dem bisherigen Verständnis einzelner Stellen der Originaltexte, wie sie die vorliegende Übertragung gelegentlich zum Ausdruck bringt, die Zustimmung der Fachgenossen finden werden.

1925 Walther Aichele

[1] In gedrängter Kürze gab ich eine grammatische Skizze ihrer Mundart im Anschluß an meine Bearbeitung der Zigeuner-Phonogramme des Hamburgischen Phonogramm-Archivs in der »Vox« 1920.

NACHWORT

zu den Märchen der Zigeuner Südosteuropas*

Daß die meisten der in diesem Band dargebotenen Zigeunermärchen aus Südosteuropa stammen, ist kein Zufall. Der südosteuropäische Raum ist die Heimat der Zigeuner in Europa. Hier sind sie im Vergleich zu anderen Teilen der Erde zahlenmäßig am stärksten vertreten und von hier durchzogen sie, seit dem 15. Jahrhundert nachweisbar, in großen Scharen immer und immer wieder den Kontinent. Im Gegensatz zu Mittel- und Westeuropa wurden sie auf der Balkanhalbinsel behördlicherseits als Volk weder gejagt noch hart verfolgt. Hier duldete man sie, hier fanden sie als Musikanten, Hufschmiede, als Verfertiger von allerlei häuslichem Gerät, wie Löffeln, Körben, Sieben, Kämmen, Spindeln, Mulden, und als Ausübende niedriger Dienste einen modus vivendi mit der einheimischen Bevölkerung. Von ungestümem Wandertrieb beseelt, durcheilten sie, und ganz besonders die Kupferschmiede und Kesselflicker, mit Pferd und Wagen die Lande. Daher war denn auch hier der persönliche Kontakt mit ihnen äußerlich viel menschlicher als bei uns, wo man noch heute einen großen Bogen um sie macht, wenn man ihnen begegnet.

Sie halten sich streng vom Wirtsvolk abgesondert, eheliche Verbindungen mit den Bewohnern des Landes kommen höchst selten vor. Der Zigeuner weiß sich dem Wirtsvolk gegenüber sozial unterlegen. Bei aller Wahrung der Distanz unterhält sich der einheimische Südosteuropäer mit ihm, macht Witze über ihn, verspottet oder verprügelt ihn, ohne daß in ihm als dem Opfer irgendein Rachegefühl aufkommt.

* Vgl. auch M. Block, Zigeuner, ihr Leben und ihre Seele, Leipzig (Bibliographisches Institut AG.) 1936. S. 10–19 und 174–176.

In seiner Ohnmacht läßt er mit Gleichmut alles über sich ergehen. Selbst in den Konzentrationslagern bewahrte er Frohsinn, Tanz und Scherz. Er bleibt stets, was er ist, ein stolzer, selbstbewußter Zigeuner, der sich o rom »der Mensch« nennt (fast alle Naturvölker haben die Selbstbezeichnung »die Menschen«) und für alle Nichtzigeuner den verächtlichen Namen o gadzo oder e gadzi »Fremde, Barbaren, nicht zu ihm Gehörige« hat, als sei er sich selbst genug. In vielen Anekdoten, denen stets selbsterlebte Situationen zugrunde liegen, sucht er vor sich selber durch Wendigkeit seine Überlegenheit über den leicht zu überlistenden Tölpel-gadzo zu erweisen. In dieser gedrückten sozialen Lage gedeihen Zigeunerwitz und -schwank, von dem uns Friedrich S. Krauss in seinem 1907 erschienenen Buch »Zigeunerhumor« herzerfrischende Kostproben gegeben hat. In Südosteuropa kann sich fast ungehemmt echtes Zigeunertum noch naturhaft auswirken. Hier erhielt sich Zigeunertradition viel lebendiger, hier fließt der Born seiner Märchen reichlich. Aus dieser Südostecke Europas mit noch ursprünglichem Volkstum kommen wohl denn auch die schönsten Zigeunermärchen.

Eine schriftliche Fixierung des Erzählgutes durch Zigeuner selber gibt es nicht, alles ist mündliche Überlieferung. Und wenn viele von ihnen auch heute schriftkundig sind, so fällt es keinem ein, das von ihnen für andere als wertlos Erachtete niederzuschreiben. Außerdem war es bis vor kurzem noch tabu. Das vorhandene, noch lange nicht ausgeschöpfte Märchengut der Zigeuner ist daher ausschließlich von Nichtzigeunern aufgezeichnet und gesammelt worden:

Für die ungarischen Zigeuner ist der siebenbürgische Gelehrte Heinrich von Wlislocki kompetent, der durch seine Aufnahme in einen Zigeunerstamm tiefe Einblicke (1880–1890) in das Zigeunerleben gewinnen konnte, für die rumänischen Zigeuner Barbu Constantinescu, ein Bukarester Theologieprofessor, der unter Hintansetzung jeglichen persönlichen Interesses unter Zigeunern seines Landes die in diesem Band übersetzten Märchen sammelte (1878) und sich um die Auffindung autochthonen Wortgutes (u. a. um Ausdrücke für Frosch, Schildkröte) bemühte. Der rumänische

Volkskundler Moses Gaster, der seit 1885 in Oxford und London lehrte, veröffentlichte einige Märchen aus Rumänien; Miss Dora E. Yates eines in der Festschrift für ihren Lehrer John Sampson (1923). Ich selbst hatte während meines fast zehnjährigen Aufenthaltes in Rumänien Gelegenheit, den ungeahnt reichen Schatz an Märchen, den die walachischen Zigeuner besitzen, zu bewundern und wenigstens einige der Vergessenheit zu entreißen. Der Wiener Slavist Franz von Miklosich benutzte für seine philologischen Arbeiten 1872–1880 Zigeunertexte aus der Bukowina u. a. Wohl der beste Kenner der Zigeunerdialekte südlich der Donau, B. J. Gilliat-Smith, sammelte gelegentlich seiner Missionen in verschiedenen Ländern, besonders aber in Bulgarien. Der griechische Arzt A. G. Paspati gibt uns eine Vorstellung von den Märchen der türkischen Zigeuner der europäischen Türkei in seinem 1870 erschienenen Werk »Les Etudes sur les Tchinghianés de l'Empire Ottoman, Constantinople«. Rudolf von Sowa macht in seiner »Mundart der slowakischen Zigeuner« (Göttingen 1887) neun Zigeunermärchen bekannt. Während des Zweiten Weltkrieges und nach dem Kriege widmete sich der jugoslawische Forscher Rade Uhlik in seinem Vaterland der Sammlung von originalen romane paramiča und Liedern, die er in Zigeunerisch aufzeichnete, sie serbisch übersetzte und viele davon dem Journal of the Gypsy Lore Society mitteilte: ein überaus wertvolles Material. Vereinzelt finden sich Märchen hier und da in Reisebeschreibungen, in Folklore-Zeitschriften und der der Deutschen Morgenländischen Gesellschaft verstreut.

Die erste wissenschaftliche Sammlung von Gypsy Folktales gab Francis Hindes Groome 1899 in London heraus. Dieser Sammlung ebenbürtig, wenn auch gegen ihren Willen ohne wissenschaftlichen Apparat, reiht sich »A book of Gypsy Folktales« selected by Dora E. Yates, London 1948 an; es enthält 29 Märchen aus 11 verschiedenen Ländern und 15 aus England, Wales und Schottland. John Sampson sammelte unter Wallisischen Zigeunern und veröffentlichte im Journal of the Gypsy Lore Society Teile seiner Ausbeute, aus der Dora E. Yates »21 Welsh Gypsy Folktales« in Buchform in Newtown 1933 herausgab. Carl Herman Tillhagen ließ sich vom einstigen Häuptling aller Zigeuner in Schweden, namens Johan Dimitri Taikon, Zigeunermärchen und -geschichten erzählen, die in schwedischer Ausgabe 1946, in deutscher unter dem Titel »Taikon erzählt Zigeunermärchen« 1948 in Zürich herauskamen. Schließlich erfaßte nach dem Zweiten Weltkrieg der Dominikanerpater Chatard bei Lyon archivmäßig das gesamte geistige Zigeunerwissen Zankos, eines Kalderaschhäuptlings, von dem ein Teil in der Bearbeitung und mythenmäßigen Interpretierung von Michel Bernard veröffentlicht wurde (Zanko, Chef tribal chez les Chalderash: La tradition des Tsiganes, conservée par l'aristocratie de ce peuple, Paris 1959). Bei diesen letzten Sammlungen wird das Märchen vom Schwank und der Legende nicht immer getrennt. Oft fließen Elemente aller drei Gattungen ineinander.

Wie stark die Märchenwelt in der Phantasie dieses doch so realen Völkchens, fast möchte man sagen als Kompensation für sein nüchternes Dasein und hartes Schicksal, eine Rolle spielt, erkennt man in den Werken des bisher einzigen Schriftstellers zigeunerischer Abkunft Matéo Maximoff, dessen Erzählton in seinen Ursitory (Paris 1946) an den der Zigeunermärchen erinnert. Zwei weitere Romane von ihm sind: Le prix de la liberté (1955), das das Sklavenleben der Zigeuner in Rumänien Mitte des 19. Jahrhunderts behandelt, und Savina, ein Roman (1957), der die russischen Zigeuner zum Thema hat. Im übrigen ist das Journal of the Gypsy Lore Society das einzige Organ in der Welt, das seit 1888 mit Unterbrechungen bis heute alle Erscheinungen aus der Welt der Zigeuner bespricht, Zigeunertexte veröffentlicht und stets auf hohes wissenschaftliches Niveau bedacht ist. Dafür garantiert Honourable Secretary Miss Dora E. Yates, die uneigennützige Betreuerin der Zeitschrift: The famous Romani Rani (rawnie) »Zigeunerherrin«, -kennerin.

Nur wer unter Zigeunern gelebt und gesammelt hat, wird ermessen können, welchen Aufwand von Energie, Überwindung und Geduld es kostet, einen wenn auch noch so kleinen Schatz an originalen Märchen aus Zigeunermund schriftlich aufzunehmen. Der Argwohn, den dieses Volk in jedem Fremden, der zu ihm kommt, wittert, muß erst überwunden werden. Zum Erzählen kann man den Zigeuner nicht zwingen. Ein glücklicher Augenblick gebiert eine Erzählstimmung, den muß man abpassen. Dann erst gibt er sich selbst, ohne Reflexion. Im Märchen lügt er nicht, auch seine persönliche Phantasie kommt nicht zu Worte, er ist gebunden an die Überlieferung, die ihm heilig ist; ändert er sie, würde er seine Vorfahren verletzen. Und wenn einmal das Erzählen am Lagerfeuer oder bei der Totenwache beginnt! Dann kommt jeder an die Reihe, der zu erzählen versteht. Die guten Erzähler sind in der Gemeinschaft bekannt und werden aufgefordert, dies oder jenes Märchen vorzutragen. Da lauscht dann der »heimliche« Forscher gleich den ums lodernde Feuer sitzenden oder hockenden Gestalten auf jedes einzelne Wort und läßt sich vom Zauberbann ergreifen. In den Gesichtern malt sich die Spannung, mit der sie den Ereignissen folgen und die sich plötzlich durch den Einwurf eines Witzboldes oder durch die unvorhergeahnte gute Wendung der Schicksale des Märchenhelden durch ein Lockern der Gesichtsmuskeln entlädt, um in ein befreiendes Lachen oder Lächeln auszuklingen. Der Zigeuner erlebt den Gang der Geschehnisse mit, er weint, lacht mit dem Helden, empfindet wie er Furcht, Angst in Not und Gefahr. Die Märchenerzähler sind wahre Darsteller in Tonfall, Mimik, Körperbewegungen. Die direkte Rede der auftretenden Personen wirkt eindrucksvoll, das Wechseln der Zeiten (Präsens, Imperfekt usw.) wird durch das Miterleben bedingt. Ferne, Langdauerndes wird mit Eintönigkeit der Stimme oder Längung der Vokale ausgedrückt, z. B. d-u-u-r »weit, weit ...« Um überstarke Spannung zu mildern, bedient sich der Erzähler des Mittels der refrainartigen Wiederholung, ehe er auf eine neue Spannung lossteuert. Manchmal wird auch die Frau oder der Bruder des Erzählers als Zeuge zur Bekräftigung der Wahrheit angesprochen, damit die Zuhörer noch stärker von der Geschichte beeindruckt werden, die im Moment des Erzählens Wirklichkeit ist. Glauben und Wissen, Wunder und Wirklichkeit sind nämlich beim Zigeuner noch eins. Widersprüche berühren sein

Denken nicht. Der Zigeuner lebt in zwei Wirklichkeiten, der Verwunschenheit der Märchenwelt, wo alle Ungerechtigkeit ausgeglichen ist, weder Vergangenheit noch Zukunft ihn belastet, und in der realen, ihn umgebenden Welt, die ihn zwingt Mensch, o rom, zu sein, Nachkommen zu haben und für seine Existenz und die seiner Familie und seiner Sippe zu sorgen, um das von seinen Vorahnen überliefert bekommene Zigeunertum weiterzutragen. Hat er diese Lebensaufgabe erfüllt, wird er gläubig in die erste Wirklichkeit eingehen.

Thai mukhleom len othé kai avileom
Thai mothodeom tumaré raimaske.
Bachta te del o Del!*

12. August 1962 Martin Block

* Und dort habe ich sie zurückgelassen, woher ich gekommen bin, um euch dies zu erzählen. Gebe Gott Glück!

ANHANG

Die Zigeuner der verschiedenen Länder, in denen wir ihnen heute begegnen, erzählen uns in vorliegendem Bande in anspruchsloser Form, wie es ihre Art ist, ihre Märchen. Die zigeunerischen Originaltexte, aus denen sie übertragen sind, wurden nicht etwa von Zigeunern, die selten und dann nur mangelhaft sich auf die Kunst des Schreibens verstehen, sondern ausschließlich von Europäern, die ihre Sprache verstanden, aufgezeichnet. Über die einzelnen Quellen, auf die die Sammlung zurückgeht, gibt die nachfolgende Übersicht zu Beginn der Quellennachweise Auskunft.

Die Märchen Nr. 1–12 sowie Nr. 44–73 sind von mir, der Hauptteil der Märchen der im ganzen rumänischen Raum lebenden Zigeuner, Nr. 13–43, sind – mit Ausnahme der den Sammlungen M. Gasters und H. von Wlislockis entnommenen Erzählungen – von Herrn Dr. M. Block ins Deutsche übertragen worden. Daß sich Herr Landgerichtspräsident J. Ipsen, ein so kundiger Führer auf den vielverschlungenen Pfaden der Märchenliteratur, damit in den Dienst des Buches stellte, daß er die Anmerkungen beigab, werden die Leser mit uns dankbar begrüßen. Einzelne nicht märchenkundliche, sondern dem unmittelbaren Textverständnis dienende Erläuterungen von mir haben, soweit sie nicht als Fußnoten gesetzt sind, in den Anmerkungen Platz gefunden. Im Nachwort versuchte ich in aller Kürze nach den Ergebnissen fremder und eigener Untersuchungen die Frage nach Herkunft und Wanderung der Zigeuner zu beantworten, da die, wenn auch leider so lückenhafte, Kenntnis ihrer »Heimat« und ihres Wanderweges eine wichtige Voraussetzung für die märchenkundliche Betrachtung darstellen wird.

Den Herren B. Gilliat-Smith in Täbris, Prof. R. A. Stewart

Macalister in Dublin und Dr. John Sampson in Liverpool habe ich dafür zu danken, daß ich eine Reihe der von ihnen aufgezeichneten und im »Journal of the Gypsy Lore Society« veröffentlichte Märchen für die vorliegende Sammlung übersetzen durfte.

Besonderer Dank gebührt ferner Fräulein Eva Kant für ihre wertvolle und unermüdliche Hilfe bei Erledigung der Korrekturen. Ebenso verdient die Opferwilligkeit des Verlages alle Anerkennung.

Das Motiv des vorletzten Märchens: das Zusammenwirken der besonderen Kräfte mehrerer zur Erreichung eines gemeinsamen Zieles, war es also, dem das Buch seine Entstehung und seine Gestalt zu danken hat. Mögen nun die Märchen, die doch auch so manchen liebenswerten Zug echten Gefühlslebens offenbaren, zu ihrem Teil zu einem besseren und gerechteren Verständnis des heimatlosen Volkes beitragen. Gewiß wird dann zwar niemand enthusiastische Begeisterung für die Romantik empfinden, die des Zigeuners Dasein zu umgaukeln scheint. Immerhin aber, wenn wir bedenken, daß auch die weniger freundlich anmutenden Züge seiner Wesensart die Spuren eines seit Jahrtausenden auf ihm lastenden Schicksals sind, werden wir ihm unsere Anteilnahme nicht versagen können.

Walther Aichele

Quellennachweise und Anmerkungen

zusammengestellt von Johs. Ipsen, Hamburg

Die Märchen dieses Bandes sind entnommen aus:

W. Aichele, Märchen deutscher Zigeuner (Manuskript).

M. Block, Märchen rumänischer Zigeuner (Manuskript).

Constantinescu, Probe de limba si de literatura Tiganilor. Bucuresti 1878.

M. Gaster, Zeitschrift »Ausland« 1880/81.

B. Gilliat-Smith, Journal of the Gypsy Lore Society, New Series III, IV, V, VI, VII.

D. F. de l'Hoste Ranking, The Gypsies of Central Russia. Journal of the Gypsy Lore Soc. New Series IV.

R. A. Stewart Macalister, The Language of the Nawar or Zutt, the Nomad Smiths of Palestine. Gypsy Lore Society. Monographs No. 3. 1914.

F. Miklosich, Über die Mundarten und Wanderungen der Zigeuner Europas. IV. Märchen und Lieder der Zigeuner der Bukowina. (Denkschriften der Wiener Akademie, Phil. hist. Kl. 1874, Bd. 23.)

A. G. Paspati, Études sur les Tchinghianés ou Bohémiens de l'Empire Ottoman, Constantinople 1870.

J. Sampson, The »German Gypsies« at Blackpool. Journal of the Gypsy Lore Soc. New Series I.

— Welsh Gypsy Folk-Tales. Journal of the Gypsy Lore Soc. New Series I–IV; Third Series II.

H. von Wlislocki, »Ungarische Revue«. 1886 Bd. II. Märchen der transsilvanischen Zigeuner.

— »Globus« 1887, Bd. 51.

— Vom wandernden Zigeunervolke, Hamburg 1890.

— Märchen und Sagen der transsilvanischen Zigeuner. Berlin 1886.

1. Quelle: Macalister S. 103 ff. Orig. ohne Überschrift. Einziger in diesem Buche enthaltener Tierschwank, richtiger einer Reihe von Schwänken, die lose aneinandergereiht sich auf den Fuchs als das besonders kluge Tier beziehen. Der erste, Verhetzung der beiden Freunde, Ochse und Panther, durch den Fuchs, ist wohl die gleichlautende Rahmengeschichte im ersten Buche des Pantschatantra und stammt aus Indien. Benfey I, § 22 f., S. 19 f. Überreden der übrigen Füchse, sich gleichfalls den Schwanz abzuschneiden, um persönlich einem Wiedererkanntwerden zu entgehen = Verallgemeinerung des Erkennungszeichens, häufiges Motiv, vgl. 1001 N. Henning (Reclam), XXI S. 74, Prym-Socin II S. 342 Nr. LXXXI. Pilgerfahrt des Fuchses nach Mekka. Das Motiv wird in afrikanischen Tierfabeln häufiger angewandt, vgl. z. B. Reinisch, Nubatexte II, Nr. 15 S. 191, III, Nr. 4 S. 206, wo das Gaunertum der vorgeblichen Mekkapilger besonders schön geschildert wird. Schlag nach dem Kopfe des Mannes, um den Sperling zu treffen, tötet den Mann, vgl. hierzu Kinder- und Hausmärchen der Brüder Grimm (K. H. M.) 58; Bolte und Polivka (B.-P.) I, 515. Weglocken der Frau vom Wasserkruge durch die Sperlingsmutter, damit der Fuchs trinken kann: Bechstein M. S. 152.
2. Quelle: Maclister S. 132 ff. Orig. ohne Überschrift. Wie im Schwank die Herdendummheit der Bewohner von Nachbarorten gegeißelt wird (Reibungsschwank; B.-P. I, 311, insbes. S. 317, vgl. [M. d. W.] kaukasisch: Dirr S. 269 Nr. 77 f.; s. Nr. 11), so beschäftigt sich der Schwank gern mit den Tölpeleien der einzelnen und hebt diese noch hervor, indem er dem Dummschlauen einen gescheiten Genossen gibt. Wohl alle Völker besitzen solche Schwänke, vgl. z. B. für die Nama-Hottentotten in Südwestafrika: Schultze: Aus Namaland und Kalahari S. 443 Nr. XXVIII. Auch die erzählten Dummheiten gleichen sich sehr oft. — Den eigenen Schatten für einen anderen bettelnden Menschen ansehen und ihm Speise

zuwerfen: Schultze a. a. O. — Töten des zu bewachenden Viehs, weil es dem Dummen vermeintlich nicht gehorcht oder ihn höhnt, s. Nr. 40; Schultze a. a. O. – Erschrecken und Verjagen der unter dem Baum Sitzenden durch Urinieren vom Baum herab, K. H. M. 59, B.-P. I, 520, s. Nr. 40. – Die Tochter der Ghule überreden, den Dummen aus dem Sack zu lassen, um sie dann zu töten und zu kochen; ähnliches Motiv wie das Schieben der Hexe in den Backofen K. H. M. 15, B.-P. I, 123. – Daß die Ghule die fliehenden Brüder nicht weiter als bis zum Fluß verfolgt, diesen aber nicht überschreiten kann, beruht auf dem Glauben, daß die Macht des Dämons an der Grenze seines Reiches endigt, s. Nr. 42. Ebenso endigt die verderbliche Macht des Dämons häufig mit seinem Tode, von ihm Verwandelte oder Getötete erhalten ihre frühere Gestalt oder ihr Leben wieder, s. Nr. 38.

3. Quelle: Maclister S. 110 f. Orig. ohne Überschrift. Die Einleitungserzählung steht als selbständiges Märchen bei Bain, Russian Fairy Tales p. 1, »The golden mountain«. Das ganze Märchen ist ein Schwanjungfraumärchen (s. Nr. 59) und sehr ähnlich dem Märchen aus 1001 N. (Henning XIII S. 132): »Geschichte des Hasan aus Baßrah und der Prinzessinnen von den Inseln Wak-Wak.« – Daß der Vater der umworbenen Braut die Vergebung ihrer Hand von der Ausführung besonderer Arbeiten abhängig macht, auf die Nichtausführung aber den Tod des Bewerbers setzt, ist ein in der ganzen Welt wiederkehrendes Motiv. Diese unlöslichen oder lebensgefährlichen Arbeiten kommen auch als bloße Quälaufgaben oder als Aufgaben des Dämons vor, aus dessen Gewalt der Held die Jungfrau befreien will. Andere Völker benutzen sie als Prüfung der Heldenhaftigkeit. Vielfach gelingt die Ausführung nur mit der Zauberhilfe der Braut oder durch die Mitwirkung hilfreicher Tiere (Ameisen, Mäusen, Tauben oder sonstiger Vögel), wie hier bei dem Auseinandersammeln zusammengeschütteter Getreidesorten, vgl. K. H. M. 21, B.-P. I 165 »Aschenputtel«. Zu den unlöslichen Aufgaben vgl. B.-P. I 134, II 21, 517, III 365; Siuts, Jenseitsmotive S. 229 und S. 300 Absatz 2 erblickt in ihnen Hadesarbeiten. Vgl. solche unlöslichen Aufgaben in Nr. 9, 12, 15, 34, 42, 51, 53, 54, 62, 66.
4. Quelle: Maclister S. 118 f. Orig. ohne Überschrift. Kontaminiertes Märchen, Motive aus verschiedenen Märchentypen genommen, besonders aus Varianten zu K. H. M. 91 »Dat Erdmänneken«. Umtausch der Kopfbedeckungen mit denen der schlafenden Mädchen B.-P. I 124, Anm. 1 und S. 499. Das Motiv wiederholt sich unten in Nr. 42, 54. Freiwillige Rückkehr in die Behausung des Oger, um etwas Vergessenes zu holen (hier um das Pferd zu stehlen), gehört als Motiv zum Kreise der Ogergeschichten. Heimtückisches Verlassen des Helden in der Grube, indem die Brüder das Tau abschneiden, gehört zu K. H. M. 91, B.-P. II 297, wird aber auch in K. H. M. 57, B.-P. I 514 und unten in Nr. 34 (Typus: der Diener als Prinz) verwandt. Zu dem schwarzen und weißen Widder vgl. B.-P. II 307, Anm. 1. Über die Farben in diesen Zigeunermärchen vgl. Nr. 33. Weiden auf dem verbotenen Gebiete des Dämons und Töten des Dämons, s. Nr. 45 und die Anmerkungen bei Cosquin II Nr. XLIII, S. 87 und 93f. Motiv der verborgenen Seele (Leben des Juden in einem Wurm, Wurm in einer

Büchse, Büchse im Fuße des Schweines): B.-P. III S. 434. Zu der Seele als Schlange ist v. d. Leyen, Das Märchen, S. 53, zum Seelenwurm Wundt, Völkerpsychologie IV² S. 146 zu vergleichen. Das Motiv, daß mit dem Wurm auch der Jude seinen Kopf und sein Leben verliert, ist in einem indischen Märchen bei Frere-Passow S. 47/48 anschaulich weiter ausgeführt. Die Seele eines Zauberers ist in einem im Dschungel von Geistern behüteten Papagei verwahrt. Der Held weiß dieses Papageies habhaft zu werden und gibt ihn dem Zauberer trotz seiner Bitte nicht heraus. Er reißt dem Papagei ein Glied nach dem andern vom Leibe, und jedesmal fällt von dem Zauberer das entsprechende Glied zu Boden. Mit dem Verluste des Kopfes ist der Unhold getötet. Töten der einzelnen Eintretenden oder durch ein Loch Kriechenden, vgl. K. H. M. III S. 315, s. Nr. 8, 15.

5. Quelle: Paspati S. 601 Nr. 2, vgl. B.-P. III 490 Nr. 217. Dieses türkisch-zigeunerische Märchen wird bei B.-P. S. 505 unter »Zigeunerisch« angezogen. Der losgekaufte und beerdigte Tote erscheint hier als Reisebegleiter – vgl. Andersens Märchen: »Der Reisekamerad« –, in andern Märchen erscheint die Seele des dankbaren Toten als rettender großer Vogel oder als rettender Fisch: (M. d. W.) Malaiisch: Hambruch S. 144 Nr. 43: „Die Geschichte vom blinden König, der in den Westlanden wohnte«. Der Zug, daß ein mit der Braut in Beziehung stehender Dämon den Bräutigam in der Brautnacht tötet, ist auch im Buche Tobias enthalten; jüdische Nacherzählung des Buches Tobias bei M. J. bin Gorion: Der Born Judas I S. 37, »Tobia der Daniter«. Das Motiv: die Frau leiblich teilen durch Zerstückelung, dient hier dem doppelten Zwecke: einmal, um zu prüfen, ob der Freier bei seinem Versprechen bleibt, und sodann als Mittel, daß dem erschreckten Weib der tote Drache aus dem Munde fällt, s. Nr. 50 (Teilung eines Kindes).

6. Quelle: Paspati S. 605 Nr. 3 (erzählt von dem Berufserzähler Léon Zafiri, s. Nr. 7). Typus: K. H. M. 6. B.-P. I S. 42; türkisch-zigeunerisches Orig. ohne Titel. Weißes Meer und schwarzes Meer s. Farben Nr. 33. Die Bezeichnungen sind hier nicht lokal aufzufassen, sondern eine märchenhafte Bezeichnung der Meere. Kahlköpfiger Junge = Grindkopf. Der Grind ist im Oriente sehr verbreitet und hat oft Kahlköpfigkeit im Gefolge, Prym-Socin II S. 379, Anm. 40, 1. Verlieben nach dem Bilde, B.-P. I 45, III 86, Anm. 2. Ausstellen des Bildes am öffentlichen Brunnen zwecks Ermittlung der Person, die es darstellt. Zwecks Ermittlung eines Vermißten bedient sich das Märchen auch des Zuges, daß an einer Wegkreuzung ein Wegehaus, Wirtshaus oder Hospital erbaut wird, in dem jeder gegen freie Verpflegung seine Geschichte erzählen muß. Entführung des auf ein Schiff gelockten Mädchens durch den Kahlkopf, s. Nr. 42, 54, 65. Erlauschen dreier dem Prinzen und seiner Gemahlin bevorstehender Gefahren; Schweigegebot unter Androhung der Versteinerung bei Bruch des Schweigegebots und Versteinerung des treuen Dieners, der die Gefahren abgewandt hat = K. H. M. 6 »Der getreue Johannes«. In einem kleinrussischen Märchen bei Rudčenko 2, Nr. 24 = Bain, Cossak Fairy Tales and Folk Tales S. 40, »The voices at the window«, entgeht der Diener der Versteinerung dadurch, daß er sich auf ein Pferd setzt und dieses an seiner Statt ver-

steinert wird. Die Aufhebung der Versteinerung geschieht in der Regel durch Besprengung mit dem Blute geopferter Kinder, vgl. Nr. 13, oder durch Besprengung mit Wasser, vgl. Nr. 32, hier durch Bestreuen des Grabes mit Erde, in Nr. 24 durch Berühren mit der Feder des redenden Vogels. Auffallend ist, daß hier und in Nr. 32 die Versteinerung als die Umhüllung des in Stein Verwandelten lediglich mit einem Steinkleide gedacht ist, ähnlich wie in K. H. M. 161: »Schneeweißchen und Rosenrot«, der in einen Bär verzauberte Prinz unter seinem Bärenpelz sein eigenes goldenes Kleid trägt. Vgl. auch das Ablegen der Tierhülle in der Brautnacht. Es ist das offenbar eine spätmythologische Vorstellung der Verwandlung eines Menschen in ein Tier oder in Stein. Die Anschauung über Verwandtschaft des Menschen mit dem Tier hat erkennbar eine Reihe sich mehr und mehr abschwächender mythologischer Stufen durchlaufen.

7. Quelle: Paspati S. 595 f., von einem seßhaften Zigeuner Léon Zafiri erzählt, der als Berufserzähler viel herumgekommen war. Orig. ohne Überschrift = K. H. M. Nr. 22; B.-P. I 188 f. Über das Rätsel- und Wettmärchen vgl. Wundt V² S. 149. Der Witz des Rätsels besteht darin, daß der Held eigene Erlebnisse, die nur er wissen kann, durch Rätselfragen umschreibt. Die Prinzessin kann diese natürlich nicht wissen, auch in ihrem Rätselbuche, das nur allgemeine Erfahrungen als Rätsel verwerten kann, nicht finden (anders die Rätsel in Nr. 29 unten). Verkauf der Eltern durch den verschwenderischen Sohn, um sich Geld zu verschaffen, B.-P. I 197, Anm. 1. Uriasbrief: K. H. M. 29; B.-P. I 8. Regelmäßig ist der Träger des Briefes unkundig des Inhaltes, der von einem Fremden geändert wird, hier erfährt er den Inhalt durch seine Neugierde. Verwechslung der Hemden durch die Prinzessin verrät diese, B.-P. I 197, Abs. 1. Über die Zahl 40 in »Hochzeitsfest von 40 Tagen und 40 Nächten«, s. Nr. 12.

8. Quelle: Gilliat-Smith, J. G. L. S. N. S. III S. 142 f. (bulg.-zigeun., Sofia), Titel im Orig. ebenso. Typus: Tierschwägermärchen, vgl. dazu B.-P. II 190, III 424. Am nächsten steht dieser Version die türkische bei Kunos, Stambul S. 124 Nr. 17, doch sind die Motive dort anders geordnet. Bei Kunos läuft das M. befriedigend mit einem Siege des Helden aus, hier im bulg. Zigeunerm. wird der von dem Füllen des T. getötete und zerstückelte Held zwar wieder belebt, muß aber die Braut dem T. lassen, erfüllt also seine Aufgabe nicht. – Der sterbende Vater verpflichtet seine Söhne, die Töchter den zuerst sich meldenden Freiern zu Gattinnen zu geben. Ebenso die Einleitung bei Kunos S. 114 Nr. 16 »Der Pferdesohn«, und S. 124 »Der Windteufel«. Dort sind die Freier Löwe, Tiger und der sagenhafte Vogel Smaragd-Anka; hier Wolf, Adler, Bär. – »Ach ihr Brüder! Seid mir Vater und Bruder!« Über diese Bittformel um die Gunst eines Dämons oder Menschen und die dasselbe erstrebende Anrede »liebe Mutter«, »Frau Tante«, »Herr Vater« vgl. Róna-Sklarek, Ungar. M. S. 31 Nr. 3 und Anm. S. 288 s. No. 12. Über eine dritte Form des Schutz Erflehens: Saugen an den Brüsten der Menschenfresserin, s. Nr. 9. – Die Beweissicherung des Drachentöters durch Abschneiden der Ohren des Ungeheuers gehört zum Kreise der Drachentötermotive, ist hier aber ein verlorenes Motiv, da es späterhin nicht wieder verwandt wird. Weitere

Ogermotive sind in diesem Märchen die Menschenwitterung des Ogers, B.-P. I 289, und das Symplegadenmotiv (Klappfelsenmotiv), letzteres besonders deutlich erkennbar in Nr. 51; vgl. Frobenius, Sonnengott S. 388 und 405. Hier ist es in den Worten des Bären angedeutet, daß der Held durch die Tore so rasch wie möglich hindurchjagen muß: »denn sonst schließen sich die Pforten und zermalmen dich und das Pferd«. Bekannt ist das Motiv aus der Argonautensage, wo die Klappfelsen die letzte der hindurchfliegenden Tauben oder deren Schwanz zerschmettern. Die Astralmythologie hat die Tauben als das Siebengestirn (Plejaden) aufgefaßt. Bemerkenswert ist die Personifikation der Nacht und der Morgenröte = das Binden der alten Frau, die die Nacht einsaugt und das Licht laufen läßt, vgl. Wlislocki, Siebenbürg. Zig. S. 306 Nr. 50; türkisch: Kunos, Stambul S. 216 Nr. 17; ungarisch: Róna-Sklarek S. 200 Nr. 17 und S. 295. S. 243 Nr. 24. Über das Töten mehrerer einzeln durch eine Öffnung Kriechender s. Nr. 4. – Verwandlung eines Menschen durch einen Schlag in einen leblosen unverdächtigen Gegenstand, s. Nr. 9. – Gespräch des Dämon mit seinem Pferde über die Verfolgung Fliehender; ungarisch: Róna-Sklarek S. 25 und 285 zu Nr. 2. – Binden des zerstückelten Helden im Sack auf sein Pferd, Wiederbeleben mit Lebenswasser, s. Nr. 15, 34, 51; türkisch: Kunos, Stambul S. 134 Nr. 17; ungar.: Róna-Sklarek S. 253 Nr. 24 und S. 229; Stier (Erdélyi) S. 106. – »Ach ich habe geschlafen«, s. Nr. 12 und zu diesem Ausruf des Wiederbelebten B.-P. I 45; R. Köhler, Kl. Schr. I, S. 555. – Zahl 40 im Märchen, s. Nr. 12. – Die Worte am Schlusse des Märchens: »Der Tschordilendschis hielt es mittlerweile mit deiner Mutter!« sind natürlich nicht wörtlich zu nehmen, sondern sollen die Tiefe des Todesschlafes klarmachen: »Du würdest es nicht bemerkt haben, wenn usw.«. Solche Hinweise sind als Erwiderung auf die Worte des Wiedererweckten: » ach ich habe geschlafen«, sehr häufig. – Schlußformel, s. Nr. 9.

9. Quelle: Gilliat-Smith, a. a. O. N. S. V, S. 280 f. (bulg.-zigeun. aus Sofia, erzählt von dem Zigeuner Paši Suljoff), gleicher Titel des Orig., gehört zum Märchentypus vom Tierbräutigam (B.-P. II, 229 f.), und zwar zur dritten Gruppe bei B.-P. II, 245. Das voreilige Verbrennen der abgelegten Tierhaut des Gatten oder das Ausplaudern seines Verwandlungszustandes, wie hier, läßt den Gatten verschwinden und nötigt die Frau zu qualvollem Aufsuchen des Verschwundenen. Zur Prüfung der Verschwiegenheit zeigt sich der Verwandelte der Braut und ihren Schwestern in strahlender Gestalt, gekleidet in Grün auf einem grünen Pferde. Vgl. dazu Schmidt-Kahle, Palästin. Volkserz. S. 181 Nr. 47, wo der verzauberte Jussif nach Abstreifung der Kamelhaut in weißer Kleidung auf weißem Pferde erscheint. Über die Farben vgl. Nr. 33. Die Länge der Wanderung wird durch die Zeitdauer von 10 Jahren, häufig aber auch durch das Verschleißen eiserner Schuhe und eines eisernen Wanderstabes geschildert. B.-P. II 272, I 6; Kunos, Stambul S. 352, 353. Wlislocki, Siebenbürg. Zig. Nr. 40, 67; Róna-Sklarek S. 239 Nr. 23 (16 Paar Eisenschuhe); R. Köhler, Kl. Schr. I 317, 573. Siuts Jenseitsmotive S. 260, § 552, Anm. 2, s. unten Nr. 59. In einem malaiischen Märchen bei Adriani und Kruijt (»Middencelebes«) III, S. 444 Nr. 101 hat ein Wanderer bereits zehn

eiserne Wanderstäbe völlig und den elften bis auf Fingerlänge abgenutzt und seine Beine bis zu den Knien abgelaufen.

Nach der Ankunft des Mädchens im Lande der dämonischen Mutter des Batim biegt das Märchen von der regelmäßigen Bahn, dem Wiedergewinnen des Gatten durch Abkaufen dreier Nächte von der dämonischen Braut und Wiedererweckung des Gedächtnisses des Verlorenen ab. Hier gilt es den Gatten seiner dämonischen Mutter und nicht der neuen Braut zu entziehen. Ankündigung der Anwesenheit: Werfen ihres Ringes in sein Trinkgefäß. Nr. 53; K. H. M. 21 (Aschenputtel), B.-P. I, 169, Motiv D^2; Róna-Sklarek S. 197. Der Gatte verwandelt die Gattin durch einen Schlag in eine Nadel, s. Nr. 8. Menschenwitterung, s. Nr. 8. Unlösliche Aufgaben (s. Nr. 3) von seiten der Mutter-Dämonin: Gefäß voll Tränen weinen. B.-P. I, 6 (polnisches M.) und Rahmengeschichte zu Basile, Pantamerone, s. Nr. 51. – 41 Stuben mit Federn füllen, s. Nr. 66 und (M. d. W.) kaukasisch: Dirr Nr. 70 S. 258. – Saugen an den Brüsten der Menschenfresserin, vgl. Nr. 8. Es hat diese Handlungsweise eine Art Adoptivverhältnis zur Folge, die vor schlechter Behandlung von Seiten des Dämons schützt, B.-P. I, 226, Anm. 1, Cosquin, Revue des questions historiques 1908, Bd. 83, 353; berberisch: Laoust, dialecte berbère du Chenoua S. 159 Nr. VIII, S. 181 Nr. XVI; Palästina: Schmidt-Kahle S. 165 Nr. 44, kirgisisch: Frobenius, Sonnengott S. 140. – Ofen mit den Händen reinigen, vgl. türkisch: Kunos, Stambul S. 353 Nr. 45 und albanisch: v. Hahn S. 120 Nr. 100 (die Hexe putzt den Ofen mit ihren Brüsten). – Schlafanzeichen beim Oger umgekehrt wie bei dem Menschen; (M. d. W.) neugriechisch: Kretschmer S. 267 Nr. 59; malaiisch: Hambruch S. 146 Nr. 43; Nama: Meinhof S. 136 Nr. 29. Das in Afrika sehr verbreitete Motiv ist mit den Negersklaven nach Amerika gewandert. Harris: Nights with Uncle Remus S. 334 Nr. LVIII.

Eine Besonderheit dieses Märchens ist, daß die Hexe den fliehenden, vergeblich von ihr verfolgten Sohn mit einem Segen statt mit einem Fluche ziehen läßt. Zur magischen Flucht in der Form der Verwandlungen in Truggestalten vgl. B.-P. I, 443, 501, III, 527 und Nr. 53, 57, 59.

Die Schlußformeln dienen zunächst dem Zwecke, das Ende der Erzählung zu bezeichnen, s. Nr. 66, 67, 68, 69, 70, 71, gelegentlich mit dem Zusatze: »auf dein Wohlsein«, s. Nr. 8, 12, vgl. Nr. 50. Sonst sollen sie mit einer schwankartigen Äußerung die im Zuhörer entstandene Spannung lösen und zugleich die biographische Form des Märchens vollenden, Nr. 25, 52, 54, 61, 62, 64, 65. Vielfach setzt der Erzähler seine Person zum Märchen in Beziehung und hebt seine dürftige Lage im Gegensatz zur glanzvollen Märchenwelt hervor: Nr. 9, 33, 41, 42, 16, 32, 35, 38, 43. In den drei Märchen Nr. 32, 35, 38 will der Erzähler sogar Beweisstücke von der Hochzeit des Helden mitgebracht haben. Die notorische Bettelhaftigkeit der Zigeuner kommt in der Schlußformel zu 73 zum Ausdruck. Die in der Türkei und Ungarn viel verwandten Eingangsformeln fehlen unsern Zigeunermärchen ganz.

10. Quelle: Gilliat-Smith, a. a. O. N. S. VI, S. 85 (bulg.-zigeun. aus Sofia; erzählt von dem Zigeuner Paši Suljoff). Originaltitel ebenso. Typus: Stiefmuttermärchen mit dem Hauptmotiv, daß die zweite Frau die Kinder

erster Ehe zu beseitigen wünscht durch Aussetzung im Walde. B.-P. I, 123, s. Nr. 32. – Die Tochter beredet den Vater, wieder zu heiraten, s. Nr. 12, 32. Das nicht seltene Motiv, daß die Stiefmutter durch glänzende Versprechungen die Stieftochter bewogen hat, ihrem Vater zur zweiten Heirat zuzureden, fehlt hier. K. H. M. 13, Gonzenbach, Sizilian. M. S. 4 Nr. 2. Die Anfechtungen in der Mühle durch allerlei Spukgestalten besteht die Stieftochter durch stillschweigendes Dulden, vgl. K. H. M. 92. B.-P. II, S. 320 f.; s. Nr. 41. – Hinlocken der Stieftochter zur Mühle durch einen von der Stiefmutter ins Rollen gebrachten Kuchen. Dazu ist zu vergleichen der Schwank vom »davonlaufenden Kuchenmännchen«, das vergeblich von allen Hausbewohnern verfolgt wird: Märkische Sagen: Lohre S. 179 Nr. 275; England: Engelmann (nach Jacobs) S. 163. Norwegen (M. d. W.): Stroebe II, S. 305 Nr. 54.

11. Quelle: Gilliat-Smith, a. a. O. N. S. VI, S. 142 f. (Ostbulgarien). Titel des Originals: »Meister Mustafa mit dem langen Barte« = K. H. M. 70. B.-P. II, S. 71 f., wo sich auch das zweite Motiv des Mißverständnisses findet, daß die Katze Vieh und Menschen fresse, worauf die Leute das Haus mit der Katze in Brand stecken und ebenso das zweite, in das die Katze springt usw. bis die ganze Stadt verbrannt ist – eine Verspottung der Herdendummheit, s. Nr. 2.

12. Quelle: Gilliat-Smith, a. a. O. N. S. VI, S. 3 f. (bulg.-zigeun. aus Sofia; erzählt von dem Zigeuner Paši Suljoff). Titel des Orig.: »Die Geschichte von Gott«. Typus: Stiefmuttermärchen, untergeschobene Braut, ein gutes Beispiel, wie aus dem geschickten Zusammenstellen von Episoden und Einzelmotiven aus verschiedenen Märchen (aus K. H. M. z. B. Frau Holle, Aschenputtel, Die beiden Wanderer, Gänsehirtin, Mann ohne Herz, Schneewittchen u. a. m.) ein selbständiges Märchen entstehen kann. – Die Tochter beredet den Vater, wieder zu heiraten, s. Nr. 10, 32. – Das Parasitenmotiv (»Kind lause mich«) läßt erkennen, daß Gott hier an die Stelle eines hilfreichen Dämons getreten ist, seine Parasiten entsprechend seiner göttlichen Natur aber Silber und Gold sind, s. Nr. 71. – Quälaufgabe: weiße Wolle schwarz zu waschen; vgl. Siuts, Jenseitsmotive S. 229, 300, Abs. 2 (Hadesarbeit); s. Nr. 3. – Perlen weinen und Rosen lachen. B.-P. I, 100. – Augen für einen Trank oder für Speise hergeben, K. H. M. 107, B.-P. II, 468, wo ebenso wie hier durch Tiere das Heilmittel verraten wird, s. auch Schmidt-Kahle, Volkserz. aus Palästina S. 161 Nr. 44. – »Sei mein Bruder, sei mein Vater«, vgl. Schmidt-Kahle S. 168, Anm. 5 und S. 14, Anm. 2 und oben Nr. 8. Der Bundesschluß zwischen Mann und Mädchen sichert dieses gegen Mißbrauch ihrer hilflosen Lage durch den Mann, s. Nr. 8 und Nr. 51, wo der Held den beiden weiblichen Heiligen Luje und Paraschtuji sagt: »werde meine Schwester«. – Eintausch der geraubten Augen gegen gelachte Rosen und geweinte Perlen, Knowles, Kashmir Tales S. 445; v. Hahn I, S. 193 Nr. 28 (Wiedergewinnung geraubter Augen auch in Nr. 45). – Fingierte Krankheit, um den Ehemann zur Beseitigung des Birnbaums zu bewegen. Das Motiv kehrt wieder im Märchentypus von der ungetreuen Mutter oder Schwester, s. Nr. 51; B.-P. I, 551. – Verfolgung der Seele der Heldin unter verschiedenen Gestalten, s. Nr. 44. – Verknüpfung eines Menschenlebens

mit einer Pflanze (Baum), B.-P. III, 440 und über die »Baumseelen« Wundt IV² S. 165. – Häufig ist das Motiv, daß der Held dem schlafenden oder im (magischen oder natürlichen) Todesschlaf liegenden Mädchen beiwohnt und mit ihm ein Kind zeugt. Wenn dieses Kind hier einen silbernen Apfel in der Hand hat (in Nr. 13 sogar zwei), so ist vielleicht an das mißverstandene Motiv der Erforschung der Vaterschaft durch einen Apfelwurf des Kindes gedacht. – »Ach, ich war sicherlich eingeschlafen« s. Nr. 8. – Der Neigung des Volkes, sich durch Erzählen von Märchen unterhalten zu lassen, entspricht die Neigung des Erzählers, den Märchenhelden seine Erlebnisse noch einmal vollständig erzählen zu lassen. B.-P. I 52, Anm. 1. In Nr. 44 wird auf diese Weise das ganze Märchen zweimal erzählt. – Den Bösewicht unwissentlich seine Strafart selbst bestimmen lassen, ist ein beliebter Schluß des Märchens in Europa.

Die Zahl 40 wird in den orientalischen Märchen viel gebraucht. Hier Palästina: Nr. 4, 40 Ghule; Türkei und Bulgarien: Nr. 7, 9, Hochzeit von 40 Tagen und 40 Nächten; Nr. 8, 41 Diebe; Nr. 9, 41 Stuben mit Federn anfüllen; Nr. 12, 40 Pferde oder 40 Messer. Die Ziffer 40 wird jetzt im Orient und in den Märchen als Rundzahl, als Bezeichnung einer beträchtlichen unbestimmten Menge gebraucht. Roscher (Wilh. Heinr.) führt in seinen beiden Abhandlungen, Abh. I »die Zahl 40 im Glauben, Brauch und Schrifttum der Semiten« (Abh. d. K. S. Gesellsch. d. Wissensch. phil. hist. Kl. XXVII Nr. IV) und Abh. II »Die Tesserakontaden und Tesserakontadenlehren der Griechen und anderer Völker« (Heft II des 61. Bandes der Berichte derselben wissenschaftl. Ges.) den Gebrauch der Zahl 40 auf die vierzigtägige Unsichtbarkeit der Plejaden und die Berechnung der Unreinigkeitsfristen am Anfang und Ende der Schwangerschaft und der Unreinigkeits- und Trauerfristen bei Todesfällen zurück und weist diesen vierzigtägigen Fristen ein sehr hohes Alter zu. – Schlußformel, s. Nr. 9.

13. Quelle: Constantinescu S. 52 f. (rumänisch-zigeunerisch). Titel des Orig.: »O ciohanó« (spr. tschochano) = Werwolf. Schon bei Lebzeiten kennzeichnet eine weise Frau eine Zigeunerin oder einen Zigeuner als »ciohani« oder »ciohanó«; ein solcher Unglücklicher hat dann ein schweres Leben; nach seinem Tode werden mit seinem Leichnam die mannigfachsten Prozeduren vorgenommen (Dr. Block). – Bordeiu ist eine halb versenkte Hütte, die früher in der rumänischen Ebene allgemein war, von der auch Moltke in seiner Reisebeschreibung berichtet (Dr. Block). – Fast die gleiche Version der Geschichte im Russischen: (M. d. W.) Löwis of Menar S. 301 Nr. 52 = Aphanassjew Nr. 206 = Ralston-Brueyre S. 305 Nr. 46. – Hahnenfuß des Vampirs (Pferdefuß des Teufels). Die Hütte der russischen Hexe Baba-Jagá dreht sich auf einem Hahnenfuß. Ritt auf beschlagenen Hähnen in die Hölle, s. Nr. 15. – Nadel mit Zwirn in das Kleid des Vampirs gesteckt, um seinen Weg entdecken zu können, vgl. das häufige Motiv des sich abwickelnden Knäuels oder des Balles als Wegweisers, s. Nr. 66. – Verstocktheit des Mädchens und deren traurige Folgen, vgl. K. H. M. 3, »das Marienkind«. – Grabesblume, herausgewachsen aus dem Grabe des Mädchens Nr. 27 (blaue Blume, Seele der Mutter), 44 (zwei Tannenbäume, Seelen der beiden Knaben). B.-P. I, 275; II, 126. – Rückverwandlung

der Grabesblume in ein Mädchen durch Sichüberschlagen. Vgl. über diese ständige Art der Selbstverwandlung in den Zigeunermärchen Nr. 16, 41, 42, 44, 54, 58 (im Russischen: Niederschlagen auf den Erdboden, Löwis of Menar S. 306). – Knabe mit zwei Äpfeln in der Hand geboren, s. Nr. 12. – Vernichtung (und zugleich Erlösung?) des Vampirs hier durch Verfluchung, in Nr. 20 durch Schlagen eines Kreuzes (russisch: Besprengung mit Weihwasser, Löwis of Menar S. 307). – Blut des Vampirs auf die Getöteten gesprengt, belebt diese, s. Nr. 6.

14. Quelle: Constantinescu S. 61 f. (rumänisch-zigeunerisch). Titel des Orig.: »O fino le Devlesko«. Gott und Petrus treten in diesen Märchen öfters als auf Erden wandelnde Götter auf, s. Nr. 23, 43, 51, sie verleihen Schwangerschaft durch Essen eines Apfels (conceptio magica), s. Nr. 16, 23, Wunschdinge stammen regelmäßig aus dem Jenseits oder der Unterwelt, s. Nr. 26, 27, 33, 42, 43, 48, 51, 59; Patenschaft Gottes und Wunschdinge als Patengeschenk s. Nr. 51. – Hier heiratet der Patensohn Gottes die Tochter Gottes, während in 51 die beiden weiblichen Heiligen nur zu Schwestern des Patensohnes Gottes erhoben werden. – Das Alter des Ungeheuers von 300 Jahren wird durch die Länge seiner Haare veranschaulicht. Das vielfach benutzte Motiv, daß der Held die Gunst des Dämon dadurch gewinnt, daß er ihm die Haare beschneidet: B.-P. II, S. 392 fehlt hier. Interessant ist das Motiv, daß die Brautwerbung durch einen dreitägigen physischen Kampf zwischen Freier und Mädchen ausgefochten wird. Liegt dieser (verstümmelten?) Geschichte ein solares oder lunares Motiv zugrunde? Siehe unten Nr. 62.
15. Quelle: Constantinescu: S. 65 (rumänisch-zigeunerisch). Titel des Orig.: »E dei e nasul«. Typus: Die treulose Mutter (Schwester oder Amme), s. Nr. 51, B.-P. I, 551. – Töten mehrerer nacheinander Eintretender, s. Nr. 4. – Helfender Dämon (Nr. 59, 62, 65, 66, 69, 71), hier ein Mädchen (»das Mädchen war eine Heldin, größer als der Knabe«), s. Nr. 33; vgl. Frobenius, Sonnengott S. 398 über die »Hilfsalte«. – Unterwelt: Die Zigeuner glauben, daß sich am Ende der Welt ein Loch (hâu) befindet, durch welches man sich in die unter der Erdoberfläche befindliche andere Welt hinunterlassen kann (Dr. Block); Abstieg am Ende der Welt ins Jenseits s. Nr. 22; und zwar im Westen, wo die Sonne untergeht, s. Nr. 16; die Reise dorthin wird auf zwei beschlagenen Hähnen zurückgelegt, s. Nr. 15. Die Schlafzeit in der Unterwelt ist, wenn die Sonne dort im Mittag steht (also auf der Oberwelt Mitternacht ist), es ruhen dann sowohl die dämonische Sau, deren Ferkel der Held holen soll, als auch der Apfelbaum, die Berge und die Wolken, s. Nr. 51. Die Unterwelt ist die Totenwelt, der Mensch, der dort spricht, muß dort bleiben, s. Nr. 25 (ebenso, wer in der Unterwelt Speise zu sich nimmt, vgl. Grimm, Deutsche Sagen[4] S. 28, 478 Nr. 41); in der Unterwelt herrscht Finsternis, zwei Monate muß der Held Tag und Nacht durch die Finsternis schreiten, bis er ein Licht und zugleich das Schloß des schwarzen menschenfressenden Kaisers sieht, s. Nr. 33, 62 (doch ist hier nicht gesagt, daß das Loch, durch welches der Knabe in die Erde versinkt, am Ende der Erde lag). – Symplegaden und Unterweltswächter s. Nr. 8, 30, 62.

In Nr. 30, einem anscheinend autochthonen Zigeunermärchen, ist die

Totenwelt aber oben auf einem Berge, Eingang durch eine oben befindliche Höhle, gedacht. Dort auch neun weiße Hunde als Höllenwächter.

Erlogener Traum s. Nr. 33. – Unlösliche Aufgaben (Vernichtungsaufgaben) von der Mutter gestellt (s. Nr. 3). – Heilender Apfel aus der Unterwelt, B.-P. III, 247 Nr. 165, Motiv A. – Wasser aus den hohen Bergen, s. Nr. 51 (Wasser des Lebens und der Genesung aus den Blutbergen holen). Die Berge und die Wolken sind als dämonische Wesen gedacht, die den Helden verfolgen. – Den Getöteten und Zerstückelten auf sein Pferd binden, s. Nr. 8. – Bestrafung der ungetreuen Mutter und des Drachens (Verbrennen), s. Nr. 51 (andere Strafe).

16. Quelle: Constantinescu S. 72 (rumänisch-zigeunerisch). Titel des Orig.: »Ol trin rakleá ol thagareske hai o durkhalo«. Teufel = böser Geist. – Variante von K. H. M. 91 »Dat Erdmänneken«, und zwar in der besonders in Rußland heimischen Form, daß der Sohn oder Bruder seine vom Dämon entführte Mutter oder seine drei Schwestern aus der Unterwelt befreit. – Androhung des Todes, wenn die kinderlose Frau nicht binnen bestimmter Frist ein Kind zur Welt bringt (s. Nr. 21, 23, 41) und conceptio magica. Letztere entsteht nach den Zigeunermärchen 1. durch Apfelessen, s. Nr. 16, 23, 41; 2. durch eine Zaubermedizin, s. Nr. 21; 3. durch Fischessen, s. Nr. 37; 4. ohne Angabe eines magischen Mittels, s. Nr. 71. – Das Motiv, daß die Mutter die Brustwarze unter die Schwelle des Hofes legen soll, ist so nicht zu verstehen. Die Parallele in der Variante bei Schott, Walach. M. S. 85 Nr. 1 (vom Säugling angedrohten Biß in die Brust) legt die Annahme nahe, daß der starke Säugling dadurch die Möglichkeit erlangen will, die Mutter zu einer Mitteilung zu zwingen. – Unterwelt, s. Nr. 15. – Vorauswerfen der Keule, hier des Helden, sonst des Drachens; ständiges Motiv im Drachentötermärchen, s. Nr. 22. Der Streitkolben (buzdugan, Wort türk. Ursprungs) war die volkstümliche Waffe aller Balkanvölker, sowie auch der Madjaren, vgl. Schott, Walach. M. (1845), S. 86. Beim Hahnenschrei (Tagesanbruch) verliert der Teufel seine Kraft; dasselbe Motiv bei Miklosich S. 316 und 318. – Weiden der Hexenstute, Hilfe dankbarer Tiere beim Suchen der verschwundenen Stute, s. Nr. 27. B.-P. III, 367. Ähnliches Motiv das Suchen und Finden des versteckten Freiers oder der versteckten Braut. B.-P. II, 28, 29. – Auswahl des ruppigsten Füllens: das Motiv, daß der Held auf den Rat eines Helfers sich den unscheinbarsten (aber zauberkräftigen) Gegenstand als Belohnung ausbittet, ist sehr häufig, s. Nr. 27, 54, 68. – Selbstverwandlung (in ein Goldpferd mit 24 Flügeln) durch Sichüberschlagen, s. Nr. 13.

Varianten des Märchens K. H. M. 91 befinden sich in diesen Zigeunermärchen Nr. 16, 36, 45, 48, 68. B.-P. II 297 geben über 300 Varianten an. – Schlußformel, s. Nr. 9.

17. Quelle: Constantinescu S. 79 (rumänisch-zigeunerisch). Titel im Orig.: »Il dui cior« = K. H. M. 192: »Der Meisterdieb«, B.-P. III, 393. – Brüderschaft zwischen zwei Männern geschieht unter besonderen Zeremonien. Solche Brüder müssen in Gefahr einander ihr Leben opfern können (Dr. Block), vgl. Nr. 22, 46. – Hier nehmen sie zusammen eine Frau. (Bei manchen Völkern, z. B. den afrik. Herero, gehört zur Blutbrüderschaft auch Frauengemeinschaft.) Vielleicht hat hier das Motiv eines indischen Schwan-

kes eingewirkt, des Schwankes von dem Tagdieb und dem Nachtdieb, die beide ohne es zu ahnen dieselbe Frau haben. Als sie es zufällig entdecken, erklärt die Frau demjenigen angehören zu wollen, der das größte Gaunerstück fertigbringt, vgl. Kunos, Stambul S. 290, Knowles, Kashmir Tales S. 48. – Rampsinits Schatzhaus B.-P. III, 395, von Herodot II cap. 121 als wahre Begebenheit berichtet. Vgl. hierzu R. Köhler, Kl. Schr. IV S. 198 ff.; Gaston Paris, Revue de l'histoire des religions Bd. IV S. 151 u. 667. – Einem Bauern einen Ochsen vom Gespann wegstehlen, ohne daß er es merkt, B.-P. III, 392, Anm. 2. – Den Popen aus der Kirche stehlen, B.-P. III, 388.

18. Quelle: Constantinescu S. 87 (rumänisch-zigeunerisch). Titel des Orig.: »O guruu o ciordano«. Varianten sind mir nicht bekannt. Wie die Schlange, die den Hirsch schon neun Jahre im Maule hat, ihn aber wegen seines sperrigen Geweihs nicht verschlingen kann, trotz dieses vollgestopften Maules sprechen kann, muß der Naivität des Erzählers überlassen bleiben.

19. Quelle: Constantinescu S. 89 (rumänisch-zigeunerisch). Titel des Orig.: »O ceasornikari« = das Märchen der Siebenbürger Sachsen »Glück und Verstand«, Haltrich[1] S. 221 Nr. 41. Das Märchen ist bis nach Pommern und Dänemark hinaufgewandert. Es hat zwei Teile: I. Die miteinander wandernden Glück und Verstand streiten sich, wer dem Menschen am meisten nützt. Der Verstand, um zu seinen Gunsten den Beweis zu führen, geht in einen Pflüger ein, der in der Folge ein äußerst geschickter Uhrmacher wird. – II. Aufgabe, die schweigende Prinzessin zum Reden zu bringen. Brautwettformel, Einsatz: Hand der Prinzessin – Leben des unterliegenden Freiers, s. Nr. 62. Dieser Teil ist nicht ganz klar erzählt. Gemeint ist das Folgende: Der Uhrmacher bedient sich eines Kniffs, indem er in Gegenwart der Prinzessin dem im Zimmer hängenden Kronleuchter eine Geschichte erzählt, die auf eine verwickelte Rätselfrage hinausläuft. Er ersucht dann den Kronleuchter um eine Lösung des Rätselknotens. Er erzählt eine aus Indien stammende, uns in 1001 N. überlieferte Episode aus dem Märchen von dem Prinzen Ahmed und der Fee Peri Banu (dessen Schluß in Nr. 25 verwertet ist). Drei Freier einer Prinzessin werden vom Brautvater ausgesandt. Wer ihm das kostbarste Wunschding bringt, soll die Prinzessin haben. Der erste erwirbt einen Spiegel, in dem er alle Toten und Lebendigen erblicken kann, der zweite einen Flugteppich, der im Augenblick an den gewünschten Ort befördern kann, der Jüngste einen Apfel, mit dem er einen Toten wieder beleben kann. Durch den Spiegel entdecken die Weitentfernten, daß das Mädchen sterbenskrank ist, der Teppich bringt sie im Nu an Ort und Stelle, der Apfel des Jüngsten bringt die inzwischen Verstorbene wieder zum Leben. Wer hat nun Anspruch auf das Mädchen? Es liegt hier der Fall notwendiger Mittäterschaft mehrerer vor, um den von jedem erstrebten Erfolg herbeizuführen. Der Kronleuchter gibt eine möglichst verkehrte Antwort, über die die Prinzessin sich so erregt, daß sie ihr Schweigen vergißt und die richtige Antwort gibt. Vgl. hierzu (M. d. W.) indisch: Hertel S. 173 Nr. 52 u. Anm. S. 377 (redende Dinge: Lampe, Ohrring, Perlenkette, Mieder der Prinzessin); Jülg: Mongolische Märchen (Geschichte des Ardschi-Bordschi

Chan) S. 95 f. (Rosenkranz, Altar, Opferkrug, Lampe). In diesen und anderen Versionen steckt in den Dingen der Wetâla des Erzählers, eine Art dienstbarer Geist, und gibt die Antwort.

Der Zigeunergruß des Ankommenden ist: Šukar (mišto) arakhleóm tut! »Wohl habe ich dich gefunden.« Antwort: Šukar (mišto) avilean! »Wohl bist du gekommen.« Das ist ein auf dem ganzen Balkan bei Türken, Griechen, Albanen, Bulgaren, Rumänen üblicher Gruß (Dr. Block), s. die Textanm. S. 62 u. 139.

20. Quelle: Constantinescu S. 95 (rumänisch-zigeunerisch). Titel des Orig.: »O thagar o loló hai e ciohani«. – Vampir (= Werwolf), s. Nr. 13. – Das Märchen zerfällt in zwei lose verbundene, sonst nicht zusammengehörige Teile. I. Drei Nächte hindurch den allnächtlich von der Vampir-Schwester beraubten Schrank des Kaisers mit Lebensmitteln bewachen. Die älteste mythische Form des Motivs ist wohl die Bewachung des Apfelbaumes mit den goldenen Äpfeln. Diese Form erinnert an die goldenen Äpfel der Hesperiden, die Herakles mit Hilfe des Atlas entwendete; »und daß nebenbei auch die goldähnlich glänzenden Gestirne bei der Entstehung der Vorstellung mitgewirkt haben, wird man nicht ohne weiteres ablehnen können«, Wundt V² S. 72. In dieser Form s. das Motiv B.-P. I, 514, II, 301, Motiv B² und unten Nr. 36. Das Motiv ist dann variiert: s. Nr. 59 (Birnbaum); Nr. 35 (von Pferden zerstampfte Wiese); Nr. 42 (zerstampftes Weizenfeld) und ganz verändert: Neuaramäisch, Prym-Socin II, S. 152 Nr. XXXIX: Bewachen der hundert Gänse des Fürsten, von denen der Riese jede Nacht eine Gans raubt. – Sich wachhalten durch Nadeln, auf die man beim Einschlafen fällt. B.-P. I, 514. – »Du sollst leben« ist eine allgemeine Grußformel der Zigeuner mit Höhergestellten, der Angeredete erwidert »danke« (Dr. Block), s. Nr. 33. – II. Reise in das Land, wo man nicht stirbt. Dieser Teil ist eher eine Legende als ein Märchen. Die gleiche Geschichte mit anderem Schluß im Ungarischen bei Sklarek I, S. 1 Nr. 1 und Anm. S. 287. Dazu R. Köhler, Kl. Schr. II, S. 406–431; (M. d. W.) kaukasisch: Dirr S. 24 Nr. 6; P. Ispirescu: Legende sau basmele Românilor p. 5: »Jugend ohne Alter und Leben ohne Tod«. – Hof von Kupfer ist ein unfertiges Motiv, regelmäßig werden drei Höfe oder Paläste zusammen genannt: von Kupfer, von Silber, von Gold, s. Nr. 68. – Tal der Sehnsucht und Tal der Trauer auch in Nr. 42, s. auch Schott, Walach. M. S. 146 »Sehnsuchtswiese und Trauerwiese«; Ispirescu a. a. O. – Seit damals sind vielleicht schon Millionen Jahre vergangen = Zeitlosigkeit im Jenseits, s. Nr. 30.

21. Quelle: Constantinescu S. 104 (rumänisch-zigeunerisch). Titel im Orig.: »O rakló le thagaresko kai halas manuš«. Typus: Die Prinzessin im Sarge und die Schildwache, s. Nr. 62. B.-P. III, 531, Nr. 219. – Androhen des Todes, wenn eine kinderlose Frau kein Kind zur Welt bringt, s. Nr. 16. Dieser unbedachte, mit einer Drohung verknüpfte Wunsch wird hier dadurch bestraft, daß der Sohn ein menschenfressendes Monstrum wird. – Conceptio magica (durch Trinken einer Medizin, die ein geheimnisvoller Mann gibt), s. Nr. 16. – Die Erzählung ist namentlich im letzten Teile sehr gekürzt.

22. Quelle: Constantinescu S. 106 (rumänisch-zigeunerisch). Titel des Orig.: »O rakló le thagaresko ai o nazdravano«. Die Geschichte ist ungeschickt erzählt und die Einzelmotive gehen stark durcheinander: Im ganzen handelt es sich um die Unterweltfahrt eines Helden zur Bekämpfung der Unholde. In dem Manne, dem er seine gestohlenen Nieren (Sitz der Seele, also Diebstahl der Seele?) wiederschafft, erhält er einen Gehilfen. – Erlebnisse im Traum s. Nr. 33, 49. – Das Stehlen der Nieren erinnert an den Augendiebstahl, s. Nr. 45. – Das Zusammentreffen des Helden mit den Pferden des Drachen gibt Anlaß zu dem Motiv der Gunstgewinnung tierischer Unterweltswächter dadurch, daß ihnen das richtige Futter vorgelegt wird, s. Nr. 30. – Unterwelt, erreicht durch ein Loch am Ende der Welt, s. Nr. 15. – Verwendung der Streitkeule mit dem Dolche, s. Nr. 16. – Den Nieren Wasser zu trinken geben; das Motiv ist in veränderter Form im altägyptischen Brüdermärchen (Bata-u und Anepu) enthalten, s. Wiedemann, Altägypt. S. u. M. S. 58, insbes. S. 71: Anepu findet das zu einem Korn zusammengeschrumpfte Herz seines Bruders Bata-u außerhalb des toten Körpers auf dem Boden. Er läßt es sich in einem Topf mit Wasser vollsaugen und gibt es dem Bata-u zu trinken, worauf dieser wieder lebendig wird. – Brüderschaft schließen, s. Nr. 17. – Die drei Mädchen in der Unterwelt bedienen sich zur Abwehr der Angriffe des Helden derselben Mittel, die sonst der Verfolgte bei der magischen Flucht anwendet: Kamm = undurchdringlicher Wald; Stein = Burg aus Stein; Spiegel = Bach, s. Nr. 53, B.-P. II, 140. – Zerschneiden des Wassers mit der Keule ermöglicht trocknen Durchgang = Motiv: Rotes Meer, Gunkel, d. M. im Alten Test. S. 107 ab Anm. 6.

23. Quelle: Constantinescu S. 110 (rumänisch-zigeunerisch). Titel des Orig.: »E phabai le khamnimaske«. – Über die Androhung des Todes, wenn eine kinderlose Frau keine Kinder zur Welt bringt, und über die conceptio magica s. Nr. 16. Der befruchtete Apfel wird hier durch die beiden wandernden Götter, Gott und Petrus, verliehen, s. Nr. 14, 43, 51. – Daß der Kaiser, als er von der Geburt des Sohnes hört, in die Schenke geht und sich so betrinkt, daß er stirbt, scheint ein echt zigeunerischer Zug zu sein. – Zu den kindlichen Kraftproben des Helden vgl. K. H. M. 90: »Der junge Riese«. B.-P. II, 285. – Der Gegensatz zum »rom« (Zigeuner) ist »gajo« (Nichtzigeuner), und solche Nichtzigeuner werden in den Märchen gelegentlich als »Rumänen und Bojaren«, s. Nr. 16, oder als »Rumänin«, so hier, oder »Deutsche«, s. Nr. 61, bezeichnet.

24. Quelle: Gaster, »Ausland« 1881 S. 747 = K. H. M. 96. B.-P. II, 391, Abs. 1; s. Constantinescu p. 104 »Die Kinder von Gold«. – Versprechen dreier heiratslustiger Mädchen, s. Nr. 44. – Neugeborene Kinder gegen Hündchen vertauscht, s. Nr. 44. – Aussetzen von Kindern oder Frauen auf dem Wasser, s. Nr. 32, 49, 71. – Betrug mittels erlogenen Traumes, s. Nr. 15, 33. – »Mütterchen Montag«. Wie in den rumänischen Zigeunermärchen andere rumänische Anschauungen übernommen sind (so z. B. die wohltätige Fee Leana Simzeana = Cosinzeana), so auch der Glaube an die weiblichen Heiligen besonderer Wochentage, der Heiligen Montag, Mittwoch, Freitag, Sonntag (Dr. Block). Vgl. dazu: Schott, Walach. M. S. 299 »Zeiten und Tage«. – Seltsam ist die Art der Brautwerbung des

Helden: »er ergriff sie bei den Haaren und begann sie zu schlagen«, s. Nr. 62. – Auf dem Heimwege versagen die leblosen Naturobjekte dem heimgeführten Mädchen die erbetene Hilfe, weil der Held sie auf dem Hinwege gelobt hatte, vgl. K. H. M. 24, »Frau Holle«. B.-P. I, 207 und Wlislocki, M. u. S. der bukow. und siebenbürg. Armenier S. 27 Nr. XIV, R. Köhler in den Anm. zu Laura Gonzenbach, Sizil. M. S. 212. – Über die Versteinerung (hier durch Bruch des Schweigegebotes) und die Erlösung aus solcher, s. Nr. 6.

25. Quelle: Gaster, »Ausland« 1880, S. 257 (rumänisch-zigeunerisch). Das Märchen zerfällt in zwei Teile. I. Brautsuche in der Gegend eines Speerwurfes, K. H. M. 63. B.-P. II, 30 und das indische M. bei Benfey, Pantsch. I, S. 261, § 92. – II. Das aus der Weide entspringende silberne Mädchen und ihr eiserner Bruder. Beide sind von überirdischer Art, der Bruder riesenstark. – Entstehen von Menschen aus Pflanzen oder Rückverwandlung aus der Pflanze in einen Menschen (Ablegen der Weidenkleidung) ist ein häufiges Motiv, B.-P. III, 125. Die Art der Entdeckung und Gewinnung des Mädchens durch den Helden ist typisch. Das Ende der Geschichte ist vielfach das Verschwinden des Mädchens infolge schlechter Behandlung oder Erinnerung an ihre Herkunft. – Eifersucht des Vaters auf den Prinzen wegen seiner schönen Frau, s. Nr. 41 und Neidaufgaben des Vaters, gelöst mit Hilfe des dämonischen Eisenmannes. – Ring der lange verstorbenen Königin aus der Unterwelt holen, s. Nr. 62 und Nr. 15. – Vision im Seelenreiche, fette Kühe auf magerem Boden, magere auf fettem, vgl. R. Köhler, Anm. zu Laura Gonzenbach, Sizil. M. S. 257. – Herbeischaffen und Zeigen des Eisenmannes; dieser tötet den König und ist erlöst. Das ganze Märchen, insbes. auch der Schluß ähnelt stark dem Märchen aus 1001 N. »Prinz Ahmed und die Fee Peri Banu«, Henning XXI ab Seite 124; den Anfang des Märchens s. Nr. 19. – Schlußformel s. Nr. 9.

26. Quelle: Wlislocki, Vom wandernden Zigeunervolke S. 221 f. Varianten s. ebendort S. 217 f. und M. u. S. der Transsylv. Zig. S. 5 Nr. 4. In dieser letzteren Variante ist die Geige eine Erfindung des Teufels, für welche die in ihn verliebte Mara ihre ganze Familie opfert. Erwähnt wird die Geige in Nr. 42. Ein Rätsel, dessen Auflösung die Geige ist, s. Nr. 29. – Über die Feenkönigin Matuya s. Nr. 27. – Die klingenden Saiten der Geige sind aus dem Haar der Feenkönigin gebildet, wie in einem anderen Märchen die Sehne des Jagdbogens aus Mädchenhaar, s. Nr. 32. – Die Geige ist also nach den Zigeunern ein aus dem Jenseits stammendes Wunschding, s. Nr. 14.

27. Quelle: Wlislocki, Transsylvan. Zigeunermärchen S. 29 Nr. 13 = Vom wandernden Zigeunervolke 1890 S. 374. Vgl. B.-P. II, S. 128, l. Abs. Grabesblume (blau) = Seele der Mutter, die den Jüngling durch alle Abenteuer geleitet und ihn zu Reichtum, Glück und Zufriedenheit führt, vgl. Nr. 13. Weiden der Hexenkuh mit Hilfe dankbarer Tiere, s. oben Nr. 16. Auswahl des unscheinbaren Dinges (Wunschdinges, s. Nr. 14) als Geschenk, s. Nr. 16. Tarnkappe, hier als Gegenleistung der Hexe gewonnen; sonst streitenden Erben (s. Nr. 16) abgenommen, K. H. M. 93. B.-P. II, 335, in neuaramäischen M. von Elfen = Dschinnen gegeben, s. Prym-Socin II, Sachregister unter »Elfen« S. 398. Mit der Kröte kämpfender

Zwerg. Ähnlich K. H. M. 161. Wunschdinge stammen regelmäßig aus dem Jenseits. K. H. M 36. B.-P. I, 346. Siuts, Jenseitsmotive § 240 f., hier von den Zwergen; s. unten Nr. 43. – Urmen sind die Feen der Zigeuner. Es gibt gute und schlechte Urmen. Königin der meist 99 an der Zahl in einer einsamen Gebirgsschlucht in Palästen von Gold und Silber zusammen wohnenden bildschönen Jungfrauen ist die in Nr. 26 genannte Matuya. Zu dreien auftretend, ähneln sie den römischen Parzen, s. H. v. Wlislocki, Volksglaube und religiöser Brauch der Zigeuner, Münster 1891.

28. Quelle: Wlislocki in »Ung. Revue« 1866 II, »Märchen der transsylvan. Zigeuner«, = M. u. S. der transsylvan. Zig. S. 73 Nr. 27: »Der Bettler und das Weizenkorn«. Ganz ähnlich Siebenbürg. Sachsen: Haltrich[1] S. 39 Nr. 8: »Das Hirsekorn«. Dr. Block hörte in Târgu-Jiu das Märchen von seinem Erzähler (Zigeuner), der hinzusetzte, daß dies weniger ein Märchen als eine lustige Erzählung sei. Diese Bemerkung ist richtig; es ist kein mythisches M., sondern ein Schwank, ein Eintauschmärchen. Im Wege der noxae datio, d. h. der Hingabe des wertvolleren schädigenden Objektes anstelle des beschädigten, wird der Zigeuner, der ursprünglich nur ein Weizenkorn besitzt, zum reichen Mann mit einem schönen Haus. Diese Eintauschmärchen sind weit verbreitet, namentlich auch in Afrika, die Eintauschobjekte sind im Einzelfalle verschieden. Gelegentlich endigt die Erzählung mit der Schwankwendung, daß das zuletzt eingetauschte Mädchen während der Abwesenheit des Bettlers aus dem Sack, in den es gesteckt ist, befreit und statt dessen ein Bienenschwarm oder ein bissiger Hund hineingesteckt wird, vgl. Erzherzog Ludwig Salvator: Märchen aus Mallorca S. 13: »Das Mönchlein« – s. (M. d. W.) malaiisch: Hambruch S. 13, Nr. 8.

29. Quelle: Wlislocki in »Ungar. Revue« 1886, II = M. u. S. der transsylvan. Zig. S. 82 Nr. 32: »Der Rätselmann«. Dr. Block hörte das M. fast wörtlich gleich von einem Zigeuner in Bukarest. Hier handelt es sich um Rätsel, die allgemein Beobachtetes symbolisch umschreiben, während oben in Nr. 7 persönliche Erlebnisse, die kein anderer wissen kann, für das Rätsel verwendet wurden. In beiden Fällen ist auf die Lösung der Gewinn von Geld oder (Nr. 7) die Hand der Prinzessin, auf die Nichtlösung Sklaverei oder der Tod gesetzt, s. Nr. 62. Der Jüngste mit den drei überstarken Hunden (Bär, Wolf und Fuchs) gehört dem Brüdermärchen K. H. M. 60. B.-P. I, 534 an.

30. Quelle: Wlislocki, »Globus 1887«, Bd. 51 S. 269 = M. u. S. der transsylvan. Zigeuner S. 67 Nr. 25: »Die drei Eier« = Vom wandernden Zigeunervolk S. 301 f. Das Märchen gehört erkennbar der Lehre der Zigeuner über den Verbleib der Seele nach dem Tode an und enthält zugleich eine Reihe ritueller Züge. Es ist aber beeinflußt durch ein anderes Märchen, das M. von den drei Zitronen oder Pomeranzen (Basile-Liebrecht II, S. 231, 5. Tag 9. M. und Stier [Erdélyi], Ungar. M. u. S. S. 83, Nr. 13). Das Aufbrechen der drei Eier mit seinen Folgen erinnert lebhaft an das Aufbrechen der drei Zitronen. – Die Welt der Toten befindet sich hier nicht in der Unterwelt. in die man am Ende der Welt durch ein Loch hinabsteigt, s. Nr. 15, sondern oben auf einem schaurigen Gebirge mit dem Eingang durch eine Höhle. – Totenmahl: Anm. S. 68 in den M. u. S. der transsylva-

nischen Zigeuner: »In die Nähe der aufgebahrten Leiche stellt der transsylvanische Zigeuner einen Napf mit Milch, damit die um den toten Körper herumflatternde Seele sich laben könne, bevor sie ihre Wanderung in das Jenseits antritt«. Daß der Milch, dem Produkt der den Indern heiligen Kuh, bei den Zigeunern in dem Totenmahl eine rituelle Bedeutung bewahrt ist, ist bemerkenswert. Den Krug mit Milch erhält der Bursche in dem Vorhof der Totenwelt, die durch das Zerbrechen der ersten beiden Eier heranbeschworenen Eltern lehnen aber den Genuß der Milch als zu spät angeboten ab. Ihre Seelen gehen ohne das Totenmahl in die Totenwelt ein, vermutlich, da die Frist des Verweilens bei dem Leichnam und der Wanderung ins Totenreich vollendet ist. Hierdurch gewitzigt, bricht der Bursche das dritte Ei auf dem Hofe, unmittelbar neben dem Krug mit Milch auf. Seine verstorbene Geliebte erscheint, trinkt und wird wieder lebendig. Diese ganze Episode des Zerbrechens der drei Eier und der Folgen stimmt auffallend mit dem Aufschneiden der drei Zitronen in dem obengenannten Märchen überein. Weitere Motive des M., die der Seelenlehre angehören, sind 1. Das Hinauftragen der Seelen totgeborener Kinder durch eine alte Frau in einem Sacke; 2. das Schöpfen von Wasser aus einem Brunnen, durch eine Frau, die den Eimer mit ihren Zöpfen hochzieht (Wasser für die Toten, die von ihren Verwandten ungewaschen begraben sind). 3. Zeitlosigkeit im Reiche der Toten (»einige Schritte« sind neun Erdenjahre), s. Nr. 20; 4. Die neun weißen Hunde; weiß ist die Totenfarbe, s. Nr. 33; die Hunde sind Höllenwächter. Ihre Gunst gewinnt der Held durch Hinwerfen von Speise. Häufig lautet das Motiv so, daß den Höllenwächtern die vor ihnen liegende verkehrte Speise ausgewechselt wird, z. B. vor dem Löwen liegt Heu, vor dem Pferde Fleisch, s. Nr. 22. Eine ähnliche Bedeutung wird es haben, wenn der Held der Wasser schöpfenden Frau einen Strick zuwirft, so daß sie nicht länger ihre Zöpfe als Schöpfseil zu benutzen braucht. Sehr häufig ermöglichen solche Freundlichkeiten den Zugang zum Jenseits.

31. Quelle: Wlislocki, »Ungar. Revue« 1886, Bd. II = M. u. S. der transsylvan. Zigeuner S. 96 Nr. 39. Titel des Orig.: »O meriben sar piranó«. In dieser offenbar der eigenen Erfindung der Zigeuner entstammenden Erzählung ist bemerkenswert, daß die Zigeunerin durch eine Traumvision ihren Gast als den Tod erkennt und stirbt, als sie trotz der Abmahnung des Todes von ihm erfährt, daß er wirklich der Tod ist. – Parallelerzählung s. unten Nr. 55.

32. Quelle: Mündlich durch den Zigeuner Ghitza Jorgulescu bei Târgu-Jiu (Rumänien); aufgezeichnet und übersetzt von Dr. Block. Inhaltlich ist das Märchen in seinem weiteren Verlauf eine Variante von Nr. 24 von der verstoßenen Königin und ihren ausgesetzten Kindern. – Die Tochter beredet den Vater, wieder zu heiraten, s. Nr. 10, 12. – Einhüllen des unbekleideten Mädchens (s. Nr. 64) in ihr langes Haar. B.-P. I, 21: »Das Marienkind«. – Kind mit einem Mond auf der Brust und einer Sonne auf dem Rücken. Zeichen vornehmer Abkunft, hier der Schönheit, K. H. M. 96 B.-P. II, 393. – Jagdbogen mit einer Sehne aus dem Haar der Schwester. Das Haar ist Seelenstoffträger, die Sehne aus solchem Haar macht den Bogen besonders treffsicher. Über die magische Kraft des

Frauenhaares s. Nr. 26, 37, 42. Ähnliches Motiv bei den Senekas, nordam. Indianern, Knortz, »Aus dem Wigwam« (1880) S. 197. – Versteinerung (»steinernes Gewand«), s. Nr. 6. – Verzauberter Hase als Helfer, B.-P. I, 514 (Fuchs). – Entzauberung durch Kopfabschlagen, s. Nr. 41; B.-P. I, 9. – Strafe der tiergebärenden Frau (Pranger und Angespienwerden), s. Nr. 44. – Dämonisches Pferd dem Helden anstatt seines eigenen leihen, s. Nr. 66, 51.

Das Märchen enthält trotz der Umständlichkeit der Erzählung mancherlei Unklarheiten. Behält das in eine Quelle verwandelte Mädchen daneben ihre Menschengestalt? Von ihrer Rückverwandlung ist nicht die Rede. Wo sind die Kleider der später Unbekleideten geblieben? Auf dem Wasser ausgesetzt (s. Nr. 24, 49, 71) werden nur die zu zweit geborenen Zwillinge; was aus dem Kinde der ersten Schwangerschaft geworden ist, erfährt man nicht. Trotzdem ist später von »den beiden Brüdern« die Rede. Die Verwandtschaftsverhältnisse sind zunächst unklar ausgedrückt, erst am Schlusse, wo von der Schwester und dem Schwager die Rede ist, werden sie verständlich. Die Großmutter des Helden ist anscheinend identisch mit der »Mutter des Waldes«. Trotzdem der Held deren Ratschläge genau befolgt, wird er bei seinem Kommen zur Quelle versteinert, umgekehrt aber nicht das Mädchen, das zufällig aus der Quelle schöpft. Die Versteinerung des Helden wird hier durch Besprengen mit Wasser aus der Quelle, die ihn versteinert hat, aufgehoben, s. Nr. 6. Es scheinen hier Motive aus dem Märchen »Das Wasser des Lebens«, K. H. M. 97, hineingeraten zu sein. – Schußformel s. Nr. 9.

33. Quelle wie Nr. 32. Titel des Orig.: »O thagar o loló hai o thagar o parnó«; Märchen wandernder Zeltzigeuner; starke Anklänge an ein gleichnamiges rumänisches Märchen (Dr. Block). Das M. setzt sich zusammen aus K. H. M. 113, »Die beiden Königskinder«, B.-P. II, 516 und K. H. M. 56: »Der Liebste Roland«, B.-P. I, 498. – Geburt und Schicksal eines Sohnes erträumen (vgl. Nr. 41 Einleitung), Traummotiv, und zwar hier: Wunschtraum und Unlusttraum. Nach dem Glauben der Primitiven verläßt die Seele während des Schlafes den Körper, geht ihre eigenen Wege, selbst bis in den Himmel, und hat ihre eigenen Erlebnisse, die wirklich und wahr sind oder werden, s. Nr. 22, 49. Der Glaube an die Wahrheit des Erträumten wird nun im Märchen auch zum Betruge mit erlogenen Träumen ausgenutzt, s. Nr. 15, 24. – Vernichtungsaufgaben; Hilfe der jüngsten Dämonentochter, s. Nr. 15. – Zauberring (Talisman, Wunschding s. Nr. 14) wirksam, wenn am Finger gedreht, s. Nr. 48. – Redender Speichel, B.-P. I, 501; II, 526; Wundt IV², S. 97, 109. – Magische Flucht mittels Truggestalten, s. Nr. 9, B.-P. II, 527. – Vergessene Braut, B.-P. I, 498; II, 527; s. Nr. 53 (Traummotiv). Die Erinnerung an die Braut erlangt der Held hier durch einen Brief wieder, sonst durch Beobachtung eines Taubenpaares (B.-P. II, 527) oder durch den Ring im Becher, s. Nr. 9, 53.

Farben in den Zigeunermärchen: Weiß, Rot, Schwarz und Grün. a) Weiß ist die Farbe der Totenwelt, vgl. in Nr. 30 die neun weißen Hunde, die Wächter der Totenwelt sind. b) Schwarz ist häufiger als Weiß die Farbe der Unterwelt (Totenwelt), so hier, wo der Held in die schwarze Unterwelt kommt, nach langem Wandern in der Dunkelheit zum schwarzen menschenfressenden Kaiser kommt. c) Rot. Ein roter Kaiser in Nr. 20, ein roter Kaiser und roter König in Nr. 25. d) Bei Gegenüberstellungen von Weiß und Rot und Weiß und Schwarz ist vielfach nur eine Unterscheidung der Personen oder Gegenstände nach Farben gemacht, ohne daß ein tieferes Motiv erkennbar: so hier »der rote Kaiser und der weiße Kaiser«; Nr. 7: »weißes und schwarzes Meer«, wo sicher nicht die geographische Lage beider gemeint ist. Es kann aber auch gemeint sein, daß, wie in der Überschrift des ganz anderen walachischen M. bei Schott S. 325 Nr. 9: »Vom weißen und roten Kaiser« (u. Anm. dazu S. 337/338), die Farbe Weiß »gut« bezeichnen soll und dem glänzenden Sonnengotte zukommt, während der Gegensatz Rot oder eine andere Farbe ist. Nr. 4 erwähnt einen weißen und schwarzen Widder, der erstere trägt den Helden ans Tageslicht, der zweite in eine tiefere Unterwelt. e) Mehrfach werden auch drei Farben: Weiß, Rot, Schwarz, zusammengestellt, so hier, wo ein weißer, ein roter und in der Unterwelt ein schwarzer Kaiser auftreten; in Nr. 52, wo drei Fahnen erwähnt werden, eine rote, eine schwarze und eine weiße. In Nr. 59 zwei Fahnen, eine schwarze als Zeichen der Trauer und eine rote als Zeichen der Freude. In einem russischen Märchen bei Afanassjew: Meyer I, S. 69, Nr. 19 begegnen einem Mädchen im Walde drei gespenstische Reiter. Sie werden ihr erklärt: der weiße Reiter sei der helle Tag, der rote die rote (also untergehende) Sonne, der schwarze die dunkle Nacht. f) Grün ist im Mittelalter die typische Farbe des Teufels und wird auch hier so verwendet, s. Nr. 66, während sich in Nr. 9 ein in ein Tier Verwandelter als grüner Reiter auf grünem Pferde zeigt. Vgl. K. H. M. 101: »Der Bärenhäuter«; B.-P. II, 435 und Wolf, Deutsche Hausmärchen S. 286: »Grünus Kravalle«. In beiden Märchen trägt der Teufel einen grünen Rock. – Schlußformel, s. Nr. 9.

34. Quelle: Mündlich vom Zigeuner Patca in Târgu-Jiu; niedergeschrieben und übersetzt von Dr. Block. Titel des Orig.: »O manuš bi balengo«. Über den Haarlosen infolge Grind, s. Nr. 6; über den Bartlosen in Griechenland, der auch in rumänischen Zigeunermärchen eine große Rolle spielt, siehe (M. d. W.) Kretschmar, Neugriech. M., Einleitung S. IX. – Das Märchen ist das ins Männliche übersetzte Märchen K. H. M. 89: »Die Gänsemagd«, B.-P. II, S. 284, Anm. 1: ein Prinz wird unterwegs von seinem Diener gezwungen, mit ihm die Rolle zu tauschen und durch Eid Schweigen zu geloben. Volkstümlich naiv ist die zur Fortführung der Geschichte benutzte Bedingung, unter der das Schweigen gebrochen werden darf. – Heimtückisches Werfen des Helden in einen Brunnen s. Nr. 4. – Unerfüllbare Aufgaben zur Vernichtung des Prinzen, hier gestellt vom böswilligen Gegenspieler, werden mit Tierhilfe erfüllt, s. Nr. 3. Von der zu holenden Drachentochter gestellte (nachgeschobene) Aufgaben: Sortieren von Getreidekörnern, s. Nr. 3; ins Meer gefallenen Ring wiederschaffen, s. Nr. 65; Wiederbeleben mit Lebenswasser, s. Nr. 8.

35. Quelle wie 34; Titel des Orig.: »Il trin phral hai îl gras«. Märchentypus: Reiten um die Braut auf den Glasberg. Dreinächtliches Bewachen der bestohlenen Wiese durch drei Brüder, s. Nr. 20: Brautwettformel: Wettspringen zu Pferde über einen gewaltig breiten Graben (s. Nr. 62). – Schlußformel, s. Nr. 9.

36. Quelle wie 34; Titel des Orig.: »O viteazos tarno thai e dai ciohani« = K. H. M. 91: »Dat Erdmänneken«, B.-P. II, 297; s. Nr. 16. – Bewachen des Apfelbaumes, s. Nr. 20. – Vogelschlangenkampf und Gewinnung des hinauftragenden Vogels (hier Eulen) s. Nr. 45, 48, 68.
37. Quelle wie 34; Titel des Orig.: »E dai phuri« = Episode aus dem Brüdermärchen K. H. M. 60; B.-P. I, S. 528. Conceptio magica, hier durch Fischessen sowohl der Kaiserin als der Köchin, s. Nr. 16. Brandmal mit dem Schürhaken zur Bezeichnung des echten Kindes erweckt die Heldenhaftigkeit; bei primitiven Völkern dient dieses Brennen mit glühendem Eisen als Heldenprobe, so in den Märchen der afrikan. Buschmänner bei D. F. Bleek, »The Mantis and his Friends«, Buhsman Folklore, Cape Town (1932), S. 30 f., wo die Frau eine glühend gemachte Speerspitze zwei jungen Männern in die Nase steckt und bei dem einen, dem Tränen über die Wangen laufen, eine geringere Heldenhaftigkeit feststellt. – Die Heilige Sonntag, s. Nr. 24. – Versteinernde Kraft der Hexenhaare, hier der Haare des Pferdes und des Hundes, s. B.-P. I, 554. Schicksalsorakel; B.-P. I, 555. Hier: Blut fließt an der Wand herab; Nr. 38: Taschentuch zeigt sich mit Blut getränkt; Nr. 52: »wenn aus dem (in die Wand gedrückten) Ringe Blut fließt, dann bin ich tot«.
38. Quelle wie 34; Titel des Orig.: »Il dui phral« = Reise ins Jenseits auf Abenteuer, ähnlich das türkische M. bei Kunos, Stambul, S. 95: »Der Aschenbrödelsohn«. Die Furcht suchen: K. H. M. 4; B.-P. I, 22 u. III, 537, Nr. 220. Heldenproben im Essen s. Nr. 62, ebenso Kunos, a. a. O., vgl. B.-P. I, S. 163, Anm. 1. Im ganzen kommt das Motiv zum Ausdruck, daß von zwei Brüdern der jüngere heldenhafter ist als der ältere, der von der Hexe verschlungen wird. Der jüngere tötet die Hexe. Bemerkenswert ist das Motiv, daß mit dem Tode der Hexe der verschlungene Bruder wieder lebendig wird, s. Nr. 2 (Machtgrenze des Dämons). Schicksalsorakel, s. Nr. 37 und Nr. 52. – Schlußformel, s. Nr. 9.
39. Quelle wie 34; Titel im Orig.: »O durkhaló thai o rom cioró«, Märchentypus: Zauberlehrling = K. H. M. 68: »De Gaudeef un sin Meester«; B.-P. II, S. 60. – Pope = rumänischer Landgeistlicher. – Pferd ohne den Halfter verkaufen ist ungewöhnlich, da der Halfter Zubehör des Pferdes ist; B.-P. II, 61, Motiv C. D[1]. Verwandlungswettkampf, B.-P. II, 68, s. Nr. 67 (Wettkampf zweier Zauberer in ihrer Kunst).
40. Quelle wie 34; Titel des Orig.: »O diló«. Typus: Der verstellte Narr. – Töten des Ochsen, der den Narren vermeintlich unehrerbietig behandelt, s. Nr. 2. – Verkauf an eine Krähe, Bezahlung durch einen Baum. B.-P. I, 59 und in den Nachbarvölkern: ungarisch: Sklarek S. 295 Nr. 23; walachisch: Schott S. 223, Nr. 22, 1 und 2; siebenbürgisch: Haltrich[1] S. 278 Nr. 60. – Scheffel zum Geldmessen leihen, s. Miklosich S. 316 (häufiges Motiv). – Fortschrecken der unter dem Baume Sitzenden durch unerwartetes Sichherabfallenlassen, s. Nr. 2. – Heilen der Zahnschmerzen Gottes durch den Rauch angezündeten Weihrauches: mir völlig unbekanntes Motiv, das vermutlich auf einem volkstümlichen Mißverständnis des kirchlichen Gebrauches von Weihrauch beruht. Hier leitet es hinüber zum Motiv von der Tanzflöte, K. H. M. 110; B.-P. II, 490. – Bezeichnung des Endtermins eines Dienstverhältnisses nach einem Geschehnis in der Natur

(»wenn der Kuckuck schreit«) vgl. B.-P. III, 200, 364. – Töten des vorzeitig »Kuckuck« rufenden Mädchens durch einen Steinwurf, s. die ähnliche Erz. in Cukasaptati (Schmidt) S. 45, 45. Abend, indisch. – Zorneswette (»Pope, du darfst dich nicht aufregen über das, was ich sage«), K. H. M. 90; B.-P. II, 293. – Die Tür hüten, B.-P. I, 521, Motiv F. Schacht, Indische Erzählungen S. 123, Nr. 38: »Der kluge Türhüter«.

41. Quelle wie Nr. 32. Titel des Orig.: »E pisiki«. Typus: K. H. M. 63: »Die drei Federn«, am ähnlichsten ist wohl das Märchen der Gräfin Aulnoy: »La chatte blanche«, inhaltlich wiedergegeben bei B.-P. II, 34, s. auch B.-P. II, 466. – Drohung, die unfruchtbare Frau zu verstoßen, wenn sie nicht schwanger von der Reise zurückkehrt, s. Nr. 16. Conceptio magica durch Apfelessen (die hier aus dem Garten der Mutter Gottes stammen), ebendaselbst. Begabung des zu erwartenden Mädchens mit Schönheit und zugleich Verwünschung in eine Katze vom 17. Lebensjahre an, vgl. Nr. 33. Bemerkenswert ist die feierliche Form der Verwünschung, hier durch die Mutter Gottes, sonst durch die bei der Geburt des Kindes erscheinenden drei Urmengeschwister, s. Nr. 27. – Auflage an die drei Söhne, besonders feine Leinewand herbeizuschaffen, auch in K. H. M. 63. Teilung des Weges in drei Arme, deren jeder mit besonderen Abenteuern verbunden ist und auf dem jeder Bruder einen Gegenstand findet; häufiges Motiv, s. Nr. 48. Wasserflut (dauernder Platzregen) zwingt den Helden, im Zauberschloß der Katze einzukehren, vgl. Turley, Schwedische M., S. 91. Die Beschreibung dieser Zauberschlösser, die im Jenseits liegen, ist in den Märchen aller Länder übereinstimmend. Sie sind von hohen Mauern umgeben, deren Tore fest verschlossen sind. Der Held muß die Mauer übersteigen, berührt dabei aber Drähte, welche Glocken in Bewegung setzen, deren Schall ihn verrät. Die Bewohner des Zauberschlosses zerfallen in zwei Gruppen: 1. Die spiritualisierten Geister, die bis auf die Hände unsichtbar sind. Siuts, Jenseitsmotive, § 576, S. 296 und § 500, S. 218. Da sie unsichtbar sind, so erscheint das Schloß zunächst leer, doch spürt man ihr Wirken. Daß der Held von ihnen mißhandelt wird, erinnert an die Erlösung verwunschener Schlösser, s. Miklosich S. 318 »Die verwünschte Stadt«, s. Nr. 10; 2. die sichtbare Katzengesellschaft (verwandelte Menschen), doch scheint auch eine der Katzen unsichtbar den Helden zu seinem Vater zu begleiten und ihm bei seinem mißtrauischen Fluch die Hand zu zerkratzen. – Rückverwandlung in Menschengestalt durch Sichüberschlagen, s. Nr. 13, durch Abschlagen des Schwanzes und des Kopfes, s. Nr. 32, B.-P. I, 9. Neid des Vaters gegen den Sohn wegen der Schönheit seiner Frau, s. Nr. 25. – Schlußformel, s. Nr. 9.

42. Quelle wie 32. Titel des Orig.: »O thagar le lulughenda«. – Russisch (M. d. W.): Löwis of Menar S. 63 Nr. 13. – Einleitung: Bewachung des bestohlenen Weizenackers, s. Nr. 20. – Vertauschung der Kopfbedeckungen mit denen der schlafenden Mädchen (Däumlingsmotiv), s. Nr. 4; B.-P. I, 124, insbes. Anm. 1. – Hauptteil: durch neidische Brüder veranlaßte Vernichtungsaufgaben, K. H. M. 126: »Ferenand getrü und Ferenand ungetrü«; B.-P. III, 18; s. Nr. 3. – Schütteln der empfangenen Mähnenhaare ruft Hilfe des himmlischen Hengstes herbei; sonst Verbrennen oder Reiben der Haare. Das Motiv dürfte mit der Natur der Haare als Seelstoffträger

zusammenhängen (vgl. Frauenhaar, Nr. 32). – Wunschdinge (s. Nr. 14) aus dem Ohr des himmlischen Pferdes herausgeholt. Häufiges Motiv besonders russischer M., vgl. Bain, Cossak F. T., S. 47 f. – Das Gebiet der Greifenmutter liegt im Jenseits; an der Grenze findet ihre Macht ein Ende, s. Nr. 2. – Selbstverwandlung (in eine Fliege) durch Sichüberschlagen, s. Nr. 13. – Glucke mit Küchlein aus Gold, ein häufiges ausschmückendes Motiv (Märchenzug), jedoch, soweit ich sehe, niemals als fortleitendes Motiv benutzt. Luther übersetzt die dreimal im Alten Testament vorkommenden Plejaden mit »Glucke«. Es wird das eine volkstümliche Bezeichnung der Plejaden sein, die in der mittelalterlichen Astronomie den Namen »gallina« trugen. Das hebräische Wort für Plejaden heißt deutsch »das Häuflein« (scl. von Sternen). Vgl. Ideler, Sternnamen S. 147, 148. – Greifenmutter und Held beschimpfen sich gegenseitig und renomieren, wer der größere Gauner sei. – Mann aus lauter Blumen (Heiliger der Blumen), mir mythologisch nicht erklärbar. Eine »Blumenkönigin« kommt in einem armenischen Märchen vor bei Wlislocki, M. und S. der Bukow. und Siebenbürg. Armenier S. 34, Nr. XV. – Entführung des trunken gemachten Heiligen der Blumen; ebenso bei der Donauprinzessin in Nr. 54. – Berge der Sehnsucht, s. Nr. 20. – Alle Zahlen in diesem Märchen gehen auf die Grundzahl 3 zurück. Spricht das für ein hohes Alter des Märchens (Mondkalender)?, s. Nr. 62. – Schlußformel, s. Nr. 9.

43. Quelle wie 34. Titel des Orig.: »O deloró thai o rom cioró« = K. H. M. 36, B. I, S. 346. »Tischlein deck dich, Eselein streck dich, Knüttel aus dem Sack«, hier ein Essen und Reichtum gewährender Stab, ein Dukaten legender Hahn und eine Peitsche, s. Nr. 14. – Gott und Petrus als wandernde und begabende Götter auf Erden, s. Nr. 14. – Bezeichnend für die Mentalität des Zigeuners ist, daß er zunächst mit seinem Reichtum nichts anzufangen weiß und den Wunschstab an Gott zurückgibt, s. Nr. 56 (Bescheidenheit der Zigeuner). – Wunschdinge, s. Nr. 14. – Schlußformel, s. Nr. 9.

44. Quelle: Miklosich S. 227 f. Orig. ohne Titel. M. in der Bukowina seßhafter Zigeuner. Typus: Stiefmuttermärchen, Verfolgung der Seelen der gegen Hunde vertauschten (s. Nr. 51) und getöteten Stiefkinder durch eine ganze Reihe von Epiphanien. Das gleiche M. s. bei Haltrich[1] (Siebenbürgen) S. 1, Nr. 1, und Schott (Walachei) S. 121, Nr. 8. – An die Stelle der neidischen Schwester ist hier eine Dienerin getreten. – Charakteristisch ist die gänzliche Wiederholung des M. durch die wiederbelebten Stiefkinder, um durch die Erzählung die Bosheit der Stiefmutter zu entlarven. Dieses Mittel zur Entlarvung des Übeltäters wird im Märchen sehr oft angewandt, s. Nr. 32. – Versprechen dreier heiratslustiger Mädchen, s. Nr. 24. – Grabespflanze, s. Nr. 13. Selbstverwandlung der zwei Tauben in zwei Knaben durch Sichüberschlagen, s. Nr. 13. – Die Verfolgung der Seele eines Getöteten durch verschiedene Erscheinungen (s. Nr. 12) kommt schon im altägyptischen Brüdermärchen (Bata-u-Märchen) vor, s. Wiedemann, Altägypt. S. und M. S. 72 f. Die Reihenfolge der Gestalten ist dort: Bata-u = Apisstier = 2 Perseabäume, entstanden aus zwei Blutstropfen des auf Betrieb der Favoritin getöteten Apisstiers = Splitter der umgeschlagenen Perseabäume, der der Favoritin in den Mund fliegt und sie schwanger macht =

der von ihr wiedergeborene Bata-u. In beiden Märchen rächen sich die wieder Mensch Gewordenen an der boshaften Frau. – Eingraben der angeblich Hunde Gebärenden bis zum halben Leibe, s. Nr. 32.

45. Quelle: Miklosich S. 281 f. (aus der Bukowina). Orig. ohne Titel. Variante von K. H. M. 91: »Dat Erdmänneken« und Nr. 166: »Der starke Hans«, s. Nr. 16. – Der Held »Pferdesohn« ist der Sohn eines Priesters und einer Stute. – Geburt im Walde = Motiv der Höhlengeburt, K. H. M. 166. (Emporsteigen der Sonne aus dem Dunklen?) – Stärke des Helden durch langes Gesäugtwerden von der Mutter; B.-P. II, 293, 318. – Aufsammeln der Begleiter mit wunderbaren Eigenschaften, K. H. M. 166, 71; B.-P. II, S. 86, s. Nr. 72. Vgl. den Aufsatz von Benfey im »Ausland« 1858, Nr. 41 ff., S. 969 = Kl. Schr. z. Märchenforschung (Bezzenberger), 3. Abt., 2. Ausg., S. 99. – Erlebnis mit dem Dämon in der Vorhölle, s. Nr. 68. B.-P. II, 301, Motiv B^1. – Festklemmen des Bartes des Alten, B.-P. I, 29. – Verrat der Genossen (ihre Prüfung durch den Helden mittels eines in den Korb gelegten Steines), s. Nr. 48. B.-P. II, 301, Motiv E. – Augen der beiden Alten durch die Zenen geraubt (s. Nr. 22); hier weicht das Märchen von K. H. M. 91 ab. Die Befreiung dreier Jungfrauen aus der Unterwelt fehlt. – Weiden auf dem verbotenen Gebiet der Zenen, s. Nr. 4. Wiedergewinnen der Augen der beiden Alten, s. Nr. 12, 22. Vogelschlangenkampf und hinauftragender Adler, s. Nr. 36. – Gottesurteil (am Schluß) s. Nr. 48.

46. Quelle: Miklosich S. 286 f. mit gleicher Überschrift (Bukowina) = K. H. M. 20: »Das tapfere Schneiderlein«, B.-P. I, 160. – Kreuzbrüder (S. 227) erinnert an serbisch: pobratimi (Wahlbrüderschaft), die von der Kirche verbotene adelphopoiía der Griechen, vgl. Nr. 17. – Keule anstatt sich selbst ins Bett legen, auf die der Drache schlägt, um den Alten zu töten. B.-P. I, 164. Fortschrecken des Drachen durch Prahlerei, B.-P. I, 160, Anm. 1; Haltrich[1] S. 161, Nr. 27. Das Motiv kommt meistens zusammen mit dem Motiv der zusammengebundenen Schwänze vor. Ein Fuchs oder ein ähnliches Tier will einem stärkeren furchtsamen Tier dadurch Mut machen, daß es seinen Schwanz mit dem des stärkeren Tieres zusammenbindet, worauf beide dann zum Hause des Helden zurückkehren. Dieser jagt aber dem furchtsamen Tier einen Schreck dadurch ein, daß er behauptet, der Fuchs bringe ihm noch ein zweites Tier herbei. Voller Angst läuft das stärkere Tier davon und schleift den mit seinem Schwanze festgebundenen Fuchs zu Tode. B.-P. III, 75, Anm. 2. Hier tötet der erboste Drache den Fuchs auf andere Weise.

47. Quelle: Miklosich S. 297 f. Typus: Der seltsame Vogel, dessen Kopf den Verspeisenden zum Kaiser macht, dessen verspeistes Herz allmorgentlich 1000 Goldstücke beschert, dessen verspeiste Füße zum Propheten machen = Siebenbürgen: Haltrich[1] S. 25, Nr. 6: »Der seltsame Vogel«; etwas abweichende Variante K. H. M. 122: »Der Krautesel«, B.-P. I, S. 534. Der dritte Bruder gehört eigentlich nicht ins Märchen. – Die orakelhafte Königswahl (eine in der Kirche aufgestellte Krone fällt auf das Haupt dessen, der Kaiser sein soll, s. Miklosich: Beiträge zur Kenntnis der slawischen Volkspoesie, S. 45 des S. A.), kommt häufig in der Form vor, daß Vögel oder Vierfüßler den Herrscher zu bestimmen haben, vgl. (M. d. W.) malaiisch: Hambruch S. 261, Nr. 58; ferner Knowles, Kashmir Tales S. 17,

Nr. 4, und allgem. Klingenheben in Zschr. f. Eingeborenenspr. X, Heft 3, 1919/20, S. 182. – Glückspiel mit der Jungfrau um ihre Hand (M. d. W.), griechisch: Kretschmar S. 211, Nr. 49; ferner Schmidt-Kahle, Palästin. Volkserz. S. 87, Nr. 34, S. 103, Nr. 36; Knowles, Kashmir T., S. 149: »All for a pansa«; Stumme, Berberm., S. 49, Nr. VI; Frobenius, Atlantis IV (Kordofan) S. 117 Nr. 12. Kartenspiel mit Einsatz des Lebens, s. Nr. 66. – Verwandlung in den Krautesel und Rückverwandlung, s. Nr. 48.

48. Quelle: Miklosich S. 288 f. Variante zu K. H. M. 91: »Dat Erdenmänneken« B.-P. II, S. 297, s. Nr. 16. – Kreuzweg: Teilung des Weges in drei Arme, s. Nr. 41. Hier führt der eine Weg in Städte, der zweite in Dörfer, der dritte in Wälder. – Krauteselmotiv, s. Nr. 47, hier verdoppelt (Apfelbäume und Flüsse), doch wird der Fund der Äpfel hier nicht weiter ausgenutzt, B.-P. III, S. 6. – Motiv des besten Jüngsten, der, wie so häufig, auch hier der Held ist. Obgleich hier die vom Drachen der Unterwelt geraubte Mutter zu befreien ist, hat das Märchen das Motiv der aus der Unterwelt befreiten 3 Jungfrauen daneben beibehalten. Wie jeder Tote sein eigenes Grab hat, so hat in der Unterwelt jede Frau ihr eigenes Haus. Verrat der Genossen, Steinprobe beim Hinaufziehen, s. Nr. 45. Statt des hinauftragenden Vogels, s. Nr. 36, findet der Held hier in der Unterwelt einen Talisman (Wunschding, s. Nr. 14), einen verrosteten Ring, den er reinigt (also reibt!, s. Nr. 33), darauf erscheint der helfende Geist. – Gestalt veränderndes Wasser statt über das Haupt gezogene Kaldaunen, wie in andern Varianten. Das Motiv, daß der Held bei einem Schneider als Geselle eintritt, ist beibehalten, dagegen das Motiv der Herstellung der Kleider hier sehr verworren. Die dritte Prinzessin verlangt in andern Varianten das Kleid, das sie in der Unterwelt getragen und das der Held in der Umhüllung eines Eies oder einer Nuß mitgebracht hat. Das Zauberschloß, das sich auf einer Scheibe immer nach der Sonne drehen läßt, erinnert an die Hütte der russischen Hexe Baba Jagá, die sich auf einem Hahnenfuß dreht. Über das Gottesurteil vgl. Nr. 45.

49. Quelle: Miklosich S. 321 f. Die Erzählung befindet sich abgekürzt im Pers. Tutinameh (Iken-Schmidt) S. 46, vierte Erz.: »Der Edelmann und die Soldatenfrau, deren Tugend jener auf die Probe stellte«, doch weicht der zweite Teil hier erheblich ab. – Das Schiff, in dem die Frau auf der Donau ausgesetzt wird, ist offenbar ein geschlossener Kasten, denn der alte Mann, der das »kleine« Schiff aufgreift, »öffnet es«, Aussetzung in dieser Form auf dem Wasser, s. Nr. 32. – Das Motiv, daß eine Frau, die ihren Mann suchen geht, sich Männerkleider anzieht, ist ein sehr häufiges, z. B. Knowles, Kashmir T., S. 59 und unten Nr. 62. – Blindheit heilendes Wasser im Traum entdecken, vgl. den Traum der Kaiserin in Nr. 33. – Daß die Frau in Männerkleidung ihr Geschlecht durch Zeigen ihrer Brüste beweist, kommt besonders häufig in den neuaramäischen M. bei Prym-Socin vor. – Das Gericht, das die Kaiserin über die verschiedenen Männer abhält, die sie übel behandelt haben, ist ein beliebtes orientalisches Motiv (vgl. z. B. Schmidt-Kahle, Volkserz. aus Palästina, S. 109/111).

50. Quelle: Miklosich S. 302 f. Der erste Teil des Märchens ist die bekannte Geschichte aus dem Pantschatantra: »Der Weber als Wischnu« = Benfey, Pantsch. I, S. 159 und II, S. 48–56; K. H. M. 1812, Nr. 77; B.-P. II, 131,

Nr. 77a. »Vom Schreiner und Drechsler.« Russisch ganz ähnlich (M. d. W.) Löwis of Menar S. 251, Nr. 42. Über die menschliche Sehnsucht, fliegen zu können (Traummotiv), s. B.-P. II, 135, III, 273. Von dem Moment an, wo der (orientalische) Vater die Besuche des Prinzen bei der Prinzessin entdeckt, geht das Märchen seine abweichenden Wege, doch stimmt das Motiv, daß die Flügel des Prinzen später durch Feuer zerstört werden, merkwürdig mit dem Märchen bei Andersen, »Der fliegende Koffer«, überein. Auch hat das ganze M. eine gewisse Ähnlichkeit mit dem Grimmschen M. B.-P. Nr. 77a. Eingeschoben ist die Episode von der Geburt des Kindes, der Trennung der Gatten durch das Verbrennen der Flügel und der Gewinnung der Hilfe des Dämons (»Gottes«) durch Versprechen des Kindes. B.-P. II, S. 392, s. Nr. 53. Daß es sich hier um eine eingeschobene, ursprünglich nicht zum Märchen gehörige Episode handelt, scheint mir der nicht wohl passende Schluß zu beweisen. Die Teilung des Kindes in zwei Hälften hat hier keinen Sinn, erinnert aber an die Teilung der Frau in Nr. 5 oben. – Auffallend ist der Zusammenhang des todesähnlichen Schlafes der Prinzessin mit der zu ihren Häupten stehenden Kerze. Ob die Kerze brennt, wird nicht berichtet. Handelt es sich hier um ein animistisches Motiv? Um das Lebenslicht der Prinzessin? Vgl. B.-P. I, S. 388. – Schlußformel, s. Nr. 9.

51. Quelle: Miklosich S. 312 f. 2 Teile: I. Heirat des weiblichen Findelkindes mit dem Prinzen. Abneigung der Mutter des Prinzen gegen die Schwiegertochter, Aussetzen der Schwiegertochter im Walde, Töten eines Hundes an Stelle der Frau, s. o. Nr. 44. II. Die ungetreue Mutter, die sich mit dem Drachen einläßt und den eigenen Sohn durch Verlangen unlösbarer Aufgaben vernichten will, s. o. Nr. 15.

In diesen Zigeunermärchen erscheinen regelmäßig Gott und der heilige Petrus, um den in der Wildnis Geborenen zu taufen, s. Nr. 14. – Wunschdinge (stets treffende Flinte und nie alle werdendes Brot) als Patengeschenke, s. Nr. 14. – Verbotenes Zimmer, s. Nr. 57, 59. – Fingierte Krankheit der Mutter, um den Sohn zu Vernichtungsaufgaben zu senden, s. Nr. 12. Zur Glaubhaftmachung ihrer Aufgaben beruft sich die Mutter auf einen erlogenen Traum, s. Nr. 33. – Lebenswasser holen aus den Blutbergen, die wie Widder sich mit ihren Gipfeln stoßen; sie stoßen sich von früh bis Mittag, um Mittag ruhen sie zwei Stunden, Symplegadenmotiv, s. Nr. 8 und Nr. 15. – Mittag ist die Ruhezeit der Dämonen, s. Nr. 15. – Angebot des dämonischen Pferdes statt des eigenen Pferdes des Helden, s. Nr. 32. – Den Getöteten und Zerstückelten im Sack aufs Pferd binden und dieses davonjagen, s. Nr. 15, 34. – »Ach, ich habe schwer geschlafen«, s. Nr. 8. – Die Strafe der Mutter ist hier eine andere als in Nr. 15. – Gefäß voll Tränen weinen, s. Nr. 9.

52. Quelle: Miklosich S. 309 f. Die Erzählung ist eine variierte Episode aus dem Brüdermärchen: K. H. M. 60. B.-P. I, 528, s. Nr. 37. Hier ist an die Stelle des Zwillingsbruders die Mutter getreten. Diese sagt dem Sohn sein Schicksal voraus: er werde nicht von der Hand eines Helden, sondern eines Schwächlings sterben. – Schicksalsorakel, s. Nr. 37. – Drei Drachen, jeder mit größerer Zahl von Köpfen, getötet: beachtenswert ist, daß die drei neben den Leichnamen aufgestellten Fahnen wiederum die Farben

Rot, Schwarz, Weiß tragen, s. Nr. 33. – Wie der Tschutilla ohne Hände dem Helden den Hals abschneiden kann, ist ein Geheimnis des Erzählers. Das Fehlen der Hände soll die außerordentliche Schwäche des Tschutilla dartun. – Zu dem wiederbelebenden Blatte der Schlange, s. K. H. M. 16. »Die drei Schlangenblätter«: B.-P. I, 128. – Schlußformel, s. Nr. 9.

53. Quelle: Miklosich S. 324 f. Typus: Versprechen eines Kindes, von dessen Geburt der Vater noch nichts weiß, an den Dämon, der ihm geholfen hat, s. Nr. 50; B.-P. II, 329, 483, 484. – Unlösliche Aufgaben des Dämons (Vernichtungsaufgaben) mit zauberkundiger Hilfe der Tochter des Teufels und durch ihr gehorchende Tiere gelöst, s. Nr. 3. – Magische Flucht zunächst mit Vortäuschung von Truggestalten, B.-P. I, 442, dann durch Bereitung von Naturhindernissen, B.-P. II, 140 (Kamm = Wald; Stein = Fels; Lappen = großes Wasser), s. Nr. 9, 22. – Vergessene Braut, s. Nr. 33; B.-P. I, 498; II, 527. – Heraussuchen der Geliebten aus einem Kreise ganz gleich aussehender Mädchen, s. Nr. 66; B.-P. II, 28, 29. Nach Siuts, Jenseitsmärchen S. 300, Anm. 1, ist diese Aufgabe nicht zu den Hadesarbeiten zu rechnen, sondern ein alter Verlobungsbrauch, der noch heute im Schwange ist; Nachweise dort. – Durch einen falschen Rat den Dämon in den Fluß locken, so daß er ertrinkt, ist ein häufig in Ogermärchen erscheinendes Motiv. – Ringhälfte im Becher als Erkennungszeichen, s. Nr. 9.

54. Quelle: Miklosich S. 306 f. Die Einleitung des Märchens erzählt die Gewinnung des helfenden dämonischen Pferdes und verwendet als Motiv die Auswahl des minderwertigen Füllens als Lohn des Helden, s. Nr. 16. Es geht dann in den feststehenden Typus des Märchens von »Ferenand getrü und Ferenand ungetrü«, K. H. M. 126. B.-P. III, 18 (s. Nr. 65) über. Der Besitz der Feder erweckt den Neid der Brüder, und dieser veranlaßt sie, den Dienstherrn zur Stellung von unlösbaren Aufgaben für den Helden zu bewegen; vgl. Nr. 3. – Eingeschoben ist das Motiv der Vertauschung der Kopfbedeckungen der Brüder mit denen der Töchter der Zauberin, s. Nr. 4, 42. – Diese mit Hilfe des Pferdes gelösten Aufgaben steigern sich bis zur Herbeiholung der wilden in der Donau lebenden Jungfrau. Entführung derselben nach listiger Versetzung in Betrunkenheit, s. Nr. 6, Nr. 42 (Heiliger der Blumen). – Es folgen die von der Donaujungfrau nachgeschobenen Aufgaben, die Meerpferde aus der Donau zu holen und die Aufgabe des Badens in siedender Stutenmilch (Trugheilung); B.-P. III, 33. – Selbstverwandlung in einen Floh durch Sichüberschlagen, s. Nr. 13.

Nach B.-P. III 30 ist der Name des Helden wohl entstellt aus dem russischen »Tromsyn« = Dreisohn. – Schlußformel, s. Nr. 9.

55. Quelle: D. F. de l'Hoste Ranking, J. G. L. S., N. S. IV (1911), S. 209 f. Das Märchen ist eine von den Zigeunern erfundene Sage, und zwar, wie sein Inhalt ergibt, von Zeltzigeunern, also umherziehenden, in Zelten wohnenden Zigeunern; es behandelt die Heirat des heiratslustigen Mädchens mit einem Manne, der sich als der Teufel (der Dämon, böse Geist) erweist. Das Mädchen merkt dies erst zu spät, nachdem der Teufel es ohne Hochzeitsfeier geheiratet hat, an den kleinen Hörnern auf den Köpfen der Kinder in der Zeltniederlassung des Mannes. Durch einen beschleunigten Besuch bei ihren Eltern, zu dem sie den Teufel überredet, weiß sie sich

von dem Manne frei zu machen. Varianten in Europa zu dieser mehr eine Sage als ein Märchen bildenden Erzählung sind mir unbekannt, dagegen sind Erzählungen des Inhalts, daß allzu eigenwillige Mädchen, die den Brauch, daß der Vater den Gatten bestimmt, verschmähen und sich selbst den Gatten wählen, unwissend einen Dämon anstatt einen Menschen heiraten, an der Westküste Afrikas häufig. Bemerkenswert ist, daß der Teufel aus dem Hause des Schwiegervaters durch eine christliche rituelle Handlung, die Segnung des Zeltes durch den Popen, vertrieben wird, während die Erzählung im übrigen offenbar auf heidnisch mythologischen Vorstellungen beruht. Daß das Mädchen alsbald stirbt, bringt die Erzählung in Parallele mit Nr. 31.

56. Quelle: Mündliche Erzählung des Zigeuners Franz Goi (Zigeunername: Nonoka), Pferdehändlers in Wandsbeck, aufgenommen und übersetzt von Dr. Aichele = »Vox« 1920, Heft 5/6, S. 146f.: Zigeuner-Phonogramme. Einfaches Drachentötermärchen, zu dem nur zu erwähnen ist die Selbstverständlichkeit, mit der erzählt wird: »Dann wurde der Drachenschädel geöffnet und der Edelstein herausgenommen.« Also hat jeder Drache einen Edelstein im Schädel. Nach Benfey, Pantschatantra I, S. 214, Anm. 1, glaubt man in Indien, daß die Schlangen, die sehr alt werden, im Alter von einigen hundert Jahren einen Edelstein von unschätzbarem Werte in ihrem Kopfe haben. – Typisch ist die Bescheidenheit des Zigeuners am Schluß der Erzählung, s. Nr. 43.

57. Quelle: mündlich wie Nr. 56. Typus: Blaubartmärchen. K. H. M. 46: »Fitchers Vogel«, B.-P. I, 398, insbes. 402. Der Schluß ist verschieden und das Zigeunermärchen hat die Besonderheit, daß es in ein christlich-katholisches Gewand gehüllt ist, wie es besonders häufig in den armenischen M. bei Wlislocki der Fall ist. Die christliche Übertünchung ist erkennbar späteren Datums, sonst wäre es unverständlich, wieso durch das Feuer hinter der verbotenen Tür, Nr. 51, 59 (dem Höllenfeuer oder dem Fegefeuer, l. Z. des Textes S. 246: »sie sollten leben, solange die Welt bestehe«) der Pelz versengt, die beiden älteren Schwestern aber nicht vernichtet werden, sondern von der jüngsten lebend daraus herausgezogen werden. – Die Täuschung des Ogers durch eine Puppe, die die Entflohene darstellen soll, ist ein bei der magischen Flucht (s. Nr. 9) vielfach verwandtes Motiv. B.-P. I, 501, Anm. 1. II, 56. Die Christianisierung des Märchens tritt auch darin zutage, daß der verfolgende Teufel nicht in das Haus des Schwiegervaters hereinkommen kann, weil es rings umher mit Weihwasser besprengt ist. In den armenischen M. bei Wlislocki wird einmal Weihwasser benutzt, um den abgelegten Balg eines verzauberten Tiermenschen zu vernichten, während dies sonst regelmäßig durch Verbrennen geschieht.

58. Quelle: mündlich wie Nr. 56. Typus: K. H. M. 81: »Bruder Lustig«; B.-P. II, 149. Die Version entstammt einer katholischen Gegend, denn die Magd des Gutsherrn beteuert die Wahrheit ihres Berichtes bei »Gott und der Mutter Gottes«. – »Als das Mädchen nun hinging und die Ofentür öffnete, sah sie die beiden auf Stühlen sitzen und ihre lange Pfeife rauchen« = Motiv der Männer im feurigen Ofen, s. Nr. 72. – Der Zug, daß der Zigeuner auch noch am Galgen das gegessene Gänsebein ableugnet, dann aber im Hinblick auf das Geld eingesteht, fehlt hier. Dadurch, daß

der Zigeuner auch noch angesichts dieses dritten Geldhaufens leugnet, erhält das Märchen keinen befriedigenden Schluß, vielleicht aber ist es eine unbewußte Selbstcharakteristik der Zigeuner. – Selbstverwandlung durch Sichüberschlagen, s. Nr. 13.

59. Quelle: mündlich wie Nr. 56. Typus: Schwanenjungfraumärchen, s. Nr. 3; in den Einzelmotiven am ähnlichsten K. H. M. 57: »Der goldene Vogel«, B.-P. I, S. 503, doch zieht hier der Held nicht aus, um den goldenen Vogel, sondern um die Braut zu suchen. – Das Jenseits, in dem die Dämonin wohnt, ist hier als Himmel bezeichnet, wie in Nr. 57 der Teufel sein Schloß im Himmel hat. – Dreinächtliches Bewachen des Birnbaums, s. Nr. 20. – Wanderung in eisernen Stiefeln (hier zweimal verwandt, das zweite Mal in Verbindung mit einem eisernen Wanderstab), s. Nr. 9. – Alter Mann = Hilfsdämon, s. Nr. 15. – Wegnahme des Hemdes der Badenden: daß es sich hier um das Schwanjungfraumotiv handelt, ergibt sich daraus, daß von einem »Fliegen« der Mädchen gesprochen wird. Vgl. K. H. M. 49, wo das übergeworfene Hemd in Schwäne verwandelt. Das Hemd fliegt der Besitzerin, die das verbotene Zimmer (s. Nr. 51, 57) öffnet, von selbst entgegen, teilt also die übernatürliche Natur der Eigentümerin. – Ausgehängte Fahnen (hier wiederum schwarz und rot, s. Farben, Nr. 33) als Wahrzeichen des Glücks oder Unglücks, vgl. K. H. M. 9; B.-P. I, 71, Anm. 1. Das Motiv ist hier nicht recht am Platze, da die eine Eventualität, das Ausstecken der roten Fahne, infolge der Flucht der Frau fortfällt. – Um Wunschdinge (s. Nr. 14) streitende Räuber (s. Nr. 27), hier nur eins erwähnt, der Flugsattel. – Der Rest des Märchens ist ein Ogertypus (Besuch im Hause des Ogers) mit seinen regelmäßigen Einzelmotiven. – Antworten aus den leeren Räumen auf die Fragen der Hexe. Was das Motiv hier soll, ist nicht recht verständlich, es erinnert an das Antworten lebloser Gegenstände für den Gesuchten, denen er durch Anspeien seine Seele eingeflößt hat. – Mit der Flucht der Gatten auf dem Flugsattel in die Heimat des Helden ist das Märchen eigentlich zu Ende. Der Erzähler ist sich aber instinktiv bewußt, daß zu diesem Typus der Ogermärchen auch das Motiv der magischen Flucht (s. Nr. 9) gehört, und pfropft dieses in der Form der Truggestalten unpassenderweise noch auf das Märchen. – Das Platzen der Hexe ist eine regelmäßige Todesform des Dämons, hier durch das Austrinken des Teiches gut motiviert. Zugleich ist das Platzen der Hexe zur Auflösung des Verschlingungsmotivs benutzt, insofern die Verschlungenen aus dem Bauche des Dämons lebend und unversehrt wieder herauskommen, vgl. (M. d. W.) Stroebe, Nordische Volksm. I, S. 162 Nr. 37: »Der Wolf«, und II, S. 167 Nr. 30: »Die Katze, die so viel fressen konnte«.

60. Quelle: mündlich wie Nr. 56. Die Erzählung ist eine Variante von dem Schwank K. H. M. 61: »Das Bürle«, B.-P. II, 1. Die Motive (Gaunerstreiche) sind lose aneinandergereiht und durch die – nur teilweise durchgeführte – Gleichheit der betrogenen Personen verbunden. Am ähnlichsten ist die Variante bei Zingerle, K. und H. M. aus Tirol[2] S. 415, die aber mit dem Motiv I von B.-P. schließt. Von den Motiven in K. H. M. 61, B.-P. II, 10, enthält unser Schwank die Motive D: Hut, der den Wirt bezahlt; G[1]: Rute, die den angeblich toten Mann erweckt, an das dann das

Motiv der mißlungenen Heilung der kranken Königin geknüpft ist; G^2: Tote Frau nochmals getötet und vom vermeintlichen Mörder bezahlt. H: Befreiung aus dem Sacke durch Tausch mit einem Hirten, s. Nr. 70; I: Tod der Mörder, die sich gleichfalls Vieh aus dem Wasser (oder aus der andern Welt) holen wollen. Die Motive folgen sich hier in der Reihenfolge: D, G^1, H, G^2, I. – Vertauschung der Bettplätze, B.-P. I, 500 und 624, Anm. 1. – Die Wette, wer am frühesten des Morgens aufstehen oder wer am längsten wachen kann (s. Nr. 62), ist sehr häufig in den Märchen, auch in den malaiischen und afrikanischen. – Die damit verbundene obszöne Erzählung von dem Pfarrer und seiner Magd findet sich ausführlicher bei Wisser, Plattdeutsche M. (M. d. W.) S. 119 und für Oldenburg bei Strackerjahn, Aberglaube und Sagen II, S. 287, § 615, k. – Eine Variante der südungarischen Zigeuner mit anderem Anfang und anders geordneten Motiven s. bei Wlislocki, Volksdicht. der siebenbürg. und südung. Zig., S. 391. Er weist darauf hin, daß ein Mädchen der transsylvanischen Zigeuner ähnlich sei.

61. Quelle: mündlich wie Nr. 56. Ein nicht nur von den Zigeunern erzähltes, sondern dem Charakter ihres Volkes genau angepaßtes Märchen. Es ist ganz vortrefflich geschildert, wie unglücklich und unbehaglich sich der Zigeuner in seiner Stellung als »Kronprinz« fühlt. Beachtung verdient die Brautwettformel (s. Nr. 35): Wer die Birne vom Baum wirft, soll Thronfolger werden und die Prinzessin zur Frau erhalten. Bemerkenswert ist auch, daß der Zigeuner die Prinzessin eine »Deutsche« nennt. Das bedeutet hier ebenso wie in Nr. 23 zunächst nur »Nicht-Zigeunerin«; ob auf die Wahl des Volksstammes auch der Ort des Erzählens Einfluß hatte, mag dahinstehen. – Schlußformel, s. Nr. 9.

62. Quelle: mündlich wie Nr. 56. Märchentypus: Aarne Nr. 935. Zigeunervarianten sind mir unbekannt. Das gleiche Märchen in (M. d. W.) Zaunert, Deutsche M. seit Grimm S. 71: »Der Grafensohn«; s. auch für Hannover: Wilhelm Busch, Ut ôler Welt Nr. 21. Die Unterweltfahrt (s. Nr. 15) fehlt bei Busch, wird aber in anderer Form bei Zaunert erzählt. – Helfender Dämon, hier eine Greisin, s. Nr. 15. – Die zwei Verschlingung drohenden Riesen, zwischen denen der Held hindurchspringen muß, sind Unterweltswächter; Symplegadenmotiv, s. Nr. 8, 15. – Verzauberung und Erlösung der Prinzessin erinnern an das Märchen: »Die Prinzessin im Sarge« = »Die Leichenfresserin«, B.-P. III, 531 Nr. 219, s. Nr. 21. – Das Ablocken der drei Ringe (unlösliche Aufgabe s. Nr. 3) bricht zugleich die dämonische Kraft der Prinzessin und befreit diese aus der Unterwelt (»ich habe keinen Mut mehr«). Auffallend ist, daß der König den Helden nicht mit der Befreiung der Prinzessin, sondern nur mit der Herbeischaffung ihres kleinsten Ringes beauftragt. Dieser spielt freilich bei den Vorgängen in der Räuberspelunke eine Rolle. – Frau, die in Männerkleidung auszieht, ihren verlorenen Mann zu suchen, s. Nr. 49.

Die Formel, entweder den Ring bringen oder das Leben hergeben, ist ursprünglich wohl eine Brautwettformel, bei der der Held sein Leben gegen die Hand der Prinzessin einsetzte. Es mag sich dabei ursprünglich um wirkliche körperliche Wettkämpfe zwischen Freier und Mädchen gehandelt haben (s. Nr. 14, 24), wie sie teilweise noch bei den Primitiven in der Südsee vorkommen. In einer späteren Periode mögen an deren Stelle Heldenproben, vom Brautvater verlangt, oder Geschicklichkeitskämpfe mit den anderen Freiern oder mit der Braut, wie Wettlaufen (s. Nr. 72), Wettspringen (s. Nr. 35), Wettessen (s. Nr. 62), Wettwachen (s. Nr. 60) usw. getreten sein und in einer noch späteren Kulturperiode Scharfsinnswetten (s. Nr. 19) und Rätselwetten; Wundt V² S. 151 f. Das Märchen hat dabei den Einsatz des Lebens oder des Duldens besonderer Grausamkeiten festgehalten. Die Zahl 3 und deren Produkte liegen auch in diesem Märchen allen vorkommenden Zahlen zugrunde, s. Nr. 42. – Schlußformel, s. Nr. 9.

63. Quelle: mündlich wie Nr. 56. Erkennbar eine Erzählung echt zigeunerischer Erfindung. Der Frau des zu Gefängnis verurteilten Zigeuners gelingt es, eine Schlange listig zu töten und damit einen verrufenen Weg dem Verkehr wiederzugewinnen. Die Erzählung schildert die Bescheidenheit des daraufhin freigelassenen Mannes, der als Lohn für die Tat seiner Frau weiter nichts als eine Pfeife und ein Paket Tabak sich wünscht. Die Pointe liegt im vorletzten Satz. Mehr Sage mit dem mythischen Zug der Schlange im Brunnen als Märchen.

64. Quelle: John Sampson, J. G. L. S., N. S. I, S. 114 f. Auch dieses Märchen ist trotz seiner einfachen Struktur anscheinend unvollständig und nicht gut erzählt. Das Einleitungsmotiv, daß Mädchen bis zum Eintritt der Pubertät oder bis zu einem bestimmten Alter oder auch nach Eintritt der Pubertät in festem Gewahrsam gehalten und nicht ins Freie gelassen werden, ist ein oft wiederkehrendes. Regelmäßig ist die Folge der Verbotsübertretung das Geraubtwerden durch Dämonen. Diese werden hier, wie das Haus mit den 24 Türen hintereinander andeuten mag, durch die Räuber repräsentiert. Das Land der Räuber, das Jenseits in Gestalt des Räuberhauses im großen Walde, ist durch ein großes Wasser vom Diesseits getrennt. Bemerkenswert und möglicherweise auf die Totenwelt hindeutend ist, daß der Maler das Mädchen gänzlich unbekleidet (s. Nr. 32) vorfindet. Die Befreiung des Mädchens ist in einfacher Form erzählt. Zu der Verhetzung der beiden Räuber gegeneinander ist der gleiche Zug in K. H. M. 20: »Das tapfere Schneiderlein«, B.-P. I, 148 zu vergleichen. Eine zigeunerische Erzählung dieses letzteren Märchens s. »Vox« 1920 Heft 5/6, S. 149 (Aichele: Zigeuner-Phonogramme). – Schlußformel, s. Nr. 9.

65. Quelle: John Sampson, J. G. L. S., N. S. I, S. 150 f. Zigeunerisch aus Wales; Titel wie im Original = K. H. M. 126: »Ferenand getrü und Ferenand ungetrü«. B.-P. III, 18, s. Nr. 54. – Helfender Dämon = alter Mann (s. Nr. 15), der sich je nach den Umständen in ein Pferd oder in ein »Schiff auf hoher See« verwandeln kann. Die Verwandlung geschieht hier nicht durch Sichüberschlagen, sondern durch Aussprechen einer Wunschformel abseiten des Helden. – Gewinnen weiterer Helfer in Gestalt des Fischkönigs und eines Riesen, denen der Held zuvor Hilfe leistet. – Die schimmernde Feder (B.-P. III, 18, Motiv B) wird hier vom Helden nicht gefunden, sondern drängt sich dem Helden geradezu auf. – Von Neidern veranlaßte unerfüllbare Aufgaben (Vernichtungsaufgaben), s. Nr. 54. – Die Entführung der Dame (s. Nr. 6) geschieht hier durch Locken auf ein Kaufmannsschiff zwecks Besichtigung der kostbaren Seidenstoffe. –

Ins Meer geworfenen Schlüssel wiederschaffen, s. Nr. 34. – Schlußformel, s. Nr. 9.

66. Quelle: John Sampson, J. G. L. S., N. S. I, S. 259 f. – Typus: Glasbergmärchen (Erlösung der verwünschten Jungfrau durch den Helden). – »Der grüne Mann, der in Nirgendland wohnt« ist der Teufel oder ein Dämon. Über die grüne Farbe vgl. Nr. 33. – Kartenspiel ums Leben mit dem Teufel, vgl. dazu Nr. 47 (Glückspiel mit der Jungfrau um ihre Hand). – Zu den drei alten Schwestern (= Hilfsdämonen, s. Nr. 15), deren jede älter als die vorhergehenden ist und über einen größeren Teil der Welt herrscht, vgl. K. H. M. 93: Die »Rabe«; B.-P. II, S. 335, Motive D^1, D^2, D^3 und K. H. M. 193; B.-P. III, S. 407, Motiv C^1. – Weg weisendes Knäuel, B.-P. I, 434 (und I, 217. Wenzig, Westslaw. Märchenschatz, Leipzig 1857, 1870, S. 107), s. Nr. 13. – Dämonisches Pferd leihen an Stelle des eigenen des Helden, s. Nr. 32. – Schwanjungfraumotiv (Gewinnen der Hilfe der Tochter des Teufels), s. Nr. 3, K. H. M. 193; B.-P. III, 406. – Unlösliche Aufgaben (Augiasstall reinigen, Siuts a. a. O. S. 300, § 581, Bäume bis Mittag fällen, Scheune bauen mit einem Dach, bestehend aus je einer Feder von jedem Vogel, s. Nr. 9, Vogelei vom Berge in der See holen, vgl. Nr. 3). – Heraussuchen der Braut aus dem Kreise ihrer gleichen Schwestern (hier in Vogelgestalt), s. Nr. 53; B.-P. II, 28. – Schlußformel, s. Nr. 9.

67. Quelle: John Sampson, J. G. L. S., N. S. II, S. 53 f.; Erzähler der Zigeuner Matthew Wood, on the banks of Tal-y-Llyn Lake. Typus: »Meister aller Meister« und »Der Schmied von Jüterbog«. Verbindung verschiedener Schwankmärchen. I. Wunderbares Beschlagen eines Pferdes. II. Jungglühen alter Personen. III. Wundersame Heilung des großen Herrn durch den kleinen Burschen ohne Schuhe, der hier an Stelle des hl. Petrus auftritt. IV. Kampf im Zaubern des kleinen Burschen mit einem großen Zauberer. V. Gewährung dreier Wünsche an den alten Schmied durch eine Alte und Festbannen des Teufels. – Zu vgl. ist K. H. M. 147: »Das junggeglühte Männlein«, B.-P. III, 193 und Dähnhardt, Natursagen II, S. 154, Kapitel 11: »Das Jungschmieden und die Entstehung der Affen.« – K. H. M. 82: »Der Spielhansel«, B.-P. II, S. 163, insbes. S. 173 über den Schmied von Jüterbog. – Zu dem Wettkampf der beiden Zauberer (hier nicht Verwandlungswettkampf wie oben Nr. 39), s. B.-P. II, 67. – Schlußformel, s. Nr. 9.

68. Quelle: John Sampson, J. G. L. S., N. S. II, S. 144 f. (Erzähler derselbe wie Nr. 67.) Titel des Orig.: »2½ penny«, weil nach Meinung der Zigeuner der Zwerg nicht größer war als diese Münze. Typus: K. H. M. 91: »Dat Erdmänneken«, Variante mit Auslassung des Verrates der Brüder und anderem Schluß; s. Nr. 16. Statt des Verrates der Brüder vergißt der Held das Signal zum Hinaufziehen. – Erlebnis mit dem kleinen Männchen in der Vorhölle, s. Nr. 45. Der bisher feindliche kleine Mann zeigt sich in der Unterwelt plötzlich hilfsbereit. – Auswahl des unscheinbaren (»rostigen alten«) Schwertes, s. Nr. 16. – Das Motiv des kupfernen, silbernen, goldenen Schlosses ist ein häufig wiederkehrendes (zu »kupfern« vgl. Nr. 20). – Das Motiv des tragenden Vogels, s. Nr. 36, ist dahin abgekürzt, daß der Held von dem kleinen alten Manne hinaufgetragen wird, doch ist beibehalten, daß zu dessen Stärkung viel Fleisch mitgenommen

wird, das der Held noch ergänzt durch Fleisch aus seinem eigenen Bein. v. Hahn, Griechische und albanische Märchen S. 208, Anm. zu Nr. 15 will in dieser Hergabe eigenen Fleisches einen Totenzoll, der dem Wesen der Unterwelt zu entrichten ist, erkennen. – Schlußformel, s. Nr. 9.

69. Quelle: John Sampson, J. G. L. S., N. S. II, S. 233 f. (Erzähler derselbe wie in Nr. 67.) Typus: »Der Hasenhüter« als Episode in K. H. M. 165: »Der Vogel Greif«, B.-P. III, 267, Motiv C; vollständig z. B. bei Asbjörnsen und Moe, Nordische Volks- und Hausmärchen, dtsch. von Pauline Klaiber I, S. 90: »Wie der König seine Hasen hüten ließ«. – Großer Kuchen mit Verdammnis und kleiner Kuchen mit Segen; B.-P. I, 214, Anm. 1, s. auch Kellner, Engl. M. (nach Jacobs) S. 40: »Der rote Ettin« (ganzer Kuchen mit Fluch, halber mit Segen), (schottisch) Campbell, Popular Tales of the West Highlands p. 220, XIII; Gunkel, Das M. im Alten Testam. S. 100/101 und dazu 5. Mos. Kap. 11, V. 26–28. Die Wahl zeigt die Gesinnung des Wählenden, die beiden älteren Brüder wählen falsch, der beste, jüngste richtig. – Wasser im Sieb holen. B.-P. I, 5, Anm. 1, 215, Anm. 2, s. Kellner a. a. O.; die Aufgabe kommt auch als Quälaufgabe vor (M. d. W.) Hambruch, Malaiische M. S. 112 f. (115) Nr. 32. – Hilfreicher Dämon = kleine alte Frau (s. Nr. 15), die dem Hasenhüter die silberne Zauberflöte schenkt. – Der Schluß des Märchens weicht von den gewöhnlichen Versionen ab. – »Da weissagte die alte Frau ihm Glück«, erinnert daran, daß der Erzähler ein Zigeuner ist. – Schlußformel, s. Nr. 9.

70. Quelle: John Sampson, J. G. L. S., N. S. III, S. 17 f. (Erzähler derselbe wie Nr. 67.) Episode aus K. H. M. 61: »Das Bürle«; B.-P. II, 1, insbes. 10 Motiv H, 18, s. Nr. 60. – Schlußformel, s. Nr. 9.

71. Quelle: John Sampson, J. G. L. S., N. S. IV, S. 140 f. Typus: Frau-Holle-Märchen (Stiefmutter, gute Stieftochter, böse eigene Tochter), K. H. M. 24; B.-P. I, 214. – Die drei aus dem Brunnen auftauchenden Eberköpfe: Jacobs, English Fairy Tales I, p. 222, No. 43: »The three heads of the well« = Engelmann, Engl. M. S. 237 Nr. XLIII: »Die drei Brunnenhäupter« = Kellner, Engl. M. S. 124: »Die Prinzessin von Colchester«. Die Häupter sind dort Menschenköpfe. Der Schluß ist dort anders. – Verwünschung der beiden Mädchen durch die drei lustigen Jünglinge: Parasitenmotiv, s. Nr. 12. Der Bösen werden Läuse angewünscht, der Guten goldenes Haar = Pechmarieken und Goldmarieken. – Aussetzung beider Stiefschwestern in einem Kasten auf dem Wasser, s. Nr. 24. – Conceptio magica (s. Nr. 16) und Geburt eines Monstrums (stummelschwänzige Henne) als hilfreichen Geistes, s. Nr. 15. Irgendein magisches Mittel der Konzeption wird nicht angegeben. – Schlußformel, s. Nr. 9.

72. Quelle: John Sampson, J. G. L. S. Third Series II, S. 49 f. Typus: Gewinnung der Braut mit Hilfe von Personen mit wunderbaren Eigenschaften, s. Nr. 45. K. H. M. 71: »Sechse kommen durch die ganze Welt«; B.-P. II, 79 und Nr. 134: »Die sechs Diener«, B.-P. III, 84. Auch hier sind es sechs. Der Held, der »Frostbringer«, ist ebenfalls mit einer wunderbaren Eigenschaft begabt. Die übrigen fünf sammelt er nach und nach auf der Wanderung auf (Sammelmotiv). Das Motiv der Brautgewinnung durch Wettlauf (s. Nr. 62) ist hier weggefallen. Der Wettlauf findet mit einer alten Hexe statt. – Männer im feurigen Ofen, den der Frostbringer durch Verschieben

seines Hutes kühl macht, s. Nr. 58. – Schiffbau; richtig lautet das Motiv: Bau eines Schiffes, das zu Wasser und zu Lande fährt; B.-P. II, 87, Motiv B und Anm. dazu.

73. Quelle: John Sampson, J. G. L. S. Third Series II, S. 145 f. – Episode aus K. H. M. 90: »Der junge Riese«, B.-P. II, 285. Der überstarke Junge richtet im Dienste des Gutsherrn durch seine ungeschlachte Kraft nur Schaden an. Das Motiv, daß er gegen eine Ohrfeige dient, die er dem Dienstherrn am Ende seines Dienstes geben will, fehlt hier; dafür ist das Motiv hinzugefügt, daß der Dienstherr gerne wissen möchte, woher der Starke seine Kraft hat, und dieser dem Herrn stillschweigend einen Knopf reicht und ihn dadurch in den Glauben setzt, daß in diesem die Kraft des Starken stecke. Über den Ursprung der Kraft s. B.-P. II, 293 und oben Nr. 45, doch hängt die Kraft oft auch mit der Wirkung eines Talismans zusammen und geht mit seinem Verluste verloren, vgl. Müllenhoff, S., M. u. Lieder der Herzogtümer Schleswig-Holstein und Lauenburg, 1845, S. 416, Nr. XI: »Das blaue Band« = (M. d. W.) Zaunert, Deutsche Märchen seit Grimm S. 250. – Schlußformel, s. Nr. 9. – Zu vgl. zu diesem Märchen ist Nr. 40, wo der Wahnsinnige dem Ochsen das Fell abzieht, da es nicht naß werden soll, und das rumän. Zigeunerm. in J. G. L. S. Third Series II, S. 149, mitgeteilt von Dora E. Yates.

INHALT